UN ENFANT À LA FOIS

L'auteur remercie chaleureusement la gouverneure générale du Canada, Son Excellence Michaëlle Jean, de lui avoir octroyé la Bourse Michener-Deacon 2006, ce qui lui a permis de parfaire ses recherches pour cet ouvrage.

Infographie: Chantal Landry

Catalogage avant publication de Bibliothèque et Archives nationales du Québec et Bibliothèque et Archives Canada

Sher, Julian, 1953-

Un enfant à la fois: protéger nos enfants des cyberprédateurs
Traduction de: *One child at a time.*

1. Enfants dans la pornographie - Prévention.
2. Pornographie sur Internet. 3. Internet et enfants.
4. Abus sexuels à l'égard des enfants - Enquêtes.
5. Criminalité informatique - Enquêtes. I. Titre.

HQ471.S5214 2008 362.76'7 C2008-941194-3

Pour en savoir davantage sur nos publications, visitez notre site: **www.edhomme.com**
Autres sites à visiter: www.edjour.com
www.edtypo.com • www.edvlb.com
www.edhexagone.com • www.edutilis.com

09-08

L'ouvrage original a été publié
par Random House Canada,
succursale de Random House of Canada Limited,
sous le titre *One Child at a Time*

Dépôt légal: 2008
Bibliothèque et Archives nationales du Québec

ISBN 978-2-7619-2461-0

DISTRIBUTEURS EXCLUSIFS:

- Pour le Canada et les États-Unis:
  MESSAGERIES ADP*
  2315, rue de la Province
  Longueuil, Québec J4G 1G4
  Tél.: 450 640-1237
  Télécopieur: 450 674-6237
  * filiale du Groupe Sogides inc.,
  filiale du Groupe Livre Quebecor Media inc.

- Pour la France et les autres pays:
  INTERFORUM editis
  Immeuble Paryseine, 3, Allée de la Seine
  94854 Ivry CEDEX
  Tél.: 33 (0) 1 49 59 11 56/91
  Télécopieur: 33 (0) 1 49 59 11 33
  Service commandes France Métropolitaine
  Tél.: 33 (0) 2 38 32 71 00
  Télécopieur: 33 (0) 2 38 32 71 28
  Internet: www.interforum.fr
  Service commandes Export – DOM-TOM
  Télécopieur: 33 (0) 2 38 32 78 86
  Internet: www.interforum.fr
  Courriel: cdes-export@interforum.fr

- Pour la Suisse:
  INTERFORUM editis SUISSE
  Case postale 69 – CH 1701 Fribourg – Suisse
  Tél.: 41 (0) 26 460 80 60
  Télécopieur: 41 (0) 26 460 80 68
  Internet: www.interforumsuisse.ch
  Courriel: office@interforumsuisse.ch
  Distributeur: OLF S.A.
  ZI. 3, Corminboeuf
  Case postale 1061 – CH 1701 Fribourg – Suisse
  Commandes: Tél.: 41 (0) 26 467 53 33
  Télécopieur: 41 (0) 26 467 54 66
  Internet: www.olf.ch
  Courriel: information@olf.ch

- Pour la Belgique et le Luxembourg:
  INTERFORUM editis BENELUX S.A.
  Boulevard de l'Europe 117,
  B-1301 Wavre – Belgique
  Tél.: 32 (0) 10 42 03 20
  Télécopieur: 32 (0) 10 41 20 24
  Internet: www.interforum.be
  Courriel: info@interforum.be

Gouvernement du Québec – Programme de crédit d'impôt pour l'édition de livres – Gestion SODEC – www.sodec.gouv.qc.ca

L'Éditeur bénéficie du soutien de la Société de développement des entreprises culturelles du Québec pour son programme d'édition.

Le Conseil des Arts du Canada
The Canada Council for the Arts

Nous remercions le Conseil des Arts du Canada de l'aide accordée à notre programme de publication.

Nous reconnaissons l'aide financière du gouvernement du Canada par l'entremise du Programme d'aide au développement de l'industrie de l'édition (PADIÉ) pour nos activités d'édition.

Julian Sher

UN ENFANT À LA FOIS

Protéger nos enfants des cyberprédateurs

Préface de Paul Arcand

Traduit de l'anglais par Jacques Vaillancourt

LES ÉDITIONS DE L'HOMME
Une compagnie de Quebecor Media

PRÉFACE

Regardez bien autour de vous. Tous ces visages qui se fondent dans la foule, dans la pure banalité. Derrière les portes closes d'une modeste maison de la banlieue, sur un chemin de campagne perdu, dans un appartement d'un quartier branché ou dans le sous-sol d'une résidence cossue, l'anonymat prend toute sa force par une connexion Internet et un disque dur. Fantasmes et perversions s'éveillent devant l'écran qui débouche sur le monde.

Ils ont tant de points communs. Un visage dont on arrive à peine à se souvenir. Des mains moites, une voix faible, une démarche nonchalante. C'est le nouveau conjoint de maman, ou le bénévole tant recherché, ou le quinquagénaire qui se fait passer pour un ado ; bref, c'est l'homme dont la jouissance passe par les enfants.

Je les ai vus. Je leur ai parlé. Tout près de l'aéroport de La Macaza, à une heure et demie de Montréal, porte d'entrée des touristes américains qui viennent skier à Mont-Tremblant, se dresse un établissement qui reçoit des clients d'une autre espèce : le pénitencier de La Macaza, spécialisé dans le traitement des agresseurs sexuels.

En 2005, j'y débarque pour le tournage du documentaire Les voleurs d'enfance. *La cour de la prison est immense. Les détenus circulent librement et ont même en leur possession la clé de leur cellule pendant la journée. Vers la fin de leur sentence, ils peuvent participer à une thérapie pour les empêcher de récidiver. Pas pour qu'ils cessent de fantasmer sur des enfants, cela est impossible, mais pour qu'ils retiennent leurs pulsions destructrices. J'amorce une conversation avec un vieil homme qui a tout l'air d'un bon grand-père. Mais, pourquoi est-il en prison ? Parce qu'il a séduit une grand-mère pour mieux violer les petits-enfants. Il charmait des femmes mûres pour assouvir son véritable plaisir avec des mineurs. Il disait, très sérieusement, pour se convaincre ou me convaincre, commencer à comprendre que ce n'était pas bien d'avoir des rapports sexuels avec des enfants, ce qu'il avait fait toute sa vie.*

Et puis il y a celui que nous appellerons André. Dans la trentaine, légèrement bedonnant, sans vigueur, sans énergie. Une bonne pâte molle qui n'éveille aucune méfiance. Il est assis devant moi pour me raconter sa vie.

Tout a commencé par de simples photos de son fils âgé d'à peine cinq ans qu'il s'empressait de diffuser sur le Web pour ses amis pédophiles. Au sein de leur petit réseau, les commandes deviennent précises, les goûts s'expriment et André multiplie les clichés pornographiques de son propre enfant. Il fait de même avec quelques amis de son fils. Ensuite, attouchements et agressions, mais rien que l'enfant n'aime pas, jure André, sans quoi il passe à autre chose. Parce que André aime son fils et ne veut pas le faire souffrir. Il se contente de jeux sexuels « acceptables » et s'assure du consentement de l'enfant. Même derrière les barreaux, on sent l'implacable besoin de se justifier.

André est apprécié de ses voisins, de ses collègues de travail, et s'implique dans les organismes de loisirs, auprès des jeunes. Un homme qui inspire confiance, jusqu'au jour où la police le retrace sur le Web et débarque chez lui pour l'arrêter.

Qu'est-ce que Julian Sher pouvait m'apprendre sur eux ? La réponse est simple : ils sont nombreux, prêts à tout, et leurs stratagèmes dépassent tout ce qu'on peut imaginer. La violence, la perversion, la manipulation et le sadisme n'ont pas de bornes. Le pédophile carbure aux bébés et ses fournisseurs engraissent les filières du crime organisé nouveau genre. La police commence à peine à se réveiller, presque toujours en retard sur l'abuseur.

Le danger de devenir paranoïaque est réel mais nécessaire. Autrefois, personne ne se méfiait du curé ou du bénévole, ces hommes si généreux. Aujourd'hui, c'est la porte du Web qui est grande ouverte. C'est tellement plus facile, plus discret et, somme toute, plus dégueulasse. La menace ne vient pas principalement d'un prédateur inconnu, mais de celui que nous laissons entrer physiquement ou virtuellement dans notre maison.

En lisant ce livre, vous serez bouleversé par ces pères qui se servent de leurs propres enfants comme s'il s'agissait d'objets sexuels, qui vendent les photos des agressions et acceptent les requêtes payantes de la confrérie pédophile.

Le pire, c'est que ces enfants, malgré tout, aiment leur père et ne voudront jamais le trahir. L'homme qui les viole est aussi celui qui leur offre des cadeaux, qui sait se montrer gentil à l'occasion.

Il est facile de détester un étranger qui vous fait du mal. Mais quand c'est votre père ou votre mère qui agit ainsi, vous pouvez croire que c'est normal et que tous les enfants vivent la même chose. Or un enfant a besoin d'être en sécurité et en confiance avec les adultes qui l'entourent. Quand ce lien est brisé, déchiré, ce n'est plus seulement l'enfance qui est volée, mais toute la vie qui éclate. Une sentence à perpétuité… pour la victime.

PAUL ARCAND

PROLOGUE

« … entendre les enfants pleurer »

La cage n'est pas bien grande, même si elle avait été à l'origine destinée à un chien. Pour une fillette de 6 ans, elle est vraiment exiguë. Pourtant, l'enfant s'y est habituée. Tremblotante – de peur plus que de froid – elle est accroupie dans sa prison.

Nue, elle porte un bracelet orange au poignet droit. Ses cheveux bruns lui arrivent aux épaules. Aucune larme ne coule sur ses joues.

L'homme l'agresse de manière indicible, lui fait mal, la tripote, pénètre ses parties intimes. Et il prend des photos et des vidéos numériques. Tout le temps.

Clic ! L'appareil saisit son regard à travers les barreaux.

Clic ! Une autre photo la montre étendue sur un lit, nue.

Clic ! Elle saisit un couteau de chasse beaucoup trop grand pour sa menotte. La lame touche sa peau. Des mots ont été écrits sur sa poitrine : « Coupez-moi ! Faites-moi mal ! »

Dans le monde, en ce moment même, des dizaines de milliers d'enfants sont gardés prisonniers, comme cette fillette, mais nous ne connaissons le nom que d'une poignée d'entre eux. En 2002, le National Center for Missing and Exploited Children (NCMEC) de Washington, D.C. – centre d'échange d'information des États-Unis sur les victimes de sévices sexuels sur Internet – n'avait répertorié qu'environ 200 cas d'enfants dont l'identité complète avait été découverte et qui avaient été délivrés. Vers la fin 2005, ce chiffre était de 500 ; en 2006, il avait dépassé les 800.

Pourtant, ces nombres ne représentent que la pointe de l'iceberg. Personne ne sait exactement combien d'enfants sont victimes de la pornographie sur Internet. Ce crime est une hydre anonyme, particulièrement difficile à chasser. À Ottawa, le Centre national de coordination contre l'exploitation des enfants, dirigé par la GRC, cite une étude selon laquelle il y aurait 14 millions de sites Web affichant des images d'agressions contre des enfants, et que plus de 24 000 images, nouvelles ou recyclées, viendraient s'ajouter sur le Web chaque semaine. Jusqu'à il y a cinq ans, la ligne téléphonique servant au signalement des cas de pornographie juvénile, CyberTipline, mise sur pied par le NCMEC, recevait un peu plus de 24 000 rapports chaque année ; en 2006, ce nombre a été multiplié par 14, passant ainsi à 340 000.

À chacune des photos pornographiques correspond le cauchemar qu'un enfant vit seul. Des enfants comme Shy Keenan, victime d'agressions sexuelles pendant des années en Angleterre, qui a vu les photos de son martyre circuler un peu partout sur le Web, avant de devenir, adulte, l'une des championnes des droits des enfants dans son pays. « Enfant, raconte-t-elle, j'essayais de lancer des appels à l'aide avec mes yeux. Il ne m'a pas fallu longtemps pour comprendre qu'aucun être humain capable de compassion ne regardait ces photos, et que personne ne regardait mes yeux. »

Même enfant, Keenan a compris que, en fin de compte, la pornographie juvénile n'est pas une question d'images. En effet, celles-ci sont les photographies d'un crime, de l'humiliation et de la torture des membres les plus vulnérables de la société. Ce crime n'est pas commis que par le photographe. « À mes yeux, explique Keenan, cela ne change rien que le criminel soit dans le lit, derrière l'objectif de la caméra ou de l'appareil photo, ou devant l'écran de son ordinateur. Si j'étais leur victime, c'est parce qu'ils voulaient se divertir de la corruption et de la dégradation de ma personne. »

En fait, ceux qui téléchargent, regardent ou échangent les photos sont trop souvent bien davantage que des voyeurs – ils sont eux-mêmes des agresseurs actifs. Loin d'être des solitaires désœuvrés ou des maniaques d'informatique isolés, les créateurs et consommateurs de ces images sont enseignants, prêtres, médecins, politiciens, policiers et chefs scouts. Ce sont vos parents, vos voisins, les dirigeants de votre collectivité. Durant les six premiers mois de 2006 seulement, la liste des Américains arrêtés pour des chefs d'accusation reliés à la pornographie juvénile comprenait l'ancien éditeur du journal *Newsday* de New York, qui était également membre du conseil d'orientation en éducation de la ville ; le maire de Green Oaks, en Illinois, en fonction depuis une décennie, qui avait aussi été pendant deux ans président de la section locale du Parti républicain ; un directeur de police de Caroline du Nord ; et un porte-parole adjoint du ministère de la Sécurité intérieure des États-Unis, qui s'est reconnu coupable de s'être servi d'Internet pour séduire une personne qu'il croyait être une adolescente.

Mark Foley, le membre républicain du Congrès des États-Unis qui a été obligé de remettre sa démission à l'automne 2006 à cause de courriels sexuellement explicites envoyés à un jeune page du Congrès, était coprésident du comité du Congrès chargé des enfants disparus et exploités. Il n'avait jamais laissé passer une occasion de déclarer dans les talk-shows que les auteurs de crimes de nature sexuelle étaient des « animaux » qui continueraient de commettre leurs crimes tant qu'ils ne seraient pas arrêtés.

« Ils sont de toutes les conditions sociales, affirme Emily Vacher, agente du programme *Innocent Images* du FBI. Milieu socio-économique, niveau d'éducation, orientation sexuelle – rien de tout cela ne compte. Et c'est ce qui rend la tâche encore plus ardue aux agents qui tentent de les arrêter et aux parents qui s'efforcent de protéger leurs enfants. »

Il n'est pas difficile de trouver des images d'agressions sexuelles sur l'écran de l'ordinateur qui se trouve sur votre bureau ou dans la chambre de votre enfant. Selon *Online Victimization of Youth*, étude commandée par le ministère américain de la Justice, un jeune internaute sur sept aurait vu du matériel sexuel non sollicité ou aurait été harcelé en ligne. Seulement une famille américaine sur trois protège ses enfants internautes au moyen de filtres ou de logiciels. Parmi les parents qui surveillent les activités de leurs enfants sur Internet, 71 p. 100 cessent de le faire lorsque leur enfant atteint l'âge de 14 ans.

La plupart d'entre nous ne seront jamais témoins d'une vente de cocaïne ou d'un meurtre. Mais l'agression d'enfants diffusée sur Internet est un crime qui peut tous nous atteindre et nous toucher.

Dans le présent ouvrage, je relate les efforts déployés par la police et les procureurs d'un peu partout dans le monde afin d'arracher les enfants des griffes des prédateurs sexuels – souvent au prix de grandes souffrances personnelles. Je raconte l'histoire déchirante d'enfants rescapés et d'autres qui ne le sont pas encore. Je révèle le courage des quelques victimes qui ont osé prendre la parole, mais aussi le traumatisme de celles qui ne se remettront jamais de leur drame. Enfin, je suis à la trace les millions de dollars que les entrepreneurs rusés ont gagnés en vendant leur pornographie juvénile, et j'examine aussi l'attitude des banques et sociétés de cartes de crédit qui pendant trop longtemps ont négligé de s'interroger sur le rôle qu'elles jouent dans ce réseau d'exploitation.

Étant donné que ce type de crime se commet à l'échelle planétaire, j'ai concentré mon attention non seulement sur le Canada, mais aussi sur les États-Unis et le Royaume-Uni – où les prédateurs et leurs chasseurs sont les plus actifs –, avec quelques incursions en Europe, en Australie et en Asie.

Tous les cas relatés dans le présent ouvrage sont authentiques. Afin de taire l'identité des enfants et de ne pas raviver leurs souffrances, j'ai changé leurs noms. Ces noms s'accompagnent d'un astérisque la première fois qu'ils sont mentionnés. Lorsque le contrevenant était un membre de la famille de la victime, j'ai également changé le patronyme, sauf dans les rares cas où le nom du criminel a été largement rendu public. Tous les autres détails des agressions décrites dans le présent ouvrage proviennent – sans modification ni censure – des entrevues réalisées, des témoignages entendus au tribunal, des dossiers de police et des registres d'Internet. Au cours de l'enquête menée, aucune image pornographique d'enfant n'a été achetée ni téléchargée. Aucune n'a été visionnée, sauf en présence de l'agent de police affecté au dossier. Les descriptions d'images sont tirées des transcriptions de procès, des registres de police ou des écrits des accusés.

Du fait que le terme « pornographie juvénile » est largement employé dans les systèmes judiciaires et médias d'Amérique du Nord et d'ailleurs, je l'ai inévitablement utilisé dans cet ouvrage. Comme nous le verrons, plusieurs enquêteurs spécialisés préfèrent parler d'« images de sévices sexuels contre des enfants » ou de « matériel d'exploitation sexuelle d'enfants ». Selon eux, le terme de pornographie juvénile est une forme d'oxymore, puisqu'on définit généralement la pornographie comme étant du matériel sexuellement explicite mettant en vedette des adultes consentants. Or, les enfants ne sont pas des adultes et ne peuvent pas donner de consentement légal. Qualifier ces images de pornographiques, c'est laisser entendre qu'elles sont l'équivalent juvénile de la pornographie adulte. Rien ne pourrait être plus loin de la vérité. Dans la pornographie adulte – du moins dans les productions professionnelles –, les participants sont rémunérés, et les consommateurs font un choix moral ou esthétique lorsqu'ils veulent la regarder. Les images de sévices sexuels exercés contre des enfants sont autant de preuves de torture ou de maltraitance des membres les plus vulnérables de la société. L'existence de ces images ne pourrait être justifiée par une quelconque prétention de goût ou de moralité individuelle.

Il est grand temps que les histoires de ces enfants, souvent cachées dans les sombres recoins du Web, soient racontées. Leurs tourments restent gravés à tout jamais dans leur mémoire, et dans celle des policiers qui se dévouent pour les sauver. Ce sont ces histoires qui laissent des cicatrices chez les enquêteurs, mais qui les encouragent aussi à poursuivre leur œuvre.

« Les services de police consacrent plus d'argent à retrouver les véhicules volés qu'à lutter contre la pornographie sur Internet. Pourquoi est-il plus important de récupérer des biens assurés que de sauver des enfants ? » se demande le sergent détective Paul Gillespie, chef de la Section de lutte contre l'exploitation des enfants, Unité des crimes de nature sexuelle de la police de Toronto. Ce sont les membres de son équipe qui ont fait des pieds et des mains pour identifier et sauver la fillette enfermée dans une cage lorsqu'ils ont vu ses photos en ligne. Ils ont tout mis de côté pour la retrouver, parce qu'ils savent que, derrière chaque photo ou vidéo, il y a un enfant mort de peur. Gillespie ressent encore les terribles effets que lui a causés la vue des pires vidéos montrant des enfants enchaînés :

« Parfois, dit-il, on peut entendre les enfants pleurer. »

PREMIÈRE PARTIE

LE FAR WEB : UN CRIME DU XXIe SIÈCLE

CHAPITRE UN

À la recherche de Jessica

Nous ignorions si la fillette était en danger – ou déjà morte.
Il nous fallait agir vite.

– Gendarme détective Bill McGarry, Unité des crimes de nature sexuelle, police de Toronto

Au moins, pendant qu'elle était enfermée dans sa cage, l'homme ne pouvait lui faire de mal.

Comment aurait-elle pu espérer que quelqu'un viendrait la sauver? Personne ne savait qu'elle était prisonnière. Jessica* était emprisonnée dans sa propre maison de Caroline du Nord, et son agresseur n'était pas un quelconque étranger qui l'aurait kidnappée.

Son tortionnaire était son père.

Paradoxalement, son sort de victime de sévices sexuels était loin d'être ignoré. En fait, Jessica était célèbre d'une certaine façon. Des dizaines, sinon des centaines de milliers d'internautes avaient vu des photos d'elle. Dans sa cage. Dans sa chambre. Devant son ordinateur. Dehors, en train de jouer dans la rue.

Mais les hommes qui l'observaient jour et nuit n'allaient sûrement pas la sauver. Jessica était populaire, et ses photos s'échangeaient comme des cartes de baseball entre pédophiles, jamais rassasiés par sa torture.

Le père de Jessica, Burt Thomas Stevenson*, était ingénieur en logiciel dans l'une des nombreuses sociétés de haute technologie de la région de Raleigh-Durham. Il travaillait souvent à la maison. La mère de Jessica, par contre, multipliait les heures de travail dans une société de télécommunications locale. Très à l'aise avec son salaire annuel de 91 000 $, Stevenson était représentatif du nouveau visage de l'exploitation des enfants au XXIe siècle : les agresseurs ne sont plus de vieux pervers qui hantent les parcs, mais de jeunes professionnels de banlieue, adeptes des nouvelles technologies. Une analyse des individus arrêtés pour possession de pornographie juvénile effectuée par le réputé centre de recherche CCRC (Crimes Against Children Research Center) de l'Université du New Hampshire révèle que 73 p. 100 de ceux-ci avaient un emploi, et que 27 p. 100 gagnaient plus de 50 000 $ par an. En fait, un sur dix, comme Stevenson, touchait un salaire annuel de plus de 80 000 $. Le lien unissant Stevenson à sa principale victime n'avait rien d'exceptionnel non plus. Selon la banque de données du NCMEC (National Center for Missing and Exploited Children) de Washington, 45 p. 100 des agresseurs arrêtés étaient les parents de la victime ou un autre membre de sa famille.

Stevenson, expert en informatique, avait réalisé son propre programme de chiffrement et avait mis en réseau ses ordinateurs de manière à passer sans aucune interruption de l'un à l'autre. Il disposait d'au moins cinq disques durs d'ordinateur ainsi que du matériel vidéo numérique de pointe. Pendant 15 ans, Stevenson a accumulé plus de 100 000 images d'enfants subissant des sévices sexuels. Puis, en octobre 2002, il a décidé de produire lui-même son matériel pornographique.

« J'ai décidé de m'affranchir du concept désuet qu'est la moralité », déclarera-t-il plus tard au FBI.

En quelques mois, les photos de la torture de sa fille ont inondé le Web. C'est en 2003 qu'a commencé dans Internet la dissémination à grande échelle des photos de Jessica. En juin de cette année-là, un homme appelé Trasher, avec une adresse de courriel russe, a affiché un grand nombre de ces photos dans un forum Usenet – l'un de ces groupes d'échange de courriels omniprésents sur le Web, gratuits et ouverts à tous. L'album a fini par contenir presque 400 photos, en gros plan ou en plan large, de la fillette qui grimace tandis qu'elle est forcée de se soumettre à des actes sexuels avec son père.

Stevenson avait commencé à diffuser ses images à un groupe restreint d'amateurs, sur un réseau souterrain anonyme du Web appelé Freenet. Il s'y sentait en sécurité au point de diffuser quelques photos qui montraient clairement une partie de son visage et celui de sa fille. Lorsque Stevenson a constaté que ses photos avaient été diffusées ailleurs sur Internet, il a envoyé un courriel à ses amis pédophiles leur demandant de remplacer les photos qui l'incriminaient par des photos sur lesquelles il avait oblitéré son visage. Ils ont accepté.

Ceux qui regardaient les photos de la fillette ne tiraient pas tous du plaisir à la voir subir les agressions de son père. Dans trois pays, sur deux continents, les photos de Jessica avaient retenu l'attention de policiers enquêteurs, qui cherchaient désespérément à identifier, à repérer et à sauver la fillette en cage.

C'était le dernier dimanche de novembre, un mois toujours gris et morne à Toronto lorsque l'automne, à bout de forces, s'étire péniblement, et que l'hiver ne s'est pas encore décidé à s'installer. Il faisait encore nuit, à 4 h 30, lorsque Paul Gillespie est entré dans son bureau du troisième étage, au quartier général de la police, peu enthousiasmé par la journée qui l'attendait. Agent de police depuis presque trois décennies, Gillespie avait commencé à 18 ans comme cadet, puis avait gravi les échelons du corps, après s'être consacré au travail de renseignement sur le crime organisé et sur les voleurs de bijoux internationaux, puis au maintien de la paix dans la fournaise de l'un des quartiers les plus chauds du centre-ville. Père de trois enfants, il avait pris, le jour de Noël 2000, la direction de la Section de lutte contre l'exploitation des enfants, à l'Unité des crimes de nature sexuelle, au sein du service de police de la plus grande ville du Canada. Trois ans plus tard, il devait subir un examen pour obtenir une promotion. Dans quelques heures, il serait peut-être inspecteur. Par la force de l'habitude, il a allumé son ordinateur pour lire ses messages sur un babillard électronique sécurisé de la police.

Même s'il était habitué en tant que policier à voir des images répugnantes, Gillespie a été horrifié par ce qu'il a vu : des images, envoyées par un collègue anglais, d'une jeune fille nue qui se faisait torturer.

« Quelqu'un chez vous connaît-il cette série de photos ? » demandait Paul Griffiths, enquêteur de l'équipe de lutte contre la pédophilie sur Internet POLIT, au sein de l'Escouade nationale de lutte contre le crime, et l'un des pionniers de l'analyse de photographies. La police apprendrait plus tard que la fillette de cette série était Jessica ; pour l'heure, elle n'était qu'une victime anonyme parmi d'autres.

« Je ne pouvais détacher mon regard de ces photos, raconte Gillespie. On y voyait des choses épouvantables. Mais, sur ces horribles photos, il était possible de déceler des indices. J'ai travaillé là-dessus pendant cinq heures. »

Gillespie appliquait certaines des techniques qu'il avait apprises de Griffiths lorsqu'il l'avait rencontré pour la première fois, plusieurs mois plus tôt, au cours d'un voyage qu'il avait fait en Europe en vue d'examiner ce qui semblait être pour le travail policier une discipline prometteuse : l'analyse d'images en ligne destinée à déceler des indices sur les photographies de sévices infligés à des enfants. Depuis quelque temps déjà, les polices d'Amérique du Nord et d'Europe mettaient la main au collet des hommes qui réalisaient et échangeaient les photos pornographiques d'enfants, mais peu de ressources étaient consacrées à l'identification et au sauvetage des victimes.

Au Canada, au Royaume-Uni et ailleurs dans le monde, les unités de lutte contre les crimes de nature sexuelle dirigés contre les enfants venaient d'instaurer sur le Web un réseau d'échange d'information basé sur le logiciel Groove, un réseau si sûr que même l'armée américaine s'en sert en Irak. Groove créait un espace de travail commun instantanément accessible sur l'ordinateur d'un groupe sélect d'enquêteurs, qui se connaissaient et se faisaient confiance. Vu les dizaines de milliers d'images d'agressions d'enfants circulant sur le Web, les divers corps policiers espéraient ainsi pouvoir échanger de l'information et des pistes à propos de quelques affaires, s'assurer de ne pas perdre de temps sur des cas déjà résolus et, peut-être, repérer les cas les plus urgents à régler. La série Jessica constituerait l'une des premières mises à l'épreuve de ce réseau Groove. Les prédateurs coopéraient entre eux depuis des lustres, s'échangeant non seulement des photos, mais aussi des conseils de sécurité, des logiciels de chiffrement et des mises en garde. La police pourrait-elle mettre sur pied le même type de réseau pour prendre les marchands de pornographie à leur propre jeu?

Paul Griffiths avait la chance d'être doué d'une exceptionnelle mémoire photographique. Il pouvait voir le carrelage d'une salle de bains sur une photo et, après avoir regardé des milliers d'autres images, reconnaître ces carreaux sur une autre photo. La première fois qu'il a vu les photos de Jessica, il a immédiatement remarqué trois choses: «Je savais que les photos n'avaient pas été prises au Royaume-Uni, qu'elles étaient nouvelles et qu'elles recelaient des indices», dit-il. En juin, il avait téléchargé sur le babillard électronique Groove de la police des versions chiffrées de certaines photos de Jessica, avec ce message:

> Je viens d'ajouter des fichiers dans l'espace de travail [...]. Mettons le nouveau système à l'épreuve pour voir si nous pouvons coopérer efficacement à l'identification de la victime.

Au début, Griffiths ne savait pas trop si la police allait faire des progrès. «J'ai trouvé les photos dans un forum plutôt obscur, dit-il. Souvent, vous avez cinq ou dix photos, et vous ne pensez pas arriver à en tirer quelque chose. Puis un autre enquêteur arrive avec d'autres photos et, en les mettant toutes ensemble, on obtient parfois des résultats.»

Ç'allait être le cas. Peu de temps après, un policier allemand a découvert dans un ordinateur saisi dans son pays plus de 300 images dont il a vite compris qu'elles faisaient partie de la même série que celles diffusées par Griffiths. Quand Paul Gillespie a regardé la série de photos de Jessica ce dimanche matin de novembre, il y en avait plus de 400.

Sur l'une d'elles, Jessica est endormie sur son lit; mais dans ses mains a été placée la photo d'une fillette blonde – une autre victime faisant partie d'une série d'images pornographiques bien connue. Cette mise en scène est un code d'échange: le père de Jessica signalait ainsi aux consommateurs des photos de sa fille que, s'ils lui envoyaient davantage d'images de la petite blonde, il leur en fournirait davantage de Jessica.

« Il y a sur le Web des séries extrêmement populaires, que tous les voyeurs souhaitent se procurer », explique Gillespie. Le policier torontois n'a pas révisé sa matière ce funeste dimanche et il a raté son examen de promotion. Mais c'était un mal pour un bien. Il avait un test encore plus important à réussir: lui et son équipe devaient retrouver la petite fille.

La maison – la prison – de Jessica se trouvait dans une banlieue ombragée de Raleigh, où les rues portent des noms évocateurs, comme le chemin du Pin solitaire, et de pittoresques petits ponts enjambent le ruisseau du Pommier sauvage. C'est un quartier plutôt aisé, où les jardins sont si vastes qu'il n'y a pas de trottoirs. Un panier de basket trône dans chacune des entrées. Les oiseaux pépient bruyamment dans les forêts avoisinantes.

Dans plusieurs rues, un panneau indique que le quartier est surveillé par un groupe de citoyens. Mais aucun d'eux n'a pu observer ce qui se passait derrière les portes closes de la belle maison à étage sise au bout d'une impasse.

Jessica avait un frère aîné et un frère cadet, mais elle était la seule des trois enfants à faire l'objet des obsessions de son père. Lorsqu'il se trouvait seul en compagnie de sa fille, Burt Thomas Stevenson n'aurait pu être plus pervers. Il droguait sa fille et se vantait sur Internet des choses qu'il lui ferait faire. « Les principes moraux de la société sont erronés », déclarera-t-il plus tard à la police.

« Je crois qu'il aurait fini par tuer Jessica, parce qu'il était un adepte de l'esclavage sexuel et de pratiques bizarres », dit Doris Gardner, agente principale du FBI qui a travaillé sur l'affaire. « Il aimait les aiguilles hypodermiques, et la relation maître-esclave. »

Dans la série de photos de Jessica, les pires confirmaient cette crainte: les poignets attachés dans le dos avec une corde, les pieds joints dans le dos aussi avec du velcro, les yeux fermés et des larmes ruisselant sur ses joues, Jessica serre les dents sous l'effet de la douleur.

À Toronto, Paul Gillespie avait passé plusieurs heures seul le dimanche, à la recherche d'indices sur les photos de Jessica, mais sans grand succès. La chambre de la fillette, bien meublée, avec son couvre-lit au motif Pokemon, faisait très classe moyenne. L'ameublement de la maison, les vêtements sport que Jessica et son frère portaient sur certaines des photos prises à l'extérieur, même les voitures que l'on apercevait au loin sur l'une d'elles – tout indiquait qu'on se trouvait en Amérique du Nord.

Mais où ?

Pour Gillespie, le sauvetage d'enfants comme elle avait depuis longtemps cessé d'être un simple travail ; c'était une mission dévorante. Et il voulait maintenant trouver cette fillette-là.

Gillespie fulminait lorsqu'il se répandait en injures contre l'industrie d'Internet qui semblait fermer les yeux sur le commerce des sévices sexuels qui avait cours sur le réseau. Il s'envoyait des messages à lui-même sur son BlackBerry à mesure que des idées lui venaient à l'esprit à propos de nouvelles lois, de nouveaux outils et de nouveaux moyens de persuader les politiciens, le public et les médias de prendre au sérieux ce nouveau type de crime. À tout bout de champ, il se précipitait hors de son bureau pour glapir des « suggestions » à ses détectives, ou pour les houspiller à propos du peu de progrès réalisés dans tel ou tel dossier.

Toujours tendu, Gillespie paraissait particulièrement nerveux à 7 h du matin, le lundi 1er décembre 2003, lorsque les membres de son équipe sont arrivés un à un au bureau. La plupart de leurs ordinateurs étaient de vieux modèles, et les lieux étaient typiquement ternes. La moquette grise était tachée depuis longtemps. Sur une table encombrée traînaient une cafetière vide et un gros pot de beurre d'arachide ouvert. Un mur entier était recouvert par un grand tableau blanc sur lequel étaient détaillées leurs nombreuses tâches. Un ruban gommé vert délimitait les rangées et les colonnes : « Enquêtes en cours », « Procès » et « Priorités ».

Ce matin-là, une nouvelle priorité figurait sur le tableau. « Je viens de voir une nouvelle série de photos, dit Gillespie à son équipe. C'est horrible. Il faut nous en occuper tout de suite. » Les ordres qu'il a donnés à ses détectives n'auraient pu être plus simples : laissez tomber ce que vous faites et concentrez toute votre attention sur l'examen des 400 photos et sur la recherche des indices qu'elles contiennent.

« Il était évident qu'il était bouleversé », se souvient le gendarme détective Bill McGarry. Père de quatre enfants, McGarry s'était joint à l'Unité deux ans auparavant, après avoir consacré plusieurs années à des affaires de violence familiale et de maltraitance d'enfants. « Je me rappelle encore l'air choqué de chacun. Nous avons tous mis de côté les enquêtes en cours.

Nos instincts de parents et d'êtres humains ont pris le dessus. La vue des photos de sévices sexuels nous arrache toujours le cœur. »

La présence de McGarry, plus calme et réservé que beaucoup de ses collègues policiers, semblait presque déplacée dans la salle de l'escouade. Dans un bureau encombré de paperasse et de pièces d'ordinateurs, son espace de travail était aussi ordonné que son esprit était méthodique. Seul élément personnel, une photo de famille montrant ses enfants en train de s'esclaffer dans la boîte d'une camionnette. McGarry, qui avait étudié les arts graphiques et travaillé pour plusieurs sociétés d'imagerie numérique avant d'entrer dans la police, espérait appliquer ses compétences à la recherche des victimes.

Gillespie est aussi entré en contact avec Emily Vacher, agente spéciale du programme *Innocent Images* du FBI, à Calverton, au Maryland. C'est l'un des premiers centres d'application de la loi entièrement consacrés à la lutte contre l'exploitation sexuelle des enfants sur Internet. Gillespie avait rencontré Vacher pour la première fois lorsqu'il avait envoyé son équipe au FBI pour y recevoir une formation. À l'époque, la jeune femme était en train de devenir une experte en travail policier clandestin sur Internet, où des agents se font passer pour de jeunes victimes potentielles afin d'attirer les pédophiles qui naviguent sur le Web. Vacher avait aussi acquis des compétences en analyse d'images et en identification des victimes. Gillespie lui a tout de suite envoyé certaines photos, et ils ont passé des heures au téléphone à les analyser ensemble.

McGarry et ses collègues craignaient que les jours de Jessica ne soient comptés. Les quelque 400 photos d'elle s'étalaient sur au moins deux années de son enfance. La police pouvait les dater approximativement à partir de leur première apparition sur le Web. Mais, à mesure que l'enfant grandissait, les images devenaient de plus en plus violentes. « Au bureau, nous étions tous d'accord là-dessus : si l'enfant n'était pas déjà morte, elle le serait bientôt », dit McGarry. En fait, l'une de ses premières tâches avait été d'éplucher les registres des décès en Amérique du Nord pour vérifier si une enfant d'environ 6 ans n'aurait pas été assassinée récemment.

La mort hantait l'esprit de Burt Thomas Stevenson, mais ce n'était pas la mort de Jessica. Il planifiait plutôt le meurtre de la mère et peut-être des frères de la fillette, sans doute pour avoir un accès illimité à cette dernière. Il a commencé par envoyer des jouets sexuels d'une valeur de 1000 $ à un Allemand, puis une somme de 300 $ à un Britannique afin qu'ils se chargent des meurtres. Les deux hommes ont accepté les cadeaux sans exécuter leur mission.

Stevenson espérait avoir plus de chance avec un correspondant de Californie du Sud, grand amateur de sa production pornographique. Selon une conversation sur un service de messagerie instantanée que Vacher allait découvrir plus tard, Stevenson a demandé à cet homme de commettre le meurtre en mars 2003, alors que lui-même serait à l'extérieur de la ville. Il lui a envoyé des photos de sa maison, du tableau de distribution électrique et des lignes d'électricité, ainsi qu'une copie de l'horaire de travail de sa femme. Stevenson a ensuite caché sous sa maison du ruban adhésif en toile, des couteaux et des cordes – de même que, à titre de récompense, 20 disques compacts contenant toute sa collection d'images de sévices sexuels infligés à des enfants.

Stevenson n'avait pas donné d'ordre précis au sujet de ses fils : l'assassin pouvait les kidnapper pour les vendre comme esclaves ou les tuer, mais il ne devait en aucun cas faire de mal à Jessica. L'assassin pouvait avoir des rapports sexuels avec elle, mais rien de plus. Cependant, Stevenson s'était montré plus précis quant au terrible sort qu'il souhaitait pour sa femme. « Il voulait qu'elle soit torturée avant d'être tuée, dit Doris Gardner, du FBI. Il voulait que ce soit une mort très lente. »

Stevenson avait fait une demande spéciale à l'assassin : « Stevenson voulait que l'assassin montre à la femme, avant de la tuer, une photo de lui en train d'abuser de leur fille », dit Vacher, qui allait plus tard découvrir les détails du complot meurtrier dans l'ordinateur de Stevenson. « Il voulait que cette image soit la dernière que sa femme ait de sa vie sur terre. »

Le dicton selon lequel une image vaut mille mots hantait les policiers de Toronto. Les images pourraient leur parler, si seulement ils arrivaient à y déceler des indices.

D'abord, ils disposaient d'un indice sur le criminel, même si ce n'était pas grand-chose.

Stevenson avait essayé de retirer du Web les photos qui montraient son visage non brouillé. Cependant, John Menard, l'un des meilleurs experts en haute technologie de Gillespie, avait réussi à pénétrer dans un obscur forum sur Freenet et à obtenir une photo originale montrant clairement un côté du visage du tortionnaire de Jessica. L'homme était blanc, d'âge moyen, avait le front dégarni et les cheveux bruns, portait une moustache et avait une cicatrice sur le cou. Ces détails ne suffiraient pas à la création d'un portrait-robot, mais ils se révéleraient utiles si jamais un suspect était arrêté.

Autre indice : dans la chambre de la fillette, les murs étaient tapissés d'un papier peint distinctif, avec une bande horizontale comportant des camions d'incendie et des pompiers en uniformes jaunes. Cela non plus ne permettrait pas de découvrir l'endroit, mais serait utile pour confirmer le lieu des crimes – si jamais la police arrivait à localiser la chambre.

Vu qu'il y avait des centaines de photos, il y aurait sûrement aussi des centaines de faux indices. Examinez la cannette de boisson gazeuse à l'arrière-plan. Est-ce un Coke ? Un Coke canadien ou américain ? Le fabricant peut-il nous dire dans quelle région ce produit est vendu ? Et la poupée apparaissant sur une autre photo, analysons-la. Le gros chien qui joue avec Jessica – entrons en contact avec des clubs de propriétaires et voyons où cela nous mènera. Sur une autre photo, Jessica tient une feuille de papier sur laquelle sont griffonnées des lettres étranges. Est-ce un message secret ? Un code ? Les agents agrandissent l'image, l'inversent même par un effet de miroir, rien n'y fait.

Des heures et des heures de temps perdu. Des heures que les policiers croient comptées pour l'enfant.

La première vraie percée a eu lieu durant l'examen approfondi du bracelet orange que Jessica porte au poignet droit sur plusieurs photos. Il y a dessus des lettres impossibles à distinguer. Est-ce un bracelet médical ? Une breloque ? McGarry a recouru à plusieurs programmes d'imagerie numérique pour l'agrandir. Après plusieurs heures de travail, il a pu déchiffrer la plupart des lettres et deviner celles qui manquaient :

F-U-N-W-E-R-K-S

Une recherche rapide sur Google a révélé qu'une chaîne de parcs d'attractions pour enfants exploitait des installations sous ce nom dans cinq États américains : Texas, Oregon, Nevada, Caroline du Sud et Caroline du Nord. Rien que près de Raleigh, il y avait trois de ces installations. Sur certaines photos publicitaires du site Web de l'entreprise, on pouvait voir des enfants porter le même bracelet d'entrée orange que la fillette en cage. En téléphonant à l'entreprise, les enquêteurs ont appris que ces bracelets sont distribués aux grands groupes d'enfants qui visitent le parc, par exemple avec leur école.

La deuxième percée a résulté de l'examen de plusieurs photos montrant la fillette en uniforme de jeannette. Le drapeau américain à l'arrière-plan confirme que l'enfant se trouve quelque part aux États-Unis. Sur une photo, on peut voir une partie de son badge, sa chevelure masquant l'un des chiffres. Mais son tortionnaire, prudent, a brouillé les autres chiffres. McGarry a agrandi l'image, l'a rognée, l'a retournée de tous les côtés, et les deux premiers chiffres du badge, même s'ils étaient flous, lui ont semblé être 1 et 7. Au quartier général du programme *Innocent Images* du FBI, Emily Vacher arrivait à la même conclusion.

« O.K., de quels chiffres crois-tu qu'il s'agit ? » a demandé Vacher à Gillespie, pendant que tous deux fixaient la photo du regard. Le 1 et le 7 formaient la combinaison la plus probable. Sous les chiffres, Vacher arrivait à déchiffrer le mot « Pines » (en fait, l'inscription complète était « Pines of North Carolina »).

Un appel téléphonique à Girls Scout of the USA a révélé que, même s'il existait plusieurs centaines de groupes au pays dont le numéro commençait par 1 et 7, trois d'entre eux se trouvaient dans la région de Raleigh. Ce fait n'éliminait pas les autres États, mais la Caroline du Nord devenait l'endroit le plus probable. Le cercle se refermait.

Le FBI disposait alors de dix agents sur le terrain affectés à Raleigh. « Les agents des autres escouades ont mis leurs enquêtes de côté et nous ont aidés à déterminer si la fillette était là ou pas », dit Doris Gardner, superviseure principale du FBI pour la Caroline du Nord.

Gillespie consignait régulièrement sur le réseau Groove les progrès réalisés par son équipe, afin que les enquêteurs du monde entier en soient informés. « Nous prenons ce dossier en main, et nous allons tenter de trouver la victime », leur a-t-il écrit. « Dès qu'ils ont su que nous étions en train d'exploiter des indices, dit-il, tous les membres du groupe se sont sentis dynamisés. »

Une aide supplémentaire a été fournie par l'équipe civile d'enquêteurs du NCMEC d'Alexandria, en Virginie. Puissante organisation sans but lucratif jouissant de liens solides avec le Capitol et l'industrie américaine, qui la finance aussi, le NCMEC a d'abord été mis sur pied pour contribuer à la recherche des enfants disparus et enlevés. Une petite équipe d'analystes d'images acquérait de plus en plus d'expertise dans l'identification des enfants vus sur les photographies de sévices sexuels circulant sur le Web. « Nous voyions des photos de cette fillette depuis un certain temps, dit Michelle Collins, directrice de l'Unité de lutte contre l'exploitation des enfants au NCMEC. Il semblait alors que nous disposions d'indices exploitables et que nous avions une chance de retrouver l'enfant. »

Il était alors tard, le lundi après-midi. À Toronto, l'équipe de Gillespie travaillait sans relâche depuis des heures. « Il semblait que nous allions manquer d'indices », se souvient McGarry. Ce soir-là, après un long trajet en train, il est rentré chez lui, épuisé et découragé. En plus, la fillette qu'il essayait de sauver lui rappelait l'une des siennes. « Sur l'une des photos, Jessica ressemble beaucoup à ma fille », dit-il.

McGarry n'a guère dormi cette nuit-là.

Le matin du 2 décembre a apporté une nouvelle perspective et un peu d'espoir à l'Unité des crimes de nature sexuelle. Les enquêteurs avaient essayé de dormir un peu, et certains d'entre eux avaient besoin de s'éloigner de leur écran d'ordinateur. Parfois, le meilleur moyen d'élucider une affaire consiste à prendre de la distance pendant un certain temps. C'est un peu comme regarder une toile dans un musée ; il faut s'en éloigner pour la voir sous un angle nouveau. « C'est là que garder l'esprit ouvert est si important, dit Bill McGarry. Vous commencez à examiner les photos pour y repérer des choses qui sont loin d'être évidentes. »

Sur plusieurs des photos que l'équipe avait analysées la veille, Jessica portait une robe verte toute simple. Jusque-là, les enquêteurs de Toronto n'avaient pas accordé d'attention à la robe, se concentrant plutôt sur ce qui leur avait semblé constituer des indices plus utiles, par exemple la plaque d'identité de son chien ou un objet posé sur la table basse derrière elle. « Au moment où nous croyions avoir épuisé toutes les ressources de cette photo, nous avons dû ralentir notre rythme et nous poser de nouvelles questions », dit McGarry.

La robe n'avait rien de caractéristique ou de remarquable. La coupe était simple. Une ceinture, des plis et un col lui donnaient un air habillé. C'est alors que les enquêteurs se sont demandé si cette robe signifiait quelque chose. Pouvait-elle être un uniforme scolaire ?

McGarry et ses collègues ont commencé à rechercher sur le Web les entreprises américaines qui manufacturent des vêtements scolaires. Comme il y en avait des centaines, l'équipe a choisi de prendre un risque et de limiter la recherche à la région de Raleigh – puisque c'est là que semblaient mener les indices des jeannettes et du parc d'attractions. Sur l'un des sites Web, celui de Campus Outfitters, McGarry a trouvé une robe qui semblait présenter les mêmes détails.

À 8 h 40, McGarry a téléphoné au magasin. « J'ai dû convaincre le gérant que j'étais en fait un policier et non pas un maniaque quelconque », raconte-t-il. À 8 h 58, McGarry avait déjà envoyé au gérant un courriel détaillé, y joignant une photo rognée de la fillette, dont il avait effacé le visage.

« Une enfant subit des sévices sexuels et est torturée, écrit-il. Veuillez examiner cette photo et nous dire si la robe correspond ou non à votre modèle Chapel Dress. »

À 11 h 50, le gérant téléphonait au bureau pour expliquer que, son entreprise se trouvant dans les États du Sud profondément protestants, il ferait tout en son pouvoir pour mettre fin à ces sévices. Oui, disait-il, la robe semblait provenir de sa gamme de vêtements. De plus, son entreprise avait vendu ce modèle à plusieurs écoles, mais seulement à deux en Caroline du Nord, et toutes deux étaient situées à Raleigh.

Heureusement, les deux écoles avaient des sites Web. Les policiers de Toronto ont commencé à chercher des photos d'enfants, espérant même trouver une photo de classe sur laquelle figurerait Jessica. Ils n'ont pas eu cette chance. L'une des écoles – un établissement catholique qui accueillait les enfants de la maternelle au secondaire – ne présentait sur son site qu'une photo d'enfants, tous plus grands que Jessica. Mais les policiers ont remarqué que bon nombre des garçons et des filles portaient un t-shirt vert, qui semblait orné d'un petit logo sur la poitrine, à gauche. Les policiers sont alors retournés aux centaines de photos analysées, se rappelant que, sur certaines, Jessica et son frère portaient le même type de t-shirt. Le criminel avait pris la peine de brouiller le logo sur le vêtement. « Pourquoi fait-il cela ? Il ne l'aurait pas fait si c'était le logo de Nike, par exemple », dit Paul Gillespie, chef de l'équipe.

L'équipe sentait qu'elle était sur une bonne piste. Elle avait examiné beaucoup de photos sur lesquelles la fillette portait ce vêtement vert, mais comment cette information pouvait-elle les aider ? L'un des enquêteurs s'est alors souvenu d'une photo, parmi les centaines du dossier, sur laquelle Jessica porte la robe en question et où la partie supérieure du logo est à peine visible au bas de l'image. McGarry a retrouvé la photo : on pouvait y distinguer partiellement trois lettres.

McGarry avait l'impression que le cœur allait lui sortir de la poitrine : « Tout à coup, je me suis senti plein d'énergie. Je tapais à toute vitesse sur mon clavier. Pourtant, on se dit toujours qu'il ne faut pas trop s'emballer, qu'on se trompe peut-être. »

Il est retourné sur le site Web de l'école, où il a saisi une photo du logo officiel sur la page d'accueil. Il a ensuite fait pivoter le graphique et l'a réduit, afin de le superposer à la partie des trois lettres visible sur la robe de Jessica.

La correspondance était parfaite. Ils connaissaient désormais la ville et l'école de la fillette – celle-ci ne pouvait pas être très loin.

« Je parierais ma chemise que nous sommes sur la bonne piste », a dit McGarry.

Dix minutes à peine s'étaient écoulées depuis qu'il avait reçu l'appel du fournisseur d'uniformes. À midi, il téléphonait à Scot Huntsberry, agent spécial du FBI à Raleigh. À 12 h 17, il lui envoyait un courriel contenant tous les indices que l'escouade de Toronto avait pu réunir, ainsi que les photos rognées du visage de Jessica, de son uniforme scolaire et du visage de l'homme qui abusait d'elle.

Sur un plan strictement technique, c'était là une entorse au protocole de la police internationale. Pour pouvoir transmettre des renseignements délicats dans le cours d'une enquête criminelle, les policiers de Toronto auraient normalement dû passer par un agent de liaison du consulat des États-Unis ou par un représentant officiel d'une agence d'application de la loi à Washington. « Mais cela aurait pu prendre des mois. En l'occurrence, il était évident que nous n'en avions pas le temps », explique McGarry.

À 14 h 14, McGarry avait déjà envoyé sept autres courriels au FBI, finissant par lui fournir toute la série de photos.

Ensuite, il a attendu. Son téléphone n'arrêtait pas de sonner, mais les appels ne provenaient jamais du FBI.

À 15 h 50, le téléphone noir du bureau de McGarry a de nouveau sonné. Ses collègues se sont tus en le regardant décrocher le combiné.

« Vous plaisantez ? » l'ont-ils entendu dire, tandis qu'un large sourire s'affichait sur son visage. Il a crié « Oui ! » en bondissant de son fauteuil.

Armé des indices recueillis à Toronto, le FBI s'est directement rendu à l'école catholique située en banlieue de Raleigh. Les agents ont montré la photo de l'enfant au directeur, qui a immédiatement reconnu Jessica.

« Nous débordions de joie, nous sautillions et nous nous félicitions mutuellement », raconte McGarry. Ils avaient élucidé l'affaire. En 33 heures, ils avaient retrouvé la trace de la fillette des photos. Ils nourrissaient maintenant l'espoir qu'elle serait sauvée.

À l'arrivée du FBI à l'école, les administrateurs avaient informé les agents de l'absence de Jessica, censément malade. Heureusement pour elle, disaient les administrateurs, le père, programmateur informaticien, travaillait souvent à la maison et pouvait donc prendre soin d'elle. Cela a suffi pour que le FBI mande immédiatement des agents au domicile de Jessica, craignant qu'elle ne soit en danger imminent. Une équipe de surveillance l'a aperçue s'amusant dehors sur sa bicyclette. Elle était saine et sauve, du moins pour le moment. À l'école, Huntsberry attendait que la mère de la fillette vienne chercher ses deux fils. Lorsque l'agent du FBI a montré les photos à Mary Stevenson*, celle-ci, en état de choc, a confirmé qu'il s'agissait bien de sa fille et de son mari.

Huntsberry a alors rassemblé tous les éléments dont il avait besoin pour obtenir un mandat de perquisition. Plus tôt cet après-midi-là, il avait téléphoné à Thom Murphy, adjoint du procureur fédéral de Raleigh, pour le mettre au courant de la situation. Après dix ans passés au bureau de Raleigh et avec une vingtaine d'années d'expérience judiciaire, Murphy était habitué à ce type d'appels : 60 p. 100 de ses causes étaient désormais des affaires de pornographie juvénile. « Ceux qui m'inquiètent le plus, dit Murphy, ce sont les hommes qui ont un bon emploi, une famille, des amis… et leur ordinateur. Ce sont ceux-là que je trouve dangereux. »

Il faisait nuit lorsque Murphy s'est présenté chez un juge en compagnie d'un agent du FBI pour faire signer en bonne et due forme le mandat de perquisition. L'agent du FBI s'est ensuite précipité au domicile des Stevenson, où l'ont rejoint Scot Huntsberry et le reste de l'équipe de surveillance.

Le FBI a frappé à la porte de la geôle de Jessica.

Burt Thomas Stevenson n'a pas semblé trop ébranlé lorsqu'il a ouvert à ses visiteurs. « Je suis fort impressionné que vous soyez remontés jusqu'à moi, a-t-il dit aux agents du FBI. Que voulez-vous savoir ? »

Si confiant qu'il se soit senti, Stevenson n'aurait pu choisir pire État que la Caroline du Nord pour se colleter avec le FBI. Comble de malchance pour lui, Doris Gardner était l'agente spéciale supervisant l'escouade régionale de lutte contre les crimes informatiques, établie à Charlotte. Il se trouvait aussi que c'était elle qui avait mis sur pied, presque dix ans auparavant, le programme *Innocent Images* du FBI, voué au sauvetage des enfants victimes de sévices.

En effet, en mai 1993, Gardner avait été intégrée dans une équipe du FBI qui enquêtait sur l'enlèvement d'un enfant de 10 ans, George Stanley « Junior » Burdynski, disparu tandis qu'il faisait du vélo dans son quartier, situé près de Baltimore-Washington. Au cours de son enquête, la police a découvert que Junior et ses amis avaient passé beaucoup de temps au domicile d'un homme de 64 ans, James Kowalski, où ils avaient joué sur l'ordinateur et envoyé des courriels. Gardner, diplômée en mathématiques et en sciences informatiques, avait été appelée pour examiner l'ordinateur. Ce qu'elle a découvert, le FBI ne l'avait jamais vu auparavant : des hommes s'échangeaient sur le Web des images d'enfants subissant des sévices sexuels. Le garçon n'a jamais été retrouvé, et Kowalski n'a jamais été accusé de l'avoir enlevé. Mais lui et ses amis ont été arrêtés et condamnés relativement à plusieurs chefs d'agressions d'enfants et de pornographie.

L'enquête menée par Gardner s'est vite étendue aux quatre coins des États-Unis, le FBI ayant mis au jour un vaste réseau de prédateurs qui se servaient d'AOL pour échanger photos et informations. Le Web – comme la cyberexploitation sexuelle d'enfants sur la Toile – était naissant. AOL ne comptait qu'un million de clients. L'accès au réseau Internet, peu pratique et très lent, se faisait par ligne commutée. La plupart des photos se transmettaient simplement comme pièces jointes à des courriels. Gardner est alors entrée en contact avec Don Colcolough, à l'époque nouveau directeur d'AOL, que l'entreprise venait de charger de la sécurité. Aujourd'hui, Colcolough plaisante à propos de la manière dont il a décroché le poste au sein de l'entreprise relativement jeune : « Ils ont demandé qui voulait se charger de la sécurité, et les neuf autres candidats ont fait un pas en arrière. J'ai eu le poste. La pornographie juvénile a commencé à être notre principal enjeu de sécurité. Mais au début on ignorait comment la combattre. Nous étions nerveux. »

Il y avait plus d'un obstacle à surmonter. Le FBI ne comprenait pas comment fonctionnait le système de courriel d'Internet. AOL craignait que les agences d'application de la loi n'empiètent sur le droit à la vie privée de ses clients. Après avoir reçu les injonctions nécessaires, AOL a pu aider le FBI à remonter à environ 200 comptes et 400 alias, rassemblant assez de preuves pour effectuer des descentes dans 125 maisons d'un bout à l'autre du pays et pour mettre en état d'arrestation une bonne douzaine d'hommes.

« Cela a été la première enquête du genre menée par le FBI », dit Gardner.

En 1995, le FBI avait déjà donné un nom officiel au programme – *Innocent Images National Initiative* –, et il y avait des milliers de cas. Gardner naviguait en territoire inconnu, essayant d'assumer elle-même une bonne partie du travail de recherche sur Internet, administrant les dossiers et mettant sur pied des banques de données sur les suspects. « J'ai besoin d'aide, a-t-elle dit à ses patrons. Il me faut davantage de spécialistes en informatique. » Le programme *Innocent Images*, dont le siège reste à ce jour au Maryland, a pris de l'ampleur et emploie des douzaines d'agents et de spécialistes disséminés un peu partout aux États-Unis.

En 1999, Gardner a déménagé à Charlotte, en Caroline du Nord, où elle a supervisé 11 agents travaillant sur tous les aspects de la cybercriminalité. Ils ne chômaient pas, à cause de la multiplication des cas de piratage, de vols d'identité et de failles de sécurité dans un État qui constitue aux États-Unis un important centre de haute technologie. Pourtant, Gardner estime qu'au moins la moitié des ressources mises à sa disposition étaient consacrées à la traque des pédophiles rôdant sur Internet.

Après l'arrestation du spécialiste informaticien Burt Thomas Stevenson, Gardner a compris que son équipe aurait besoin de l'aide des experts judiciaires en informatique du FBI. Stevenson a rapidement été envoyé derrière les barreaux, et sa famille mise en sécurité. Mais ses ordinateurs aux données lourdement chiffrées présenteraient un défi de taille. « Il était vraiment passé maître dans l'art de cacher ses secrets et de nous empêcher d'y avoir accès, dit Gardner. En règle générale, le chiffrement est un obstacle qui répugne aux pédophiles. Dans leur hâte de voir leurs photos ou leurs vidéos, ils se donnent rarement la peine de chiffrer les fichiers. Mais Stevenson avait tout chiffré. » Stevenson avait créé ses propres clés de chiffrement, au lieu de se servir d'un programme commercial. Même ses copies de sauvegarde étaient cryptées.

Gardner a téléphoné au siège de Calverton et a simplement demandé : « Pouvez-vous m'envoyer un analyste et un agent ou deux ?

– Doris, pourquoi ne pas simplement transférer le dossier ici, au quartier général ? » lui a-t-on répondu.

La réponse a été loin de satisfaire Gardner, qui se vantait rarement de son rôle dans la fondation d'*Innocent Images*, mais qui en ressentait quand même une certaine fierté, parfaitement justifiée. « J'ignore qui vous êtes et, de toute évidence, vous ignorez qui je suis, a-t-elle carrément répliqué. J'ai lancé *Innocent Images*. Cessez de m'enquiquiner, et envoyez-moi les collaborateurs dont j'ai besoin. »

Le quartier général s'est plié à sa demande et a immédiatement mis à son service l'une de ses meilleures analystes, Emily Vacher, et au moins quatre autres agents. Gardner a envoyé ses renforts du quartier général et toute son escouade à Raleigh. La collection de pornographie juvénile qu'ils ont trouvée a étonné même les plus aguerris des enquêteurs. « J'ai vu beaucoup de pornographie juvénile lorsque je faisais partie de l'escouade, dit Vacher, mais il y a des images que je ne pourrai jamais effacer de ma mémoire. Certaines images que j'ai vues dans cette affaire-là, je les vois encore, tant elles étaient horribles. »

Elle a découvert non seulement des centaines de milliers de photos de sévices sexuels, mais des indices pouvant mener à d'autres victimes et pédophiles. En ce qui concerne les crimes commis sur Internet, Vacher et ses collègues apprenaient que, contrairement aux autres affaires criminelles, le gros du travail commence après l'arrestation des suspects. Une enquête sur un vol de banque, un enlèvement ou un homicide est pratiquement terminée dès que la police incarcère un suspect. Mais, dans les cas de pornographie juvénile sur Internet, l'arrestation n'est qu'un début ; il peut se trouver dans l'ordinateur du suspect des indices non seulement sur ses crimes, mais aussi sur ceux d'autres pédophiles. Cela signifie aussi qu'il pourrait y avoir d'autres victimes, comme Jessica, à sauver.

Vacher a également trouvé dans l'ordinateur de Stevenson un répertoire spécial qui l'a intriguée. « Qu'est-ce que c'est ? » a-t-elle lancé à voix haute, après quoi les autres analystes du FBI se sont agglutinés autour d'elle.

Le répertoire contenait des diagrammes de la maison et des photos aériennes du voisinage. « C'est à ce moment, dit-elle, que j'ai compris : c'était la préparation d'un meurtre à confier à un tueur à gages. » Vacher venait de découvrir le complot ourdi par Stevenson pour faire assassiner sa femme.

Comme si elle n'était pas déjà débordée, Doris Gardner, superviseure du FBI, a reçu des nouvelles désolantes : après avoir été informée par la police du projet meurtrier de Stevenson, la direction de l'école avait interdit à Jessica et à ses frères de retourner en classe.

« Mon sang n'a fait qu'un tour, raconte Gardner. C'était la chose la plus absurde qui aurait pu arriver. » Jessica était déjà traumatisée par ce qui s'était passé les quelques jours précédents : son père était en prison, elle suivait une thérapie, et sa mère et ses frères essayaient de survivre à l'effondrement de leur monde. Gardner a aussitôt téléphoné au directeur de l'école pour l'admonester : « Vous devez laisser les enfants reprendre les cours. Vous ignorez ce qu'ils ont vécu. Leur famille est en lambeaux, la mère ne travaille plus parce qu'elle essaie de raccommoder sa vie avec celle de ses enfants et de les protéger, et vous venez les bannir de l'école ! »

Le directeur n'en démordait pas : « Je veux quelque chose par écrit qui me garantisse qu'il n'y aura pas de fusillade à l'école. »

« Je ne peux vous garantir cela », lui a répondu la superviseure du FBI.

Le lendemain, l'école a permis aux enfants de revenir, juste à temps pour la célébration d'une fête. Jessica et ses frères ont raconté à leurs amis qu'ils avaient été absents pour cause de déménagement. Ils ont fini par quitter la maison familiale, remplie des souvenirs les plus sombres.

Comme la plupart des pédophiles qui se font arrêter, Stevenson a avoué ses crimes. Il a admis avoir abusé de Jessica, ce que la police savait déjà. Mais les agents ont été stupéfaits d'apprendre de la bouche du pédophile qu'il avait également violé son neveu âgé de trois mois seulement. « Il ne manifestait aucun remords. Aucun. Il recommencerait sûrement », dit Gardner, rappelant que Stevenson avait déclaré que la société n'observait pas les bonnes règles. « Ses règles à lui conviennent à son monde. »

Le sauvetage de Jessica avait demandé 33 heures de zèle, de travail acharné et de chance – ce qui est exceptionnel non seulement sur le plan de la rapidité, mais aussi parce que la réussite a été triomphale.

Les policiers savent que, trop souvent, les enfants figurant sur les dizaines de milliers d'images de sévices sexuels demeurent inconnus et ne sont jamais retrouvés. « Tout ce qui comptait pour nous, c'était que nos efforts et le travail de notre équipe internationale avaient vraiment eu un effet direct sur la vie de cette enfant, dit Bill McGarry, qui pourrait être la vôtre, la mienne ou celle d'un voisin. Bref, cette enfant était la nôtre. »

Durant les années ayant précédé le sauvetage de Jessica, plusieurs des protagonistes dans cette affaire – les policiers de Toronto, Emily Vacher du FBI, Michelle Collins du NCMEC, Don Colcolough d'AOL, l'enquêteur britannique Paul Griffiths et bien d'autres – avaient souvent combiné leurs efforts pour élucider toutes sortes d'affaires de pornographie juvénile sur Internet, compliquées et souvent décourageantes, et ils seraient appelés à le faire davantage dans les années qui allaient suivre. Le sauvetage de Jessica était symbolique de la position qu'occupaient les enquêteurs à ce moment-là dans ce combat planétaire perpétuel ; il montrait quel chemin ils avaient parcouru, et quel chemin il leur restait à parcourir.

S'ils souhaitaient avoir une chance d'endiguer cette vague criminelle alimentée par Internet, il leur faudrait surmonter plusieurs obstacles de taille.

Pour commencer, les enquêteurs devraient maîtriser la technologie. Pendant trop longtemps, les praticiens de la pornographie ont démontré qu'ils étaient beaucoup plus compétents sur le plan technique que les policiers du clavier qui commençaient à peine à s'y retrouver dans les histoires de cryptage, de subterfuges et de communautés secrètes du Web.

Ensuite, il leur faudrait savoir comment travailler avec une marée de données, faute de quoi ils s'y noieraient. Dans le cas de Jessica, la police a connu beaucoup de difficultés, et il n'y avait que quelques centaines de photos. Elle aurait à apprendre à gérer des dizaines de milliers d'images, et à y déceler des indices mieux et plus rapidement.

Les corps policiers devraient également abattre les frontières qui les séparaient et coopérer plus efficacement à l'échelle planétaire. L'affaire Jessica s'est déroulée dans une seule ville. Les agences d'application de la loi du monde entier auraient à apprendre à échanger l'information de manière plus systématique, afin de s'attaquer aux réseaux de pornographie mondiaux extrêmement complexes. « Les pédophiles n'ont pas de frontières, dit Paul Gillespie. Pourquoi en aurions-nous ? Que l'enfant vive à Toronto ou ailleurs, cela ne fait pas de différence. Nous avons la responsabilité de les sauver. »

Enfin – et c'est peut-être ce qu'il y a de plus troublant –, la police devrait sonder le cerveau des prédateurs comme le père de Jessica. On ne peut vaincre un ennemi qu'on ne comprend pas.

CHAPITRE DEUX

Le cycle de l'agression sexuelle

C'est tellement facile d'obtenir du matériel… c'en est presque ahurissant. […] Plus j'en regardais, plus j'avais envie de passer à l'acte.

– Michael Joseph Briere, reconnu coupable de viol et de meurtre d'enfant, à propos de la pornographie juvénile sur Internet

Il n'est pas rare, et on peut le comprendre facilement, que beaucoup de policiers – et une grande partie de la population – considèrent les prédateurs sexuels comme rien d'autre que des monstres qu'il faut enfermer à tout jamais. « Vous voyez le visage même du mal », a déclaré le procureur Thom Murphy, au cours de l'audition sur sentence de Burt Thomas Stevenson. « Cet homme est l'incarnation du mal, et il a fait le mal. L'État souhaite que cet homme ne soit plus jamais libre. Il ne doit jamais sortir de prison. »

Il n'en sortira jamais. Le 20 octobre 2005, le père de Jessica a été condamné à une peine de 100 ans d'emprisonnement. Il n'est pas le dernier délinquant sexuel d'Amérique à se voir condamné à une peine d'un siècle ou davantage d'incarcération. Mais tous les prédateurs ne peuvent pas être retirés de la circulation pendant si longtemps ; même si c'était le cas, il y en aurait toujours de nouveaux.

« Nous ne pouvons pas nous permettre de voir ces individus comme des monstres, dit Joe Sullivan. C'est l'attitude facile à adopter, mais c'est dangereux. » Sullivan, psychologue qui traite les délinquants et analyste judiciaire qui aide la police du Royaume-Uni à leur mettre la main au collet, a probablement interrogé un plus grand nombre d'agresseurs sexuels d'enfants que la plupart des experts du monde. Il est conscient que plusieurs des policiers qu'il forme abattraient volontiers ces agresseurs d'une balle dans la tête s'ils le pouvaient. Mais il est convaincu que, si la police ne parvient pas à comprendre ce qui motive chacun de ces prédateurs, elle a peu de chances de sauver les enfants agressés. «Voir quelqu'un comme un monstre le déshumanise, le rend si différent de nous que nous sommes incapables de le comprendre, dit-il. Nous devons plutôt nous mettre en prise avec lui, humaniser son comportement.»

La position de Sullivan n'est pas toujours populaire. «Aucun enquêteur ne peut espérer comprendre totalement pourquoi les agresseurs sexuels d'enfants commettent leurs crimes», peut-on lire dans un article paru dernièrement dans *Police Life*, magazine officiel des forces d'application de la loi en Australie. «Parce que, pour le comprendre, l'enquêteur devrait accepter les perspectives déviantes des délinquants sexuels, ce qui n'est pas à conseiller à quiconque veut rester sain d'esprit.»

Sullivan estime toutefois que les enquêteurs doivent pénétrer dans cette zone d'ombre afin de mieux comprendre ce genre de crime et de trouver les moyens de le combattre. «Vous devez prendre la difficile décision de pénétrer dans la chambre du délinquant et de sa victime, insiste-t-il. Vous devez aller là où vous souhaiteriez ne jamais mettre les pieds.»

Le petit accent irlandais de Sullivan, son sourire quasi espiègle et sa vivacité d'esprit l'ont rendu fort populaire dans le circuit des conférences policières, mais ces qualités lui ont sans aucun doute aussi permis de désarmer les centaines d'agresseurs pédophiles qu'il a dû interroger – et qu'il a tenté d'aider.

Il a commencé à traiter et à évaluer les délinquants en 1986; en 1997, il conseillait la police, et il est entré à temps plein au Service national du renseignement criminel (NCIS) du Royaume-Uni en 2002, tout en poursuivant son travail auprès des délinquants sexuels. Sullivan fait partie du groupe de chercheurs, restreint mais en croissance constante, qui se penche sur la pédophilie. Par rapport aux autres sciences, la recherche portant sur les sévices sexuels contre des enfants et sur leurs auteurs était une discipline relativement nouvelle, qui ne comptait que quelques décennies d'histoire. «Ce n'était pas une priorité, explique Michael Seto, psychologue clinicien du Centre de toxicomanie et de santé mentale de Toronto. Nous commençons maintenant à mieux comprendre les pédophiles.»

La difficulté à comprendre la pédophilie commence par le terme lui-même. Selon le dictionnaire, il s'agirait d'une attirance sexuelle envers les enfants. Selon l'Association américaine de psychiatrie, la pédophilie est un trouble mental caractérisé par des « fantasmes érotiques intenses et récurrents, des pulsions sexuelles ou des comportements incluant des activités sexuelles avec un enfant impubère ».

Malheureusement, dans la plupart des médias, dans la population et même chez bon nombre de professionnels de la police, le terme « pédophile » est pratiquement devenu interchangeable avec celui d'« agresseur sexuel d'enfants » ; cependant, tous les pédophiles ne sont pas des agresseurs sexuels d'enfants, et vice-versa. Dans une étude particulièrement intéressante, Seto a examiné les cas de 685 hommes qui avaient été dirigés vers le Centre de toxicomanie et de santé mentale de Toronto entre 1995 et 2004 : certains avaient été reconnus coupables d'agressions sexuelles sur des enfants, d'autres de simple possession d'images illicites. Afin d'analyser le degré d'excitation sexuelle que leur procuraient des enfants, Seto a mené une expérience durant laquelle le volume de sang pénien était mesuré pendant que le sujet regardait certaines images. Étonnamment, les probabilités de manifester une attirance pédophile étaient trois fois plus élevées chez les hommes qui avaient été reconnus coupables de possession d'images illicites que chez ceux qui avaient réellement abusé d'enfants. « Beaucoup de raisons expliquent pourquoi des hommes agressent des enfants, conclut Seto, mais nous ne pouvons en trouver beaucoup pour expliquer pourquoi un homme collectionne des images pornographiques d'enfants. La pornographie est plus révélatrice de l'intérêt sexuel de quelqu'un que ne l'est son comportement antérieur. »

Un violeur d'enfant a pu commettre son crime parce qu'il en avait l'occasion, sous l'impulsion du moment, sous l'effet de l'alcool ou par pure cruauté – et non pas parce qu'il est attiré exclusivement par les enfants. Par contre, un pédophile – par crainte des conséquences, parce qu'il a honte ou pour n'importe quelle autre raison – peut résister à ses impulsions et ne jamais sexuellement abuser d'un enfant. Plusieurs délinquants sexuels, comme Burt Thomas Stevenson, chevauchent la frontière séparant les deux types : ce sont des hommes qui entretiennent des relations hétérosexuelles avec des femmes adultes, mais qui ont néanmoins un désir insatiable d'agresser sexuellement des enfants.

« Il faut étiqueter le comportement plutôt que le délinquant, affirme Sullivan. En catégorisant les individus, nous limitons notre capacité d'action. »

Si les termes décrivant les agresseurs sexuels d'enfants sont imprécis, le nombre de jeunes victimes l'est aussi. Selon une étude menée pour le compte du NCMEC (National Centre for Missing and Exploited Children), « une fillette sur cinq et un garçon sur dix sont victimes d'exploitation sexuelle avant d'atteindre l'âge adulte ». Le projet SAVI (Sexual Abuse and Violence in Ireland), mis sur pied par le Collège royal des médecins et chirurgiens d'Irlande pour combattre les sévices sexuels, a publié des statistiques encore plus alarmantes: une femme sur trois et un homme sur quatre auraient subi une certaine forme d'agression sexuelle avec ou sans contact – par exemple des cas d'outrage public à la pudeur – durant l'enfance. Même si l'on ne retient que les statistiques plus faibles des États-Unis, celles-ci signifient que, dans une pièce où se trouveraient 100 adultes, entre 10 et 20 d'entre eux auraient subi des sévices sexuels durant leur enfance. Nous ne pouvons mesurer l'ampleur du phénomène avec plus de précision, parce que la plupart des victimes répugnent à révéler l'expérience vécue: au moins 88 p. 100 des cas d'agressions sexuelles ne sont pas déclarés, selon le centre de recherche Crimes Against Children Research Center (CCRC) de l'Université du New Hampshire.

Vu l'imprécision des estimations du nombre de victimes d'abus sexuels, il est difficile de se faire une idée du nombre de délinquants sexuels. Au cours d'une étude souvent citée qu'a menée le département de psychiatrie de l'École de médecine de l'Université de Californie du Sud, près de 200 étudiants de sexe masculin du premier cycle ont été interrogés. Un sur cinq a reconnu ressentir une certaine attirance sexuelle pour les enfants; près de un sur dix a dit avoir des fantasmes sexuels mettant en jeu des enfants; et 7 p. 100 ont révélé qu'ils pourraient même avoir des relations sexuelles avec des enfants s'ils étaient sûrs de ne pas se faire prendre et d'être punis. Au Canada, le Dr John Bradford, de la Clinique des comportements sexuels du Centre de santé mentale Royal Ottawa, estime que de 2 à 7 p. 100 de la population pourrait avoir des tendances pédophiles. Il compare ces chiffres à ceux de la schizophrénie, maladie qui touche environ 1 p. 100 de la population, mais qui récolte beaucoup plus de financement pour la recherche et d'attention de la part des médias. « Nous sommes très préoccupés par le manque d'attention accordée à la pédophilie, dit Bradford. Un pédophile peut faire des dizaines de victimes. Si on pouvait comprendre ce trouble, le dépister tôt et le soigner, nous préviendrions beaucoup de blessures traumatisantes pour les enfants, et épargnerions beaucoup d'argent en frais de santé, de justice et d'incarcération. Pourquoi n'en faisons-nous pas davantage dans ce domaine? Parce que les gens refusent d'accepter que la pédophilie est un problème de santé publique. »

Si l'on ne peut que deviner approximativement le nombre de pédophiles sévissant dans nos sociétés, nous pouvons être plus précis pour ce qui est de leur identité, grâce aux statistiques relatives aux arrestations, aux registres des pénitenciers et aux dossiers des affaires. L'image classique que l'on se fait du pédophile – « un vieux bonhomme obscène et bizarre » rôdant dans les coins sombres ou sur le Web – est fausse à tous égards.

Pour commencer, les abuseurs d'enfants sont rarement des inconnus. « Nous disons à nos enfants de se méfier de l'homme en imperméable, des inconnus », dit Rachel Mitchell, chef du bureau des procureurs chargés des crimes de nature sexuelle, à Phoenix. « Nous ne les mettons pas en garde contre leur entraîneur de baseball. » Selon le centre de recherche CCRC, « dans 70 à 90 p. 100 des cas d'agressions sexuelles d'enfants, la victime connaît son agresseur ».

La plupart des études indiquent qu'au moins 90 p. 100 des crimes de ce type sont commis par des hommes, ce qui laisse peut-être quelque chose comme un cas d'agression sur dix commis par une femme, généralement la mère. Selon le Center for Sex Offender Management du ministère américain de la Justice, environ 8 p. 100 des personnes arrêtées pour viol et agression en 1997 étaient des femmes.

Les agresseurs sexuels d'enfants commencent tôt dans la vie – ou sont au moins conscients très jeunes de leurs pulsions. Dans son travail de longue date auprès des délinquants sexuels, Joe Sullivan a constaté qu'au moins 80 p. 100 d'entre eux ont pris conscience avant l'âge de 18 ans de leur attirance sexuelle pour les enfants.

« Ils savent que cette attirance ne s'estompera pas, dit-il. Une fois qu'on l'attrape, on la garde. »

Voilà qui soulève la question suivante : comment l'attrape-t-on ?

Demandez à n'importe quel psychologue, psychiatre ou clinicien la cause de la pédophilie, et vous obtiendrez la même réponse : « Nous l'ignorons. » Le Dr Peter Collins, qui a vu son compte d'agresseurs sexuels lorsqu'il dirigeait l'Unité de psychiatrie médico-légale de la Police provinciale de l'Ontario (PPO), explique ceci : « Nous ignorons s'il s'agit d'une combinaison de problèmes hormonaux et anatomiques dans le cerveau, et s'il y a ou non une composante génétique – nous ne le savons pas. »

Cependant, nous savons ceci sur la pédophilie : il n'y a aucune relation de cause à effet entre l'homosexualité et l'agression sexuelle d'enfants. Lorsque le scandale entourant le comportement de Mark Foley, membre du Congrès des États-Unis, a éclaté à l'automne 2006, les prédicateurs évangéliques et les commentateurs conservateurs ont essayé d'établir ce lien. L'éditorialiste du *Wall Street Journal* se demandait même « si on pouvait mettre en quarantaine un membre gai du Congrès », tandis que le pontife républicain Newt Gingrich laissait entendre que Foley n'avait pas été ramené au pas plus tôt parce que les républicains « auraient été accusés d'homophobie ». Le sous-entendu était que les homosexuels constituaient une menace pour les enfants. Pourtant, les agresseurs sexuels d'enfants sont beaucoup plus souvent hétérosexuels, comme le père de Jessica, qu'homosexuels. Les froides statistiques compilées à partir des centaines de milliers d'images de sévices sexuels contre des enfants ne mentent pas: la vaste majorité des délinquants sont des hommes qui sont attirés par des fillettes, et non par des garçonnets. Selon une étude exhaustive du NCMEC, 62 p. 100 des hommes arrêtés pour possession de pornographie juvénile détenaient des images en majorité de fillettes. Au Royaume-Uni, l'Internet Watch Foundation (IWF), qui surveille pour le compte de l'industrie et de la police les cas d'exploitation sexuelle d'enfants, a conclu que 79 p. 100 des images illicites saisies au cours des dernières décennies étaient de victimes de sexe féminin.

L'homophobie subsiste néanmoins, attisée qu'elle est entre autres par les provocations de groupes comme la North American Man/Boy Love Association (NAMBLA), qui fait sans la moindre gêne la promotion des relations sexuelles avec des mineurs. L'objectif déclaré de la NAMBLA est de « mettre un terme à l'extrême oppression que subissent les hommes et les garçons dans leurs relations consensuelles » et d'abolir « les lois sur l'âge de consentement et toutes les autres restrictions qui empêchent les hommes et les garçons de profiter pleinement de leurs corps et d'être maîtres de leur propre vie ». La faille dans ce genre de position prétendument en faveur de la libération sexuelle est évidente: si l'on peut légitimement discuter de la capacité des adolescents plus âgés à consentir à des relations sexuelles, il ne fait pas l'ombre d'un doute qu'un garçon de 7 ans – et encore moins un bambin de 2 ans – ne saurait consentir de quelque manière que ce soit à avoir des rapports sexuels avec un adulte.

« Un adulte consentant fera bien ce qu'il voudra, dit Jim Gamble, l'un des représentants principaux de la police britannique chargés de la lutte contre l'exploitation sexuelle des enfants. Notre rôle consiste à protéger les enfants; nous ne passons pas de jugements moraux, seulement des jugements légaux. »

Une autre question litigieuse et compliquée est celle de savoir si le fait d'avoir été victime de sévices sexuels durant l'enfance peut mener un individu à commettre ce crime une fois adulte. Environ un tiers des pédophiles connus ont été sexuellement agressés durant leur enfance – proportion qui reste remarquablement stable d'une étude à l'autre. Cette proportion est donc plus élevée chez les délinquants sexuels que dans la population en général. Il reste cependant que les deux tiers de ces délinquants n'ont pas été de telles victimes et doivent dès lors avoir d'autres raisons d'être sexuellement attirés par les enfants. « Il y a là un lien, certes, mais ce n'est pas une cause », conclut Bradford.

En fin de compte, en ce qui a trait à l'orientation sexuelle – hétérosexualité, homosexualité et pédophilie –, le débat scientifique se poursuit sur ce qu'elle a d'inné par rapport à ce qu'elle a d'acquis. En règle générale, les théories sur les causes de la pédophilie peuvent se diviser en deux camps: celui des causes psychologiques et sociales, et celui de l'explication neurobiologique.

Joe Sullivan, pour sa part, penche pour les influences psychologiques: «C'est une question très complexe que celle de l'évolution de la sexualité d'un individu. Je ne crois pas que l'orientation sexuelle soit déterminée avant la naissance. Ce n'est pas une question de câblage neurologique.» Même si Sullivan n'exclut pas que la science médicale puisse un jour découvrir des facteurs biologiques ou mentaux déclenchant la pédophilie, il préfère examiner la «collision de facteurs» qui, tôt dans la vie, se combinent et conduisent certains individus à s'intéresser sexuellement aux enfants.

«Ils apprennent grâce aux expériences vécues, à leur manière de les traiter, et leur manière de les traiter est influencée par ce qui leur est arrivé durant leurs premières années», explique le psychologue.

Le Dr John Bradford, d'Ottawa, voit les choses autrement: «Le câblage est probablement la cause la plus plausible, et les autres facteurs, secondaires.»

«Chacun d'entre nous, à l'âge de 12 ou 13 ans, traverse la puberté. C'est un peu comme si un programme informatique se mettait en marche: nous commençons à nous intéresser au sexe. La plupart d'entre nous sont attirés par des personnes du sexe opposé, à peu près du même âge. D'autres le sont par des personnes du même sexe et à peu près du même âge qu'eux. Mais il y en a d'autres encore dont la préférence en matière d'âge est défectueuse. Ils sont attirés par des hommes ou des femmes, mais leur ordinateur, pourrait-on dire, est programmé vers des enfants impubères. Au fil des ans, la différence d'âge s'accentue. Voilà qui nous incite fortement à privilégier une cause de type câblage – une cause neurobiologique», conclut-il.

Afin de comprendre ce que pourrait être ce câblage, Bradford et d'autres ont effectué certaines études génétiques préliminaires qui semblent indiquer «une certaine forme de vulnérabilité génétique» – pas un gène dominant ou récessif qui serait transmis par un parent ou par les deux, mais peut-être une forme de transmission polygénique, c'est-à-dire mettant en cause plusieurs gènes. «La pédophilie se transmettrait d'une génération à l'autre dans les familles – c'est ce qu'il appert, mais la transmission est très faible, et elle ne se produit pas chaque fois. Nous ignorons pourquoi», précise Bradford.

Seules des recherches supplémentaires – qui, malheureusement, suscitent peu d'intérêt auprès de la population et aussi peu de financement public – pourront élucider ces mystères. Tous les experts s'entendent toutefois pour dire que c'est une combinaison de pressions qui mène à la pédophilie. Il est évident que des facteurs sociaux et psychologiques influencent certains individus qui, pour diverses raisons biologiques, risquent d'être plus susceptibles que d'autres d'être attirés sexuellement par les enfants.

« Tout le monde recherche une réponse simple à la question de savoir pourquoi les pédophiles font ce qu'ils font, mais il n'y en a pas, dit Joe Sullivan. Je pense que nous savons comment cela fonctionne pour certains des délinquants avec qui nous avons travaillé intensivement sur de longues périodes, mais je ne crois pas qu'il y ait un facteur distinctif applicable à tous. »

Prenons le cas de Mark Langham*, un jeune trentenaire d'Edmonton, en Alberta, de belle prestance et de commerce agréable. Purgeant une peine de 14 ans dans un pénitencier fédéral pour sévices sexuels infligés à deux des enfants de sa femme et à deux de leurs camarades, Langham a décidé de coopérer avec la police au démantèlement d'un réseau international de pédophiles. Il a également accepté de participer à de longues entrevues pour la rédaction du présent ouvrage.

Comme c'est le cas du tiers des agresseurs sexuels d'enfants, il dit qu'il a été lui-même agressé durant son enfance, par un frère aîné. Ses parents ont divorcé quand il avait 3 ans. Petit pour son âge, il s'est beaucoup fait intimider à l'école. « Jeune adulte, je voulais être policier, raconte-t-il. Je n'avais ni les diplômes ni le physique pour ça. Mais j'en rêvais encore. Je ne souhaitais pas devenir pédophile. »

Comme la plupart des pédophiles, toutefois, Langham a su très tôt qu'il l'était : « Du plus loin que je me souvienne, j'ai toujours eu une préférence pour les enfants. Je cherchais toujours la compagnie d'enfants beaucoup plus jeunes que moi.

« Ce n'était pas une question de sexe en soi, mais de contrôle, explique-t-il. C'était comme un cercle : je me faisais intimider à l'école, et j'intimidais les autres ailleurs. »

Langham a commencé par du voyeurisme et du tripotage : adolescent, il hantait les piscines et les gymnases, ou il se rendait chez des amis où des enfants en bas âge couraient en slip dans la maison. Étudiant au cours secondaire, il était assez calculateur pour se faire accepter comme aide-enseignant bénévole dans une école primaire. « Cela m'excitait », dit-il.

À l'âge de 18 ans, Langham a fait face à une première accusation criminelle, pour avoir agressé sa nièce de 4 ans. Il a été condamné à une peine de 90 jours de prison. Durant l'année qui a suivi, encore en liberté surveillée, Langham a agressé deux garçons de moins de 8 ans et a été condamné à une peine de 21 mois de prison.

« J'étais gêné, dit-il doucement. Je sais que ce que je faisais était mal. Mais c'est comme ça que je suis. J'obtenais ce que je voulais. »

C'est là une question qui intrigue les psychologues enquêteurs comme Joe Sullivan : comment les agresseurs d'enfants et les pédophiles arrivent-ils à ignorer ou à éteindre les signaux d'alarme qui résonnent presque continuellement dans leur tête pendant qu'ils s'apprêtent à faire ce qu'ils savent être mal ?

Il ne faut pas se leurrer à ce sujet. Sullivan a constaté que la majorité des délinquants sexuels auprès de qui il a travaillé « sont conscients dans une certaine mesure que ce qu'ils s'apprêtent à faire est mal, qu'ils ne devraient pas le faire ou qu'ils subiront de graves conséquences s'ils le font ». Randy Wickins, policier d'Edmonton qui travaillerait plus tard avec Mark Langham pour mettre fin aux activités d'autres pédophiles, a été frappé par le tumulte intérieur de ce dernier. « Il a ces pensées, ces fantasmes, et il reconnaît avoir fait du mal à des enfants, dit Wickins. Un énorme conflit fait rage en lui : il ne peut se retenir, mais il est conscient de faire du mal à des enfants. »

Bien entendu, il existe beaucoup de brutes et de sadiques qui ont peu de scrupules ou de remords au départ, mais qui, sans avoir de sentiment de culpabilité à surmonter, doivent tout de même vaincre leur peur de se faire attraper.

En 2002, en s'inspirant de modèles conçus par d'autres spécialistes des agressions sexuelles d'enfants, Sullivan a mis au point un outil clinique d'analyse des délinquants, le « cycle de l'agression sexuelle ». Tenaillé par le désir et l'excitation d'une agression, le délinquant potentiel doit abattre un certain nombre de murs constitués par le sentiment de culpabilité et la peur. Pour que ces murs deviennent de plus en plus fragiles, il recourt à des fantasmes toujours plus puissants – associés à la masturbation et à l'orgasme – pour venir à bout de toute résistance interne. Le stade suivant de la spirale consiste à « préparer » l'enfant convoité en affaiblissant sa résistance : fourberie, cadeaux, attitude amicale ou recours à la force – ou une combinaison de tout cela. Enfin, le délinquant commet l'agression. Le cycle peut recommencer, mais, à mesure que ses obsessions le consument avec plus d'intensité, les murs sont chaque fois plus faciles à abattre.

Afin de vaincre leur sentiment de culpabilité et leur peur, les délinquants sexuels se livrent à une série d'exercices de gymnastique mentale que les psychologues appellent « distorsion cognitive ». Il se peut qu'ils commencent par petites étapes, par exemple en imaginant qu'ils touchent un enfant endormi. « Cela ne la dérangeait pas, a déclaré un délinquant à Sullivan. Elle ne m'a pas dit non, alors elle trouve sûrement cela agréable. » Sharon Cooper, pédiatre renommée de Caroline du Nord, à qui les autorités ont demandé d'examiner les photos de Jessica et qui a témoigné dans des douzaines d'affaires de pornographie juvénile, déclare que les délinquants sexuels emprisonnés rejettent souvent la faute sur leurs victimes: «Je ne voulais pas faire ça; l'enfant m'a séduit, disent-ils. Je ne voudrais jamais faire de mal à un enfant, mais ils étaient là et ils m'ont poussé à le faire.»

Tandis que les derniers murs s'affaissent durant les ultimes préparatifs en vue de l'agression, les délinquants doivent beaucoup travailler sur la victime et sur l'entourage qui la protège peut-être. Souvent, ils excellent dans l'art de dire et de faire ce qu'il faut pour atteindre leurs fins. En Angleterre, un homme de 38 ans, de Wickford (Essex), prétendait être conseiller en ligne pour jeunes victimes d'agressions sexuelles afin de gagner la confiance de l'une de ses cibles, une adolescente perturbée de 13 ans. «Ne t'inquiète pas, il y a un monde de pervers, et je suis une lumière qui brille, lui a-t-il écrit dans un courriel, selon les témoignages entendus à son procès. Mon petit doigt me dit que tu as besoin de quelqu'un qui te serre dans ses bras et qui te dise qu'il se soucie de toi.»

Un beau-père a dévoilé à Sullivan l'un des trucs faciles qu'il employait: entouré de trois enfants, il demandait soudainement qui lui avait volé un billet de 10$. Tous trois niaient l'avoir fait. Mais, en passant au peigne fin leurs sacs d'écoliers, il trouvait le billet qu'il avait lui-même caché dans le sac de sa cible. Celle-ci, en pleurs, niait le vol – devenant ainsi aux yeux des autres une voleuse et une menteuse – et se faisait dire qu'elle allait être punie. Ainsi, le prédateur semait le doute dans l'esprit de l'entourage de sa victime, qui n'était plus digne de confiance, et il pourrait plus tard nier son crime.

En alimentant et en soutenant les pédophiles et les prédateurs d'enfants, Internet a transformé le cycle de l'agression sexuelle en véritable tornade.

Chaque étape du cycle – le désir, l'érosion du mur de culpabilité et de peur, le fantasme et la préparation de la victime, voire l'agression – a été magnifiée dans des proportions inimaginables par l'outil de communication le plus puissant que l'homme ait jamais inventé. Songez à quel point Internet a changé votre vie: vous y trouvez des photos de l'hôtel où vous avez réservé une chambre; vous y dénichez de l'information pour un travail scolaire; ou vous y rencontrez de nouveaux amis qui partagent votre passion pour la collection de cartes de hockey. Imaginez maintenant ce que peut représenter le Web pour quelqu'un qui cherche des images de fillettes subissant des sévices sexuels, qui veut des conseils d'expert sur le cryptage de ces images illicites ou qui veut faire de nouvelles connaissances afin d'échanger des photos pornographiques d'enfants.

Les agresseurs d'enfants et les images de leurs crimes existaient bien avant l'avènement d'Internet. En 1874, la police métropolitaine de Londres a arrêté un photographe qui avait 130 000 images de pédophilie fixées sur des plaques de verre. Les prédateurs continueraient leur besogne même si on débranchait Internet demain matin. Mais si Internet n'a pas créé de pédophiles, il leur fournit certainement un environnement dans lequel ils trouvent facilement satisfaction. Ce qui était naguère un fléau caché dans les sombres recoins de la société est devenu facilement accessible au moyen de moteurs de recherche.

« Incroyable. Je pénétrais dans un tout nouveau monde. » Mark Langham se souvient avec précision du moment où il a cliqué pour la première fois sur un site Web qui promettait des images illicites d'enfants. « Je n'en croyais pas mes yeux. J'ai eu une érection instantanée. C'est à ce moment que j'ai commencé à échafauder mes fantasmes. »

Langham découvrait qu'Internet fournit au délinquant pédophile les trois « A » dont il a besoin pour s'épanouir : l'anonymat, l'acceptation et l'accès facile.

« Avant Internet, il était plutôt difficile aux délinquants sexuels de se trouver les uns les autres, explique Sullivan. Ceux qui cherchaient à rencontrer leurs coreligionnaires prenaient des risques considérables. »

« Il y a quelques années, quiconque s'intéressait à cela devait s'en remettre aux magazines, aux films, aux bandes vidéo et même aux photos Polaroid », dit Ray Smith, l'un des premiers inspecteurs des postes des États-Unis à faire la chasse au matériel d'exploitation sexuelle des enfants. Ce matériel était difficile et long à trouver. « Aujourd'hui, dit-il, vous pouvez de manière parfaitement anonyme regarder dans votre salon une vidéotransmission en direct sur Internet. » Sans quitter votre foyer, sans rencontrer qui que ce soit, sans donner votre vrai nom ni une quelconque adresse, vous pouvez vous repaître au grand buffet des sévices sexuels infligés aux enfants. C'est ainsi que le Web fait aisément et rapidement franchir la première étape du cycle de l'agression sexuelle, celle du désir et de l'excitation.

Le Web permet ensuite aux fantasmes du délinquant de devenir acceptables – le délinquant éprouve un sentiment de puissance et de libération lorsqu'il découvre qu'il n'est pas le seul à avoir envie de rapports sexuels avec des enfants. « Si isolés ou seuls que nous puissions nous sentir dans nos convictions, nous pouvons être assurés qu'il y en a d'autres comme nous », peut-on lire sur le site Web britannique Inquisition21, qui prétend combattre l'oppression qu'exercent sur les pédophiles la police et l'État : « Si nous avons une idée digne d'intérêt, rien ne peut en venir à bout, malgré les efforts acharnés de ceux qui essaient de l'anéantir ou de la censurer, et de nous punir pour l'avoir conçue et pour essayer d'en faire la promotion. »

Le troisième avantage qu'offre Internet aux agresseurs potentiels, c'est la facilité d'accès – aux autres agresseurs, aux images de sévices sexuels qu'ils adorent, ainsi qu'au mentorat et à la formation. « Certains hommes passent toute leur vie à cacher leur prédilection et ne confient jamais à qui que ce soit les sentiments qu'ils éprouvent, explique Sullivan. Désormais, ils peuvent faire connaître leurs préférences et en acquérir de nouvelles, et faire passer leurs fantasmes à un niveau supérieur. »

Les images, bien sûr, constituent la récompense immédiate la plus gratifiante. Imaginez un site Web qui puisse offrir aux drogués des échantillons de cocaïne ou d'héroïne à télécharger instantanément. C'est ce que le Web offre aux agresseurs sexuels d'enfants. « La frontière est floue entre le fantasme et la réalité », dit Peter Collins, psychiatre médico-légal de la Police provinciale de l'Ontario. « Sur plusieurs photos, les enfants sourient ou ne semblent pas en danger. Internet peut renforcer les distorsions cognitives des pédophiles, car ceux-ci peuvent se dire : "Comment cela peut-il leur faire du tort ?" »

Mieux vaut collectionner toutes ces photos et les regarder, plutôt que de donner libre cours à ses pulsions et d'avoir des rapports sexuels avec de vrais enfants – voilà l'argument mis de l'avant par les marchands en ligne, par les accusés dans des causes de pornographie juvénile et par leurs avocats, ainsi que par les sites Web et organisations favorables à la pédophilie. Selon ce raisonnement, les images de sévices sexuels contre des enfants jouent le rôle d'une soupape de sûreté, qui libère les passions et satisfait les pulsions physiques, lesquelles, autrement, conduiraient à de dangereuses agressions dans le monde réel. Ce ne sont que des images, argue la défense, et criminaliser la pornographie juvénile sur Internet revient à criminaliser la libre pensée.

« C'est ce que nous entendons souvent de la bouche des délinquants sexuels, dit Joe Sullivan. Ils reconnaissent avoir téléchargé le matériel illicite, mais affirment l'avoir fait afin de ne pas passer vraiment à l'acte avec un enfant. »

Le pédophile Mark Langham a commencé par se justifier après coup en disant que ce qu'il faisait était sans danger et ne faisait de mal à personne : « Je ne fais rien de mal, je regarde des photos sur un écran. C'est comme ça que je pensais. Je m'en foutais complètement. »

Il a fini par comprendre qu'il se mentait à lui-même : « Tout ce que cela fait, c'est d'aiguiser mon appétit. Plus je regarde de ces photos, plus j'ai envie d'aller plus loin. L'étape suivante, c'est l'agression sexuelle. »

Il existe plusieurs failles graves dans l'argument selon lequel le visionnement d'images de sévices sexuels contre des enfants ne fait de mal à personne, la première et non la moindre étant que, pour la création de ces images, de vrais enfants, quelque part dans le monde, ont dû subir des agressions sexuelles. Qui plus est, ces images sont souvent explicitement produites à des fins d'échange sur un site Web commercial de pornographie juvénile. Dans ce sens, le pédophile qui les télécharge contribue à rendre l'agression sexuelle possible.

Il y a une faille encore plus fondamentale dans l'argument « ce ne sont que des images », une faille qui mène directement aux dangers présentés par le matériel d'exploitation sexuelle des enfants qui est mis en ligne. Les tenants de cet argument se trompent : les preuves selon lesquelles le visionnement de ces images sur Internet, loin de prévenir les agressions réelles, risque de les favoriser sont accablantes. Sullivan qualifie ces images d'Internet de « carburant de l'agression sexuelle ». Le téléchargement et le visionnement répétés d'images de sévices sexuels contre des enfants en vue de satisfaire les pulsions physiques de l'internaute ont deux effets importants sur le mur qui s'élève sur le chemin menant à l'agression réelle d'un enfant. Premièrement, c'est une forme de lavage de cerveau, comme l'explique Sullivan : « Ils se convainquent par ces images que les enfants sont des êtres sexuels, ou que les enfants aiment ce type de comportement, ou encore que ce comportement ne leur fait pas de mal. » Deuxièmement, ces images créent un lien dangereux entre les pensées agréables qu'elles suscitent et le plaisir physique de l'orgasme. Le délinquant risque de rechercher des sensations plus fortes – des photos plus explicites ou plus violentes – jusqu'à ce que les photos ne lui suffisent plus et qu'il ait besoin de passer à l'acte dans le monde réel. « Comme dans le cas d'un drogué, le seuil de tolérance à la drogue du délinquant sexuel monte constamment. Il se dit toujours qu'il pourra contrôler sa consommation, mais en fait il a déjà commencé à abattre le mur », conclut Sullivan.

Ce phénomène a été tragiquement illustré par le cycle d'agression sexuelle dans lequel Michael Joseph Briere s'est engagé en 2003. Selon ses aveux, le programmeur torontois de 36 ans se laissait aller depuis « peut-être un an ou deux » à des fantasmes dans lesquels il agressait une fillette. Il alimentait ce qu'il appelait son « sombre secret » sur le Web, et il n'avait besoin d'aucune technique de programmation pour y parvenir. « C'est tellement facile d'obtenir du matériel... c'en est presque ahurissant », a-t-il expliqué dans ses aveux de 61 pages. « Regarder ce matériel vous pousse à aller plus loin. Plus j'en regardais, plus j'avais envie de passer à l'acte. »

Finalement, un soir de pluie, le 12 mai 2003, cette envie lui a fait abattre le dernier mur de culpabilité et de peur. « Ce soir-là, j'ai dû regarder des images qui m'ont excité. Je voulais vraiment passer à l'acte, a raconté Briere dans ses aveux. Je voulais vraiment avoir des rapports sexuels avec un enfant. Ce désir me consumait tout entier. Je suis sorti de chez moi, et elle se trouvait là. »

L'enfant, Holly Jones, 10 ans, rentrait à pied chez elle, après avoir rendu visite à une amie. Briere l'a enlevée dans la rue, puis l'a traînée derrière son appartement. Là, il l'a agressée, avant de l'étrangler – tout cela en à peine quarante minutes. Pris de panique, Briere a caché le corps dans son réfrigérateur. Plus tard, il l'a découpé et s'est débarrassé des morceaux à deux endroits différents. Mais la police a eu vite fait de les découvrir. Les soupçons se sont portés sur Briere peu de temps après, lorsqu'il a refusé de donner un échantillon d'ADN aux policiers qui faisaient le tour du quartier et sonnaient à toutes les portes. C'est sur une cannette de Pepsi qu'il avait jetée que ceux-ci ont prélevé son ADN, lequel correspondait au sang retrouvé sous les ongles de Holly.

Lorsqu'il a condamné Briere à la prison à vie sans possibilité de libération avant 25 ans – peine la plus sévère qu'on puisse infliger au Canada –, le juge a déploré les « désirs sexuels égoïstes » du prédateur, « alimentés par les images pornographiques affichées sur un écran d'ordinateur ».

À l'extérieur de la salle du tribunal, Paul Cutler, procureur en chef de la Couronne à Toronto, a déclaré aux reporters : « Si ce n'est pas une cause qui peut faire comprendre à la société, au gouvernement, aux assemblées législatives et à ceux qui travaillent à la poursuite et à la résolution des affaires de pornographie juvénile que ce cancer social doit être enrayé, je me demande bien ce qui le pourra. »

Malheureusement, l'histoire de Briere n'est pas une exception, mais la règle. Les statistiques sur les arrestations confirment qu'une bonne partie des « consommateurs d'images » ont un dossier criminel relatif à des agressions sexuelles. Les chiffres sont étonnamment semblables d'une agence d'application de la loi à une autre, et d'une enquête à une autre : au moins le tiers des personnes arrêtées en possession de pornographie juvénile ont également agressé des enfants.

Lorsque le NCMEC a commandé une étude au centre de recherche CCRC de l'Université du New Hampshire, les registres de 2574 agences d'application de la loi des villes, des comtés et des États, en plus de ceux de deux agences fédérales, ont été examinés. Il en est sorti une liste de 429 délinquants arrêtés en 2000 et 2001 pour possession de pornographie juvénile. Les chercheurs ont constaté que 40 p. 100 des personnes arrêtées relativement à ce chef d'accusation avaient aussi été condamnées pour sévices sexuels à l'encontre d'enfants. Les statistiques du Service d'inspection postale américain sont semblables : de 35 à 40 p. 100 des hommes arrêtés depuis 1996 pour s'être servis de la poste pour transporter des images de sévices sexuels étaient également des agresseurs d'enfants.

La recherche la plus intéressante est peut-être celle d'Andres Hernandez, psychologue et directeur du programme de traitement des auteurs de crimes sexuels à la prison de Butner, en Caroline du Nord. Après avoir travaillé auprès de ces criminels pendant plus d'une douzaine d'années, Hernandez est troublé par la « très profonde incompréhension » qu'il constate parmi les responsables des agences d'application de la loi : « Ils n'envisagent pas la possibilité que des crimes de nature sexuelle soient commis, que la personne qui est devant eux soit peut-être un agresseur d'enfants plutôt qu'un collectionneur d'images. » Selon lui, les juges en particulier « éprouvent de la difficulté à envoyer les accusés derrière les barreaux pour ce qu'ils considèrent comme de simples images ».

L'adhésion au programme de traitement de Hernandez est volontaire. Les prisonniers ne jouissent d'aucun privilège particulier. Aucune promesse de réduction de peine non plus. Dans le cadre d'une étude qui a duré plusieurs mois, Hernandez a réalisé des entrevues approfondies avec 90 prisonniers : 62 avaient commis des crimes sur Internet, soit en possédant des images, soit en tentant d'attirer des victimes ; 24 avaient été reconnus coupables d'un contact sexuel non relié au Web, par exemple de sévices sexuels ou d'agressions ; et 4 purgeaient une peine pour des crimes de nature autre que sexuelle, par exemple pour vol de banque ou trafic de drogues. Hernandez voulait savoir s'il y avait une différence entre le nombre connu des victimes de ces délinquants et le nombre réel qu'ils étaient disposés à divulguer une fois en prison. Il a comparé les données du rapport d'enquête préalable à la sentence de chaque prisonnier – il s'agit d'un document officiel préparé par le service des libérations conditionnelles – avec le nombre de crimes sexuels révélés durant le traitement dispensé en prison.

Ce qu'il a découvert l'a abasourdi. Après avoir reçu leur sentence, ces hommes ont avoué avoir fait globalement 1622 victimes – au lieu des 106 victimes officielles des registres. Mais le plus étonnant, c'est que la plus grande différence – et le nombre le plus élevé de crimes non détectés par le système de justice – venait non pas des hommes incarcérés pour des agressions sexuelles, mais bien de ceux qui l'étaient « simplement » pour des crimes commis sur Internet. Plus des trois quarts des hommes arrêtés et condamnés seulement pour des crimes commis sur Internet ont fini par avouer avoir commis des agressions et d'autres formes de sévices sexuels. En fait, les entrevues réalisées par Hernandez ont révélé que, dans le groupe relié à la pornographie juvénile, chaque délinquant avait fait en moyenne 20 victimes, ce qui était plus du double du nombre moyen de victimes des délinquants du groupe relié aux contacts sexuels.

« Je savais que le nombre de crimes commis rapportés était toujours inférieur à la réalité dans le cas de tous les délinquants sexuels, dit Hernandez. Mais il est évident que ce que nous voyons ici n'est que la pointe de l'iceberg. Je dirais que la pornographie juvénile, loin d'être une soupape de sûreté, a plutôt l'effet contraire. »

Il serait déjà inacceptable qu'Internet ne fournisse que les images et films qui contribuent à faire passer à l'acte les délinquants potentiels. Mais c'est bien davantage qu'un terrain de jeu pour les prédateurs. Internet est devenu une école – un centre de formation où les nouveaux et les timorés peuvent apprendre les trucs du métier auprès de mentors et de maîtres.

Des mentors comme Burt Thomas Stevenson. Durant l'analyse qu'elle a faite des ordinateurs du père de Jessica, Emily Vacher, agente du FBI, a découvert des centaines de registres des conversations que celui-ci avait eues avec ses collègues agresseurs d'enfants. « Ces hommes ne vivent pas dans un vide, dit-elle. Internet est pour eux un outil qui leur permet de trouver leurs semblables, et de valider et normaliser leurs comportements déviants. »

Les registres de Stevenson ont permis aux autorités de découvrir un triangle bizarre d'agresseurs sexuels composé du programmeur de Caroline du Nord, d'une mère de trois enfants du Texas et d'un Britannique solitaire. Simon Gray, 37 ans, cheveux noirs abondants et visage rond, était un accordeur de pianos solitaire qui habitait dans le Surrey, au sud de Londres. Il vivait dans une petite caravane blanche installée sur le terrain de la ferme de ses parents. C'était un fanatique des émissions de science-fiction à la télévision, comme *Dr. Who* et *Star Trek*. « Homme tranquille, solitaire et immature, qui comptait peu d'amis », voilà comment Rod Thompson, officier de police du Surrey qui a fait enquête sur Gray après avoir reçu un tuyau du FBI, décrivait Simon Gray. « Il habitait dans un énorme monde fantastique qu'il s'était créé. »

Poussé par l'échange de courriels constant avec Stevenson, le reclus du sud de l'Angleterre nourri de fantasmes s'est progressivement transformé en agresseur sexuel transatlantique. Il a suivi si fidèlement le cycle de l'agression sexuelle de Joe Sullivan qu'on aurait pu croire qu'il avait lu l'ouvrage du psychologue. « Nous avons pu suivre son évolution de pédophile et voir l'adolescent maladroit se métamorphoser en voyageur international qui abuse sexuellement d'enfants », dit Thompson.

Durant son adolescence, Gray a commencé une énorme collection de publicités découpées dans les magazines et mettant en vedette de très jeunes mannequins féminins. Adulte, il s'est mis à enregistrer des audiocassettes sur lesquelles il inventait des histoires de viol (« Je me suis précipité sur elle, et je l'ai attrapée. J'ai mis ma main sur sa bouche et lui ai dit de ne pas faire de bruit. »). Ensuite, il a pris l'habitude de donner des coups de fil anonymes à des enfants, essayant de les engager dans une conversation obscène. Dans les écoles où il se rendait pour accorder des pianos, il prenait des photos des enfants puis il découpait leurs visages qu'il collait sur les photos pornographiques de sa collection.

« Il est évident que le cycle s'est accéléré lorsqu'il est entré en contact avec Stevenson », dit Thompson. Vers la fin de l'année 2002 et au début de 2003, Gray a rencontré le père de Jessica et une femme de Dallas, Karen Harris*, dans un forum « destiné aux gens qui souhaitent discuter de fantasmes mettant en jeu l'inceste », comme Harris le déclarerait plus tard à la police. Harris avait un passé beaucoup plus trouble que celui de ses deux complices : droguée déclarée de 27 ans dont le mari était incarcéré pour vol et agression, elle prétendait avoir subi à répétition des sévices sexuels de la part de son beau-père et de sa propre mère.

Stevenson a poussé ces deux correspondants d'Internet bien au-delà du domaine du fantasme. Il se vantait d'avoir des rapports sexuels avec sa fille et leur a envoyé des photos de Jessica pour le prouver. Il a proposé à Harris de faire de même avec ses enfants à elle. « Il a dit à un certain moment qu'il allait se trouver à Houston pour son travail, et qu'il pourrait se rendre à Dallas tel ou tel jour pour violer les enfants, puis rentrer », raconte Brooke Donahue, l'agent du FBI de Dallas qui a suivi la trace de Harris après avoir été alerté par ses collègues de Caroline du Nord.

Harris a rejeté l'offre de Stevenson, mais elle a invité Simon Gray à rendre visite à ses enfants – deux filles âgées respectivement de 4 et 7 ans, et un garçon de 9 ans. « C'était pour elle une simple question d'argent, dit Rod Thompson. Comme elle l'a elle-même déclaré, elle louait ses enfants à un pédophile. »

Gray, alors entiché de la femme qu'il avait rencontrée sur Internet, a accepté de payer sa carte de crédit et son compte de téléphone, de même que son loyer et sa facture d'épicerie. Son premier voyage à Dallas, à la fin d'avril 2003, n'a duré que quelques jours ; c'était l'occasion de rencontrer les enfants et de commencer à les « préparer ». Gray a demandé conseil à Stevenson. « Stevenson était engagé dans cette pratique depuis des années, dit Thompson. Avec Gray, c'était donc presque une relation de maître à élève. Il lui a donné des conseils sur la manière d'attirer les enfants et de les agresser. Après s'être exécuté, [Gray] faisait un compte rendu à Stevenson. »

Le dernier mur de culpabilité et de peur qui faisait obstacle à Gray avait été abattu. Lorsqu'il est retourné à Dallas le 16 juin, il y a passé plusieurs semaines, et les sévices sexuels ont commencé lentement, d'abord par des caresses sur les parties génitales ; ensuite il a dormi nu avec l'une des fillettes, puis il s'est livré à des jeux sexuels avec les enfants. Durant leurs conversations sur Internet, Stevenson l'aiguillonnait constamment. Les deux hommes ont discuté de la manière de rendre « plus obéissante » la plus grande des deux filles de Harris en la faisant discuter en ligne avec Jessica. Stevenson a aussi suggéré à Gray un moyen plus rapide de briser la résistance de l'enfant. « Je n'oublierai jamais la conversation que j'ai lue sur l'ordinateur de Stevenson, dans laquelle il donne à Gray le conseil "d'un pédophile à un autre" de droguer l'enfant pour la rendre plus docile, raconte Vacher. Je n'en croyais pas mes yeux. »

Gray, de plus en plus sûr de lui, a fait monter d'un cran ses agressions au cours d'un troisième voyage au Texas, en novembre 2003, quelques semaines à peine avant l'arrestation de son mentor. Il a préparé l'une des filles en lui montrant des images de sévices sexuels sur Internet. Puis Gray est resté seul dans la chambre avec l'enfant, qu'il a immobilisée sur le sol. « Il a été pris de panique lorsqu'elle s'est mise à crier, dit Rod Thompson. Quand Gray a mis la main sur la bouche de la petite pour la forcer à se taire, il a cru qu'il venait de la tuer. »

Gray a rapporté à son maître l'échec de sa tentative de pénétration ; Stevenson a semblé s'irriter de plus en plus de la maladresse de son apprenti. « Je vais me rendre là-bas et te montrer comment faire », a dit Stevenson au cours de l'une de leurs conversations, insistant sur le fait que Gray devait se montrer plus dur : « Tu dois les considérer comme des morceaux de viande. »

Les deux hommes ont ensuite échafaudé des plans encore plus audacieux, discutant d'un voyage qu'ils pourraient faire ensemble – en Europe de l'Est, peut-être, ou en Amérique latine –, afin d'enlever une enfant de la rue et de la violer. Au cours de l'une de leurs conversations, Gray a raconté que, en rentrant de chez un client après avoir accordé un piano, il avait remarqué de sa voiture un petit garçon et avait songé à l'enlever, mais que la mère était apparue soudain. « Voyez tout le chemin qu'il a parcouru, dit Thompson. Il commence par des magazines quand il est adolescent, et voilà que maintenant il a atteint le stade où, assis dans sa voiture, il se demande s'il va ou non kidnapper un garçon de 5 ans. »

Gray espérait retourner au Texas avant la fin de l'année, mais, le 2 décembre, le FBI – sur la foi des renseignements fournis par l'escouade torontoise de Paul Gillespie – a procédé à l'arrestation de Stevenson en Caroline du Nord. Dix jours plus tard, l'agent du FBI Brooke Donahue frappait à la porte de l'appartement de Harris, sis dans un quartier ouvrier délabré de la banlieue nord de Dallas. La police a découvert beaucoup d'images de pornographie juvénile dans l'ordinateur de Karen Harris, qui a reconnu avoir loué ses enfants à Gray. Les services sociaux lui ont enlevé ses enfants, et elle a été condamnée à une peine de dix ans de prison.

Onze jours plus tard, c'était le tour de Simon Gray. Le 23 décembre, par un matin glacial, Rod Thompson et une meute de policiers ont effectué une descente dans la ferme isolée du Surrey. En plus des souvenirs liés à l'émission *Dr. Who* et des montagnes de détritus qui jonchaient sa chambre, la police a trouvé de nombreux sacs de CD remplis de matériel d'exploitation sexuelle des enfants, de même que le cahier qu'il avait rempli de publicités durant son adolescence.

Gray a plaidé non coupable à 36 chefs d'accusation ; il a été condamné à une peine de 7 ans de prison.

Simon Gray, Karen Harris et Burt Thomas Stevenson n'étaient que trois des nombreux délinquants pris dans le cycle de l'agression sexuelle sur le Web, et qui partageaient leurs vices et leurs faiblesses. Tous trois avaient eu des comportements criminels avant de se rencontrer en ligne, mais il ne fait aucun doute qu'Internet a alimenté leurs obsessions et leurs actes.

« Tout ce qui arrive sur Internet, c'est le facteur X, qui provoque une escalade, et pas seulement en nombre », dit Drew Oosterbaan, chef de la Child Exploitation and Obscenity Section (CEOS), au ministère américain de la Justice, à Washington. « Internet n'a pas créé les pédophiles, poursuit-il, mais je crains qu'il ne crée des pédophiles plus agressifs. »

La compréhension des principes du cycle de l'agression sexuelle, mis de l'avant par Joe Sullivan et par d'autres psychologues et psychiatres, les agences d'application de la loi ne l'ont pas acquise du jour au lendemain. Il allait falloir plusieurs années aux experts et aux autorités pour mieux saisir comment le vieux crime d'agression sexuelle d'enfants avait pris un nouveau visage dans le cyberespace. Ils ont fini par comprendre que beaucoup de délinquants avaient besoin d'être aidés autant que punis, et qu'un nombre étonnant d'entre eux étaient au moins disposés à essayer de changer ou de maîtriser leurs pulsions.

Comme c'est le cas de toute découverte, celle-là présentait une courbe d'apprentissage fort prononcée. Et comme toutes les démarches d'éducation, il y aurait des échecs aux premières épreuves.

CHAPITRE TROIS

Le portail Landslide

Internet fournit un raccourci qui mène à certaines des images les plus viles et les plus choquantes de viols et de sévices sexuels.

– Pete Townshend des Who, après avoir été arrêté dans une affaire de pornographie juvénile

Aux États-Unis, l'un des premiers officiers de la loi à s'attaquer de front aux crimes reliés à la pornographie juvénile, Ray Smith, travaille à Washington dans un bureau où les gadgets de haute technologie brillent par leur absence.

Sur son ordinateur, aucun calendrier n'émet de signal pour lui rappeler sa prochaine réunion. Pas non plus d'assistant numérique Palm Pilot synchronisé avec son logiciel de courriel et ses fichiers de contacts. Inspecteur adjoint de l'Unité de lutte contre l'exploitation des enfants au Service d'inspection postale américain, Smith se sert encore d'un stylo pour noter ses rendez-vous sur son calendrier de papier, et il cherche encore les numéros de téléphone de ses contacts dans l'un de ces anciens répertoires métalliques à ressort dont le couvercle s'ouvre lorsqu'on fait glisser le bouton de plastique jusqu'à la lettre de l'alphabet voulue.

Sur le mur, au-dessus de son bureau encombré, est accrochée une toile représentant six cavaliers armés jusqu'aux dents sur leurs superbes montures ; Smith est fier d'expliquer que ce sont là les premiers inspecteurs postaux, ceux qui ont poursuivi Butch Cassidy et le Sundance Kid. La police postale a aussi été la première à se servir de mitraillettes Thompson pour combattre le crime durant les Années folles. Et c'est elle encore qui a été la première à combattre la pornographie juvénile dans les années 1970, à l'époque où la vaste majorité du matériel circulait encore dans de banales enveloppes brunes, remplies de magazines et de films super 8.

Smith a procédé à sa première arrestation pour exploitation d'enfants en 1982, lorsqu'il était encore jeune inspecteur au New Jersey. Le seul indice qui l'avait guidé, c'était un film sur lequel on pouvait voir le pouce et l'index d'un homme sur les parties génitales d'un enfant. Smith est parvenu à établir une correspondance entre les empreintes digitales à peine visibles sur le film et celles du suspect – un directeur d'école primaire –, qui a été condamné à dix ans de prison.

Jusqu'à ce jour, la poste régulière joue encore un rôle important dans la perpétration de crimes. Smith a travaillé sur l'affaire Unabomber, ainsi que sur des enquêtes portant sur le trafic de narcotiques et sur des fraudes de télémarketing. Même l'exploitation sexuelle d'enfants sur Internet a un lien avec la poste : les amateurs achètent, vendent et s'échangent des images sur le Web, mais souvent ils souhaitent qu'on leur expédie un DVD ou une vidéo. En 1997, 33 p. 100 des cas d'exploitation sexuelle d'enfants traités par les inspecteurs de Ray Smith mettaient en cause des ordinateurs ; en 1999, cette proportion avait bondi à 81 p. 100.

Si accoutumé qu'il fût à la dégradation illustrée par la pornographie juvénile, Smith a été quelque peu étonné – et s'est senti pas mal nerveux – lorsque l'un de ses inspecteurs lui a téléphoné du bureau de poste Jack D. Watson, de Fort Worth au Texas.

« Ray, je n'en suis pas vraiment certain, a dit l'homme, mais je crois qu'on tient un lion par la queue. »

Thomas Reedy était un ancien infirmier qui n'avait jamais assez bien gagné sa vie pour s'acheter une maison. Sa femme, Janice, avait passé la moitié de son existence dans une maison mobile. Pourtant, vers la fin des années 1990, le couple habitait un élégant manoir et s'apprêtait à acheter au comptant au concessionnaire local une seconde Mercedes de 80 000 $.

Les Reedy avaient commencé à exploiter ce qu'un inspecteur des postes qualifierait plus tard de « mine d'or de la pornographie juvénile ». Cette mine d'or s'appelait Landslide. Sur ce portail Web, en échange d'un paiement par carte de crédit, les clients avides de sensations obtenaient accès à plus de cinq mille sites. Bien plus qu'une page Web ou qu'une série de pages dirigées par une même entreprise, Landslide constituait en quelque sorte un guichet unique qui mettait en contact clients et fournisseurs de pornographie. « Les Reedy étaient les gardiens du royaume, explique Ray Smith. Vous leur donniez de l'argent, et ils ouvraient le grand portail vous donnant accès à tout. »

En l'occurrence, « tout », c'était un immense entrepôt en ligne renfermant de la pornographie adulte et de la pornographie juvénile. Mais Reedy – comme il l'écrira lui-même dans son journal en ligne – a vite reconnu ce qui lui rapporterait le plus. En 1996, au bout de quelques mois décevants consacrés au commerce de la seule porno adulte, Reedy a commencé à proposer à sa clientèle des images de sévices sexuels infligés à des enfants. Ses revenus sont immédiatement montés en flèche ! L'un des sites accessibles grâce à Landslide, *Child Rape,* a attiré 1277 nouveaux adhérents en un seul mois.

Par la suite, la santé financière des Reedy n'a fait que s'améliorer. De septembre 1997 à août 1999, les recettes totales de Landslide ont été estimées à 9 275 900 $ selon les documents qui seraient plus tard déposés au tribunal. Reedy lui-même se vantait de ce que son entreprise aurait valu « plus de 20 millions sur la base des bénéfices ». Les webmestres de Landslide étaient établis à l'étranger – en Europe, en Indonésie et en Russie –, et la clientèle était planétaire : l'entreprise a enregistré plus de 300 000 transactions par cartes de crédit dans une soixantaine de pays. Au cours d'une entrevue avec les procureurs, Reedy a estimé que de 30 à 40 p. 100 de ces revenus provenaient de la vente d'images d'exploitation sexuelle d'enfants.

Mis sur la piste par un citoyen qui déplorait qu'un site Web semblât faire le commerce d'images sexuelles d'enfants, les inspecteurs postaux de Ray Smith, ainsi que le service de police de Dallas, ont commencé à enquêter sur l'empire de Reedy au printemps 1999. Un policier, se faisant passer pour un client, est entré sur le site Web le 28 avril. « Ce que nous avons trouvé faisait penser à des proxénètes qui exploitaient des bordels dans lesquels des enfants étaient prostitués », a dit Bill Walsh, lieutenant de police de Dallas, qui a participé avec Smith à la coordination de l'enquête.

Après avoir rassemblé suffisamment de preuves, les inspecteurs postaux et les policiers devaient connaître l'aménagement intérieur des installations de Reedy, afin que la descente qu'ils planifiaient réussisse. On n'aurait pu trouver meilleur espion que le facteur du quartier. L'équipe de Smith a remplacé par l'un de ses propres inspecteurs le facteur habituel de Reedy. Le soi-disant facteur a engagé la conversation avec les Reedy. Les entrepreneurs, tout fiers, se sont empressés de lui faire visiter leurs installations remplies de puissants systèmes informatiques. « Ils ont fait visiter l'endroit à notre agent, a dit Smith, et quand celui-ci en est sorti, il a noté ce qu'il avait vu et tracé des plans des lieux. »

Armés d'un mandat de perquisition et de ces plans, 50 agents ont effectué un raid dans l'entreprise des Reedy, y saisissant les ordinateurs, emportant des caisses de registres et interrogeant les employés. En mai 2000, Thomas et Janice Reedy – de même que cinq webmestres internationaux – ont été mis en accusation par un grand jury fédéral pour « transport entre États d'images de mineurs engagés dans des activités sexuelles explicites ». Les Reedy ont tenté de prétendre que les enfants exploités sur les photos et vidéos offertes sur leur portail n'étaient pas réels, mais des images de synthèse. Le procureur de la poursuite a alors demandé à l'enquêtrice principale de l'Escouade nationale de lutte contre le crime de Grande-Bretagne de projeter des diapositives provenant de l'un des téléchargements les plus populaires de Landslide. Celle-ci a montré aux jurés des photos de deux victimes déjà formellement identifiées par la police – une fillette de 8 ans de Manchester et son frère âgé de 6 ans, contraints de se livrer à des activités sexuelles ensemble et avec des hommes âgés.

Cette preuve a accéléré le dénouement de l'affaire. Le procès n'a duré que cinq jours. Le jury a reconnu Thomas Reedy coupable des 89 chefs d'accusation pesant contre lui, et sa femme coupable de 87 de ces chefs. Lui a été condamné à une peine de 1335 ans de prison. Janice, elle, qui ne semble pas avoir été considérée comme le cerveau de l'affaire, a été condamnée a 14 ans de réclusion. Reedy a fini par faire réduire sa sentence à 180 ans ; il n'allait pas prendre le volant de sa Mercedes de sitôt.

Les Reedy derrière les barreaux, l'enquête réelle sur Landslide allait pouvoir commencer. Dans les ordinateurs saisis, les autorités ont découvert une gigantesque base de données renfermant 100 000 noms, adresses, courriels et numéros de cartes de crédit. Au moins 35 000 de ces clients habitaient les États-Unis. Les autorités américaines ont fait parvenir les noms des autres suspects à leurs partenaires étrangers – quelque 700 clients en Australie, 2300 au Canada et 7200 au Royaume-Uni. Comme l'a déclaré le procureur, c'était un peu la quête du Graal, parce que « Reedy n'était qu'un entrepreneur cupide [...] tandis que les abonnés étaient peut-être des pédophiles ».

« Étaient peut-être », fallait-il dire, puisque les autorités devraient prouver que chacun des suspects avait bel et bien accédé à la section juvénile du portail Landslide, et non pas seulement à la section adulte. Elles devaient également s'assurer que les titulaires réels des cartes de crédit étaient bel et bien les auteurs des achats, qu'ils n'avaient pas, par exemple, été victimes d'une fraude.

Il y avait une troisième difficulté : au moment où les données ont été disséminées aux États-Unis et transmises à l'étranger, elles étaient déjà anciennes. « Dès le départ, les données dataient. Elles ont été envoyées à l'étranger environ un an plus tard, dit Drew Oosterbaan, du ministère américain de la Justice. Depuis quand cette base de données était-elle en fonction, et quand les clients y ont-ils eu accès pour la dernière fois? Lorsque les pistes sont froides, elles ne conduisent nulle part. »

Nulle part, sauf à des problèmes et à des erreurs.

L'affaire Landslide était l'une des premières qui allaient mettre à l'épreuve l'ardeur de la nouvelle armée d'enquêteurs en matière d'exploitation sexuelle des enfants aux États-Unis, au Canada, au Royaume-Uni et ailleurs. Après tout, il faudrait attendre encore trois ans pour que la police se perfectionne sur le plan technique et établisse les réseaux de collaboration qui lui permettraient de sauver Jessica en moins de 33 heures. Le chemin qui a mené à ce degré d'expertise a été parsemé de revers et de controverses. L'affaire Landslide a révélé pour la première fois à quel point l'exploitation sexuelle des enfants sur Internet était répandue et rentable. Mais elle a aussi plongé les polices des États-Unis, du Canada et du Royaume-Uni dans une mer de preuves déroutantes et de fausses pistes, et fait apparaître les failles qui les empêchaient de coordonner leurs efforts à l'échelle nationale, et encore plus à l'échelle internationale.

Les autorités américaines ont considéré la base de données des Reedy comme une source d'information, et non pas comme un élément de preuve.

Pour rafraîchir les preuves périmées de la base de données, les autorités ont mis sur pied l'opération *Avalanche* et créé un faux site Web de pornographie juvénile pour solliciter la clientèle des personnes dont les noms figuraient sur la liste de Landslide. Environ 200 seulement des 35 000 anciens clients de Landslide ont mordu à l'hameçon. Les inspecteurs postaux et autres forces policières ont procédé à 144 perquisitions dans 37 États, et ont mis en état d'arrestation une centaine de suspects pour trafic de pornographie juvénile par la poste et par Internet. Lorsque la police frappe vite, les arrestations se multiplient.

Beaucoup d'autres pistes ont été communiquées à d'autres agences du pays, mais, vu le manque de coordination soutenue à l'échelle nationale et d'uniformité dans l'expertise sur le terrain, la plupart de ces pistes se sont vite évaporées. Cela n'a pas empêché le ministre américain de la Justice, John Ashcroft, de célébrer en août 2001 la fin de l'opération *Avalanche* comme étant une victoire « d'une magnitude sans précédent » dans le démantèlement de la plus grande entreprise commerciale de pornographie juvénile du monde.

Avant même d'avoir terminé leur propre enquête, les autorités américaines ont transmis les listes d'abonnés de Landslide aux agences policières de l'étranger, et c'est alors que la situation s'est transformée en bourbier. Premièrement, les enquêteurs américains n'ont pas précisé clairement que plusieurs clients de Landslide se procuraient peut-être de la pornographie adulte, ce qui est parfaitement légal, même si certains peuvent trouver cela de mauvais goût. Ce qui compliquait aussi la situation, c'était que l'exploitation sexuelle des enfants sur Internet était un crime encore récent, pour lequel des protocoles éprouvés de collaboration policière internationale n'avaient pas encore été établis. Dans certains pays, comme au Canada, il n'y avait pas encore d'agence centrale d'application de la loi chargée de poursuivre les marchands de pornographie juvénile, avec laquelle les autorités américaines auraient pu communiquer. Le transfert de l'information provenant des États-Unis se faisait donc au petit bonheur. Dans d'autres pays, comme au Royaume-Uni, le corps policier national compétent était à ce point débordé qu'il transférait l'information aux services de police locaux, sans leur fournir d'orientation ou d'assistance.

C'est en mai 2000 que le Dr Peter Collins, psychiatre médico-légal de la Police provinciale de l'Ontario (PPO), a entendu parler de l'enquête sur Landslide, presque fortuitement, au cours d'une réunion à Dallas. Il en a par la suite transmis les détails à la PPO. Collins a même baptisé l'enquête canadienne : si les Américains avaient des dizaines de milliers de suspects potentiels dans l'opération *Avalanche*, il semblait approprié que l'enquête canadienne porte le nom d'opération *Snowball*. À titre d'agence nationale d'application de la loi, la GRC aurait dû prendre l'initiative de lancer l'opération *Snowball*. Mais, à l'époque, la GRC n'avait pas encore acquis beaucoup d'expertise dans la lutte contre les crimes commis par Internet sur des enfants. En janvier 2001, la GRC a organisé une séance d'information sur la stratégie nationale, à laquelle ont participé des enquêteurs d'un peu partout au pays. Mais ce sont les forces policières locales et provinciales qui devaient se charger de la vague de cas et qui se les sont répartis. Inutile de dire que l'ampleur des mesures prises a varié largement d'une force policière à l'autre.

C'est la PPO qui a le plus fait preuve d'initiative et qui a connu les plus grands succès avec son opération *Snowball*. Elle a été l'une des premières forces policières du pays à former une équipe d'enquête spéciale – le « projet P » – pour lutter contre la pornographie juvénile. La PPO s'est chargée d'obtenir des Américains la base de données de Landslide et de la diviser selon les limites des compétences des provinces et des corps policiers. L'inspectrice détective Angie Howe, titulaire d'un diplôme de psychologie lors de son entrée dans la police et experte dans l'art de trouver l'équilibre entre l'initiative et le protocole, a pris la direction de la section de lutte contre la pornographie juvénile de la GRC. Selon elle, la PPO ne considérait pas la base de données de Landslide comme un registre confirmé de pédophiles. « Tout ce dont nous disposions, dit-elle, c'était d'une liste de suspects. Nous avons dû mener une enquête approfondie.» Cela signifiait qu'il fallait trouver combien de fois les suspects se rendaient sur le site de Landslide, confirmer s'ils avaient ou non un casier judiciaire et vérifier s'ils avaient des enfants à eux ou accès à d'autres mineurs. Comme les autorités américaines, la PPO a créé un site Web piège pour obtenir des preuves fraîches, en incitant les anciens clients de Landslide à faire de nouveaux achats. En fin de compte, la PPO a obtenu des renseignements qui lui ont permis d'arrêter une trentaine de suspects et d'obtenir des condamnations dans neuf cas sur dix.

Dans les autres provinces, toutefois, la police n'a pas fait grand-chose ou n'a rien fait du tout. Au Québec, province qui comptait 436 abonnés à Landslide, il n'y a eu aucune arrestation. Même situation en Colombie-Britannique : 400 suspects et aucune arrestation. La détective Noreen Waters, à l'époque seule policière de Vancouver affectée à la lutte contre la pornographie juvénile, a fini par démissionner, « démoralisée par le manque de ressources », dira-t-elle.

À Toronto, la Section de lutte contre l'exploitation des enfants, dirigée par Paul Gillespie, rassemblait une douzaine d'agents, qui, débordés et équipés de matériel informatique désuet, ne pouvaient pas faire de miracles. Lorsque l'équipe torontoise a reçu sa liste Landslide d'environ 240 noms, elle n'a pas pu faire grand-chose. Gillespie arrivait à peine à masquer son irritation : « Il y a dans l'opération *Snowball* des centaines de suspects que nous ne pouvons même pas rejoindre », a-t-il déploré, en privé.

Au début de 2003, soit deux ans après le lancement de l'opération *Snowball*, la police de Toronto savait que l'information contenue dans l'énorme base de données de cartes de crédit des Reedy devenait périmée. Les agents ont veillé à ce que quiconque se faisait arrêter et accuser possédât encore des images d'exploitation sexuelle d'enfants dans son ordinateur – et pas seulement de vieux registres laissant supposer des visites éventuelles sur le site de Landslide. Au printemps 2003, l'équipe de Toronto avait effectué des perquisitions dans 10 résidences, avait saisi 25 ordinateurs et porté des accusations contre 6 hommes.

« Les arrestations résultant de l'opération *Snowball* ont frappé des délinquants de toutes les conditions sociales et de tous les coins de la ville », explique Julian Fantino, à l'époque chef du service de police de Toronto, au cours d'une conférence de presse très suivie. « La seule chose qu'ils aient en commun, c'est leur manière criminelle d'avoir des relations avec des enfants. » Il n'était pas inusité que la police annonce en fanfare l'arrestation de suspects dans les affaires hautement médiatisées, laissant aux mises en garde imprimées en petits caractères sur ses communiqués de presse le soin de préciser que les individus arrêtés étaient innocents jusqu'à preuve du contraire. La police avait même un slogan pour décrire cette tactique: nommer pour faire honte.

Cette fois-là, la tactique allait se retourner contre la police.

L'un des six hommes nommément cités et couverts de honte était James LeCraw, dont l'histoire a d'abord été mise au jour par une enquête de la radio de CBC. Directeur apprécié d'un organisme sans but lucratif qui fournissait des ordinateurs remis à neuf aux écoles et bibliothèques, il a immédiatement été suspendu de son poste lorsque a éclaté la nouvelle de son arrestation. Il a fini par être congédié. LeCraw ne niait pas avoir visité le site de Landslide – la police avait trouvé son numéro de carte de crédit et s'en était servie pour obtenir un mandat de perquisition –, mais il insistait sur le fait qu'il n'avait acheté que de la pornographie adulte. Il a raconté à un journaliste que, lorsque les policiers ont analysé son ordinateur, ils n'y ont trouvé que quatre fenêtres publicitaires indiquant des adresses de sites de pornographie juvénile, ainsi qu'une « image miniature à peine visible » qu'ils ont prétendue représenter des sévices sexuels infligés à un enfant.

Cinq mois après son arrestation, LeCraw a brièvement comparu devant un juge, seulement pour se faire dire que toutes les accusations contre lui avaient été retirées. La Couronne n'a pas donné de raison, se contentant de déclarer que l'affaire était abandonnée « en raison de nouvelles considérations de preuve ». Contrairement à son arrestation, l'abandon des accusations portées contre LeCraw n'a pas fait la manchette. Il n'a pas pu se trouver un autre emploi, ses amis l'ont laissé tomber, et LeCraw a plongé dans la dépression. « Je suis effondré parce que incapable de supporter la colère, la frustration et le sentiment d'avoir été trahi que j'éprouve, a-t-il écrit dans un courriel. Je suppose que la vraie innocence n'existe pas, qu'il n'y a que la culpabilité non prouvée. »

Le 19 juillet 2004 – un peu plus d'un an après avoir été publiquement suspecté d'être un amateur de pornographie juvénile –, LeCraw a immobilisé son véhicule sur une route déserte près de Newmarket, au nord de Toronto. Il a allumé un petit barbecue à charbon de bois sur le siège du passager et s'est suicidé en inhalant les fumées toxiques. Il avait 51 ans.

Paul Gillespie n'a jamais rencontré LeCraw, mais il dit regretter profondément son suicide. Gillespie insiste sur le fait qu'il ne peut parler de cas en particulier, mais réitère que, dans le projet *Snowball*, son équipe n'a arrêté que des suspects dont les ordinateurs contenaient des images d'exploitation sexuelle d'enfants. Après cela, c'est selon lui aux procureurs et aux tribunaux qu'il revient de décider si un procès s'impose ou non. « Bien entendu, c'est dommage que quelqu'un commette un suicide, ajoute-t-il.

Mais nous ne porterions jamais d'accusation criminelle à moins d'être parfaitement satisfaits de la solidité de la preuve. »

Des 22 individus arrêtés par la police de Toronto, 18 ont plaidé coupables. L'un d'eux n'a jamais été accusé, et un autre n'a pu être poursuivi, ayant quitté le pays. Pour ce qui est des deux autres – dont le malheureux LeCraw –, les accusations portées contre eux ont été abandonnées par la Couronne. Gillespie n'a pas renoncé à la politique de la police de livrer les noms des suspects pour leur faire honte : « Lorsque des individus sont accusés de crimes horribles commis contre des enfants, le public doit le savoir. »

Si l'enquête dans l'affaire Landslide a donné des résultats mitigés en Amérique du Nord, ses répercussions ont été encore plus sombres, et plus tragiques, ailleurs dans le monde.

Les Américains ont transmis à la police fédérale australienne des centaines de noms figurant dans la base de données de Landslide. À l'époque, l'Australie ne disposait que d'une équipe nationale affectée aux crimes de nature sexuelle, et cette équipe concentrait son attention sur le tourisme sexuel. Aucune force fédérale n'était chargée de coordonner les enquêtes compliquées que nécessitent les cas d'exploitation sexuelle d'enfants sur Internet. La liste a donc été « fourrée dans un tiroir », déclare un enquêteur mécontent.

Au Royaume-Uni, l'enquête a pris le nom d'opération *Ore*. Différente appellation, et difficultés encore plus graves.

« L'opération *Ore* était difficile », reconnaît Jim Gamble, alors directeur général adjoint de l'Escouade nationale de lutte contre le crime du Royaume-Uni. « Le crime était nouveau. Nous avons été pris de court. L'opération *Ore* mettait en cause un grand nombre d'individus, et nous avons commis des erreurs. »

Homme de taille imposante, à la voix de stentor et au sourire engageant, Gamble a grandi protestant dans les rues de Belfast et a endossé avec fierté l'uniforme de policier de sa ville à l'histoire marquée par la violence. Son dynamisme et ses qualités intellectuelles lui ont permis de devenir chef du service de renseignement antiterroriste d'Irlande du Nord. Il s'y est taillé la réputation d'être un commandant rude mais créatif dans la guerre sanglante que livraient policiers et soldats dans la capitale. « Il avait plus que quiconque cette capacité de repousser les limites et de remettre en question les façons de faire existantes », dit Barry Fitzpatrick, qui a travaillé avec Gamble à Belfast et qui est aujourd'hui surintendant détective principal de la police d'Irlande du Nord. « Il n'avait pas peur d'aller à l'encontre de la structure de commandement ou de modifier les manières de faire s'il le fallait. »

Gamble aurait à apprendre à mener une autre forme de guerre, dans laquelle l'ennemi se terre souvent dans l'ombre et dans les recoins cachés d'Internet. Il se rendrait compte que – même sans bombes ni projectiles d'armes à feu – cette guerre présenterait autant de défis que l'autre et serait, pour certains, tout aussi mortelle.

Lorsque les listes de Landslide sont arrivées en Angleterre, Gamble et ses collègues du Royaume-Uni commençaient à peine à saisir toute l'ampleur du problème que présente le matériel d'exploitation sexuelle d'enfants sur Internet. Jusqu'alors, l'opération *Cathédrale* avait été la plus importante pour eux. Ils avaient mis un terme au « Club Wonderland », l'un des premiers grands réseaux internationaux d'exploitation d'enfants à avoir été découvert : 180 membres répartis dans 21 pays. Au cours d'arrestations coordonnées en septembre 1998, la police d'une douzaine de pays avait exécuté une centaine de mandats de perquisition. Au Royaume-Uni, sept hommes avaient été condamnés. À l'époque, ces chiffres étaient impressionnants, mais ceux de l'affaire Landslide les feraient paraître insignifiants.

« Bon travail – nous avons fait ce qu'il fallait ; tout le monde nous a félicités, dit Gamble à propos du démantèlement du réseau Wonderland. Mais les graines [de la crise à venir] étaient déjà semées, tandis que nous étions un petit peu trop satisfaits de nous-mêmes. »

Gamble estime que, à l'époque de l'opération *Cathédrale*, de 9 à 12 p. 100 seulement de la population du Royaume-Uni disposait d'Internet, et à basse vitesse. À l'époque de Landslide, la proportion de ménages branchés était passée à 55 p. 100, et l'accès à la haute vitesse devait approcher les 100 p. 100 si l'on tient compte des écoles, bureaux et cybercafés. « C'était un environnement différent, dit Gamble. Nous avons été ébranlés par le volume des données provenant de la base de Landslide. »

Le volume était étonnant. La police britannique a reçu une liste extraite de la base de données de Landslide qui comportait pas moins de 7272 noms – c'était trois fois plus que la liste du Canada et dix fois plus que celle d'Australie. Selon une fuite relatée dans la presse, la liste des suspects incluait au moins 20 dirigeants de grandes entreprises, un enseignant dans une école privée des plus huppées pour filles, des membres des forces armées d'au moins 5 bases militaires et une bonne cinquantaine de policiers.

Au début, la police britannique a laissé la liste de Landslide dormir sur une tablette. Mais, sous les pressions exercées par Interpol et plusieurs mois plus tard, elle a finalement examiné la liste de plus près. « C'était le choc, l'horreur, se rappelle Gamble. Ç'a été la panique. »

En 2003, en partie pour faire face à la marée Landslide, Gamble a proposé la création d'une équipe de lutte contre la pédophilie sur Internet, la POLIT (Pædophile Online Investigation Team), formée d'enquêteurs et d'analystes spécialisés de l'Escouade nationale de lutte contre le crime, qui coordonnerait et appuierait les enquêtes nationales et internationales reliées à la pédophilie sur Internet. La POLIT a analysé la liste et en a tiré des sous-listes en fonction de critères géographiques – ce qui n'a pas été une mince tâche compte tenu du fait qu'en Angleterre seulement il y a 43 corps policiers, et qu'il y a aussi des agences en Écosse et en Irlande. La plus grande partie de l'information était ancienne ; certains des suspects étaient morts, d'autres avaient déménagé. La police de Londres a reçu des noms d'hommes qui n'habitaient plus là ou qui y avaient travaillé mais habitaient ailleurs. Il y a eu ensuite une tentative tardive des autorités de centraliser l'enquête et d'établir un ordre de priorité des suspects en fonction du nombre de leurs visites sur le portail Landslide, et de la présence ou non d'enfants dans leur famille ou dans leur milieu de travail. Cela laissait quand même le gros du travail sur le terrain aux gendarmeries locales, dont l'expérience et l'expertise manquaient d'uniformité d'un endroit à l'autre.

Dès le départ, le manque de compétence technique de la part de certains policiers enquêteurs était patent. Lorsqu'un homme en Irlande a été arrêté parce que son ordinateur renfermait 189 images de sévices sexuels commis contre des enfants, il a embauché un cabinet d'experts en informatique pour prouver qu'il y avait dans son disque dur 11 chevaux de Troie différents (programmes malveillants, dissimulés dans d'autres programmes en apparence inoffensifs, et qui exécutent des opérations nuisibles à l'insu de l'utilisateur). Il a été acquitté. Un expert judiciaire en informatique aurait pu, avant le procès, repérer la présence de ces chevaux de Troie et facilement déterminer s'ils étaient ou non à l'origine du matériel illicite.

La police n'a pas tenu compte non plus de ce que certaines cartes de crédit avaient pu être utilisées frauduleusement sur le portail Landslide. Un médecin du Yorkshire, qui a perdu son emploi à cause d'allégations émises à son encontre, a pu prouver que, au moment où il payait un repas avec sa carte de crédit dans un restaurant local, quelqu'un d'autre s'en servait aussi à 8000 kilomètres de là, aux États-Unis. Le juge, furieux, a alors rejeté pour ineptie une partie de la preuve rassemblée par la police et a acquitté l'homme.

Lorsque des affaires se rendaient jusqu'au tribunal, le travail de la police britannique était parfois contesté à cause de la faiblesse de la preuve rassemblée par les enquêteurs américains, qui avaient initialement prétendu que quiconque arrivait sur le site de Landslide se faisait accueillir sur la première page par un bouton marqué « Cliquez ici [pour aller à la] pornographie juvénile». En réalité, ce bouton ne se trouvait pas sur la page d'accueil, mais seulement sur d'autres pages, moins évidentes. Un policier était tellement troublé par ce qu'il voyait comme une chasse aux sorcières qu'il a démissionné de son poste. «J'ai commencé à douter de la validité de la preuve, a-t-il écrit dans une lettre ouverte au *Sunday Times*. Je n'arrivais pas à justifier le fait qu'on ait identifié les délinquants sur la seule base d'un numéro de carte de crédit.»

Les cadavres ont commencé ensuite à s'accumuler. Il y avait eu un suicide au Canada. Au Royaume-Uni, il y en aurait 35, en plus de 21 tentatives. Le cas le plus célèbre a été celui du contre-amiral David White, de la marine royale, commandant des forces britanniques à Gibraltar, qui avait aussi servi à bord du yacht royal *Britannia*. Le lendemain de son rappel en Angleterre où il devait faire face à des accusations reliées à l'opération *Ore*, on a retrouvé son corps dans la piscine de la majestueuse demeure qu'il occupait à titre de premier représentant britannique à Gibraltar.

Gamble, comme son collègue canadien Paul Gillespie, dit n'avoir rien à se reprocher, arguant que la police avait pris toutes les précautions possibles: «Nous sommes très conscients du fait que, si nous soulevons de telles allégations contre vous aujourd'hui, nous ne pourrons pas simplement les effacer demain en cas d'erreur.» Il insiste aussi pour dire que, dans ce type de crimes, l'attention devrait se concentrer sur les enfants, et non pas sur les suicides. Il s'empresse de rappeler que l'opération *Ore* a permis au Royaume-Uni de sauver 132 enfants – arrachés aux griffes de tortionnaires bien réels –, notamment la fillette de Manchester et son petit frère, dont les images avaient contribué à faire condamner les Reedy. «Notre rôle n'est pas de persécuter les gens. Nous devons identifier les enfants qui sont en danger et les sauver. Que diraient les gens si nous n'avions pas ouvert une enquête sur ces affaires?»

On peut déplorer à juste titre que des innocents aient été pris dans le filet des enquêtes sur le portail Landslide. Mais il y a un autre aspect de la situation qui est tout aussi désolant et peut-être plus troublant: il ne fait aucun doute que de nombreux clients coupables sont passés à travers les mailles de ce filet. Ce sont des individus qui s'étaient délibérément servis de leurs cartes de crédit pour regarder des enfants subir des tortures et des sévices sexuels et qui continueraient de le faire. Sur les 35 000 individus de la liste américaine, à peine 200 ont été mis en accusation. Au Canada, la liste de 2000 suspects a entraîné 70 arrestations, mais beaucoup moins de condamnations. Le Royaume-Uni a peut-être connu le plus grand nombre de suicides parmi les accusés, mais c'est là aussi que les poursuites ont le plus souvent abouti. Une fois réglées toutes les affaires reliées au portail Landslide, environ 2200 individus ont été condamnés, dont à peu près 600 ont reçu un « avertissement », ce qui signifie qu'ils ont reconnu leur culpabilité mais évité des poursuites devant les tribunaux.

L'avantage qu'a eu l'affaire Landslide, c'est qu'elle a constitué un signal d'alarme, une leçon brutale sur la complexité des crimes commis sur Internet – pour les prédateurs, pour la population et pour la police. L'humiliation subie par la vedette rock Pete Townshend, guitariste légendaire des Who, l'illustre bien. En janvier 2003, Townshend a reconnu avoir utilisé sa carte de crédit pour avoir accès à de la pornographie juvénile par l'intermédiaire du portail Landslide. Cinq mois plus tard, il a reçu un « avertissement », et a dû subir la honte de voir son nom figurer pendant cinq ans dans le registre des délinquants sexuels. Dans une déclaration faite aux journalistes et photographes agglutinés devant son manoir de Richmond upon Thames, Townshend, 57 ans, a insisté sur le fait que ses douteuses recherches sur Internet étaient destinées à une autobiographie. « Je reconnais avoir eu tort d'aller sur ce site et, ce faisant, avoir enfreint la loi », a-t-il dit.

Ceux qui connaissent bien le célèbre opéra-rock *Tommy* de Townshend savent qu'il rappelle douloureusement les sévices sexuels infligés à un enfant. Dans de longues notes consignées dans le journal personnel qu'il tient sur son site Web, le musicien affirme se souvenir de sévices qu'il a subis à l'âge de 5 ou 6 ans, mais dit « ne pas se rappeler clairement ce qui s'est passé ».

« J'ai été arrêté et soupçonné de m'être vautré dans la forme d'horreur qui me répugne le plus, écrit-il. Cela m'a lancé un message clair et fort. Comme mon cas le démontre, Internet fournit un raccourci qui mène à certaines des images les plus viles et les plus choquantes de viols et de sévices sexuels. Je peux assurer ici tous les lecteurs que quiconque part à la recherche d'images de viols d'enfants en trouvera. Je vous exhorte à ne pas le faire. »

Townshend semble avoir tiré une leçon de son expérience : si vous pataugez dans le marécage illégal de la pornographie juvénile, quel que soit le prétexte que vous invoquiez, vous vous salirez.

La question était alors de savoir si la police avait elle aussi tiré une leçon de son expérience.

CHAPITRE QUATRE

Cher monsieur Gates…

Nous reprenons le contrôle d'Internet. Les criminels s'en servent depuis longtemps comme d'un outil de communication. À notre tour maintenant. Nous verrons bien qui remportera la bataille.

– Sergent détective Paul Gillespie, police de Toronto

Un bon policier apprend tout autant – sinon davantage – de ses erreurs que de ses bons coups.

Les réussites n'ont pas manqué dans l'affaire Landslide, non plus que les leçons à tirer des revers et échecs essuyés. À l'échelle internationale, la police ne maîtrisait pas la technologie, ne partageait pas efficacement l'information, et n'était pas encore parvenue à comprendre les délinquants. Au Canada, au Royaume-Uni et aux États-Unis, diverses agences avaient commencé à repenser leur rôle et à se restructurer avant même la conclusion de l'affaire Landslide.

Les changements qui s'opéraient allaient avoir de profondes répercussions sur le combat qui s'était engagé en vue de sauver les enfants victimes d'exploitation sur le Web.

Après le bouleversement causé par l'affaire Landslide, Jim Gamble souhaitait rien de moins qu'une révolution dans la manière dont la police du Royaume-Uni – et d'ailleurs dans le monde – s'attaquait à ce nouveau type de crime. Pour le directeur général adjoint de l'Escouade nationale de lutte contre le crime du Royaume-Uni, cela signifiait qu'il fallait changer trois choses : la manière de voir les pédophiles, l'organisation de la police au Royaume-Uni et le degré de coopération de la police à l'échelle internationale.

Aucun policier au monde n'a adhéré autant que Gamble aux théories de Joe Sullivan sur la mentalité du prédateur. Si l'expérience que Gamble a acquise durant les troubles survenus en Irlande lui a appris quelque chose, c'est bien que la police ne peut venir à bout d'adversaires clandestins experts si elle ne sait pas qui ils sont et comment ils pensent. « Essayons de mieux comprendre la nature de ce crime, dit Gamble, et celle de l'individu qui le commet, et voyons si nous ne pourrions pas faire respecter la loi dans ce milieu en nous y prenant tout à fait autrement. »

La police du Royaume-Uni a su tirer parti des aptitudes de Sullivan. Celui-ci a enseigné aux policiers à repérer les divers stades du « cycle de l'agression ». Il a également aidé les enquêteurs à comprendre à quel type de délinquants ils ont affaire, en plus de collaborer aux interrogatoires des suspects. Gamble a compris que la police devait cesser de considérer les suspects comme l'« ennemi » au sens traditionnel du terme. « Si nous souhaitons empêcher les gens de commettre ces crimes, nous n'allons pas y parvenir en multipliant les arrestations, dit Gamble. Nous savons que certains délinquants sont plus dangereux que d'autres, mais pour un grand nombre de ces autres, il nous faut trouver une stratégie de réduction de la criminalité, de diversion. » C'était une initiative audacieuse : le chef de la police anglaise chargée de protéger les enfants contre les pédophiles affirmait que l'incarcération des délinquants ne constituait qu'un élément de la solution.

« Beaucoup de policiers ne considéreraient pas cette tâche comme faisant partie de leurs attributions, dit Sullivan. Mais je crois que Jim, occupant le poste qu'il a, est arrivé plus loin dans son cheminement que beaucoup d'autres responsables. » Même pendant que se déroulait l'opération *Ore*, Gamble a commencé à modifier les termes qu'il employait durant les conférences de presse, adoptant un langage moins punitif et plus pédagogique : « Si, ce soir, vous êtes assis chez vous devant la télé, que vous écoutez la radio ou que vous lisez cet article dans le journal, et que vous éprouvez des sentiments inappropriés envers des enfants, pour l'amour du ciel faites-vous aider. Confiez-vous à votre médecin ou à quelqu'un de fiable [...] et détournez-vous de ce chemin. Autrement, il est plus que probable que vous détruirez votre vie et celle de votre famille, car nous vous mettrons la main au collet. »

L'épidémie de suicides qui avait suivi l'opération *Ore* avait ébranlé la sensibilité de Gamble, mais pas sa détermination. Il voyait cela comme le signe qu'il était sur la bonne voie : « Les gens commencent à réfléchir aux conséquences de leurs gestes. Trente-cinq suspects se sont suicidés. Pourquoi ? Parce que personne ne souhaite être le type qui se cache la tête sous une couverture sur le siège arrière de la voiture de patrouille qui le conduit au tribunal. La question des conséquences est primordiale. Je crois sincèrement qu'il est impossible de réadapter un pédophile, mais on peut influer sur son comportement et le modifier en lui faisant craindre d'être capturé. »

Gamble a compris que, pour capturer un plus grand nombre de prédateurs, il devait réorganiser ses troupes. L'opération *Ore* a montré la nécessité d'intensifier la centralisation, la coordination et la formation. Se contenter de transmettre aux forces policières locales les noms des pédophiles présumés n'allait pas produire de résultats. Quelques étages sous le bureau de Gamble au quartier général de l'Escouade nationale de lutte contre le crime se trouvait la petite pièce qu'occupait l'équipe de lutte contre la pédophilie sur Internet (POLIT), qu'il avait mise sur pied en 2003, pendant l'opération *Ore*. L'équipe POLIT était censée être une espèce de guichet unique au Royaume-Uni pour les agences policières internationales qui devaient rapporter des cas de sévices sexuels commis sur des enfants dans Internet. L'équipe évaluerait l'information et la diffuserait, en plus de mener les enquêtes les plus complexes.

Gamble en souhaitait davantage. Il a entrepris de créer au Royaume-Uni un centre national qui non seulement organiserait le flux d'informations et d'allégations qui inondait la police, mais donnerait aussi une formation aux enquêteurs. Le centre intégrerait l'équipe POLIT, une équipe renforcée d'analystes, des agences civiles, des organismes de charité voués à la protection des enfants, ainsi que des universitaires et des représentants de l'industrie d'Internet. Il faudrait beaucoup de temps, beaucoup d'argent et trois années de lobbying intense pour que l'idée de Gamble se concrétise.

Entre-temps, Gamble nourrissait des projets beaucoup plus ambitieux que la simple réorganisation de la police britannique dans sa manière d'aborder les images d'exploitation sexuelle d'enfants ; il souhaitait instaurer une nouvelle approche à l'échelle mondiale. Comme pour le terrorisme, que Gamble avait été officiellement chargé de combattre durant la majeure partie de sa carrière policière, il se trouvait face à un crime qui ne connaît pas de frontières. Gamble savait que les polices nationales ne pouvaient se contenter de transmettre leurs milliers de dossiers d'enquête à leurs partenaires étrangers. « Nous étions une source de problèmes les uns pour les autres. Nous travaillions constamment sur les symptômes, au lieu de nous dire : "Qu'est-ce que vous faites, où le faites-vous, qu'est-ce que cela veut dire pour moi et comment puis-je vous aider ?" C'est un raisonnement qui semble logique et facile d'application, mais qui devient un véritable cauchemar dans le monde international de l'application de la loi. Comment faire pour rassembler tout le monde autour de la même table ? »

Interpol, l'organisation internationale de police établie à Lyon, en France, essayait déjà de coordonner les efforts des polices nationales, mais devait traiter avec des douzaines de pays et se débattre au milieu des champs de compétence et des traités internationaux. Gamble voulait quelque chose de plus simple, plus souple et plus proactif. Avec des directeurs des polices nationales d'Australie, d'Europe, du Canada et des États-Unis, il a commencé à mettre sur pied une espèce de police mondiale virtuelle, capable de patrouiller sur le Web et de sauver des enfants sept jours sur sept, quel que soit le fuseau horaire et dans tous les recoins du globe où Internet avait pénétré. Il a appelé ce groupe Virtual Global Taskforce (VGT), « groupe de travail virtuel international ». Au départ, le VGT se composait du Centre de lutte contre les crimes de haute technologie d'Australie, de l'Escouade nationale de lutte contre le crime d'Angleterre et du pays de Galles, de la Gendarmerie royale du Canada, du ministère de la Sécurité intérieure des États-Unis et d'Interpol.

En s'inspirant du programme de Joe Sullivan – qui visait à comprendre les prédateurs au lieu de se contenter de les diaboliser –, Gamble a accouché d'une idée : celle d'installer sur l'autoroute de l'information une espèce de radar piège, qui pourrait à la fois punir et prévenir. Le groupe VGT a créé un faux site Web donnant l'impression d'être une page d'accueil de pornographie juvénile, mais exempt d'images. La bannière située au haut de la page annonce clairement la marchandise offerte : « Images sexuelles explicites d'enfants ». Sur le côté, une série de boîtes sur lesquelles le visiteur peut cliquer lui offre un vaste choix, selon ses perversions. Sous la rubrique « Filles et garçons préadolescents », l'acheteur peut opter pour « Viol d'enfant », « Lolitas russes », « Poupées asiatiques » ou « Sadomasochisme ».

La boîte « Quitter le site » est beaucoup plus grande que celle qui invite à y « Entrer ». Mais si vous choisissez d'explorer vos goûts, une seconde page Web s'ouvre et vous propose davantage de menus : « Inceste », « Beaux garçons », « Jolies filles » et, pour les plus audacieux, « Action extrême ».

Un clic de plus et vous arrivez à destination – du moins, c'est ce que vous croyez.

Sur la page qui s'ouvre ensuite, toutefois, pas d'images illicites. Rien qu'un message menaçant, entouré d'une bordure quadrillée noir et blanc qui rappelle les barrages policiers :

POLICE

Vous avez tenté de regarder des images indécentes d'enfants. C'est un crime qui pourrait vous valoir jusqu'à dix ans de prison au Royaume-Uni.

Le visiteur qui s'avise de pénétrer sur ce site reçoit une autre mise en garde : « Périodiquement, nous dépistons les visiteurs sur ce site et transmettons leurs coordonnées à la police locale. » Conforme à la nouvelle approche de Gamble consistant autant à décourager le criminel qu'à le capturer, le site Web tente d'effrayer le visiteur afin de l'inciter à chercher de l'aide professionnelle. Immédiatement après l'apparition intempestive de la fenêtre de mise en garde, le visiteur est dirigé vers une page de ressources, où un bouton de recherche peut l'aider à trouver une thérapie confidentielle et un suivi psychologique. On est loin de la main d'acier qui s'est abattue sur les clients du portail Landslide durant l'opération *Ore*.

« Le visiteur pédophile qui croit s'être fait prendre est dans ses petits souliers, dit Gamble. Nous avons compris qu'il fallait offrir une certaine stratégie aux individus qui croyaient soudainement que leur monde venait de s'écrouler. Le message est simple : faites-vous aider ou faites-vous attraper. »

Plus important encore, Gamble souhaite aider les enfants, où qu'ils se trouvent sur la planète. À ses yeux, Internet est depuis trop longtemps une contrée sauvage où sévissent prédateurs d'enfants et marchands de pornographie. Le moment est venu pour les shérifs internationaux de faire régner la loi sur l'autoroute de l'information. « Internet n'est qu'un lieu public, comme un parc ou un immeuble public quelconque, dit-il. En soi, il n'est ni bon ni mauvais, tout dépend de ce qu'en font les personnes qui le fréquentent. En tant que policiers, nous ne pouvons plus nous dérober à nos responsabilités en prétendant que c'est un territoire qui échappe à tout contrôle. Nous devons être là. »

Si l'on voulait qu'une équipe de shérifs internationaux rendent le Web sûr pour les enfants, il leur faudrait davantage que de vieux colts. Et Paul Gillespie en avait assez de poursuivre les méchants avec ses armes désuètes.

Janvier 2003. Fin d'une morne journée d'hiver à Toronto. Le sergent détective qui dirigeait la Section de lutte contre l'exploitation des enfants la plus importante au pays se sentait de plus en plus insatisfait. Au plus fort de l'affaire Landslide, Gillespie avait compris que la police était désespérément sous-équipée. Les délinquants – souvent de jeunes gens doués en informatique – se servaient des derniers gadgets et s'échangeaient des renseignements au cours de communications clandestines sur le Web. Les policiers – dont beaucoup avaient grandi en tapant à deux doigts leurs rapports de police sur de vieilles machines à écrire – ne disposaient pas toujours d'ordinateurs adéquats, et encore moins souvent des connaissances et du réseau qui leur permettraient de partager de l'information.

« La réalité, c'est que si vous êtes le moindrement avancé sur le plan technique, vous êtes presque impossible à repérer. Vos agissements restent anonymes, a dit Gillespie. Si on ajoute à cela le fait que les policiers chargés de lutter contre ce crime ne sont que des néophytes tout à coup improvisés cyberpoliciers, qui ne reçoivent ni équipement ni formation, mais qui sont censés attraper des individus qui sont à l'avant-garde de l'informatique, on peut se demander par quel miracle on a pu obtenir quelque succès. »

Une autre difficulté compliquait la tâche des policiers affectés aux affaires de sévices sexuels contre des enfants. Ceux-là, contrairement aux enquêteurs dans les affaires de meurtre ou de vol qui recherchent constamment des preuves – des traces de sang ou des empreintes digitales, par exemple –, disposaient de trop d'éléments de preuve dans les ordinateurs saisis et les courriels transmis. Au cours de l'année précédente, la section de Gillespie avait à elle seule saisi trois millions d'images d'enfants. « Nous étions ensevelis, a-t-il dit. Nous n'avions pas l'impression d'avancer. Les méchants l'emportaient. Ces maudits ordinateurs, qui étaient la source de cette diffusion massive, devaient être mis à notre service. J'en avais assez. »

Gillespie fixait son clavier du regard : si un système ne marchait pas, pourquoi ne pas rejeter la faute sur le grand manitou ? Il a alors fait ce dont beaucoup d'utilisateurs d'ordinateurs rêvent. Il a envoyé un courriel enflammé à Bill Gates, de Microsoft, qui disait à peu près ceci : votre technologie a contribué à créer cette situation déplorable, maintenant aidez-nous à la corriger. « Je ne m'attendais nullement à recevoir de réponse – je n'ai même pas gardé une copie de mon courriel, a-t-il raconté. Je suis rentré chez moi et j'ai oublié cette affaire. »

Gates ne l'a pas oublié, lui. L'un des hommes les plus riches de la planète et le chef d'entreprise informatique le plus puissant de tous a lu le courriel de Gillespie. Il est immédiatement entré en contact avec Frank Clegg, président du conseil de Microsoft Canada : « Frank, voilà qui semble intéressant. Peux-tu voir si on peut faire quelque chose, si tu peux aider cet homme ? »

Clegg, père de deux adolescentes, aime raconter que l'une de ses filles lui a un jour demandé de l'aider à résoudre une difficulté qu'elle éprouvait avec Hotmail et qu'il n'avait rien pu faire. Clegg s'est souvent servi de cette anecdote au cours des rencontres des chambres de commerce comme prétexte pour expliquer que la plupart des adultes ont peur de parler d'Internet à leurs enfants. Selon lui, c'est dangereux, parce que des enfants à qui on a toujours appris à ne pas parler aux inconnus dans les parcs entretiendront volontiers une conversation avec un inconnu sur Internet. Il fait remarquer à son auditoire qu'un sondage commandité par le gouvernement fédéral a révélé qu'environ le quart des enfants ont été invités à rencontrer quelqu'un avec qui ils ont communiqué sur Internet. Et le plus terrifiant, c'est que, toujours selon ce sondage, 15 p. 100 des enfants ont accepté de rencontrer l'inconnu.

Clegg reconnaît qu'il y avait aussi une raison commerciale pragmatique à l'intervention de Microsoft: «Si les gens ont peur et qu'ils ne se sentent pas en sécurité, ils ne vont pas utiliser la technologie. Et s'ils ne l'utilisent pas, notre entreprise cessera de croître.»

Au bout de quelques semaines seulement, certains des experts informaticiens les plus chevronnés de Clegg ont rencontré les enquêteurs de Gillespie. Les policiers se sont vite rendu compte que, malgré leurs bonnes intentions, les informaticiens de Microsoft, comme la majorité de la population, n'avaient pas saisi l'ampleur du problème que représentait l'exploitation des enfants sur Internet. Gillespie a donc délibérément choisi la provocation. Il a montré aux informaticiens une poignée des images de sévices sexuels auxquelles ses agents doivent faire face quotidiennement.

«Il nous a avertis qu'il y avait cinq images et que nous pouvions tourner la tête si nous le voulions, se rappelle Frank Battiston, chef d'équipe du projet. C'était horrible. Épouvantable. J'ai regardé la première, j'ai vu la deuxième, puis j'ai tourné la tête. Je ne voulais pas en voir d'autres. Depuis ce jour, ces deux images sont gravées dans mon esprit. Je voudrais bien les effacer, sans savoir comment. Mais cette expérience m'a certainement convaincu de faire tout ce que je pouvais pour éradiquer ce crime.»

La brutalité des images avait choqué Battiston. À son entrée dans les locaux de l'Unité des crimes de nature sexuelle, il a été choqué de nouveau par ce qu'il y a trouvé. S'attendant à voir un matériel de haute technologie, comme dans l'émission *Les Experts (CSI)*, il a plutôt eu l'impression de revivre un ancien épisode de la série *Kojak* – sonneries de téléphones, vociférations et officiers penchés au-dessus de bureaux encombrés. Comptant neuf ans de service dans la Mecque de la haute technologie qu'était Microsoft, il a eu le sentiment d'avoir fait un bond dans le passé. «On demandait à la police d'attraper les pédophiles. C'était un peu comme si on envoyait quelqu'un en canot à rames au milieu de l'océan, qu'on lui demandait de rapporter du poisson, et que les seuls poissons qu'il pouvait vraiment attraper étaient ceux qui sautaient dans l'embarcation.»

Pendant plusieurs mois de l'année 2003, Battiston et les informaticiens de Microsoft ont interrogé la police sur ce qui fonctionnait bien ou ne fonctionnait pas. Microsoft et la police ont convenu que le meilleur outil serait celui qui aiderait les enquêteurs à trouver un sens aux millions d'éléments d'information qui les inondaient – adresses électroniques, pseudonymes et numéros de cartes de crédit. Ils voulaient créer une espèce de serveur de recherche interne pour policiers : une banque qui pourrait compiler et organiser les données policières afin d'établir des liens en fonction du « réseautage social », comme l'appelait Battiston. « Ne présumez jamais qu'un élément est sans importance, disait-il. Examinez tous les renseignements dont vous disposez et établissez des liens entre eux. »

L'équipe a fait venir des enquêteurs d'une vingtaine de corps policiers du Canada, ainsi que des agents de Scotland Yard et d'Interpol, puis a procédé à quelques modifications des versions d'essai. Au printemps, des enquêteurs du FBI et du ministère de la Sécurité intérieure des États-Unis se sont rendus à Toronto, où ils ont proposé d'autres modifications. « Notre but ultime, dit Battiston, était que le système soit créé par et pour des enquêteurs. Nous voulions recevoir leur apport du début à la fin. Ainsi, nous aimions bien leur répéter que, si le système se révélait inefficace, ce serait leur faute. »

C'est ainsi qu'ils ont créé le système d'analyse contre la pornographie juvénile CETS (Child Exploitation Tracking System). L'avenir du système comme outil mondial des forces policières allait être scellé lorsque Gillespie et Clegg se rendraient au célèbre siège mondial de Microsoft, à Redmond, dans l'État de Washington. Gillespie avait convaincu la division canadienne de Microsoft de l'urgence d'agir. Il lui faudrait ensuite faire de même avec les membres de la haute direction de l'entreprise – responsables des principales divisions américaines et qui s'étaient rendus au siège pour assister à l'exposé. Ce n'était pas le genre d'exposé PowerPoint auquel ils étaient habitués ; Gillespie leur a fait faire une terrifiante incursion dans le cloaque d'Internet qu'ils avaient en partie créé.

« Si vous ignoriez les pires horreurs de la Seconde Guerre mondiale, auriez-vous pu les imaginer ? » demandait la première diapositive. Gillespie leur a ensuite montré une photo des corps empilés dans la fosse commune d'un camp de concentration. L'image est restée sur l'écran un moment, avant de céder la place à une autre question : « Comment imaginez-vous la pornographie juvénile ? »

Est alors apparue la photo d'une fillette impubère, blonde et souriante, se tenant près d'un lac, nue. Gillespie a déclaré à son auditoire que c'était ce à quoi ressemblait la pornographie juvénile d'antan. Comme il l'avait fait pour les dirigeants de Microsoft Canada quelques mois auparavant, Gillespie a ensuite frappé l'imaginaire des dirigeants réunis en leur montrant ce qu'était devenue l'exploitation des enfants au cours des dernières années : des images rarement vues et désormais largement diffusées sur le Web de bambins et même de bébés, certains d'à peine six mois, qui sont contraints d'endurer les pires violences sexuelles.

« Ah ! Mon Dieu ! » a-t-on marmonné d'indignation dans la salle.

Gillespie n'avait affiché que quelques images pendant moins de dix secondes, mais c'en était assez pour que l'auditoire ait besoin d'une pause pour se ressaisir. « Je pense qu'ils ont compris, a dit Gillespie. Peut-être qu'ils ne s'étaient jamais rendu compte à quel point les logiciels de Microsoft étaient utilisés pour maltraiter des enfants. Cet exposé leur a ouvert les yeux. »

Et leur a fait ouvrir leur chéquier, aussi.

Microsoft s'est engagée à dépenser plusieurs millions de dollars, non seulement pour mettre à l'épreuve le système CETS au Canada, mais pour le répandre dans le monde entier. « Quelle serait votre plus grande réussite ? Quel est votre rêve ? » a-t-on demandé à Gillespie à Redmond.

Gillespie a réfléchi un instant. Espérant ne pas être trop hardi, il a répondu : « En fin de compte, ce pourrait être une banque de données mondiale sur l'exploitation des enfants, à laquelle toutes les agences d'application de la loi auraient accès. »

Le système CETS était à peine mis en place lorsqu'il a aidé la police à sauver une fillette de l'Ontario âgée de 4 ans, en repérant un indice minime et en établissant un rapport entre deux cas sans lien apparent sur deux continents.

L'histoire a commencé au New Jersey, lorsque le Service américain de l'immigration et des douanes a démantelé une entreprise internationale de pornographie juvénile payable par carte de crédit qui comptait plus de 1200 clients aux États-Unis et ailleurs dans le monde, dont en France, en Australie et au Canada. L'un des clients en question, âgé de 37 ans, était un photographe amateur de Toronto, Robert Noel Clemens – mais la police ignorait encore son nom. Le Service américain a transmis à la police de Toronto plus de 70 numéros de cartes de crédit. L'équipe de Gillespie a saisi l'information dans la nouvelle banque de données expérimentale de Microsoft.

Pendant ce temps, la police du Staffordshire, en Angleterre, étudiait une information provenant d'une enquête – sans lien avec celle du New Jersey – du FBI, qui venait de frapper un dur coup à un forum d'Internet. La police anglaise a arrêté un homme qui échangeait des images avec un correspondant de Toronto. Le Canadien proposait des photos d'une fillette, qu'il disait être son enfant. La police, qui ne connaissait que son pseudonyme, a quand même transmis l'information à Toronto. L'homme se servait d'un faux nom dans ses échanges électroniques avec le Royaume-Uni, mais, étrangement, avait fourni une partie de son vrai code postal – qui était le même qu'un code postal relié à une carte de crédit figurant dans les registres de l'entreprise du New Jersey. C'était le genre de détail insignifiant qui échapperait à la vigilance humaine, mais que le système CETS était en mesure de relever.

Lorsque les données des opérations britannique et américaine ont été saisies dans le système CETS, un signal d'alarme a été déclenché. « Le système CETS a détecté dans les deux éléments d'information un certain degré de cohérence qui non seulement a permis de relier les deux affaires, mais a fourni assez de données pour que l'on puisse identifier l'individu », explique Gillespie.

Il se trouve que Robert Clemens était un membre très actif d'un club de nudisme familial appelé Ontario Roaming Bares. Armée d'un mandat de perquisition, la police a passé au peigne fin la résidence de Clemens. Elle y a trouvé 3500 images indécentes, en plus de 150 vidéos, DVD et cédéroms – ainsi que du matériel photographique. Durant l'examen d'un appareil photo, la police a découvert des gros plans explicites d'une fillette. Les enquêteurs disposaient de photos d'un visage anonyme. Les deux mois suivants, les agents de Gillespie ont interrogé des enfants susceptibles de connaître Clemens dans tout le sud de l'Ontario, jusqu'en Ohio. Une adolescente de 12 ans a finalement reconnu l'enfant de la photo comme étant Sarah*, la fille de l'un des couples fréquentant le club de nudisme.

Ce que l'adolescente a raconté aux agents – ajouté aux photos trouvées dans l'appareil de Clemens et sur le Web – a suffi pour que plusieurs chefs d'accusation soient portés contre l'homme, notamment pour distribution de pornographie juvénile et pour agression sexuelle. Il a été condamné à une peine de quatre ans et demi d'incarcération.

La peine de Clemens semble brève, tandis que, à bien des égards, celle de Sarah est éternelle. Les photos de Sarah qu'il a téléchargées sur le Web ne pourront jamais être supprimées. « Ça me brise le cœur, dit Lori Haggett, membre de l'équipe qui a retrouvé Sarah. Ses photos sont affichées à l'échelle internationale, et elle devra vivre avec cela le reste de ses jours. »

Au siège canadien de Microsoft, à Mississauga, en Ontario, la nouvelle selon laquelle le système CETS avait permis de sauver une fillette dans la réalité s'est répandue comme un virus informatique. « La nouvelle a fait le tour des bureaux en moins de deux minutes, beaucoup plus rapidement qu'avec un courriel, a dit Frank Clegg. L'exaltation éprouvée par tous était électrisante. » Ce sentiment inciterait Microsoft à investir des millions de plus au cours des mois et des années à venir, tandis que la portée du système CETS prenait une ampleur que même Gillespie ou Clegg n'auraient jamais pu imaginer.

« Nous reprenons le contrôle d'Internet, a dit Gillespie. Les criminels s'en servent depuis longtemps comme d'un outil de communication. À notre tour maintenant. Nous verrons bien qui remportera la bataille. »

Cette détermination était facile à comprendre, vu l'horreur des sévices dont la police était témoin, et la déception qu'elle éprouvait d'être incapable de mettre fin au trafic des images illicites ou du moins de le freiner.

Les équipes faisaient des pieds et des mains pour maîtriser la technologie, la masse des données et éléments de preuve, ainsi que l'art de la coopération internationale. Au moment même où la police apprenait de nouvelles techniques grâce à l'affaire Landslide, d'autres enquêtes ont commencé à influer de manière plus spectaculaire sur les priorités qu'elle s'était données.

Dès le départ, la police avait été absorbée par la traque des délinquants. Après tout, c'est son rôle naturel – mettre la main au collet des criminels. Certains des policiers qui ont travaillé sur les premières affaires étaient issus des brigades des mœurs et avaient procédé à ce type de nettoyage pendant des années. Ils faisaient d'innombrables raids dans des boutiques de pornographie, où ils avaient saisi des « magazines de porno juvénile » et des vidéos. Ils repéraient les criminels, effectuaient une descente, puis passaient à l'affaire suivante.

Peu à peu, les enquêteurs ont compris que les crimes commis contre des enfants sur Internet sont beaucoup plus proches du kidnapping que d'un simple commerce illicite – sauf que, plutôt que d'être un enlèvement unique en vue d'obtenir une rançon, l'agression est continue, et le sort de la victime est sans cesse affiché à l'écran.

Autrement dit, contrairement à la plupart des affaires policières, trouver le coupable et sa contrebande ne met pas fin à l'enquête dans ce type de crime. Ce n'est que le commencement.

Il faut sauver les victimes.

Et les indices les plus prometteurs se trouvaient dans les photos.

CHAPITRE CINQ

Un nouvel objectif

Il y avait beaucoup de criminels réels et un grand nombre de victimes qui pouvaient être directement reliées à ceux-ci ; nous concentrions donc nos efforts sur la recherche des victimes.

– Lars Underbjerg, Unité de lutte contre les crimes de haute technologie du Danemark

Paul Griffiths se souvient du jour où il s'est rendu compte pour la première fois qu'il s'y prenait peut-être à l'envers.

En tant qu'agent chargé de la lutte contre les crimes de nature sexuelle à Manchester, en Angleterre, il avait vu à quel point Internet avait complètement bouleversé le paysage en quelques années à peine. En 1990, 84 p. 100 des affaires dont s'occupait son unité étaient des cas de pornographie adulte, et seulement 3 p. 100 de pornographie juvénile. En 2000, 87 p. 100 des affaires mettaient en cause des enfants. Griffiths a déménagé à Londres, où il a travaillé avec l'équipe d'enquêteurs de Jim Gamble. Lorsqu'il n'était pas absorbé par de gigantesques enquêtes comme celle de Landslide, il consacrait le gros de son temps aux mêmes activités que la plupart des agents au début de la vague de cybercriminalité : il naviguait sur Internet à la recherche de noms et d'indices dans les groupes de nouvelles et salons de clavardage, il finissait par trouver des délinquants disposés à faire parvenir des images de sévices sexuels par courriel à un inconnu qui était policier, et il envoyait ceux-ci derrière les barreaux.

Un jour, un incident a poussé Griffiths à adopter une approche plus proactive : à la suite de la plainte d'une victime, un homme qui abusait d'une enfant de Manchester âgée de huit ou neuf ans a été arrêté. Griffiths et ses hommes voyaient depuis quelque temps déjà une série de photos de l'enfant parmi les collections les plus prisées du Web; ils ont donc été stupéfaits de découvrir que l'enfant vivait à quelques kilomètres seulement du poste de police. « N'aurions-nous pas pu faire quelque chose d'autre pour mettre un terme plus tôt à ces sévices? s'était demandé Griffiths. Nous nous sommes dit qu'il y avait d'autres séries d'images dans le cyberespace. Au lieu d'attendre que les criminels soient arrêtés, pourquoi ne pas partir à leur recherche en nous servant des photos ? »

L'idée était nouvelle: les images des victimes de sévices sexuels sur Internet n'étaient pas seulement des éléments de preuve que l'on pouvait utiliser contre un suspect après son arrestation, mais elles pouvaient aussi servir de point de départ à une enquête destinée à trouver et à arrêter un suspect, et dès lors à sauver l'enfant.

Comme toutes les idées nouvelles, celle de Griffiths n'était pas marquée de balises. Aucun manuel n'explique comment décoder les indices sur une photo, ni ne fournit d'instructions sur la manière d'améliorer la qualité d'une photo ou de la manipuler afin d'y repérer un élément important. Griffiths, comme le nombre croissant d'enquêteurs européens et nord-américains qui lui ont emboîté le pas, a appris sur le tas.

Ils ont commencé par la base, par exemple à chercher le lieu et l'époque à partir d'une photo en deux dimensions. Sur une photo, dans le coin inférieur gauche, derrière un garçon victime de sévices, on pouvait voir sur des tablettes d'acier gris des boîtes d'ordinateur. Griffiths a pu agrandir la photo et lire le code à barres des boîtes. Il a ensuite téléphoné au fournisseur pour obtenir l'adresse de destination des boîtes. Sur une autre photo, un téléviseur affichait un message publicitaire pour la tablette de chocolat Milky Way. Le fabricant a informé la police que ce message-là n'avait été diffusé que sur une période de trois mois, et par une chaîne de dessins animés du Royaume-Uni.

À mesure qu'Internet s'est répandu et est devenu plus complexe, Griffiths a découvert qu'il existait des légions d'experts dans des domaines obscurs, mais d'une importance souvent capitale. Par exemple, il a un jour téléphoné à un fabricant local parce qu'il avait estimé que le lit apparaissant sur une image de sévices était l'un des produits de ce fabricant. Celui-ci lui a fourni une preuve aussi solide qu'une empreinte digitale: « C'est hors de tout doute notre produit. Si vous regardez les nœuds du bois, vous constatez qu'il s'agit de pin brésilien. Les autres fabricants utilisent du pin africain, mais pas nous. »

« Il y a des gens qui savent des choses incroyables, a dit Griffiths. Il suffit de les trouver. »

C'est en octobre 1999 que Griffiths a pour la première fois réussi à localiser une victime grâce aux photos. Il a trouvé sur le Web la vidéo d'un homme violant une enfant d'environ six ans. À l'époque, les vitesses de transmission et les capacités des ordinateurs commençaient à croître. Les vidéos, plus rares que les photos, offraient une abondance inespérée d'indices. Griffiths a fait jouer la bande sonore en présence d'un linguiste, qui a défini l'accent de l'agresseur comme étant un « accent régional du Sud-Est modifié », lequel est celui d'environ la moitié de la population du Royaume-Uni, et ses collègues ont ensuite réduit le territoire à la région située au sud de Birmingham. L'homme avait des tatouages originaux visibles sur quelques plans. Griffiths a aussi pu composer un portrait-robot à partir de deux plans rapides de caméra ne montrant qu'une partie du visage. Cela suffisait toutefois pour qu'on lance un appel au public à l'émission *CrimeWatch* de la BBC, dans l'espoir que quelqu'un reconnaisse l'homme.

Quelques jours avant la date de diffusion de l'émission, Griffiths a reçu des États-Unis un tuyau inattendu. La première fois qu'il avait vu la vidéo, c'était sur des sites Internet américains ; il était donc entré en contact avec des représentants de l'ambassade des États-Unis à Londres. Ceux-ci ont transmis la vidéo aux agences d'application de la loi, et un enquêteur new-yorkais à l'œil de lynx a rapporté que l'un des pédophiles qu'il traquait avait été en contact avec l'homme de la vidéo. Mieux encore, le registre de l'ordinateur du suspect renfermait une adresse IP (protocole Internet) utilisée par le Britannique. Une adresse IP, c'est un numéro composé de quatre nombres entiers séparés par des points, qui est attribué sur Internet à chaque ordinateur ou réseau, comme une signature numérique. En remontant cette piste, Griffiths a pu trouver le nom et l'adresse du fournisseur de services Internet de l'agresseur, et n'a pas eu à faire diffuser le portrait-robot à la télévision. L'agresseur, qui a plaidé coupable, a été condamné à 12 ans de prison. La victime était son propre enfant.

Ce n'était pas la première fois que la police britannique sauvait une victime dans une affaire d'images de sévices sexuels sur Internet. « Mais c'était la première fois que nous avions délibérément entrepris de le faire », dit Griffiths. De cette première affaire d'images, le policier britannique a tiré deux leçons. « Vous ne pouvez réussir seul », affirme-t-il, puisque en l'occurrence la participation de l'agent américain avait été déterminante. « Et vous ne pouvez réussir sans un peu de chance. »

S'il était possible qu'une seule photo soit une espèce de carte au trésor menant à l'endroit où se trouvait la victime, les autorités devaient logiquement disposer de la meilleure collection de photos possible. L'un des premiers jalons dans cette direction a été planté en Irlande, où deux chercheurs de la faculté de psychologie appliquée du University College, à Cork, travaillaient activement depuis 1997 sur le phénomène de l'exploitation des enfants sur Internet. Connue sous le nom de projet COPINE (Combating Pædophile Information Networks in Europe), leur banque de données s'est transformée en de gigantesques archives de la pornographie juvénile sur Internet – l'une des premières et des plus exhaustives du monde, qui finirait par compter plus de 70 000 fichiers. Les chercheurs ont catalogué les images et les ont comparées, toujours à la recherche de photos inédites susceptibles de représenter de nouvelles victimes. Leur banque de données a été utile aux polices européennes dans de nombreuses affaires, et elle a permis à la police irlandaise d'arrêter bon nombre de suspects au cours de l'opération *Ore*.

Les archives du projet COPINE ont par la suite été transférées à Interpol. Depuis plusieurs années, cette agence internationale construisait sa propre banque d'images, surtout grâce au travail d'Anders Persson, agent du renseignement criminel de la Sous-direction Trafic d'êtres humains. Persson, qui voyage aujourd'hui de par le monde pour donner aux policiers une formation sur l'identification des enfants exploités sur Internet, a été inspecteur en chef de la police nationale de Suède à la fin des années 1990. « À l'époque, peu de gens savaient se servir d'un ordinateur, dit-il, plaisantant à peine. Je pouvais allumer le mien, y insérer une disquette et imprimer un document; c'est ainsi que je suis devenu l'expert informaticien. »

À partir de cette expertise, il a mis sur pied pour le compte de la police suédoise une banque de données qui, en 2001, contenait déjà 150 000 images de sévices sexuels contre des enfants. Contrairement aux autres banques de données de l'époque qui nécessitaient l'intervention de la mémoire humaine pour repérer des photos semblables d'un même enfant, la banque suédoise était interrogeable, c'est-à-dire qu'on pouvait y faire des recherches, fussent-elles des plus élémentaires. « Nous avions un logiciel de reconnaissance des images, dit-il. C'était une véritable percée technique. »

Par la suite, Interpol a fait venir Persson et sa banque de données à Lyon, où celle-ci serait l'embryon de la première banque de données policière internationale de ce genre. Persson et Interpol ne se sont pas contentés d'amasser des photos. Ils ont commencé à recourir aux services de pionniers comme Paul Griffiths pour enseigner l'analyse de photos aux policiers d'autres pays. Interpol a également parrainé une conférence internationale annuelle au cours de laquelle les enquêteurs de divers pays pouvaient discuter d'affaires non résolues ou de pistes prometteuses, partager leurs connaissances et échanger des photos dans l'espoir que quelqu'un y décèlerait un indice qui leur aurait échappé.

En fait, c'est tout juste après l'une de ces conférences à Interpol, en juin 2003, que Paul Griffiths a vu les premières photos troublantes de Jessica et les a diffusées à ses collègues nord-américains. Paul Gillespie avait assisté à cette conférence à Lyon, et, sur le chemin du retour, avait fait escale en Angleterre afin de rencontrer Griffiths. C'est ce voyage qui l'a inspiré lorsqu'il a décidé de dynamiser et de réorganiser son équipe au Canada en suivant le chemin d'analyse des images et de sauvetage des victimes tracé par les Européens. La recherche de la fillette encagée avait été leur première affaire-témoin et le sauvetage dramatique de Jessica en Caroline du Nord – en fin de compte une réussite conjointe des Européens, des Canadiens et des Américains – avait contribué à faire la promotion de la coopération internationale prônée par Interpol. « C'était une affaire au dénouement heureux, dit Griffiths. Grâce à ces conférences d'Interpol, nous avions le vent en poupe. Du fait que nous sommes arrivés à identifier une série de photos si peu de temps après la conférence, personne n'a quitté le bateau. »

« Il est très rare qu'un enquêteur, ou même un pays, dispose de toutes les photos, explique Anders Persson, d'Interpol. C'est pourquoi il est capital que nous partagions ces éléments de preuve. C'est quand on a toutes les pièces du puzzle qu'il est le plus probable qu'on réussira à l'assembler. »

Si cela était vrai, il était également vrai que la plupart des pièces des puzzles se trouvaient probablement aux États-Unis.

Le Web a beau être international, c'est aux États-Unis – qui comptaient environ 21 p. 100 des 713 millions d'utilisateurs d'Internet selon une estimation faite en 2006 – que le trafic est le plus dense sur l'autoroute de l'information et où il y a le plus grand nombre de pages Web. Comme l'affaire Landslide l'a prouvé, c'est aussi dans ce pays que se trouvent la majorité des images de sévices sexuels infligés à des enfants qui inondent le cyberespace. L'Internet Watch Foundation (IWF), établie au Royaume-Uni, estime que la moitié des sites Web d'exploitation d'enfants sont établis aux États-Unis.

Les agents américains d'application de la loi faisaient face aux mêmes obstacles que leurs homologues canadiens ou britanniques, mais en pire : ils étaient inondés par trop d'éléments de preuve, dont la plupart étaient dispersés et non triés. En outre, les agents – qui pourchassaient une myriade de producteurs clandestins et de consommateurs de porno – provenaient de trop de corps policiers différents et relevaient de trop d'ordres de compétence distincts. Le crime que constitue la pornographie juvénile est d'abord local, puis national et international. Il commence par l'exploitation sexuelle d'un enfant, comme Jessica, dans une petite ville, un quartier paisible ou une école locale. Par la suite, les photos sont téléchargées sur un seul ordinateur, qui les dissémine ensuite dans tout le pays et dans le monde entier. Comment les quelque 18 000 agences policières éparpillées aux États-Unis pourraient-elles lutter contre un crime à ce point organisé en réseau ?

Le seul espoir de voir naître un plan d'attaque centralisé se trouvait à Washington, mais la pornographie juvénile relevait de la compétence de quatre structures fédérales, qui se faisaient parfois concurrence : le Service des postes, le ministère de la Sécurité intérieure, le FBI et même le Service secret. « Quatre agences fédérales jouissent d'une certaine compétence et, par nature, ne coopèrent pas, a dit Drew Oosterbaan, du ministère de la Justice. Chacun protège son territoire, et personne ne prend l'initiative. »

Historiquement, ce sont les inspecteurs postaux qui possédaient le plus d'expérience, mais il y avait de moins en moins de matériel d'exploitation sexuelle d'enfants qui circulait par la poste. Les agents des douanes se chargeaient du trafic international – dont celui de la pornographie – et avaient donc établi de bons liens avec d'autres pays. Mais, à la suite de la tragédie du World Trade Center, ils ont été intégrés dans le cauchemar bureaucratique du ministère de la Sécurité intérieure. Il a fallu un certain temps pour que le nouveau « Service de l'immigration et des douanes » au sein de ce ministère retombe sur ses pieds. Le Service a fini par créer une Unité de lutte contre la cybercriminalité, logée dans des quartiers généraux discrets à Vienna, en Virginie. L'Unité a peu à peu créé une immense banque de données renfermant plus de 100 000 images d'enfants saisies, à laquelle viennent s'ajouter chaque jour photos et indices.

De l'autre côté de Washington, à Calverton, au Maryland, le FBI exploitait sa propre banque du programme *Innocent Images*. Doris Gardner, la superviseure du FBI en Caroline du Nord qui avait mobilisé son équipe pour sauver Jessica, avait lancé ce programme en 1995, après le premier grand démantèlement d'un réseau de pornographie juvénile. Au début, on traitait une centaine de cas par an, mais ce nombre a vite crû à plus de deux mille. Tandis que le Service de l'immigration et des douanes avait les contacts à l'étranger, c'était le FBI qui disposait au pays du plus grand effectif sur le terrain : des douzaines d'agents étaient affectés à une quarantaine de groupes de travail régionaux répartis dans tout le pays, et faisaient le lien entre les corps policiers locaux et les agents fédéraux.

C'est ce fatras organisationnel que Drew Oosterbaan a trouvé lorsqu'il est arrivé à Washington, après avoir travaillé de longues années à Miami comme procureur fédéral spécialisé dans les grandes affaires de drogues. « Bien sûr, c'est gratifiant de mettre la main au collet d'un baron de la drogue ou de déjouer un complot d'importation, dit-il. Mais vous savez que, même si vous en écrouez un, d'autres prendront la relève. Quand vous sauvez un enfant, par contre, vous avez le sentiment d'avoir fait quelque chose de vraiment capital.»

Oosterbaan, qui a pris la direction de la Child Exploitation and Obscenity Section (CEOS), à Washington, et est ainsi devenu le procureur principal du ministère de la Justice chargé de la coordination des affaires d'exploitation sexuelle des enfants, était conscient du fait que les diverses agences ne se faisaient pas nécessairement confiance les unes les autres, et encore moins aux avocats de son ministère. Les conflits de personnalité ne manquaient pas, on se faisait concurrence à propos des budgets, et chacun essayait de garder le secret sur ses enquêtes et sur ses pistes. Au Canada, au moins, la Gendarmerie royale était la seule force policière investie d'un mandat national. Au Royaume-Uni, c'était l'Escouade nationale de lutte contre le crime et, en Australie, la Police fédérale. Aux États-Unis, il n'y aurait jamais une entité policière unique qui mènerait la guerre contre la pornographie juvénile. Mais pourrait-il au moins y avoir une entité non policière qui la coordonne?

Oosterbaan a trouvé un allié naturel en la personne d'Ernie Allen, l'infatigable directeur exécutif du National Center for Missing and Exploited Children (NCMEC). Le NCMEC, autrefois petite organisation privée sans but lucratif, se transformait, depuis sa fondation en 1984, en un géant du sauvetage d'enfants. Oosterbaan a commencé à s'affairer dans les coulisses, essayant de convaincre les enquêteurs du FBI, du Service de l'immigration et des douanes, et du Service d'inspection postale à oublier leurs différends et à travailler de concert avec le seul organisme à qui tous faisaient confiance et sur lequel aucun d'entre eux ne pouvait exercer de pouvoir: le NCMEC.

«Le NCMEC peut constituer la force unificatrice, a dit Oosterbaan. C'est un territoire neutre.»

Aux yeux des forces policières du Canada, du Royaume-Uni et d'autres pays européens, il était quelque peu déconcertant qu'une agence civile ait une telle influence dans les milieux de l'application de la loi. Le NCMEC était en fait un drôle d'animal, une organisation officiellement approuvée par le gouvernement, financée par les millions du Congrès et de l'industrie privée, et soutenue par de puissants alliés à Washington. C'est le président Ronald Reagan qui a inauguré le NCMEC en 1984, en partie grâce au lobbying de John Walsh, qui allait par la suite devenir une figure célèbre de la télévision en animant la très populaire émission *America's Most Wanted*. Walsh s'est fait le champion des droits des enfants après le rapt et l'assassinat de son fils Adam en 1981. Le même Walsh, qui a beaucoup fait pour que soit adoptée la loi américaine de 1982 sur les enfants disparus, a été cofondateur du NCMEC, et fait encore partie de sa commission consultative. Le NCMEC, qui s'est surtout fait connaître pour son travail dans la recherche des enfants enlevés, a fait figure de pionnier dans le recours aux affiches annonçant la disparition d'enfants. En 1990, le Congrès a désigné le NCMEC organisme de liaison officiel pour les agences d'application de la loi chargées de retrouver les enfants disparus.

En 1997, un nouveau chapitre s'est ouvert sur le front électronique lorsque le Congrès a mis sur pied l'Unité des enfants exploités du NCMEC, chargée de réprimer la pornographie juvénile sur Internet ainsi que le tourisme sexuel. « Mais c'était à l'époque un phénomène clandestin très limité, dit Ernie Allen. Avec l'arrivée d'Internet, ç'a été l'explosion. Le problème était de savoir à qui s'adresser lorsqu'on croit que son enfant est ciblé sur Internet. La plupart des agences d'application de la loi ne travaillaient pas encore sur le Web. Nous avons alors eu l'idée d'établir un guichet unique pour ce genre d'affaires. »

Ironie du sort, ce qui a donné au NCMEC sa première poussée dans sa lutte contre les images de sévices sexuels infligés à des enfants a été une décision de la Cour suprême dont tout le monde craignait qu'elle fasse reculer la cause du sauvetage des enfants. À l'automne 1997, le Congrès a adopté une loi sur la prévention de la pornographie juvénile, rendant illégale la représentation visuelle d'un mineur engagé dans des activités sexuelles explicites - ou de ce qui « semble être » un mineur ou de ce qui « donne l'impression » que la victime est mineure.

Ces quelques mots supplémentaires ont été le talon d'Achille de la loi. Contestée par l'industrie de la pornographie adulte et par les défenseurs des libertés civiles, la loi a été d'abord renversée par la Cour fédérale, dont les juges estimaient qu'elle « empiétait sur le Premier Amendement et constituait une forme de censure gouvernementale illégale ». En juin 1997, la Cour suprême a maintenu le jugement de la Cour fédérale, déclarant inconstitutionnels certains articles de la loi, notamment parce qu'elle proscrivait des images informatiques qui ne faisaient pas appel à des enfants réels.

Cette décision de la Cour suprême a alourdi le fardeau des policiers, qui étaient déjà en train de perdre la guerre technologique livrée contre les producteurs - toujours plus raffinés - de pornographie juvénile et ses consommateurs. En effet, les tribunaux statuaient que l'exploitation sexuelle des mineurs était illicite, mais qu'il fallait d'abord prouver qu'il s'agissait bien de mineurs. S'il s'agissait de personnes majeures prétendant être mineures ou - on peut extrapoler - d'images de synthèse, on considérait alors qu'il y avait censure gouvernementale.

Du jour au lendemain, la découverte de milliers d'images d'enfants torturés dans l'ordinateur de quelqu'un ne suffisait plus pour qu'on porte des accusations: les autorités devaient prouver qu'au moins quelques-uns des mineurs représentés étaient véritablement mineurs. De vrais noms et de vrais âges. Le problème, c'est que la majorité des dizaines de milliers d'images de pornographie juvénile circulant sur le Web étaient, bien entendu, anonymes. Les souffrances d'une enfant, comme celles de la petite Jessica, étaient bien réelles, mais, avant que la police ne parvienne à la sauver, personne ne connaissait son identité. La décision de la Cour suprême signifiait que, dans chaque cas, les procureurs devraient présenter soit l'enfant – scénario peu probable et inutilement cruel –, soit le policier qui avait découvert la victime.

Heureusement, l'année suivante, en mars 1998, le NCMEC a mis sur pied la CyberTipline, une ligne téléphonique qui permettait au public, à la police et aux entreprises d'Internet de signaler les cas de pornographie juvénile. C'est aussi cette année-là qu'une jeune diplômée universitaire, Michelle Collins, s'est jointe à ce qui était alors une petite équipe. Durant ses études de premier cycle en psychologie et de maîtrise en criminologie, Collins avait fait du mentorat à la prison locale et un stage au FBI. «Je n'étais pas le type de filles que l'on voit dans les romans à l'eau de rose», dit-elle en riant. Ses relations au FBI lui ont parlé d'une nouvelle agence qui avait commencé à traquer les cyberprédateurs. Elle est allée passer une entrevue au NCMEC la veille de Noël, et a continué de relancer le Centre pendant les six mois suivants, jusqu'à ce qu'elle y décroche un poste.

Cette année-là, la ligne CyberTipline recevait en moyenne moins de 200 appels par semaine. Au bout de deux ans, le total annuel des appels avait quadruplé pour dépasser les 20000, et ce nombre ne cessait d'augmenter. «On n'avait pas le temps de souffler», dit Collins.

La décision de la Cour suprême a simplement accéléré le processus vers lequel l'équipe du NCMEC tendait de toute façon: la création d'un système complet d'identification des enfants victimes. Chaque jour, les analystes du NCMEC passeraient des heures à examiner les visages d'enfants inconnus dont les photos avaient été rapportées au centre. «Certains n'apparaissent que sur dix photos, puis vous ne les revoyez plus, mais il y en a que l'on voit constamment, explique Collins. Lorsqu'on ne voit plus un enfant qu'on a vu plusieurs fois, on se demande ce qui lui est arrivé, si les sévices ont cessé.» Lorsque Collins a entendu un policier dire que l'un des enfants fréquemment vus sur le Web avait été identifié et sauvé, elle a rassemblé les détails de l'affaire, qu'elle a relatée dans un texte que le NCMEC pouvait distribuer aux nouveaux employés pour leur remonter le moral. D'autres noms d'enfants sauvés ont été ajoutés à la petite liste maison du NCMEC, jusqu'à ce que celle-ci contienne trois douzaines de noms d'enfants bel et bien identifiés.

L'équipe de Collins s'est empressée de donner un caractère plus officiel à la liste. Elle a mis sur pied une banque de données plus détaillées, contenant les photos de l'enfant victime, son vrai nom, son âge, son lieu de résidence et le nom du policier qui pourrait témoigner devant le tribunal. Les procureurs et les policiers de tout le pays se sont habitués à l'idée d'envoyer les photos à Alexandria aux fins d'analyse, chaque fois qu'ils élucidaient une affaire de pornographie juvénile. Cela a créé un cycle qui s'alimentait lui-même. Plus il y avait de photos envoyées aux fins d'analyse en conformité avec l'obligation imposée par la Cour suprême de prouver que certaines des images correspondaient à un enfant «réel» sauvé, plus s'enrichissait la banque de photos d'enfants dont l'identification était possible. En quelques années seulement, la liste des enfants identifiés et sauvés comptait des centaines de noms.

Peu à peu les policiers de tout le pays apprenaient que le NCMEC, en tant que dépôt centralisé des images de sévices sexuels saisies, était une précieuse ressource, non seulement lorsqu'il fallait y envoyer les photos après un raid, mais pour l'aide qu'il pouvait apporter au début d'une enquête. Au début de 2002, Collins a reçu un coup de fil d'un sergent de la police de San Diego.

«Michelle, il se passe quelque chose et nous croyons que ça va être très important, a-t-il dit. Nous allons avoir besoin de votre aide.»

Collins a accepté sur-le-champ. «Quand vous vous embarquez dans l'une de ces affaires, a-t-elle dit, vous ne savez jamais vraiment quelles proportions elle va prendre.»

Aucun d'eux ne le savait.

Il s'agissait de l'opération *Hamlet*, qui allait être le premier grand test permettant de mesurer la capacité des Américains et des Européens à se débrouiller dans leur nouvelle orientation, qui consistait certes à neutraliser les prédateurs, mais aussi à trouver leurs victimes.

Le hasard a voulu que ce soit Anders Persson qui reçoive la première pièce du puzzle qui a mené à la découverte d'un réseau de pédophiles qui s'étendait du Danemark à la Californie. Il avait pris un bref congé d'Interpol pour régler des affaires en Suède lorsqu'un groupe local de défense des droits des enfants, associé à l'alliance internationale Save The Children, est entré en contact avec lui en novembre 2001. Il avait découvert sur le Web de nouvelles photos troublantes d'une enfant, âgée de 11 ans au plus, ligotée et bâillonnée.

Derrière elle se tenait un homme vêtu d'une chemise bleue à manches courtes qui semblait faire partie d'un uniforme, le nom de l'entreprise étant visible au-dessus de la poche droite. Une recherche sur le Web a révélé le nom de l'entreprise: une petite société d'informatique établie dans l'est du Jylland, au Danemark. Persson a immédiatement téléphoné à un collègue danois qu'il connaissait bien, Lars Underbjerg. Cet appel était le signe d'une autre leçon que les policiers spécialisés dans les affaires du genre avaient apprise: ils avaient besoin d'un réseau de collègues fiables qu'ils connaissaient personnellement. Quelle que soit la commodité de la communication instantanée par courriel, rien ne peut remplacer l'amitié tête-à-tête. « Vous pouvez toujours obtenir de l'aide ou un soutien opérationnel de quelqu'un, surtout si vous le connaissez bien et lui faites confiance, dit Persson. Qu'est-ce que j'aurais fait si je n'avais connu personne au Danemark ? J'aurais rédigé un rapport, je l'aurais envoyé par les canaux officiels, et cela aurait pris une semaine. »

Non. Il n'a fallu que quelques minutes pour qu'Underbjerg passe à l'action. Gaillard de 1 m 85 et 115 kg, il a tout à fait l'allure du dur de la brigade antidrogue qu'il a déjà été. Aujourd'hui, il est chef d'une équipe surchargée de six enquêteurs de l'Unité nationale de lutte contre les crimes de haute technologie, laquelle couvre tout le Danemark. Mais, à l'époque, à la fin de l'année 2001, il constituait la moitié d'une équipe, alors encore plus surchargée, de deux officiers ; toutefois, il a immédiatement pris l'affaire en main.

« L'urgence découlait du fait qu'il s'agissait d'une nouvelle photo, qui venait tout juste d'être affichée sur le Web, explique-t-il. Et il ne faisait aucun doute que c'était une affaire de sévices sexuels. »

C'était un jeudi. Il était 14 h. Underbjerg a téléphoné à la police de l'est du Jylland, afin qu'elle montre aux dirigeants de la société informatique une photo rognée où l'on ne voyait que la chemise bleue et le logo. Les policiers locaux voulaient attendre au lundi pour s'exécuter ; Underbjerg leur a fait clairement comprendre qu'il ne pouvait attendre. Le lendemain matin, les dirigeants ont confirmé que c'était bien leur logo ; ils ont également fourni des descriptions détaillées de leurs employés actuels et antérieurs. L'une des descriptions correspondait assez bien à l'homme que la police recherchait. C'était un ex-employé, Eggert Jensen, que sa peau pâle, ses cheveux blonds et son épaisse moustache rendaient très facile à reconnaître. Cet après-midi-là – moins de 24 heures après le tuyau fourni par Persson –, la police, armée d'un mandat de perquisition, frappait à la porte de Jensen. Dans sa maison, elle a trouvé des appareils photo et des liens identiques à ceux figurant sur les photos.

D'après l'angle de prise de bon nombre de ces photos, Underbjerg était convaincu d'une chose : « C'était sûrement quelqu'un d'autre qui prenait les photos. » Cette personne n'était nulle autre que la femme de Jensen. Le jour où la police a arrêté le couple danois, sa fille a immédiatement été mise en sécurité.

« Normalement, je ne pense pas à mes affaires d'une manière trop personnelle, a dit Underbjerg. Mais, quand je suis rentré chez moi le vendredi, je savais que, si cette arrestation n'avait pas eu lieu, l'enfant aurait été agressée de nouveau. Le fait de l'avoir trouvée était donc gratifiant. »

Underbjerg avait intérêt à profiter du repos qu'il pouvait s'offrir ce soir-là, car il n'en aurait guère les semaines suivantes. Son voyage au cœur des ténèbres était sur le point de commencer.

L'interrogatoire qu'il a fait subir à Jensen a révélé le visage typique du délinquant qui a abattu tous les murs de culpabilité et de peur du « cycle de l'agression », grâce aux encouragements de ses camarades d'Internet. Jensen a dit manquer d'estime de soi et avoir des antécédents en sadomasochisme sexuel. « Il était incapable d'établir des rapports sociaux normaux », dit Underbjerg. Jensen avait commencé sa carrière de cyberpornographe en proposant des photos d'enfants luttant en maillot de bain ; il ne lui a pas fallu beaucoup de temps pour répondre aux demandes de photos d'enfants de moins en moins vêtus. « Ce monde-là était son identité virtuelle, l'endroit où il pouvait se construire », a conclu l'enquêteur.

Jensen a donné volontairement le mot de passe du logiciel de cryptage de son disque dur et, ce faisant, a révélé les secrets d'un vaste réseau d'exploitation sexuelle d'enfants. Pendant les deux mois qui ont suivi, l'équipe d'Underbjerg a monté un dossier de preuve grâce à l'analyse judiciaire des registres de clavardage de Jensen et de sa base iconographique. Le Danois n'était ni le fondateur du réseau ni son chef, mais il constituait l'une de ses nombreuses plaques tournantes. Le groupe n'avait pas de nom, mais certains membres y faisaient référence dans leurs courriels sous le nom de « club ». En fait, Underbjerg a commencé à comprendre qu'il ne s'agissait pas vraiment d'un groupe unique, mais de cercles d'agresseurs qui se chevauchaient. Les membres du club provenaient d'un peu partout en Europe – France, Italie, Allemagne, Pays-Bas et Royaume-Uni –, mais surtout des États-Unis.

L'envergure internationale du club était impressionnante en soi, mais pas inhabituelle. Ce qui était inhabituel, c'était plutôt l'ampleur des sévices physiques que beaucoup des membres faisaient subir à leurs propres enfants. Underbjerg a vu durant sa carrière beaucoup de réseaux de pornographie juvénile s'échanger de terribles photos. Dans plusieurs de ces groupes, le prestige revenait souvent à celui qui ne faisait pas qu'échanger du matériel, mais qui le produisait – encore plus si l'enfant était le sien et s'il adaptait les sévices aux demandes de ses collègues prédateurs. Le statut du membre dans le réseau dépendait de la marchandise qu'il pouvait livrer.

« Mais ici il n'était pas question de statut, puisque la plupart des membres agressaient eux-mêmes les enfants, dit Underbjerg. C'est ce qui différenciait ce groupe de la plupart des autres. Nous pouvions voir sur les photos qu'ils agressaient leurs propres enfants et ceux de leurs amis. Tous étaient de vrais monstres. »

Convaincu que cette affaire prendrait des proportions internationales, Underbjerg souhaitait lui donner un nom qui rappellerait immédiatement à chacun qu'elle avait commencé au Danemark. Il a donc choisi de l'appeler « opération *Hamlet* ». Nullement enclin aux finesses diplomatiques, Lars Underbjerg n'allait pas perdre de temps à entrer en contact avec les consulats et ambassades afin de les implorer de transmettre l'information aux polices de leurs pays respectifs. « Mon expérience m'a appris que, dans une affaire où il y a de vrais agresseurs, on n'a pas le temps de passer par les canaux officiels, dit-il. Il faut agir très rapidement. » Tout comme Persson s'était adressé à lui, Underbjerg est entré en contact avec le réseau informel d'enquêteurs spécialisés qui commençait à rallier de plus en plus de policiers dans le monde. En février 2002, après avoir effectué pendant deux mois une analyse de l'ordinateur de Jensen, il a organisé une réunion internationale à Copenhague afin de donner le coup d'envoi de l'opération *Hamlet*. Des États-Unis sont venus des représentants du Service de l'immigration et des douanes ; d'autres agents sont venus d'Angleterre, de Suisse, d'Allemagne, ainsi que du siège d'Interpol, à Lyon.

Underbjerg a remis aux participants 6 CD remplis d'information sur chacun des 40 suspects qu'il était parvenu à identifier. Il y avait pour chacun un dossier distinct : nom, occupation, adresse IP, adresse électronique, pseudonyme et photos des enfants agressés. L'enquêteur danois a aussi imposé au groupe ce qu'il appelait « la manière danoise de faire les choses » : moins de bavardage, plus d'action. « On s'assied, on passe en revue la situation, on prend une décision et puis on passe à l'action, dit-il. C'était formidable. J'entends encore des participants dire que c'était l'une des journées les plus productives – et des réunions les plus courtes – qu'ils avaient vécues. »

Il est vite devenu évident, toutefois, que, si le réseau était mondial, la majorité des activités se déroulaient aux États-Unis, plus particulièrement sur la côte Ouest. Deux réunions de suivi ont donc été organisées, l'une à San Diego, l'autre dans l'État de Washington. Il y avait des photos partout, sur les tables, épinglées sur les murs. Les enquêteurs américains n'avaient jamais vu dans une même affaire un si grand nombre d'enfants facilement identifiables – même s'il n'était pas possible de les retrouver dans l'immédiat.

« C'était incroyable », se rappelle Betsy Perino, jeune agente travaillant au siège du Service de l'immigration et des douanes, à Washington, qui venait de se voir confier sa première grande affaire d'exploitation d'enfants. « Les photos remplissaient les murs de toute la salle.

« Cela m'a ouvert les yeux, dit-elle. Sur certaines photos, on pouvait voir la terreur et la détresse dans le regard des enfants. » Pour Perino, alors âgée de 30 ans seulement, c'était une rude initiation au cybercrime. Deux de ses frères travaillaient pour le FBI, et elle était déterminée à travailler dans une agence d'application de la loi, mais elle tenait à suivre sa propre voie. Elle avait présenté sa candidature au Service alors qu'elle faisait encore son droit. Voilà que sa première affectation importante la plongeait au cœur d'une affaire épouvantable. Il y avait des enfants de tous âges, d'adolescents en passe de devenir adultes jusqu'à des bébés de trois ou quatre mois pouvant à peine bouger. Les formes de brutalité aussi étaient variées : fouets, ligotage et instruments de torture. Dans l'une des séries de photos, une fillette aux yeux bandés portait un bâillon à balle rose ; dans une autre, quelqu'un tirait brutalement en arrière les cheveux d'un enfant ; dans une autre encore, une enfant était ligotée. Sur les photos les plus révoltantes, on pouvait voir, selon les termes de Perino, des machines « construites pour la torture et pour l'élongation des membres dans des directions anormales ».

Les photos étaient organisées en séries – lesquelles étaient souvent composées de centaines d'images – qui portaient le nom de l'enfant, ou, par exemple, celui de « balle rose » pour la série de l'enfant bâillonnée, ou encore « VAM », sans doute pour les victimes ayant l'âge de la maternelle. Les membres du réseau s'échangeaient activement les photos dans les salons de clavardage et s'envoyaient des courriels pour réclamer celles qui compléteraient leurs séries. Un tel comportement était typique de tous les collectionneurs de pornographie juvénile sur Internet, mais le groupe visé par l'opération *Hamlet* allait un peu plus loin que les autres.

Premièrement, les membres faisaient des demandes spéciales de photos adaptées à leurs fantasmes. Un homme voulait voir la fille d'un autre membre agressée tandis qu'elle portait son uniforme scolaire ; un autre souhaitait voir une violente fessée. Pour prouver que l'agression avait bel et bien été faite sur commande, les membres exigeaient que la jeune victime tienne une carte ou une feuille sur laquelle était écrit un message. Et pour être certains que les messages n'étaient pas truqués et incrustés au moyen d'un logiciel d'imagerie numérique, les hommes exigeaient que les feuilles soient froissées, cette texture étant plus difficile à imiter. En fait, on obligeait aussi les victimes à communiquer entre elles au moyen de ces feuilles, comme si elles prenaient plaisir à subir ces sévices. Sur l'une des feuilles, on pouvait lire : « Bonjour, Valéria, je m'appelle Linda*. J'ai 8 ans. Je veux que tu sois mon amie. »

Un autre photographe montrait une enfant blonde, d'environ 12 ans, endormie, le visage presque tout enfoui dans son oreiller. Sur le lit derrière elle étaient empilés une tortue verte et toutes sortes d'autres jouets en peluche. Son tortionnaire avait écrit au marqueur sur un grand carton :

Don,
Merci de m'avoir laissé auprès d'elle pendant ton absence.
Elle est très gentille.
S.B.

Ce message indiquait que certains membres du réseau faisaient des voyages spéciaux pour rencontrer d'autres membres et échanger leurs enfants. « Ils partaient en voyage et s'échangeaient leurs enfants ; souvent, ils demandaient à un agresseur de violer leur enfant de telle manière bien précise, raconte Perino. Ils enregistraient l'agression sur vidéo. » Une image a longtemps hanté l'agente du Service de l'immigration et des douanes, celle d'une fillette de 7 ans, aux cheveux platine. Elle n'était pas celle qui était le plus violemment agressée, ni la plus belle : « Ce n'était pas parce qu'elle était la plus belle – tous ces enfants sont beaux, vous savez. Mais elle ressortait parmi les autres, à cause de sa brillante chevelure. Son image me revenait en tête constamment. »

Lars Underbjerg, l'officier danois chevronné qui avait ouvert le bal, dit comprendre l'agente : « Cette affaire a eu beaucoup de répercussions sur la manière de travailler des enquêteurs. Il y avait beaucoup de criminels réels et un grand nombre de victimes qui pouvaient leur être directement reliées ; nous concentrions donc nos efforts sur la recherche des victimes. »

Les premières arrestations aux États-Unis ont été rapides et faciles. Au cours de leur raid sur la maison de Jensen, les policiers danois avaient trouvé une enveloppe portant une adresse de retour à San Diego et le nom de l'expéditeur : Paul Whitmore. Underbjerg a également trouvé dans l'ordinateur de Jensen de nombreux registres de clavardage qui l'ont convaincu que Whitmore était, dans le groupe, celui qui ressemblait le plus à un chef. « Il possédait beaucoup de connaissances techniques, dit Underbjerg ; il était l'administrateur des TI du groupe. »

Whitmore avait d'autres talents. Il travaillait auprès d'enfants atteints de troubles du développement, comme l'autisme ou la paralysie cérébrale, dans un centre éducatif privé de Grantville, banlieue de 4000 habitants située juste au nord de San Diego. Même si aucune de ses victimes ne provenait du centre, en tant que thérapeute spécialisé de l'enfance et de la famille titulaire d'un diplôme en éducation, Whitmore avait accès à des enfants et les «préparait» à jouer leurs rôles dans ce que Jeff Dort, procureur du district qui engagerait plus tard des poursuites contre lui, appelait «le cycle infernal».

«Il manœuvrait psychologiquement les enfants, dit Dort. Il était conscient du pouvoir qu'il exerçait sur eux.»

Sur une période de sept ans, il a agressé sept filles et garçons. Dans l'une des séries de photos, il a humilié une enfant de 9 ans en la promenant en laisse dans une maison et en la forçant à boire dans une écuelle pour chat. Whitmore organisait aussi des voyages avec un autre membre du réseau, qui habitait à une trentaine de kilomètres de chez lui, à Poway. Brooke Lockwood Rowland, 44 ans, ancien représentant en publicité, et Whitmore s'échangeaient leurs victimes respectives et filmaient leurs agressions pour le bénéfice des autres membres. Rowland a été arrêté peu de temps après Whitmore.

Pourtant, la police était encore coincée. Whitmore, qui avait enseigné au groupe les techniques de pointe en matière de protection des fichiers, avait si bien crypté les siens que les autorités n'avaient pu avoir accès qu'à environ le dixième du matériel que recelait le disque dur de son ordinateur. Et Rowland avait eu le temps de supprimer la majorité des fichiers susceptibles de l'incriminer. C'est un troisième Californien qui allait fournir aux policiers la chance dont ils avaient besoin.

Lloyd Alan Emmerson était un chiropraticien apprécié, père de quatre enfants à Clovis, banlieue de Fresno. À titre d'historien du club parents-enseignants de l'école primaire Tarpey, Emmerson pouvait sans difficulté prendre des centaines de photos des enfants durant les fêtes et autres rassemblements scolaires. Plus tard, la police allait pouvoir se servir de ces photos pour identifier bon nombre des 26 enfants qu'Emmerson a agressés. Une bonne dizaine de ses victimes étaient des élèves anciens ou actuels de l'école, de la maternelle jusqu'à la quatrième année. «Son ordinateur débordait de pornographie», a raconté aux médias John Weaver, détective de Clovis qui a codirigé l'enquête locale, après l'arrestation d'Emmerson. «Nous avons saisi 40 CD contenant plus d'un million d'images!»

Malgré les soutiens internationaux et les arsenaux d'armes de haute technologie, la réussite des opérations de police massives comme celle de *Hamlet* dépend souvent d'un coup de chance. Avec Emmerson, la police a été doublement chanceuse: premièrement, il était un collectionneur si avide qu'il ne supprimait pratiquement jamais d'images; deuxièmement, les crimes d'Emmerson relevaient de la compétence d'un petit service de police local qui avait la vision et les hommes de talent qu'il fallait pour se saisir de l'opération *Hamlet* et en tirer le maximum. Des hommes comme

Mike Casida, détective de Clovis, qui, adolescent, démontait des ordinateurs et les remontait. Il incitait depuis longtemps son service à prendre plus au sérieux la cybercriminalité. Ainsi, lorsque les tentacules d'*Hamlet* ont pénétré dans la banlieue de Clovis, Casida et deux de ses collègues ont été naturellement affectés à l'enquête.

Le premier obstacle à surmonter consistait à trouver la clé du code de cryptage d'Emmerson. L'amateur de porno juvénile s'était servi de Best-Crypt, l'un des logiciels de chiffrement les plus sûrs et pratiquement inviolable. Whitmore avait réussi à empêcher la police de prendre connaissance de la plupart des fichiers contenus dans son ordinateur. Rowland avait supprimé la majorité des siens et, pendant un certain temps, il a semblé que la cache d'Emmerson serait elle aussi impénétrable. BestCrypt avait permis au chiro de chiffrer deux ou trois fois ses fichiers. Il les stockait dans des « contenants » ou lecteurs virtuels de 650 mégaoctets, puis les copiait sur des CD qui conservaient le même cryptage opaque.

Matt McFadden, policier collègue de Casida, qui cherchait un point faible dans le système de défense d'Emmerson, en a finalement trouvé un. Il savait qu'il n'arriverait jamais à trouver la clé du code de cryptage, mais il a repéré une faille dans le logiciel – un endroit où BestCrypt ne nettoyait pas tout derrière lui. Lorsque des phrases servant de mots de passe n'étaient pas les bonnes, il en restait de petits bouts non effacés. McFadden est arrivé à assembler ces petits bouts de fichiers et de texte. Après trois jours d'efforts incessants, il a enfin trouvé le mot de passe de 24 lettres : « *I sang a song called it aint so* ».

Jusque-là, Lloyd Emmerson s'était montré très sûr de lui. Lorsque la police est allée le voir dans sa cellule ce matin-là, il était presque blasé.

« Il regardait les policiers d'un air suffisant », dit Casida.

Alors, ils lui ont répété son mot de passe.

Emmerson a été ébranlé au point de souiller son pantalon. « Il a eu un petit accident, dit Casida. C'est à ce moment-là qu'il a compris que c'en était fait de lui. »

Et pas seulement de lui, mais de la plupart des membres du réseau visé par *Hamlet*. Emmerson était un homme qui ne jetait rien. Tout était conservé, et pas au petit bonheur, mais systématiquement. Les policiers n'auraient aucune difficulté à déterminer qui échangeait quoi. Il prélevait des bouts de conversation de ses registres de clavardage et les copiait dans un document qu'il sauvegardait. Il avait créé un dossier pour chacun de ses correspondants ; certains noms – comme PJ Crew – n'étaient pas clairs, mais prendraient un sens plus tard au cours de l'enquête. D'autres étaient de toute évidence des prénoms, comme Paul. Dans ce dossier-là, par exemple, il y avait des copies des photos que Paul Whitmore lui avait envoyées et des registres de leurs conversations. « On avait des enregistrements vidéo et audio ainsi que des images de Whitmore en train de faire de bien vilaines choses, dit Casida. Tout ce dont nous avions besoin pour le mettre à l'ombre pendant le reste de ses jours se trouvait là. » C'était le cauchemar ultime de tout producteur de pornographie juvénile : il peut cacher ou détruire ses propres fichiers, mais il n'a aucun contrôle sur ce qu'ils deviennent une fois qu'il les a transmis à ses amis d'Internet.

En tout, la police a trouvé dans l'ordinateur d'Emmerson environ 1,3 million de fichiers ; selon l'estimation de Casida, 450 000 d'entre eux étaient des images de sévices sexuels contre des enfants. « Nous avons commencé à comprendre que Lloyd Emmerson était l'une des clés dans cette affaire, dit Casida. Nous avions fait une découverte majeure. Il nous fallait remuer ciel et terre ; des enfants étaient en train de se faire agresser, et nous pouvions leur venir en aide. »

Casida a reçu sa mission d'un patron qui ne s'est pas laissé arrêter par le fait que la plupart des enfants sauvés se trouvaient au-delà des frontières de Clovis. « Faites ce qu'il faut », a dit le chef de police Jim Zulim à ses hommes. Un agent a été affecté à plein temps à la tâche de retrouver et d'aider les 26 victimes locales d'Emmerson. Le chef de police a également permis à Casida et à deux autres agents de travailler plus de 6000 heures, au cours des 11 mois suivants, à l'échelle nationale auprès du Service de l'immigration et des douanes et du NCMEC, afin d'identifier d'autres victimes et prédateurs ailleurs au pays, grâce aux indices cachés dans l'ordinateur du chiropraticien.

Cette traque de haute technologie allait conduire à l'arrestation de deux douzaines d'agresseurs de plus, qui avaient fait une centaine de victimes.

Le premier sauvetage a eu lieu deux semaines après l'arrestation d'Emmerson, dans une petite communauté mormone d'Idaho.

Mike Casida et son partenaire, James Gentry, travaillaient côte à côte sur deux ordinateurs à l'analyse de photos et de données. Ils tombaient constamment sur des photos artistiques, bien composées, de deux jeunes filles présentant des robes et des maillots de bain, photos produites par un certain Paul Jones. Ce n'étaient pas des photos porno, même pas érotiques, mais certainement suggestives. Comme le dit Casida : « Des photos de bon goût, sauf que… qui a envie de regarder une enfant de 11 ans en maillot de bain ? » Ils ont ensuite trouvé les images de sévices sexuels – c'étaient d'autres filles, mais le décor était souvent semblable : même moquette ou papier peint. « Les petites filles agressées se trouvaient dans la maison où on avait pris les photos des jeunes mannequins, dit Casida.

Nous avons donc compris que le photographe était aussi un agresseur d'enfant. »

En rassemblant d'autres photos de la même collection, ils en ont trouvé d'une jeune fille qui posait devant un petit moulin à vent, dans un parc. Au loin, ils pouvaient distinguer un restaurant mexicain. Sur une autre photo d'une petite fille dans un corridor, ils apercevaient un article de journal épinglé sur le mur arrière. Après agrandissement, ils pouvaient lire une partie de la manchette et déchiffrer le nom de la ville de Burley. Il y avait aussi une photo d'un jeune mannequin se tenant près d'un camion d'incendie marqué « Burley Kiwanis ».

Seulement deux villes des États-Unis portent le nom de Burley ; l'une se trouve dans l'État de Washington, l'autre en Idaho. Il était 3 h du matin lorsque Casida a téléphoné à l'officier en service à la police de Burley, Washington, pour lui demander s'il y avait dans sa ville un parc renfermant un moulin à vent. L'homme l'a pris pour un fou.

L'appel suivant, fait à une femme d'Idaho, a été plus productif.

« Pas à Burley, mais dans une petite ville située tout près, il y a un parc comme celui que vous décrivez, et le restaurant dont vous parlez, c'est celui où mon mari et moi allons manger », lui a-t-elle répondu.

Casida sautait de joie. Il était à peu près certain d'avoir trouvé l'endroit où habitait Paul Jones, mais il devait d'abord s'assurer que c'était son vrai nom. Casida et Gentry, tous deux épuisés par leur nuit blanche, n'étaient pas seuls au poste de police. Matt McFadden, qui avait trouvé le mot de passe de l'ordinateur d'Emmerson, passait par hasard près de leur bureau lorsqu'il a entendu leur conversation à propos de l'identité de Paul Jones.

« Vous n'allez pas me croire », leur a-t-il dit.

Dans l'ordinateur d'Emmerson, McFadden était tombé par hasard sur un fichier texte intitulé « Vrai nom de PJ Crew ». Le fichier renfermait le vrai nom du photographe des jeunes mannequins : Pete Bowcut. Grâce à quelques clics sur le Web, les policiers ont trouvé l'adresse de Leslie « Pete » Bowcut, dans la région de Burley, et ont visualisé une image satellite de son voisinage. Ils ont téléphoné à un policier de l'endroit, qui a accepté d'aller faire un tour près de la maison de Bowcut pour y jeter discrètement un coup d'œil. Casida avait quelques photos prises sur la pelouse avant ; il pouvait donc fournir au policier une description détaillée des lieux. Au bout d'une demi-heure, le policier de Burley l'a rappelé.

« C'est exactement comme vous l'avez décrit. »

Ils tenaient leur homme. Il leur fallait maintenant veiller à l'attraper de la bonne façon. Depuis le début de son enquête quelques semaines plus tôt, Casida était resté en contact avec Michelle Collins, du NCMEC.

Il savait que le centre national disposait non seulement d'une vaste banque de données sur les victimes, mais aussi d'une équipe d'enquêteurs dont la mémoire des visages d'enfants était quasiment phénoménale. Il a pressé la police de Burley d'entrer en contact avec le NCMEC avant de faire quoi que ce soit.

Il se trouve que Collins suivait la carrière tordue d'un mystérieux utilisateur du Web appelé Paul Jones depuis 1999, c'est-à-dire peu de temps avant son entrée au centre.

« Nous savions qu'il dirigeait une société de photographie, a-t-elle dit. Mais nous ignorions qui il était. »

Collins l'avait initialement vu diffuser ses photos suggestives de jeunes mannequins dans des groupes de nouvelles consacrés à l'« amour des enfants » – qui naviguait très près des côtes de la pornographie. Elle s'est inquiétée lorsque les photos prises par l'homme sont passées des poses érotiques aux sévices sexuels. Elle a essayé de remonter jusqu'à ce Paul Jones, mais n'a rien pu trouver d'autre que des indices laissant supposer que ses courriels étaient envoyés de quelque part dans le Midwest américain. « Il a toujours excellé dans l'art de se cacher, dit-elle. Nous continuions de le traquer, dans l'espoir de le trouver un jour. »

Voilà qu'elle recevait un coup de fil du policier de Burley.

« On m'a dit que je devrais vous téléphoner pour vous demander votre aide », lui a-t-il dit.

« Qu'avez-vous donc ? »

« Un certain type qui s'appelle Paul Jones », lui a-t-il répondu.

Collins a failli tomber à la renverse. « Vous plaisantez ? Mon Dieu ! s'est-elle exclamée. Je connais cet individu. Laissez-moi rassembler le dossier. »

Collins a pu transmettre à la police de Burley un dossier détaillé, contenant les photos des deux petites filles que le photographe agressait, et même la photo d'une cravate qu'il avait portée durant certaines agressions. « Lorsque vous perquisitionnerez chez lui, cherchez cette cravate, cette couverture et cette moquette, lui a dit Collins. Vous les trouverez sûrement chez lui. »

Ils les ont trouvées. Durant la perquisition du domicile de Leslie Bowcut, le 15 février, la police a découvert dans son ordinateur des milliers de photos pornographiques d'enfants. Bowcut a plus tard reconnu avoir pris lui-même environ 500 de ces photos – dont beaucoup avaient également été trouvées dans l'ordinateur d'Emmerson. L'un des dossiers, intitulé « Esclavage », était illustré par la photo d'une bambine ligotée. L'aménagement de la maison correspondait aux images de sévices sur lesquelles Michelle Collins avait travaillé. Les policiers ont même retrouvé la cravate.

Leslie Bowcut a confirmé la règle voulant qu'il n'y a pas de stéréotype pour ce qui est des agresseurs d'enfants sur Internet. En apparence parangon de vertu, onzième de 13 enfants, il avait atteint le rang d'*Eagle* chez les scouts et était un membre actif de l'Église de Jésus-Christ des Saints des Derniers Jours, où il avait rencontré celle qui deviendrait sa femme. Il avait tenté sa chance dans diverses entreprises commerciales, mais avait semblé trouver sa voie dans la photographie d'enfants, tout en s'adonnant à la conception graphique de sites Web et à la réparation d'ordinateurs. La ville de Burley avait un passé peu reluisant de bars miteux et de prostitution, mais elle avait redoré son blason, en partie parce que des mormons formaient la moitié de sa population. Les parents de l'endroit laissaient sans appréhension le charmant Bowcut prendre des photos de leurs filles en robe ou en maillot de bain, prétendument pour des « publicités imprimées ». « Dans notre collectivité, si vous êtes un bon mormon, un mormon actif, tout le monde vous fait confiance », a plus tard déclaré aux médias un membre de la famille Bowcut.

Ce que Bowcut ne disait pas aux enfants ni à leurs parents, c'est qu'il affichait les photos sur un site Web commercial appelé « PJ Crew » (nom de l'un des dossiers trouvés par la police dans l'ordinateur d'Emmerson). Il avait mis sur pied un *fan club* en ligne pour ses jeunes modèles ; selon les procureurs de la poursuite, il gagnait de 7000 $ à 10 000 $ par mois en vendant des abonnements aux clients, qui lui envoyaient des demandes spéciales pour que les enfants portent certains vêtements qu'ils trouvaient excitants.

Avec Emmerson et avec d'autres membres du réseau, Bowcut avait échangé des images de sévices sexuels infligés à des enfants. Cinq mois après la traque de « Paul Jones » lancée par Mike Casida, Bowcut a reconnu sa culpabilité relativement à quatre chefs d'accusation d'exploitation sexuelle d'enfants. Quelques mois plus tard, lorsque le juge l'a condamné à 30 ans de prison, il a éclaté en sanglots et s'est effondré, et il a fallu l'aider à quitter la salle du tribunal.

Mike Casida n'avait pas le temps de se demander si Leslie Bowcut avait eu ou non ce qu'il méritait, trop occupé qu'il était à pourchasser d'autres caïds du réseau visé par *Hamlet*. « Le plus difficile, dit-il, c'est de regarder intensément ces enfants jour après jour. Je les ai vus si souvent que je les reconnais aussi facilement que mes propres enfants. »

« Si ce n'avait été des gens du service de police de Clovis, la machine se serait arrêtée après l'arrestation de quatre ou cinq agresseurs, et le sauvetage de quatre ou cinq enfants, explique Michelle Collins, du NCMEC. Eux ne voulaient pas laisser tomber. » Leur travail fini, Casida et ses collègues avaient repéré plus de 500 enfants agressés sur les photos stockées dans l'ordinateur d'Emmerson. En mai 2002, les enquêteurs de l'opération *Hamlet* avaient accumulé assez d'éléments de preuve pour arrêter sept suspects en Californie, au Nevada, au Texas et dans l'État de Washington. Plus tard, ce nombre allait tripler.

Les policiers de Clovis étaient en contact constant avec le Service de l'immigration et des douanes et avec le NCMEC de la capitale nationale. Le premier était une agence d'application de la loi créée à partir de l'ancien service des douanes et qui relevait désormais du ministère de la Sécurité intérieure; le second était devenu la plus grande agence civile vouée à la protection des enfants. L'une et l'autre de ces entités faisaient leur apprentissage en tant qu'organisations d'envergure nationale, et l'opération *Hamlet* a constitué pour elles le banc d'essai dont elles avaient besoin. « Si *Hamlet* a si bien réussi, c'est grâce au réseautage, dit Collins. C'était la première fois que les rouages s'imbriquaient pour créer un engrenage. »

Tandis que le Service de l'immigration et des douanes coordonnait les enquêtes des douzaines d'agents locaux et fédéraux déployés sur le terrain, le NCMEC creusait de plus en plus profondément dans sa banque de données pour y trouver des indices. Pour Michelle Collins, l'opération *Hamlet* avait commencé par un rapport d'assistance technique, lorsque les policiers de Californie lui avaient téléphoné pour lui demander son aide. Une fois son travail fini, presque 2 ans plus tard, elle était munie d'un rapport CyberTip sur l'affaire contenant 136 pages et 69 entrées. Chacune de ces entrées était une autre pièce du puzzle d'un suspect ou d'une victime – un courriel, un commentaire dans un salon de clavardage, un permis de conduire.

« Le NCMEC n'aurait pas pu être plus raffiné qu'il l'était, dit Casida. C'étaient ces gens-là qui travaillaient constamment sur le puzzle, à assembler les pièces l'une après l'autre. » Il ne cessait d'être étonné par l'extraordinaire capacité qu'avait Collins de relier photos et enfants.

Casida se souvient d'avoir un jour dit à Collins, pour décrire une photo : « J'ai une photo de fillette blonde assise sur un sofa. Ça ressemble à un pays européen… »

Collins l'avait interrompu : « Y a-t-il une serviette rouge sur le bord du sofa ? »

Il y en avait une, et Casida avait été stupéfait.

Au Service de l'immigration et des douanes, Betsy Perino suivait les activités d'une douzaine d'enquêtes se déroulant un peu partout au pays. De Clovis et d'ailleurs, le Service rassemblait les pistes et tuyaux locaux sur des suspects potentiels, qu'il s'agisse de pseudonymes dans les salons de clavardage ou de photos à analyser. Au siège du Service, des spécialistes s'efforçaient d'identifier les cibles et de trouver les villes dans lesquelles elles opéraient, puis transmettaient l'information sur le terrain. « L'information qui sort d'ici suffit généralement aux enquêteurs pour obtenir des mandats de perquisition », dit Perino.

Durant toute l'opération *Hamlet*, les enquêteurs ont dû trouver un juste équilibre entre l'urgence de sauver les victimes et le risque que l'arrestation prématurée d'un suspect n'alerte d'autres agresseurs. Ce qui était un avantage pour eux, c'était la structure informelle de ce réseau de pédophiles. Même si Paul Whitmore, de San Diego, avait un rôle dominant dans le réseau, il n'exerçait pas de contrôle sur toutes les lignes de communication. « C'était plutôt comme une série de toiles d'araignée, dit Perino. Il n'y avait aucun personnage central dont la chute aurait pu provoquer un effet de domino. »

Les enquêteurs restaient quand même prudents. Dans la mesure du possible, ils persuadaient les membres du réseau fraîchement arrêtés de coopérer en échange d'une légère réduction de peine, et de laisser la police emprunter leurs pseudonymes en ligne. Leur disparition soudaine du Web durant leur période de détention était justifiée par des prétextes plausibles : « J'ai eu un accident de voiture » ou tout simplement « J'étais trop occupé pour être en ligne ». « Notre but, explique Perino, c'était de faire en sorte que notre enquête ne puisse être compromise par une arrestation quelconque. »

Et cela a marché.

Le 9 août 2002, le bureau de Fresno du ministère américain de la Justice publiait une mise en accusation de 16 pages pour exploitation sexuelle d'enfants à l'encontre de 15 suspects, dont Paul Whitmore, Lloyd Emmerson, Leslie Bowcut et d'autres individus de Floride, de Caroline du Sud et du Kansas. Du fait qu'ils avaient commis des crimes en diffusant aux États-Unis leurs images de sévices sexuels exercés contre des enfants, plusieurs étrangers, dont Eggert Jensen et sa femme, ainsi que des citoyens suisses et néerlandais, étaient également nommément cités dans le document. À ce moment-là, l'équipe de l'opération *Hamlet* avait déjà sauvé 45 enfants, dont 37 aux États-Unis. Le plus jeune avait 2 ans, et le plus âgé 14. Cinq mois plus tard, le nombre d'arrestations avait grimpé à 24. Mike Casida estimait que le travail de son équipe avait permis de mettre la main au collet des agresseurs d'une bonne centaine d'enfants, dont 90 aux États-Unis.

Lloyd Alan Emmerson, le chiropraticien de Clovis dont la méticulosité avait permis de découvrir la majorité des secrets du réseau, a fini par plaider coupable à des accusations d'exploitation sexuelle d'enfants et de distribution de pornographie juvénile. Dans son uniforme rouge de prisonnier, debout devant le juge, il a répondu « Coupable » à chacune des accusations qui lui étaient lues. Il a écopé de 30 ans de prison.

Quant à Paul Whitmore, lui qui avait forcé huit enfants à commettre des actes dégradants, il a opté pour un procès, ce qui a obligé le procureur de la poursuite, Jeff Dort, à envisager l'impensable, mais aussi l'inévitable : « Il faudrait que j'appelle chaque enfant à la barre, ce qui le forcera à revivre l'expérience et à regarder les photos. Et le jury est toujours imprévisible. »

Quatre ans s'écouleraient après les raids effectués au Danemark avant que Paul Whitmore affronte la justice.

Le nombre d'enfants rescapés au cours de l'opération *Hamlet* a été à peu près le même que celui de l'affaire Landslide.

La différence, c'était que, dans l'opération *Hamlet*, le sauvetage des enfants était l'objectif principal et non pas la conséquence du démantèlement d'un réseau de cybercriminels. Dans l'affaire Landslide, un grand nombre de clients – et leurs petites victimes – ont échappé à la justice, parce que les pistes menant aux preuves n'étaient plus valables. Avec l'opération *Hamlet*, presque tous les suspects ont été trouvés.

Au moment de l'affaire Landslide, la coopération internationale de la police était irrégulière ou accidentelle, tandis que pour l'opération *Hamlet* le processus était planifié et centralisé. Le flux des données et des renseignements était efficace ; la police, désormais plus habile sur le plan technique, réussissait à trouver les codes de cryptage, l'origine des courriels et les adresses d'enregistrement sur le réseau.

Hamlet inciterait les enquêteurs des deux côtés de l'Atlantique à intensifier leur travail et à le faire encore mieux qu'auparavant. À partir de ce moment – comme cela a été le cas dans l'affaire Jessica, la petite ayant été sauvée plusieurs mois après la fin de l'opération *Hamlet* –, l'identification et le sauvetage des jeunes victimes de la pornographie en ligne seraient la priorité, et non pas la conséquence d'une arrestation. Lars Underbjerg, l'enquêteur de la police nationale danoise qui a lancé l'opération *Hamlet*, l'avait bien compris : « Notre objectif est de mettre fin aux agressions sexuelles d'enfants. S'il n'y a pas d'agressions, il n'y aura pas non plus d'images. »

La tâche ne serait pas facile, parce que rien n'indiquait que les victimes étaient des victimes. « Les enfants que nous cherchons ne sont pas des enfants disparus, dit Michelle Collins, du NCMEC. Ils vont à l'église, ils font partie d'équipes de soccer – ils fréquentent les mêmes écoles que vos enfants. » Leurs agresseurs étaient inévitablement des membres de leur entourage immédiat – famille, voisins, enseignants ou entraîneurs.

Les agresseurs ne laissaient pas beaucoup de traces non plus, vu la vitesse et le déploiement d'Internet, et la prolifération de l'échange en ligne des images de sévices sexuels infligés à des enfants. « Si vous prenez une photo et la mettez en ligne maintenant, 500 personnes l'auront peut-être ce soir, et 5000 à la fin du week-end, dit Collins. Comment une agence d'application de la loi pourra-t-elle remonter jusqu'à moi ? »

C'était, de l'avis même de Collins, une tâche pratiquement impossible. « Tout ce que nous savons, avait-elle l'habitude de dire à son personnel, c'est que ces photos ont été prises sur notre planète. Notre travail consiste à déterminer l'endroit sur la Terre où elles ont été prises. »

DEUXIÈME PARTIE
UNE IMAGE VAUT MILLE INDICES

CHAPITRE SIX

Un agent secret sur Internet

- *Es-tu dans la police ou travailles-tu pour une agence d'application de la loi ?*
- *Non, je suis en neuvième année.*
- *Bien, merci... beaucoup de policiers se font passer pour des jeunes filles sur Internet.*
- *La CIA n'accepte pas les élèves de neuvième !!!!*

– Dialogue en ligne entre un homme de 44 ans et un agent secret du FBI

Un homme de 57 ans de Liverpool, en Angleterre, envoie à une enfant de 12 ans le prix du ticket d'autocar qui la conduira vers lui – à plus de 300 kilomètres de chez elle – pour la Saint-Valentin. Un quinquagénaire à l'emploi d'une usine de pneus de Michelin, en Nouvelle-Écosse, se fait passer pour une lesbienne de 17 ans afin de séduire une adolescente de Toronto. Un concepteur d'armes du ministère américain de la Marine, âgé de 44 ans, se montre impatient de rencontrer dans un centre commercial du Maryland une correspondante de 13 ans.

Trois pays. Trois hommes. Trois fausses identités sur le Web. Trois personnages incarnés par des individus prétendant être beaucoup plus jeunes qu'ils ne le sont. Ils ignorent, toutefois, que ce sont eux les dindons de la farce : les « filles » qu'ils poursuivent de leurs assiduités sont en fait des agents de police, d'ailleurs souvent de sexe masculin. Parfois, la police emprunte l'identité d'un enfant réel qui a été séduit par un homme d'un certain âge ; parfois, elle invente de toutes pièces un jeune personnage afin d'attirer les prédateurs.

Dans le monde des ombres d'Internet, le prédateur et la police semblent se livrer au dangereux petit jeu du chat et de la souris. Sauf que ce n'est pas vraiment un jeu, et que le destin d'enfants bien réels est mis en danger. Au Canada, ce type de crime s'appelle « leurre » : il s'agit d'hommes adultes qui rôdent sur Internet à la recherche d'enfants esseulés, de victimes mineures. Selon une étude publiée dans le *Journal of Adolescent Health*, 76 p. 100 des victimes d'exploitation sexuelle sur Internet ont rencontré leur agresseur dans un salon de clavardage, et 10 p. 100, par courriel.

Pour mettre ces prédateurs hors d'état de nuire, les agents secrets de la police veulent se mettre dans leur peau, comprendre ce qui les excite, mais aussi savoir ce qui risque de leur mettre la puce à l'oreille.

Pour ces individus, rester à la maison et échanger des images illicites d'enfants, voire photographier les agressions de leurs propres enfants, ne suffit pas. Ils recherchent activement des inconnus à agresser. Ces rôdeurs sont au Web ce que les « vieux cochons » sont aux parcs publics ; ils font d'Internet leur terrain de chasse. Pour les arrêter, la police a dû recourir à des techniques clandestines qui, selon certaines critiques, vont trop loin sur le terrain légalement glissant et moralement douteux de la « provocation policière ».

« Es-tu une meneuse de claque ? » a demandé un homme à une adolescente de 13 ans dans le salon de clavardage AOL appelé « J'aime les hommes âgés ». C'était l'un des nombreux lieux de rencontre anonymes que fréquentaient les enfants esseulés. Ils s'y rendaient pour s'amuser, pour faire semblant – et parfois pour rencontrer des hommes qui, eux, avaient des intentions bien arrêtées.

« Tu dois être *sexy* si tu es meneuse de claque », a écrit George Paul Chambers. L'adolescente lui a envoyé sa photo et, au cours des quatre mois qui ont suivi, Chambers l'a courtisée jusqu'à ce qu'elle accepte de le rencontrer dans un centre commercial. En s'y rendant, Chambers devait croire que c'était son jour de chance, mais il avait eu la mauvaise fortune de croiser le chemin d'un des agents les plus passionnés du FBI, Emily Vacher, l'enquêtrice qui avait travaillé en étroite collaboration avec la police de Toronto dans le sauvetage de Jessica, en Caroline du Nord, et aidé le FBI à mettre au jour la saleté pornographique que recelait l'ordinateur de Burt Thomas Stevenson. Vacher manifestait dans son travail une ferveur rendue encore plus intense par son long et tortueux parcours de formation.

« Je suis une petite Juive d'une banlieue de Manhattan, dit-elle en riant. Je ne connaissais aucun policier, et encore moins des agents du FBI. »

Vacher a décroché un baccalauréat en propédeutique médicale à l'Université Cornell, située dans le nord de l'État de New York. Elle faisait du bénévolat comme ambulancière paramédicale, avant de quitter la médecine pour obtenir une maîtrise en orientation et éducation. Elle a fini par travailler auprès d'enfants handicapés… jusqu'à ce qu'elle décide de faire son droit.

« À 24 ans, plaisante-t-elle, j'avais quatre diplômes universitaires, et ma mère m'a dit que je devrais entrer sur le marché du travail. » Son premier poste, dans un cabinet d'avocats, lui a permis de rester proche des enfants par le biais de la loi sur la formation scolaire. Un jour qu'elle demandait à un collègue qui avait été agent du FBI ce que c'était de faire partie du célèbre bureau, elle a vu le regard de l'homme s'allumer : « Il m'en a parlé d'une telle manière ! J'ai eu envie moi aussi de me sentir comme ça dans mon travail. »

Le lendemain, elle s'est rendue aux bureaux du FBI et, moins d'un an plus tard, elle se trouvait au centre de formation de Quantico, en Virginie. C'est là qu'elle a entendu parler du programme *Innocent Images*. Son destin – enfin ! – se précisait. « Je savais que je voulais travailler avec des enfants ou aider des enfants », dit-elle. Au printemps 2001, elle a eu la chance de décrocher un premier poste, à Baltimore, non loin du quartier général de Calverton. Dans les mois qui ont suivi l'attentat terroriste du 11 septembre 2001, comme presque tous les autres agents du FBI, Vacher a été entièrement accaparée par le travail antiterroriste. En décembre 2001, elle a pu entreprendre une formation en vue de devenir agente secrète du FBI sur Internet.

Le FBI devait s'assurer que ses agents parlaient et se comportaient comme des adolescentes. Dès le départ, il a fait appel aux services de vraies adolescentes – dont l'une était la fille d'un agent – pour renseigner les agents sur le style de vie des ados et sur leur jargon d'internautes. Les prédateurs demandent souvent la photo des enfants avec qui ils sont en contact, mais les agents du FBI – et les autres policiers américains qui avaient commencé eux aussi à mener une lutte clandestine sur Internet – pouvaient difficilement se servir de photos d'enfants réels. Le FBI a donc fait appel aux spécialistes du NCMEC, qui étaient habitués à se servir des logiciels de traitement d'images les plus avancés pour « vieillir » les enfants disparus depuis de nombreuses années. Dans le cas des agents secrets, c'était le contraire. Ils ont demandé aux experts du NCMEC de s'adonner à l'art de la « régression temporelle ».

« Les demandes se sont multipliées », dit Steve Loftin, l'un des spécialistes du traitement de l'image du NCMEC, qui recevait chaque semaine une douzaine de demandes d'agences policières diverses.

Loftin se sert parfois des photos d'enfance d'une agente; il n'a qu'à modifier un peu ses vêtements ou sa coupe de cheveux pour « moderniser » son apparence. D'autres fois, il demande à l'agente de se faire photographier dans un décor d'enfant – sur une balançoire ou une peluche à la main – et de porter les vêtements appropriés. Loftin se met ensuite à l'œuvre: il modifie la densité osseuse et la définition des os du sujet, lui lisse la peau et lui ajoute un peu de gras de bébé.

En un rien de temps, les effets de quelques décennies sont effacés.

Le changement d'apparence n'était pas compliqué pour Emily Vacher. Elle a décidé qu'elle n'avait pas besoin de prouesses techniques. Elle a ressorti une vieille photo d'elle, à 13 ans, prise dans un camp d'été où elle participait à la comédie musicale *Grease*, vêtue d'un t-shirt blanc et d'un veston de cuir brun. Elle avait l'air d'une adolescente de 13 ans sur la photo, bien sûr, mais comment, à 32 ans, pourrait-elle se faire passer pour telle sur Internet? « Je n'ai pas d'enfant, dit-elle, et ça fait longtemps que je n'ai plus 13 ans. Quand j'avais cet âge-là, le monde était différent. »

Pour acquérir le « comportement » d'une adolescente, Vacher a passé beaucoup de temps avec sa cousine de 13 ans, étudiant sa voix, ses expressions et sa grammaire (ou absence de grammaire). Elle est allée chez elle et a examiné les affiches qui ornaient les murs de sa chambre. Elle a commencé à lire régulièrement les magazines pour adolescentes *Teen People* et *Teen Vogue*, en plus de regarder religieusement la chaîne de clips vidéo MTV et d'apprendre à connaître les *boy bands*. Tout ce travail de préparation a payé. L'un de ses correspondants adultes, père d'une vraie adolescente éprise des jeunes idoles masculines que sont les Backstreet Boys et N'Sync, lui a un jour demandé si elle-même préférait le soliste Lance ou Justin. Vacher, imprégnée de la culture des adolescentes, a pu trouver facilement une réponse convaincante.

Pour son premier travail d'agent secret, Emily Vacher a pris le pseudonyme d'EmmaMDGurl – le MD signifiant Maryland. Poursuivie en ligne par une dizaine et parfois une douzaine d'hommes à la fois, Vacher devait noter dans un cahier ce qu'elle racontait à chacun, afin de débiter les mêmes mensonges aux mêmes correspondants. « Ces prédateurs recourent au même système », dit-elle. Au cours d'une descente, elle a découvert qu'un homme avait un babillard sur lequel il épinglait des fiches d'information sur chacune des filles qu'il avait poursuivies – nom, âge, frères et sœurs, taille du soutien-gorge et même présence ou nom de poils pubiens. « Ils nous surveillaient attentivement autant que nous le faisions, dit-elle. Il était donc essentiel que nous restions constants et cohérents dans le rôle que nous jouions. »

Pour maintenir cette constance, elle a fait ressembler son personnage virtuel le plus possible à sa propre personne. EmmaMDGurl avait une sœur de 8 ans, comme Vacher quand elle avait 13 ans. Le personnage et l'agente du FBI aimaient toutes deux jouer à la crosse. D'autres éléments étaient inventés de toutes pièces pour faciliter son travail clandestin : par exemple, Emily Vacher prétendait qu'elle partageait son temps entre les résidences de ses parents divorcés, ce qui lui permettait d'expliquer ses longues absences d'Internet, puisqu'elle affirmait que son père n'était pas branché.

Vacher aimait plaisanter en disant qu'il n'était pas nécessaire d'être un savant pour mettre la main au collet des prédateurs sur Internet – jusqu'au jour où elle en a attrapé un.

George Paul Chambers, 44 ans, père de deux jeunes filles, travaillait au Naval Surface Warfare Center d'Indian Head, au Maryland. C'est là que sont mises au point des armes et construits des systèmes de désamorçage de bombes et de mines terrestres. « C'était un esprit exceptionnellement brillant », dira plus tard son avocat.

Lorsque Vacher est entrée dans le salon de clavardage d'AOL destiné aux amatrices d'hommes âgés, un peu après 16 h le 1er février 2002, elle était agente du FBI depuis un peu moins d'un an, et affectée au programme *Innocent Images* depuis trois mois à peine. Elle se trouvait soudainement plongée dans l'univers trouble de la cyberchasse, dans lequel des hommes adultes se délestent de quelques années et de beaucoup d'inhibitions pour traquer les adolescentes vulnérables.

Afin de couper court à toute accusation de « provocation policière », on enseigne aux agents clandestins du FBI à ne jamais amorcer le contact, à ne pas manifester d'audace ni à proposer de rencontre ; ils doivent se contenter de réagir. Vacher se montrait donc aussi passive que possible : « Je suis entrée dans le salon et je n'ai pas dit un mot. J'ai attendu ; il est entré en contact avec moi. »

« Aimes-tu les hommes mûrs ? » lui a demandé laxfan314, pseudonyme qu'utilisait Chambers sur AOL (laxfan étant l'abréviation de « fana de la crosse »).

Au cours des quatre mois qui ont suivi, le concepteur d'armes navales a poursuivi sans relâche celle qu'il croyait être une meneuse de claque précoce. Il n'a pas perdu de temps. Ce premier jour, il a envoyé à EmmaMDGurl une photo de son pénis. Il a fini par lui envoyer une photo de son visage aussi, mais une photo vieille de dix ans. Vacher lui a envoyé la photo d'elle à 13 ans. Ils se parlaient plusieurs fois par semaine.

L'agente devait faire des heures supplémentaires, puisqu'elle ne pouvait être en ligne que l'après-midi, « après l'école ». Le week-end, elle se rendait aux bureaux du FBI pour utiliser les ordinateurs sécurisés (impossible de les localiser), car elle ne pouvait pas agir dans la clandestinité à partir de chez elle. Chambers lui demandait souvent si ses parents ou des adultes se trouvaient à la maison lorsque lui et elle bavardaient. Il insistait pour qu'elle lui parle au téléphone, mais Vacher refusait. Bientôt, il a commencé à parler d'une rencontre en personne avec la jeune meneuse de claque.

Chambers devait se méfier un peu lui aussi. Le 24 mars, il a demandé à EmmaMDGurl si elle travaillait pour le FBI.

« Depuis quand le FBI embauche-t-il des adolescents ? » lui a-t-elle répondu.

Plus tard, ce même jour, il lui a encore demandé si elle travaillait pour une agence d'application de la loi.

« Hmmm, non », a-t-elle fait.

Deux mois plus tard, le 21 mai, Chambers a manifesté de nouveau ses inquiétudes : « Es-tu dans la police ou travailles-tu pour une agence d'application de la loi ?

– Non, je suis en neuvième année.

– Bien, merci... beaucoup de policiers se font passer pour des jeunes filles sur Internet.

– La CIA n'accepte pas les élèves de neuvième ! ! ! ! »

L'agente du FBI qui jouait aux élèves de neuvième menait une enquête sur son partenaire de clavardage, vérifiant ses antécédents pour confirmer son identité réelle. Un ordre de la cour a obligé AOL à révéler l'information de base sur Chambers ; la photo que celui-ci avait envoyée à Vacher correspondait à celle du permis de conduire d'un certain George Paul Chambers, que le FBI a obtenu.

Il ne restait plus qu'à passer à la rencontre en personne. Vacher l'avait reportée et annulée à répétition, en partie pour donner à Chambers l'occasion de laisser tomber. Mais il insistait. Finalement, ils se sont entendus pour le samedi 6 juin. Aucun mystère n'entourait ce qui allait se passer lorsque le savant allait rencontrer l'élève de 13 ans.

« Il voulait avoir des rapports sexuels avec moi, dit Vacher. Durant notre conversation, lorsque je lui ai parlé de condoms, il a été clair : il n'en apporterait pas, parce qu'il voulait que je tombe enceinte. »

Aussi difficile à comprendre que cela puisse sembler, Chambers avait une bonne raison de croire qu'une adolescente rencontrée dans un salon de clavardage accepterait de le rencontrer. Comme Vacher et d'autres enquêteurs le découvriraient, beaucoup d'adolescentes se laissent prendre au piège d'une relation amorcée sur Internet avec des hommes beaucoup plus âgés qu'elles.

EmmaMDGurl a proposé que la rencontre ait lieu dans une boulangerie située à l'étage du centre commercial Howard County, à Columbia, au Maryland, centre où sa « mère » pourrait la déposer. Chambers a pris le volant ce jour-là et a parcouru les quelque 80 kilomètres qui séparent son lieu de travail d'Indian Head du centre commercial, sans jamais repérer les voitures du FBI qui le filaient.

Arrivé sur les lieux du rendez-vous, Chambers a attendu sa jeune proie à environ huit mètres de la boulangerie. Celle-ci ne s'est jamais présentée, mais quelques agents du FBI sont venus arrêter l'homme.

« Je n'arrive pas à croire que je suis venu ici, a-t-il déclaré, selon le témoignage de l'un des agents. Ma vie est finie. »

Dans la voiture de Chambers, le FBI a trouvé un disque ZIP contenant de la pornographie juvénile ; d'autres images ont été découvertes chez lui dans son ordinateur. Aux bureaux du FBI, Emily Vacher est entrée dans la salle d'interrogatoire où l'attendait Chambers. « Il était l'un de mes premiers cas ; j'étais encore un peu nerveuse, dit-elle. Une nouvelle agente ne veut pas commettre d'erreur. Mais j'étais excitée aussi à l'idée que je venais peut-être de prévenir l'agression d'une enfant. »

Malgré son esprit brillant, le savant internaute ne se doutait pas du tout que la jeune agente assise devant lui n'était nulle autre que la meneuse de claque de 13 ans qu'il avait l'intention d'agresser. Chambers refusant de parler sans la présence de son avocat, Vacher a dû l'envoyer en cellule. Le lendemain matin, elle est allée le chercher pour le faire comparaître une première fois devant un juge. C'est plus tard seulement, grâce aux documents versés au dossier et avec l'évolution du procès, que Chambers a découvert l'identité véritable d'EmmaMDGurl.

Il était étonnant que Chambers choisisse de subir un procès. Dans ce genre d'affaires, l'accusé opte souvent pour un plaidoyer de culpabilité et une sentence réduite, parce que les détails de sa tentative de séduction d'une enfant sur Internet sont tellement explicites – et tout à fait embarrassants – qu'il ne souhaite pas qu'un jury ou le public en prenne connaissance.

« C'était mon premier procès en tant qu'agente du FBI, dit Vacher. J'avais consacré beaucoup de temps à cette affaire. J'étais l'agente clandestine, j'étais présente au moment de l'arrestation, et j'ai effectué toutes les enquêtes. J'étais morte de peur. »

Vu l'ampleur de la preuve accumulée contre lui – bien sûr, Vacher avait conservé toutes les conversations et toutes les images qu'il lui avait envoyées –, Chambers n'avait qu'une stratégie de défense possible, celle que la plupart des prédateurs internautes emploient du fait qu'elle constitue leur seule possibilité de s'en tirer auprès des jurés : tout cela n'était qu'un fantasme.

« C'est un moyen d'échapper à la réalité du quotidien ; on peut être quelqu'un d'autre pendant un certain temps », a plaidé Chambers, insistant sur le fait qu'il s'était rendu au centre commercial par curiosité et non en vue d'y avoir des rapports sexuels. Son avocat a déclaré aux jurés que son client était « un brave homme, avec un grain de folie, mais… pas un homme *sexy* ». L'avocat a ajouté : « Sur Internet, cependant, il peut se transformer en don Juan. »

Les vrais coupables, selon l'avocat de la défense, c'étaient le FBI et son agente spéciale Vacher, qui avaient provoqué Chambers et tenté de le prendre au piège. À un certain moment, durant le contre-interrogatoire, l'avocat a demandé à Vacher si elle estimait que la photo d'elle à 13 ans était *sexy*. Le juge l'a admonesté pour avoir posé une question déplacée. Vacher ne s'est pas laissé abattre. Après tout, elle avait été avocate elle aussi. Pourtant, elle s'irritait de ce que la défense insinue qu'elle avait tiré du plaisir de ses rencontres sur Internet. « Il essayait de convaincre le jury que j'avais eu du plaisir dans cette affaire, que j'avais aimé les conversations de nature sexuelle avec son client, dit-elle. Et je me disais : "Pouah ! Jamais avec cet homme. Son comportement est dégoûtant." Tout ce que l'on souhaite, c'est que les jurés écoutent notre version des faits et celle de la défense, et qu'ils déterminent qui dit la vérité. »

Mais ils n'arrivaient pas à le déterminer.

Au bout de 11 heures de délibérations étalées sur 2 jours, les jurés n'ont pas pu en arriver à un verdict unanime. La plupart étaient convaincus de la culpabilité de Chambers, mais trois jurés résistaient, dont la présidente du jury. « Les gens se font passer pour qui ils ne sont pas [sur Internet], a-t-elle déclaré, et ce n'est pas grossièrement trompeur de sa part de le faire sans le savoir. » Le jury ne parvenant pas à une décision, la poursuite aurait pu choisir de laisser tomber les accusations ou de négocier la peine ; elle n'en a rien fait, optant plutôt pour un second procès.

Vacher était déterminée à avoir le dessus sur Chambers cette fois. À l'ouverture du second procès, en mars 2004, elle était prête à attaquer le concepteur d'armes à propos des déclarations qu'il avait faites sous serment au cours du premier procès. « J'ai obtenu la transcription de tout le procès, et je l'ai passée au peigne fin », explique Vacher.

Durant son témoignage, Chambers avait affirmé qu'il trouvait la pornographie juvénile « répugnante ». Vacher a étudié les registres des milliers de conversations trouvés dans l'ordinateur de l'accusé : « J'ai découvert des conversations qu'il avait non seulement avec d'autres enfants, mais aussi avec d'autres pédophiles, pendant qu'il regardait des images de sévices sexuels perpétrés contre des enfants. »

Chambers avait également insisté sur le fait qu'il n'avait jamais eu de rapports sexuels avec quelqu'un qu'il aurait rencontré sur Internet parce que, après tout, ce n'était là que le royaume du fantasme. Grâce aux mêmes registres informatiques, Vacher a retrouvé une jeune femme – de 18 ans, légalement majeure – que Chambers avait rencontrée dans un salon de clavardage d'AOL, puis dans une chambre d'hôtel. C'était une chose de trouver cette femme, c'en était une autre de la convaincre de témoigner. « Elle était terrorisée, et on pouvait certes éprouver de l'empathie pour elle, raconte Vacher. Mais je lui ai fait comprendre à quel point son témoignage était important pour empêcher qu'un homme sexuellement attiré par les enfants ne soit remis en liberté. »

La jeune femme avait beaucoup maigri depuis sa rencontre avec Chambers, à tel point qu'il ne l'a pas reconnue immédiatement lorsqu'elle est arrivée au tribunal. Quand elle s'est rendue à la barre des témoins, toutefois, Chambers a tout compris : il s'est levé et est sorti de la salle en courant. Fuir la preuve n'était pas si facile. Dans son résumé des faits, le procureur de la poursuite a directement contesté les prétentions de Chambers selon lesquelles son comportement en ligne n'avait été que pure fantaisie.

« En l'occurrence, ce qu'il faut se demander, c'est à quel moment la fantaisie cède le pas à la réalité, a déclaré le procureur. Si vous fantasmez sur un voyage à Ocean City, au Maryland, cela relève de la fantaisie. Mais si vous montez dans votre voiture et vous y rendez, c'est la réalité. »

Pour George Paul Chambers, la réalité a pris le pas sur la fantaisie lorsque les jurés, unanimes cette fois, ont rendu un verdict de culpabilité. Rien d'irréel non plus en juin 2004, lorsque le juge l'a condamné à une peine de six ans de prison.

Le seul commentaire de Chambers a été : « Bien entendu, je crois qu'une peine de six ans de prison est ridicule. »

Vacher, quant à elle, souhaitait passer à autre chose. « Il n'y a pas eu de gagnant dans cette affaire. Non seulement cet homme a bel et bien commis les crimes [qui lui étaient reprochés], mais il a une femme et des enfants. Le mal est fait. Et j'ai d'autres délinquants à mettre hors d'état de nuire. »

Bizarrement, Chambers n'a pas été le dernier militaire arrêté grâce au travail de Vacher. Six mois après le premier procès de Chambers, la police du Maryland a demandé l'aide du FBI dans l'une de ses enquêtes clandestines. Wayne David Sharer, commandant de marine décoré et pilote, se servait de son ordinateur du Pentagone pour inciter à avoir des contacts sexuels avec lui quelqu'un qu'il croyait être une adolescente de 12 ans. Comme Chambers, il s'est rendu à un rendez-vous avec elle, dans un centre commercial de Columbia, où il a été arrêté. Il a par la suite été condamné à une peine de trois ans de prison.

Vacher s'est fait critiquer pour son travail clandestin. L'affaire Chambers, l'une des rares à aboutir à un procès, a attiré l'attention des médias et suscité des critiques acerbes de la part de certains commentateurs, comme Joe Bob Briggs, dont les chroniques impulsives sont distribuées par United Press International. Celui-ci s'en est pris à Vacher, parce qu'elle avait « carrément menti » à Chambers lorsque celui-ci lui avait demandé si elle était de la police (comme si un policier clandestin en train d'acheter de la drogue allait montrer son badge au trafiquant). Selon Briggs, c'était un crime « sans victime » ; au lieu de chasser les « agresseurs d'enfants », le FBI poursuivait « un gars esseulé [...] qui avait franchi un Rubicon imaginaire avec l'équivalent d'une poupée gonflable ».

De tels arguments mettent Vacher en colère. Elle fait remarquer que, loin de provoquer les gens, elle leur laisse toujours une porte de sortie : « Je n'ai jamais abordé la question d'avoir des rapports sexuels, ni de le rencontrer en personne, jamais. Ce n'est pas comme si j'entrais dans un salon de clavardage en disant que j'ai 13 ans et que je veux coucher avec un adulte. Personne n'est obligé de me courir après. Si vous n'avez pas envie d'avoir des rapports sexuels avec un enfant, ne m'envoyez pas de message. »

Loin aussi des fantasmes de poupée gonflable, les prédateurs d'Internet sont à la recherche de vraies victimes, en chair et en os. Il arrive en fait que Vacher soit obligée d'emprunter l'identité d'une vraie enfant qui s'est laissé piéger dans Internet.

Dans l'un de ces cas, une jeune fille de Virginie avait amorcé une relation torride sur Internet avec un homme du Colorado. Lorsque les parents de l'enfant ont découvert le pot aux roses, ils ont alerté la police, et l'affaire a été confiée à Vacher.

« Cet homme ne cachait pas ses intentions, dit-elle. Il était à la recherche d'un jouet sexuel adolescent. Il lui a envoyé par la poste le prix d'un billet de car, convaincu que sa proie ferait le voyage de Virginie au Colorado. Les agents du FBI ont procédé à son arrestation au moment où il attendait l'arrivée du car, espérant qu'une adolescente en descendrait et lui sauterait au cou.

« Que lui serait-il arrivé à elle ? se demande Vacher. Ceux qui veulent affirmer que ce que je fais est mal et que je pousse trop loin les limites de la loi n'ont qu'à songer au cas de cette enfant. Si ce n'est pas moi qui me trouve devant l'ordinateur, ce sera une enfant bien réelle qui se fera agresser. »

Entre 1996 et 2004, le nombre de dossiers *Innocent Images* qui ont été ouverts a augmenté de 2000 p. 100, soit de 113 à 2645. L'augmentation de 1195 p. 100 du nombre de condamnations ou de plaidoyers a été tout aussi impressionnante. « C'est comme si on tirait sur du poisson dans une grande barrique », dit Arnold Bell, chef du programme *Innocent Images* depuis 2002. Bell a passé six ans dans l'armée, avant de travailler pendant quelques années sur des affaires d'homicides et de guerres de gangs à Los Angeles. Son nouveau travail n'était pour lui qu'un autre front, mais un front toujours changeant.

Au quartier général de Calverton, Bell disposait d'une vingtaine d'agents clandestins à l'œuvre. En 2005, le groupe de travail a pu se vanter d'avoir fourni plus de 3000 pistes aux États-Unis, et plus de deux mille à l'étranger. Chaque agent engagé dans ce type de travail dans les bureaux régionaux du FBI – il y a une bonne quarantaine de ces agents secrets – doit subir une période de formation intense d'agent clandestin. Le FBI a également accueilli à son centre de formation de Calverton des enquêteurs provenant d'une douzaine de pays, dont de nombreux Canadiens.

Paul Gillespie, de la police de Toronto, a été l'un des premiers à s'assurer que les membres de son escouade tiraient parti de l'expertise du FBI. À la fin de novembre 2002, une équipe d'enquêteurs de la Section de lutte contre l'exploitation des enfants, Unité des crimes de nature sexuelle de la police de Toronto, s'est rendue à Calverton. Un jeune détective du nom de Paul Krawczyk faisait partie de cette équipe, lui qui ne s'était joint à l'escouade que cinq mois plus tôt. « C'était étonnant, se souvient-il. Ils semblaient vraiment en avant sur leur temps. Cela m'a vraiment ouvert les yeux. »

Le cours de quatre jours, qui comprenait des ateliers avec Emily Vacher, a eu un effet immédiat. La première semaine de son retour à Toronto, Krawczyk s'est vu confier sa première mission clandestine. Une femme avait communiqué avec la police, inquiète de ce que sa jeune sœur de 15 ans, Rebecca*, se soit trop liée avec un étranger rencontré dans un groupe de clavardage de MSN appelé « Girls4Girls ». Rebecca souffrait de troubles d'apprentissage et son âge mental était d'environ 10 ans. La nouvelle amie de Rebecca sur Internet s'appelait Karla Conrod, et disait avoir 17 ans et fréquenter l'école secondaire de Clayton Park, située près de Halifax. Son profil Internet donnait l'impression qu'il s'agissait d'une jeune fille saine et pleine de bonne humeur :

Pseudonyme :	Goldilocks1121
Nom :	Karla
Âge :	17
Sexe :	Féminin
Occupation préférée :	Lecture de romans à énigmes
Citation préférée :	Deux choses seulement sont gratuites dans la vie : l'air qu'on respire et le bonheur.

Karla a envoyé à Rebecca deux photos d'elle montrant une jeune blonde. Sur l'une des photos, elle avait baissé son soutien-gorge pour révéler un sein, mais elle portait une culotte et des chaussures. Sur l'autre photo, Karla était étendue sur une couverture, nue, les jambes écartées. Rebecca et son amie néo-écossaise envisageaient la possibilité d'une visite à Noël chez Karla. Rebecca lui avait donné son vrai nom, son adresse et son numéro de téléphone, l'adresse de son école et une photo d'elle.

Krawczyk se doutait que Karla n'était pas celle qu'elle prétendait être. Mais il savait aussi que, même s'il parvenait à prouver que Karla – qui qu'elle ou qu'il fût vraiment – essayait de leurrer Rebecca afin d'avoir des rapports sexuels avec elle, il ne pourrait l'arrêter, puisque l'âge légal du consentement était de 14 ans au Canada. Mais le policier torontois estimait que quiconque tente d'entraîner une adolescente dans des rapports sexuels doit également se livrer au trafic en ligne d'images pornographiques d'enfants. Il pourrait au moins essayer d'attraper le suspect pour ce crime.

Avec l'autorisation de Rebecca – accordée à contrecœur parce qu'elle était encore convaincue de la sincérité de sa correspondante – et de sa mère, Krawczyk s'est saisi du compte Internet de la jeune fille et en a immédiatement changé le mot de passe, afin d'être le seul à y avoir accès. Il a découvert que Karla avait envoyé 61 messages à Rebecca au cours des 8 jours précédents. Krawczyk était persuadé que Karla était un homme d'âge mûr. Il devait cependant convaincre le suspect que lui était Rebecca, 15 ans. Ce ne serait pas facile. Rebecca n'avait pas gardé de copies des messages qu'elle envoyait. Heureusement, bon nombre des réponses de Karla contenaient le message d'origine. C'est ainsi que le policier torontois a pu se faire une idée de la manière dont Rebecca s'exprimait. « Essentiellement, aucune syntaxe, pas de majuscules, rien qu'un long paragraphe continu », dit Krawczyk.

Le policier a réussi sa personnification, et Karla a continué de converser avec lui. Décembre arrivé, Karla se sentait suffisamment en confiance pour envoyer de la pornographie juvénile à sa jeune amie. Dans un courriel dont l'objet était « Toi et moi avec elle », Karla a joint un fichier JPEG montrant une fillette qui soulève sa jupe pour exposer ses parties génitales. Le message se lisait ainsi :

> Rebecca, j'espère que toi et moi pourrons lui faire plaisir.
> Qu'en penses-tu ? Avec mon amour, Karla

Krawczyk disposait d'assez d'éléments pour porter des accusations de possession et distribution de pornographie juvénile. Il lui restait à découvrir l'identité réelle de Karla. Après un essai de localisation d'adresse IP, il a constaté que la plupart des communications provenaient de la grosse usine de Michelin située à Pictou, en Nouvelle-Écosse. Krawczyk a transmis le dossier à la GRC, qui a poursuivi la recherche et est arrivée à trouver l'ordinateur individuel dont provenaient les messages. Il appartenait à Ronald Stuart Laing, un superviseur qui comptait 23 années de service. Le monde de l'informatique semblait être si nouveau pour cet homme marié de 56 ans, sans enfant, qu'il n'avait même pas d'ordinateur à la maison et qu'il avait tout appris dans son milieu de travail.

Après son arrestation, la police a trouvé 80 autres images dans son ordinateur de travail. Il a plaidé non coupable, mais, le matin de sa comparution devant le juge, il a changé son fusil d'épaule. En théorie, il s'exposait à une peine maximale de cinq ans pour possession de pornographie juvénile et à une peine de dix ans pour distribution, mais il n'aurait pas dû s'en faire. Le juge a qualifié de « choquantes » les images, mais a accepté la recommandation conjointe de l'accusation et de la défense voulant que Laing soit assigné à résidence pendant un an. Les policiers de Toronto apprendraient que, malgré tout leur travail en vue de rassembler les éléments de preuve, plusieurs juges hésitaient encore à condamner les accusés à des peines de prison.

Krawczyk et ses collègues n'en continueraient pas moins à mettre la main au collet des prédateurs au cours des mois et des années qui suivraient. Le détective John Menard ne cesse de s'étonner devant la fureur des prédateurs en ligne. Il se souvient que, dans l'un des cas confiés à l'équipe de Toronto, durant les 20 premières secondes de son arrivée en ligne, un agent clandestin se faisant passer pour une adolescente de 13 ans s'est fait proposer des rapports sexuels par pas moins de 15 hommes.

Au cours d'une autre enquête, l'équipe de Toronto a pris au piège le pasteur d'une église évangélique. Kenneth Synes a passé quatre mois à tenter de préparer celle qui était censée être sa correspondante de 12 ans. « La conversation devenait de plus en plus explicite sur le plan sexuel, à tel point qu'il était prêt à traverser la ville pour rencontrer l'enfant dans un endroit public », raconte le gendarme détective Scott Purches, qui était l'agent clandestin. Les autorités américaines ont fini par transmettre à la police de Toronto des preuves de ce que le pasteur avait cherché des proies au sud de la frontière aussi, mais en vain.

Synes, renvoyé de son Église, a plaidé coupable et a été condamné à un an de prison pour ses péchés.

Au Royaume-Uni, le travail policier clandestin sur Internet est pris au sérieux, à tel point que les policiers doivent obtenir un agrément particulier avant de pouvoir partir à la cyberchasse aux criminels. Un cours national de l'Association des chefs de police a été donné à près d'une centaine d'enquêteurs clandestins sur Internet.

Au quartier général de New Scotland Yard, situé près de St. James's Square, le gendarme détective Jim Pearce est l'un de ces agents clandestins qualifiés. Fumeur invétéré, il partage de petits locaux avec cinq autres enquêteurs de l'Unité de lutte contre les crimes de haute technologie. Les banques modernes de disques durs, les numériseurs d'images et les logiciels de piratage semblent tout à fait anachroniques dans ce bureau à l'ancienne aux murs défraîchis et aux meubles éprouvés par l'âge. Pearce a sur le visage une lassitude et dans le regard une ombre que seul un policier qui a tout vu peut porter avec grâce. Son élocution, marquée par l'accent de Liverpool, comme son travail de détective, est lente et méthodique. Il a été *bobby* pendant sept ans dans les rues de Battersea, à Londres. Il a ensuite fait partie de l'escouade « des clubs et du vice » et patrouillé dans les quartiers mal famés de la capitale. Aujourd'hui, patrouillant dans les recoins sordides du Web, il constate que la technologie a changé, mais pas le crime.

Sa première affectation a commencé lorsque, la veille de Noël 2004, la police du Cambridgeshire a reçu l'appel d'une mère paniquée. Elle avait découvert que sa fille de 12 ans, Alison*, flirtait sur Internet avec un homme mûr qui prétendait avoir 18 ans. Cette famille avait raison d'être nerveuse. Après tout, c'est au Cambridgeshire, dans la ville de Soham, qu'avaient été commis des meurtres célèbres tout juste deux ans plus tôt. Le pays tout entier avait retenu son souffle lorsque deux fillettes de 10 ans avaient disparu. Elles avaient été attirées dans la maison d'un concierge d'école, et on avait plus tard retrouvé leurs corps. Alison avait fréquenté la même école que les deux victimes.

Le frère aîné d'Alison avait découvert les communications en ligne de celle-ci, lesquelles avaient commencé au mois de juillet. Alison et l'homme s'étaient rencontrés sur un site destiné aux enfants, pogo.com, sur lequel les utilisateurs pouvaient clavarder tout en jouant. L'homme et sa jeune proie n'ont pas tardé à migrer vers une messagerie instantanée, où la conversation est plus intime. Lorsque la police s'est rendue au domicile familial à Noël, elle a trouvé dans la chambre de l'enfant une feuille en forme de cœur sur laquelle figuraient les initiales probables du nom de l'homme, ainsi qu'une carte de Noël et plusieurs lettres où il déclarait son amour pour elle. L'inconnu avait persuadé Alison de lui laisser utiliser l'adresse d'un ami à elle pour lui envoyer des colis et présents.

Dans l'une de ses lettres, l'homme a donné à Alison une adresse de Longreach Road, à Liverpool. Une vérification discrète de la police a révélé que l'adresse était celle d'un homme de 57 ans du nom d'Oliver Jordan.

Celui-ci avait un fils dont il était séparé et qui vivait avec sa mère. La police croyait que le prédateur était le père et non pas l'enfant, mais n'en était pas sûre. De plus, il n'y avait pas assez d'éléments de preuve pour déposer une accusation : la cour que faisait l'homme à la jeune fille était certes inappropriée, mais n'avait pas été jusqu'alors de nature sexuelle. Même s'il avait déjà discuté avec Alison d'une rencontre en personne, aucun rendez-vous n'avait jamais été pris.

La police a décidé de faire appel à Scotland Yard et de demander à Jim Pearce d'emprunter l'identité d'Alison sur Internet. Pearce n'a pas hésité, mais il a compris qu'il devrait surmonter plusieurs obstacles. C'était déjà le 18 janvier; il y avait eu une période de silence non expliquée de deux semaines de la part d'Alison. De plus, Jordan connaissait bien sa proie pour avoir correspondu avec elle depuis juillet. Pearce, par contre, ne connaissait pas grand-chose des adolescentes, et encore moins de cette enfant du Cambridgeshire.

« Au fond, nous avions une enfant esseulée de 12 ans dont c'était sans doute le premier petit ami, bien que virtuel, dit Pearce. C'était son petit secret à elle. »

Avec l'autorisation des parents, la police a copié le disque dur de l'ordinateur de l'enfant. Pearce voulait examiner non seulement les registres de ses conversations, mais aussi tous les autres dossiers, afin d'avoir une idée de ce qu'elle faisait à l'école, de connaître ses goûts musicaux (un *boy band* nommé Busted semblait l'avoir conquise) et de savoir comment elle organisait sa vie et ses pensées. Il lui fallait aussi se familiariser avec sa manière de parler, ou du moins de taper. Il a remarqué, par exemple, qu'elle entamait toujours la conversation avec Jordan – dont le pseudonyme était james00231 – de la même façon, en tapant : « Allô James, qu'est-ce que tu fais ? »

Pearce a pris beaucoup de notes; il a dressé la liste des abréviations qu'Alison utilisait habituellement, comme le font les internautes. Au bout de quatre jours, il s'est senti prêt à se lancer et à se faire passer pour Alison sur Internet. C'était le samedi 22 janvier 2005. Jordan n'avait plus eu de nouvelles d'Alison depuis le 3 janvier, après lui avoir envoyé une carte de vœux de nouvel an. Pearce a envoyé à Jordan un message tout simple : « Allô James, stp parle-moi. »

Il n'a reçu de Jordan qu'une réponse automatisée : « Je ne suis pas devant mon écran. »

Le dimanche soir, Pearce a envoyé au nom d'Alison un autre court message disant à Jordan qu'elle serait à la maison le lendemain après l'école.

La réponse que Pearce a reçue était brève et froide : « Écoute, j'ignore qui tu es, alors ne m'envoie plus de tes messages stupides. J'en ai assez de tes petits jeux. Si tu continues, je vais être obligé d'avertir AOL que tu empiètes sur ma vie privée. »

« L'affaire foire dès le premier jour », a déclaré Pearce, inquiet, à ses collègues. La police savait qu'Alison avait averti Jordan que son frère était au courant de leur relation et qu'il avait parlé à sa mère. Mais la police espérait que Jordan ne s'inquiétait que pour cela, sans soupçonner que les autorités l'avaient à l'œil. Il était cependant évident que le suspect était sur ses gardes. « Que pouvons-nous faire pour qu'il nous croie ? » se demandaient les enquêteurs.

Pearce a parcouru de nouveau les registres et trouvé une conversation dans laquelle Alison s'informait auprès de Jordan d'une fille nommée Sally qu'il avait rencontrée à la piscine. Tentant sa chance, Pearce a envoyé un nouveau message à Jordan : « Écoute, si tu ne veux pas que je sois ta copine à cause de la fille de la piscine, dis-le-moi. Je t'aime. »

« Pourquoi tu ne m'as pas parlé en ligne ni écrit ? a-t-il répondu brutalement. Réponds-moi. Pourquoi ? »

Pearce, personnifiant Alison, a opté pour la douceur : « J'avais des travaux scolaires. Je veux juste savoir si tu m'aimes encore ? » Il a ensuite essayé d'expliquer son absence et son comportement en disant à Jordan que Jimmy, le frère d'Alison, avait « raconté des choses à maman » et que c'était pour cette raison qu'elle n'avait plus le droit d'être sur Internet.

« Tu m'as manqué, Alison », a répondu Jordan, apparemment consolé. « Oui, je t'aime encore. »

Pearce a poursuivi son travail clandestin pendant près de deux semaines. Au début de février, il s'est dit que le moment était venu de tirer le poisson hors de l'eau. La police avait confirmé hors de tout doute l'identité réelle d'Oliver Jordan. Elle a obtenu les photos qu'il avait fournies avec sa demande de passeport. Son écriture sur cette demande était identique à celle du mot qu'il avait envoyé à Alison dans sa carte de vœux. La police avait la preuve que Pearce conversait avec un homme de 57 ans, mais cet homme tiendrait-il sa promesse de rencontrer l'adolescente ?

« Je te veux ici, je ne sais pas comment y arriver, mais je veux simplement que tu sois ici avec moi », a écrit Jordan.

« Je veux être avec toi, mais comment ? » a demandé Pearce.

Jordan a dressé un plan. Alison avait son congé scolaire à partir du lundi suivant, le 14 février – jour de la Saint-Valentin. Par l'intermédiaire de l'ami d'Alison, Jordan lui enverrait, pour le voyage du Cambridgeshire à Liverpool, 30 £ et l'horaire des cars.

« N'en parle pas à ta mère, a-t-il dit à l'agent clandestin. Supprime de ton ordinateur les détails me concernant. Dis-moi quel car tu prends, et je viendrai te chercher. »

Pearce a joué l'innocente: « J'ai 12 ans. Comment va-t-on me laisser prendre le car ? »

« Écoute, dis au chauffeur que quelqu'un t'attend à l'arrivée; tu n'auras pas de problème », a assuré Jordan. Il a ensuite raconté en détail comment se déroulerait leur première rencontre en personne: « Dors-tu encore nue ? Je vais te déshabiller lentement; quand tu seras nue, je t'embrasserai partout. »

La police disposait dès lors de tout ce dont elle avait besoin pour porter des accusations: Jordan avait envoyé le prix du ticket à sa victime et lui avait expliqué clairement ses projets d'ordre sexuel. Il ne restait plus qu'à tendre le dernier piège.

Jordan avait dit à Alison que son ordinateur était défectueux et qu'il lui enverrait une confirmation de son voyage par la poste, puisqu'il ne serait pas en ligne. La police a compris que le suspect était prudent, qu'il cherchait à s'assurer que son rendez-vous avec Alison ne laisserait aucune trace électronique. Scotland Yard a demandé à un expert graphologue d'écrire à Jordan une carte de Saint-Valentin, dans le style d'Alison, dans laquelle elle lui dirait qu'elle serait dans le car d'après-midi. Pearce avait espéré arrêter Jordan lorsque ce dernier, bouquet à la main, attendrait sa jeune correspondante à la gare routière. Mais il y a eu un imprévu: la carte a été retardée dans le système postal.

La police, qui continuait de surveiller la résidence de Jordan, a remarqué qu'il était sorti acheter de la nouvelle literie. Il s'était également rendu à la gare routière pour s'informer des horaires. Mais, vers la fin de cet après-midi de Saint-Valentin, il était encore chez lui. Les agents ont alors décidé de procéder tout de même à l'arrestation du suspect.

La carte est arrivée le lendemain, mais Jordan était déjà en cellule, et le ciel était très menaçant pour lui. Il avait eu le malheur de tenter de séduire Alison après l'entrée en vigueur d'une nouvelle loi criminalisant la « préparation » d'une victime, même si l'agresseur ne l'a jamais touchée ni vue. Jordan faisait face à une peine maximale de 14 ans d'emprisonnement. Mais un plaidoyer de culpabilité lui a rendu service: il a écopé de trois ans de prison, d'une place permanente dans le registre des délinquants sexuels et d'une interdiction à vie de travailler avec des enfants.

Pearce n'a jamais parlé à la vraie Alison, ni avant ni après l'affaire; c'était là la procédure adoptée par la police pour rendre le travail moins empreint d'émotion. Mais il a appris par sa famille que celle-ci avait raconté à l'enfant ce que la police avait fait pour la sauver.

À peine quatre mois après l'arrestation de Jordan, Pearce et ses collègues de Scotland Yard se sont trouvés engagés dans une cyberchasse encore plus bizarre : il s'agissait de trouver un prédateur qui prétendait être une infirmière dans la trentaine.

Elle disait s'appeler Holly Chadwick. Comme la « Karla » de Nouvelle-Écosse, elle se prétendait lesbienne. Sur la photo de son profil Hotmail et sur celle de Hi5.com, un club de rencontres en ligne, on pouvait voir une femme dans la trentaine, d'apparence quelconque. Infirmière, sa dernière relation amoureuse avait été pénible, un homme l'avait beaucoup fait souffrir. C'est ce qui semblait la rendre sympathique aux jeunes esprits impressionnables. « Les jeunes filles avaient le sentiment d'avoir pour amie une femme mûre et digne de confiance », explique Pearce. Holly persuadait des jeunes filles vulnérables de se livrer pour elle à des jeux sexuels devant leur webcam.

Pearce possédait l'adresse Hotmail de la suspecte, même s'il doutait qu'il s'agisse vraiment d'une femme. Dans son profil Hotmail, Holly citait le célèbre mot d'Oscar Wilde : « Nous sommes tous dans le caniveau, mais certains d'entre nous regardent les étoiles. » Fait du hasard, Pearce avait aperçu cette citation sur la statue du dramaturge, érigée près de la station de métro de Charing Cross, lorsqu'il travaillait au poste de police situé tout près de là. Comme il y avait un hôpital dans le coin, un autre détective de Scotland Yard a passé des heures à regarder les photos des employés pour voir si celle d'une infirmière ne correspondrait pas à la photo en ligne de Holly Chadwick.

Rien. Le seul moyen d'attraper Holly serait de recourir à ce que Pearce appelait les « bonnes vieilles techniques policières ». Il a décidé de se faire passer sur Internet pour une lesbienne de 22 ans, Samantha, censée avoir une sœur de 15 ans. Il a ouvert un compte dans les salons de clavardage que fréquentait Holly, et les deux femmes se sont vite liées d'amitié. Holly lui a expliqué qu'elle clavardait dans un cybercafé parce qu'elle n'était pas branchée à la maison. Scotland Yard a vérifié l'adresse IP de Holly : les conversations de la suspecte provenaient d'un grand cybercafé situé près de Trafalgar Square – non loin de la statue d'Oscar Wilde.

La police se rapprochait de sa cible. Tous les ordinateurs de l'endroit avaient la même adresse IP, et il y en avait 500, répartis sur 4 étages. La police devait trouver un meilleur moyen de restreindre sa recherche. Pearce en était arrivé à pouvoir prédire quand Holly serait en ligne et pour combien de temps. Un collègue détective, Sean Robbie, et un autre agent se sont rendus au cybercafé, prétendant être des employés, pendant que Pearce clavardait avec Holly. Armés d'une écritoire à pince, les deux hommes ont fait le tour des clients pour leur demander s'ils avaient besoin d'aide – tout en jetant un coup d'œil sur leur écran. Au bout de quelques minutes, Robbie a repéré la personne qui clavardait avec Pearce (il pouvait même apercevoir la photo de « Samantha » que Pearce avait incluse dans son faux profil Hotmail). Comme la police l'avait soupçonné, Holly était bel et bien un homme. Au moyen de la caméra de son portable, Robbie a pris des photos du suspect.

Lorsque celui-ci a quitté le cybercafé, la police l'a suivi chez lui. Ainsi, les agents ont découvert son adresse et son nom complet – et pris connaissance de son dossier criminel. Le nom d'Alan Pemberton figurait dans le registre des délinquants sexuels. Avant la propagation d'Internet, il avait pris l'habitude de téléphoner à de jeunes enfants, se faisant passer pour un médecin, et les persuadait de se livrer à un « examen médical » de leurs parties génitales. La photo de Pemberton classée dans les dossiers de la police correspondait à celle de l'homme que Robbie avait prise avec son portable dans le cybercafé.

Il ne restait plus qu'à donner le coup de grâce. Holly a pris rendez-vous avec Samantha à Victoria Station, lui demandant même d'emmener sa sœur de 15 ans en vue de constituer un trio sexuel. Tandis que Pemberton tapait les détails du rendez-vous sur l'ordinateur du cybercafé, un policier qui se tenait à proximité du suspect filmait discrètement le déroulement du crime avec une caméra vidéo. Les policiers ont sur-le-champ procédé à l'arrestation de Pemberton. Ensuite, l'un des agents a tapé ce qui serait le dernier message de Holly Chadwick, l'infirmière qui aimait citer Oscar Wilde.

À Scotland Yard, Pearce a souri lorsqu'il a vu les mots s'afficher sur son écran : « L'affaire est dans le sac. »

Pemberton a été reconnu coupable d'avoir envoyé à Pearce des images de sévices sexuels contre un enfant et – plus grave encore – d'avoir incité quelqu'un à commettre un viol. « C'était un dénouement des plus satisfaisants, dit Pearce. Nous lui avons remis la monnaie de sa pièce en le trompant sur notre identité. »

Une tromperie en attire une autre. Un agresseur d'enfants, qui se faisait passer pour une infirmière, bavardait avec une lesbienne de 22 ans, qui était en réalité un détective d'âge mûr de Scotland Yard. Pearce a clos le dossier, mais sans pouvoir s'empêcher de se demander combien d'autres prédateurs hantaient Internet en se faisant passer pour quelqu'un d'autre, afin de gagner l'amitié d'un enfant esseulé.

CHAPITRE SEPT

Sauver les enfants

Je dois être courageuse. Pourquoi ? Parce que je sais qu'il y a des gens méchants comme vous qui aiment faire du mal aux enfants.

– Ann*, durant son témoignage contre l'enseignant qui l'a agressée

Aux États-Unis, le NCMEC (National Center for Missing and Exploited Children) était en train de devenir un centre national d'échange d'information et de coordination des enquêtes sur la pornographie juvénile, dont le nombre explosait. En 2003, la ligne CyberTipline servant au signalement des cas de pornographie juvénile en a reçu plus de 80 000 ; trois ans plus tard, elle en recevait presque autant chaque semaine.

Lorsque Michelle Collins s'est jointe au NCMEC en 1998, elle faisait partie de la petite équipe affectée directement aux cas de pornographie juvénile et formée de quatre personnes seulement. Au moment où Collins a pris la direction de l'Unité des enfants exploités du NCMEC, en 2004, une trentaine de personnes relevaient de son autorité.

Au cinquième étage du quartier général du NCMEC, aux côtés d'une armée d'analystes civils, travaillent des officiers représentant chacune des grandes agences américaines d'application de la loi compétentes en matière d'agressions d'enfants : le FBI, le Service de l'immigration et des douanes et le Service des postes. C'est cette combinaison de ressources policières et civiles qui rend le NCMEC unique en son genre et qui lui permet de tirer parti des pistes et des renseignements provenant de trois grandes sources : le public, la police et les entreprises privées d'Internet.

Les parents, les enfants ou les citoyens peuvent composer le numéro téléphonique sans frais de la CyberTipline ou envoyer un rapport en ligne à www.thecybertipline.com s'ils repèrent une page Web ou un courriel qui contient ce qu'ils croient être du matériel illicite d'exploitation sexuelle d'enfants. « Nous traitons les pistes qui nous sont fournies et tentons de déterminer l'endroit où le crime a été commis », explique Christina Fernandez, chef de la douzaine d'analystes qui se chargent des quelque 3000 pistes reçues hebdomadairement du public. « En fait, ce que nous transmettons aux agences d'application de la loi, c'est un paquet cadeau : voici le nom du type, voici son adresse, voici ce qu'il fait ; mettez-lui la main au collet. »

Le tuyau le plus simple peut entraîner d'énormes conséquences. Fernandez se souvient d'un tuyau anonyme provenant d'un citoyen et qui avait conduit le NCMEC à un groupe Yahoo! qui annonçait des « photos gratuites de petits garçons ». Dans l'un des messages affichés, le participant annonçait : « J'ai des photos d'actes de bestialité avec des enfants ; amusez-vous bien ! » Comme Fernandez le fait remarquer, cet homme n'était pas le plus brillant du groupe ; il avait même utilisé son vrai nom dans son courriel. Lorsque les policiers se sont rendus à son domicile situé dans la région de Cincinnati en novembre 2002, ils s'attendaient à procéder à l'arrestation habituelle d'un suspect pour possession d'images indécentes d'enfants. Mais ils ont trouvé un taudis décrépit, même si l'homme avait les moyens d'avoir un ordinateur et une connexion Internet. Sur l'un des murs du salon étaient gribouillés les mots « Papa regrette ». La fille du suspect a révélé au cours d'un interrogatoire que son père avait abusé d'elle. Il a écopé d'une peine de 20 ans de prison pour viol et pour production de pornographie juvénile.

« L'enfant a depuis été adoptée, et elle va bien, dit Fernandez. Ce qui avait commencé par une enquête sur un message affiché dans un salon en ligne a mené à la découverte d'un cas bien réel d'agression d'enfant. Si le citoyen n'avait pas mis la puce à l'oreille des enquêteurs du NCMEC, l'enfant serait encore une victime aujourd'hui. »

En 2003, les agences policières de tous les États-Unis envoyaient au NCMEC les images saisies dans les ordinateurs des accusés, conformément à l'arrêt de la Cour suprême, afin que les analystes puissent prouver que ces images représentaient bien de « vrais » enfants. Tout comme la police de Toronto travaillait avec Microsoft pour mettre au point le système d'analyse CETS contre la pornographie juvénile, le NCMEC allait devoir trouver un système de pointe capable de traiter rapidement l'information. La différence, c'était que le système CETS était conçu surtout pour le traitement de fichiers textes – noms des suspects, adresses électroniques et autres marques d'identification. Le NCMEC avait quant à lui besoin d'un système qui puisse tirer de l'information de dizaines de milliers de photos.

Le NCMEC a mis au point son propre logiciel, surnommé CRIS (Child Recognition and Identification System), fondé sur ce qui s'appelle le « total mêlé » d'une photo. Ce total mêlé constitue une empreinte numérique de la photo. Un algorithme « hache et mêle » toutes les données de la photo et réduit celle-ci à une séquence unique de caractères alphanumériques en apparence trouvés au hasard. Partout dans le monde, les agences d'application de la loi recourent à l'algorithme MD-5 (algorithme de hachage 5) pour catégoriser les images de pornographie juvénile. Ainsi, chaque copie d'une même photo se voit attribuer la même empreinte numérique.

Le système CRIS cherche à faire correspondre l'empreinte numérique de toute photo trouvée dans l'ordinateur d'un suspect avec celles de victimes qui ont été identifiées au cours d'enquêtes antérieures. Par exemple, plusieurs photos de Jessica, de la Caroline du Nord, ou des enfants californiens sauvés au cours de l'opération *Hamlet* pourraient se trouver aussi dans un ordinateur saisi au Nebraska. Mais les policiers ou les procureurs du Nebraska pourraient ignorer que l'enfant des photos a déjà été identifié. Ils transmettront donc les photos au NCMEC. Le système CRIS affichera à l'écran des résultats faciles à comprendre pour l'analyste du NCMEC, en entourant d'un cadre rouge toute photo dont l'empreinte numérique correspond à celle de l'image d'un enfant déjà identifié. Un simple clic sur la photo de l'enfant donne au NCMEC l'information requise sur le policier enquêteur ou sur le procureur de l'affaire réglée. Cette information peut ensuite être transmise à la vitesse de l'éclair dans un courriel envoyé aux responsables de la nouvelle enquête au Nebraska.

C'est un système d'une efficacité redoutable : le CRIS peut traiter 1000 images en 20 minutes. Le NCMEC est en mesure de garantir aux procureurs que, quelles que soient les images qu'ils lui transmettent, les ordinateurs centraux peuvent obtenir les résultats relatifs aux « vrais enfants » dans un délai maximal de quatre jours.

Ce n'est là que la première étape. Les analystes du NCMEC doivent également s'assurer que des yeux humains examinent tout le matériel saisi. La vérification visuelle est nécessaire, parce que les ordinateurs se basant sur une empreinte numérique risquent d'être trop précis : si le délinquant télécharge une photo dans son ordinateur, la rogne ou la modifie légèrement, puis la téléverse dans le serveur, cette « nouvelle » photo aura une empreinte digitale différente, bien qu'il s'agisse d'une seule et même photo. De la même manière, le système CRIS ne reconnaîtra pas les traits communs de photos différentes ; par exemple, il ne pourra révéler qu'une photo très populaire de Jessica prise dans sa chambre et une autre d'elle prise à l'extérieur de sa maison sont toutes deux de la même personne. À l'origine, la série de photos de Jessica comportait 450 images différentes, mais l'équipe du NCMEC a plus tard découvert au moins 3000 versions de ces photos et a dû en ajouter manuellement les « totaux mêlés » à la catégorie de Jessica. Cela fait, toute correspondance ultérieure serait repérée par le CRIS.

Quand le logiciel CRIS a fini d'examiner les photos et de chercher les correspondances, commence le travail le plus dur pour les êtres humains : trouver les enfants. Les enquêteurs du NCMEC sont toujours à l'affût de « nouvelles » photos saisies que le CRIS ne peut associer à des images antérieures, parce que cela indique que les agressions sont probablement récentes et qu'elles se poursuivent peut-être. La vie de l'enfant pourrait être en danger.

C'est pourquoi le NCMEC a mis sur pied une unité spéciale – distincte de l'équipe d'analystes qui reçoit les milliers de pistes que les citoyens, les entreprises et la police transmettent à la ligne CyberTipline –, laquelle se consacre exclusivement à la recherche d'indices sur les photos.

Les sept personnes qui composent l'équipe du Programme d'identification des enfants victimes (PIEV), contrairement à ce que l'on pourrait imaginer, ne ressemblent en rien à des maniaques d'Internet. En fait, deux d'entre elles seulement possèdent des connaissances avancées en informatique : l'une est spécialiste de l'imagerie numérique, et l'autre expert en graphisme. Elles aident à rendre l'arrière-plan des photos plus détaillé ou à accroître la définition de celles-ci. Les autres membres de l'équipe proviennent d'univers divers, du corps des marines ou de la bibliothéconomie, par exemple. « Nous cherchons des personnes motivées », explique Jennifer Lee, superviseure du PIEV, elle-même issue de la National Wildlife Federation, organisation vouée à la protection de la nature. « Nous voulons des hommes et des femmes actifs, ouverts aux nouvelles expériences, qui n'ont pas peur d'aller au bout d'eux-mêmes et de se remettre en question. »

Des personnes comme Christine Feller. À 27 ans, titulaire d'un diplôme en économie, elle comptait quelques années d'expérience comme adjointe de recherche au Federal Reserve Board. Elle avait également travaillé pour le contentieux du cabinet de comptabilité Arthur Andersen, avant de se lasser d'« aider les riches à s'enrichir ». Elle est retournée à l'université en vue d'obtenir une maîtrise en justice pénale. En 2002, elle a décroché un poste de stagiaire au NCMEC. Elle n'a jamais quitté le centre.

Feller se moque de la technologie magique que l'on peut voir dans les émissions policières de haute technologie. Lorsque ses homologues fictifs des émissions populaires comme *Les Experts* agrandissent un détail minuscule sur une photo floue, le détail semble s'éclaircir comme par magie et révéler un important numéro de plaque minéralogique ou un numéro de téléphone griffonné sur un bout de papier. Dans la réalité, bien entendu, lorsqu'on agrandit une photo, c'est plus floues qu'elles deviennent, pas plus claires.

Feller et les autres analystes du PIEV sont des enquêteurs de scènes de crimes, mais ils exécutent leur travail de manière différente. La plupart du temps, dans le travail de détective traditionnel, les policiers savent où le crime a été commis parce qu'ils sont appelés sur les lieux. C'est là qu'ils recherchent des indices en vue de découvrir l'auteur du crime. Dans les cas de pornographie juvénile sur Internet, les étapes sont franchies dans l'ordre inverse. Grâce aux photos, les policiers disposent de toutes les preuves de ce qu'un crime a été commis ; ils connaissent presque toujours le visage de la victime, sinon son identité, et parfois aussi le visage du délinquant. Mais ils ignorent l'endroit où le crime a été commis.

On peut voir ce travail comme celui d'*Experts* en pornographie. « Il nous faut décoder les indices et découvrir où le crime est commis et où se trouve l'enfant », explique Feller.

Le souci du détail qui caractérise Feller l'a toujours bien servie. Interpol est entré en contact avec le NCMEC pour échanger de l'information sur une série de 40 photos d'une fillette aux boucles blondes. Aucune des photos n'avait de caractère sexuel explicite, mais la police était inquiète, parce qu'elles circulaient beaucoup dans les forums de pornographie juvénile et qu'elles avaient été trouvées dans les ordinateurs de pédophiles en Europe. Feller, de même que Collins et Lee, ont commencé à examiner la série de photos à la recherche d'indices. Sur l'une d'elles, Feller a vu affiché sur l'écran d'un téléviseur le logo GPTV – Georgia Public Television. Sur une autre photo, la fillette avait en main l'album de nouveaux diplômés d'une école secondaire. En agrandissant le texte de l'album, Feller a pu identifier une école de Géorgie. Elle devait préciser davantage le lieu où se trouvait l'enfant. Avec l'aide de la banque de données COPINE tenue à jour par des universitaires irlandais, Feller a pu obtenir quelque 900 photos supplémentaires de l'enfant. Plus il y aurait de photos, plus les indices seraient nombreux.

Dans leur travail de sauvetage d'un enfant, les enquêteurs ne savent jamais quel sera l'indice qui leur permettra de résoudre l'affaire. En l'occurrence, la liste des indices s'allongeait : il y avait une Toyota Supra GT rouge sans plaque ; une maison blanche aux persiennes bourgogne ; des douilles de munitions Remington sur un plancher ; des photos de deux autres fillettes, dont l'une portait un collier indiquant son nom. Sur l'une des photos prises en été, la fillette portait un plâtre protégeant un poignet gauche fracturé – ce qui signifiait que la police pourrait peut-être vérifier les registres des hôpitaux. Sur une autre photo, l'enfant portait une tiare, et il y avait des ballons dans la pièce – ce qui laissait supposer que c'était son anniversaire. Grâce à la date imprimée par l'appareil photo dans le code d'identification de la photographie, l'équipe du PIEV pourrait déterminer la date de naissance approximative de l'enfant.

Il s'est trouvé qu'aucun de ces indices n'a été déterminant. L'indice important se trouvait sur une simple photo de l'enfant assise sur le sol, dans un bureau aux murs lambrissés. Derrière elle, sur une étagère, il y avait des trophées de sport et des photos de gagnants. Feller a agrandi la plus claire de ces photos, laquelle montrait un homme souriant. La police du comté de Bibb, en Géorgie, a apporté la photo à l'école secondaire que Feller avait pu identifier grâce à l'album de nouveaux diplômés. L'école a pu déterminer l'identité du gagnant apparaissant sur la photo. Cet homme n'était pas le délinquant, mais il a pu désigner un voisin, Troy Ray Bennett, qui avait accès à la fillette de la photo ainsi qu'à deux autres enfants.

Au début de mars 2003, la police a cherché Bennett et l'a trouvé qui habitait une remise située à l'arrière de la maison de sa mère. Dans la pièce presque vide, de nombreux ordinateurs étaient branchés. Bennett était à l'origine des photos en apparence innocentes de la fillette blonde qui étaient distribuées sur Internet. Mais les enquêteurs étaient persuadés que des agressions d'enfants étaient commises. Comme de fait, sous un matelas, on a découvert de grandes photos de fillettes – cette fois dans des positions à caractère clairement sexuel. La police a pu relier Bennett à plusieurs viols commis dans la région, et celui-ci a été reconnu coupable de multiples agressions d'enfants et condamné à 200 ans de prison.

Les vidéos de sévices infligés à des enfants étaient de plus en plus populaires sur le Web, parce qu'elles contenaient plus de détails devant intéresser les amateurs délinquants. Pour les enquêteurs du NCMEC, elles présentaient un plus grand nombre d'indices visuels et auditifs à découvrir. En mai 2003, le NCMEC a reçu du Naval Criminal Investigative Service une vidéo porno de 21 minutes découverte sur le Web au Japon. On pouvait y voir un homme engagé dans des rapports sexuels avec deux jeunes filles impubères. La vidéo était intitulée *Gordo* (« gros » en espagnol), peut-être en référence au physique bouffi de l'agresseur.

« C'était comme un avertissement », dit Michelle Collins. Son personnel avait l'habitude de voir à répétition les vidéos et photos les plus populaires, mais cette vidéo était nouvelle. « Nous n'avions jamais vu ces enfants auparavant », ajoute-t-elle.

Une vidéo – rapides mouvements de caméra, vues panoramiques de la pièce et sons captés – est généralement beaucoup plus riche en indices qu'une photographie, que son auteur peut mieux contrôler. Feller et ses collègues ont repéré sur l'homme trois tatouages distinctifs – le nom « Ismael » sur la main gauche ; un cœur transpercé par une flèche et accompagné du sigle U.S.M.C. du corps des marines sur la main droite ; et un couteau et une ancre sur le bras gauche. L'homme et ses victimes parlaient espagnol. On connaissait une partie du nom de l'une des enfants. L'indice le plus prometteur était sans doute un bref plan sur une affiche de campagne électorale épinglée sur un mur et sur laquelle on pouvait lire « Je travaille avec mon maire Mike ». Feller a entrepris de dresser la liste de toutes les villes américaines dont le maire avait Mike pour prénom.

Le NCMEC a aussi informé Interpol et les agences européennes d'application de la loi qu'il travaillait sur cette vidéo. Au bout de quelques jours, les autorités suédoises ont transmis aux Américains une nouvelle vidéo, apparemment plus récente que la première. Les analystes du PIEV ont immédiatement remarqué que les enfants avaient environ deux ans de plus et – plus inquiétant encore – s'étaient habituées aux sévices de Gordo.

Dans cette deuxième vidéo, Feller a pu percevoir un *jingle* radiophonique : « *Big D 103* », qu'elle a pu localiser à Hartford. Dans cette ville, le maire Mike Peters avait dominé la scène politique pendant la plus grande partie des années 1990. La chaîne de radio faisait la promotion d'un concours dont le prix était un dîner dans un restaurant local. Après avoir communiqué avec la chaîne, Feller a été en mesure d'établir que le concours – donc la deuxième vidéo – datait d'environ cinq ans.

Feller connaissait désormais le lieu et la date du crime ; ne lui manquait plus que l'identité des protagonistes. Elle a isolé les meilleurs plans de la tête de Gordo, de même que divers gros plans de ses tatouages et d'autres caractéristiques corporelles. Elle a transmis les images les plus claires des visages des victimes à l'Unité d'imagerie judiciaire du NCMEC, laquelle aide à localiser les enfants disparus en créant des images synthétiques de l'apparence qu'ils devraient avoir plusieurs années après leur disparition. En l'occurrence, Feller a demandé aux experts de vieillir les enfants d'environ cinq ans. Armés de ces images, la police de l'État du Connecticut et le Service d'inspection postale ont lancé une gigantesque recherche dans les fichiers des immatriculations de véhicules, dans les dossiers de l'armée et de la police, ainsi que dans les écoles de la région. Il leur a fallu six mois, mais ils ont fini par trouver les deux enfants – alors âgées de 15 ans et de 16 ans – dans une école. « Elles étaient stupéfaites, a déclaré le policier qui leur a montré des extraits de la vidéo. [Elles étaient] à la fois bouleversées et furieuses que la vidéo ait été si largement diffusée sur le Web. »

L'une des victimes a révélé que Gordo était l'ex-amant d'une parente. Les enfants ont affirmé qu'il leur avait donné de l'argent et avait d'abord prétendu qu'elles seraient mannequins pour des maillots de bain et de la lingerie. D'une autre source, la police a appris l'adresse du délinquant et su qu'il était sur le point de déguerpir. Le 10 octobre 2003, les policiers ont fondu sur l'appartement d'Ismael Cohen, un homme originaire du Pérou qui habitait dans la région de Hartford depuis près de 30 ans. Dans l'appartement – qui correspondait à celui de la vidéo analysée par le NCMEC –, la police a trouvé deux billets d'avion pour le Pérou et huit sacs de sport.

Cohen n'a pu se rendre que dans une cellule de Hartford.

Parfois, le sauvetage d'une petite victime commence lorsque quelqu'un finit par croire ce qu'elle dit. Les talents de fins limiers de Feller et des membres de son équipe du PIEV ainsi que la base des signalements téléphoniques des cas de pornographie juvénile que construisait le NCMEC allaient être mis à l'épreuve lorsqu'un enquêteur de l'Indiana a eu l'intime conviction qu'une fillette lui disait la vérité.

C'était une élève brillante, mais parfois difficile. Les enseignants de quatrième année à l'école primaire Walt-Disney considéraient Ann* comme « une espèce de fautrice de troubles », selon les termes employés par l'un d'eux. Et, toujours selon eux, elle mentait, ce qui était dommage puisqu'elle avait la chance d'avoir l'un des enseignants les plus populaires, Timothy J. Wyllie. « Il s'entend merveilleusement bien avec les enfants », a déclaré l'un de ses collègues.

Même les parents d'Ann appréciaient Wyllie. « Mes parents m'ont dit à quel point j'avais de la chance de vous avoir vous, d'avoir un enseignant comme vous, a plus tard dit Ann. Je vous ai écouté. Je vous ai fait confiance. »

Ann vivait à Mishiwaka, petite ville de classe moyenne située à proximité de South Bend, en Indiana – le genre d'endroit qui attire les parents qui souhaitent élever leurs enfants dans un milieu plus sûr que la grande ville. Mais Ann avait un secret trop terrible pour pouvoir le partager. Durant l'heure du repas ou la récréation, monsieur Wyllie faisait venir l'enfant de 9 ans dans son bureau pour des leçons particulières. Il lui apprenait à se soumettre à lui. Il l'obligeait à se dévêtir tandis qu'il prenait des photos d'elle – et il a fait bien pire.

« Chaque jour, a avoué Ann, j'avais peur d'aller à l'école. Je détestais l'école. »

Monsieur Wyllie l'avait mise en garde : « Si tu en parles à qui que ce soit, je vais afficher tes photos sur Internet et je vais te faire échouer. »

L'élève terrifiée gardait donc le silence. En outre, qui aurait cru les histoires qu'aurait racontées une fautrice de troubles au sujet de l'un des enseignants les plus populaires de l'école ?

Bien entendu, le prédateur le plus difficile à coincer est celui dont la vie semble au-dessus de tout soupçon.

Le problème d'Ann ne lui était pas particulier ; c'est un dilemme que doivent résoudre d'innombrables enfants victimes : À qui me confier ? Et, si je me confie, va-t-on rejeter la faute sur moi ? « La plupart des enfants sont trop effrayés pour parler de leur situation, explique Chris Feller, du NCMEC. Par conséquent, nous ne sommes mis au courant que d'une fraction du nombre de cas de sévices qui ont cours. »

Il a fallu deux ans à Ann pour trouver le courage de se confier. Mais lorsqu'elle l'a fait, plus rien ne pouvait l'arrêter. Cela s'est produit le jeudi 6 février 2003. Ann avait presque 12 ans. Sa mère lui avait confié qu'elle n'avait pas encore cessé de fumer, même si elle avait promis de le faire. Elle avait ajouté : « Tu dois savoir que tu peux toujours te confier à moi, me parler de tout ce que tu veux. »

C'était tout ce dont Ann avait besoin.

« J'ai un gros secret à te confier », a-t-elle dit à sa mère, en laissant couler son chagrin.

La mère d'Ann a eu la présence d'esprit de téléphoner sur-le-champ à la police. Un agent est arrivé chez elle vers 20 h 30 pour remplir un rapport. Il a demandé à la mère d'Ann de conduire sa fille au centre CASIE (Child Abuse Services, Investigation and Education Center), où elle serait interrogée par un agent spécialisé dans les entrevues avec des enfants. Les policiers excellent dans l'art d'interroger les suspects, mais il faut des talents bien spéciaux pour inciter une jeune victime de sévices sexuels à se confier. Les professionnels du CASIE ont été formés ; ils posent des questions ouvertes simples, sans manipuler l'enfant ni tenter de l'orienter dans telle ou telle direction.

À 11 h 20 le lendemain matin, l'interrogateur judiciaire a commencé à bavarder avec Ann. Les allégations de l'enfant ont été enregistrées sur vidéo, tandis qu'un policier et un procureur adjoint observaient l'entrevue. C'était une dure journée pour Ann, mais aussi son jour de chance : son cas a été transmis à un nouvel informaticien enquêteur du bureau du procureur, un policier dévoué du nom de Mitch Kajzer, dont la compétence en haute technologie n'avait d'égale que son ardeur à vouloir sauver des enfants. « Si elle avait fait sa déclaration trois mois plus tôt, elle aurait peut-être été classée, et rien ne serait arrivé », affirme Ken Cotter, sous-procureur en chef, qui dirigeait alors l'Unité de violence familiale et des crimes sexuels. « Mais Mitch était Monsieur Bouledogue. Il n'allait pas laisser passer cela. »

Policier depuis longtemps, Kajzer avait reçu quatre projectiles d'arme à feu en 1992, durant une vérification de routine d'un véhicule. Malgré les lésions permanentes subies aux nerfs qui lui engourdissaient toute la partie arrière de la jambe gauche, Kajzer s'était forcé à travailler pendant cinq ans. Mais la douleur constante qu'il éprouvait dans la jambe après avoir passé la journée dans sa voiture de patrouille lui était devenue insupportable. Il a quitté le service de police, pris des cours pour perfectionner les connaissances qu'il possédait déjà en informatique judiciaire et décroché dans le secteur privé un poste fort payant de programmateur et d'ingénieur réseau. « Il n'y a plus d'étincelle dans ton regard », lui a confié sa femme, à peine un mois après le début de sa nouvelle carrière.

Kajzer était conscient de sa situation : « Un travail plus gratifiant sur le plan humain me manque. J'ai envie d'éprouver de nouveau la satisfaction personnelle d'aider véritablement les gens. »

Il a donc saisi la chance de réintégrer le système policier – même si cette décision allait considérablement réduire ses revenus – lorsque le bureau du procureur d'Indiana, à St. Joseph County, lui a proposé un poste d'analyste en informatique. Au début, ses supérieurs souhaitaient qu'il concentre son attention sur les affaires de drogue, qu'il participe à la saisie des fichiers électroniques des revendeurs et qu'il se charge des statistiques sur l'activité des gangs criminels. Un beau matin, à 10 h, après deux semaines de travail seulement, Kajzer entrait dans le bureau de Cotter.

« Je m'ennuie. Ma journée est finie, a-t-il déclaré au procureur. Je n'ai plus rien à faire. Voici une idée qui me trotte dans la tête. »

L'idée de Kajzer – qu'il avait déjà couchée sur papier et dont il avait vérifié les tenants et aboutissants légaux – était de faire dans la région ce que faisaient Emily Vacher et d'autres agents du FBI, c'est-à-dire travailler sur le Web en tant qu'agent clandestin. Sa proposition a été acceptée. Se faisant passer pour une adolescente de 13 ans, le policier a commencé à suivre la trace des hommes de la région qui distribuaient ou s'échangeaient des images. Au bout de quelques semaines, Kajzer s'est soudainement trouvé avec une enfant, une vraie.

À 15 h 30 le vendredi 7 février, il a regardé la vidéo de la déposition faite par Ann, tout en prenant des notes. « Ce qui m'a frappé, c'était de voir Ann se placer sur le sol dans les positions que Wyllie l'avait selon elle obligée à prendre. Une enfant de cet âge n'aurait pas dû savoir comment se mettre dans ces positions. Je me disais que cette enfant ne mentait sûrement pas. Impossible qu'une enfant puisse inventer tout cela. »

Kajzer a rédigé une demande de mandat de perquisition et s'est précipité chez un juge le soir même. Après avoir lu la demande, le magistrat a regardé le policier en fronçant les sourcils: «Vous avez là des allégations, mais y a-t-il quelque fait plus récent?»

Kajzer, pressentant le pire, a répondu: «Que voulez-vous dire?»

«Quelque chose s'est-il passé aujourd'hui ou hier?» a demandé le juge, faisant allusion au fait qu'un mandat de perquisition porte généralement sur un crime commis depuis peu ou toujours en cours.

«Non. C'est tout ce dont nous disposons pour l'instant», a répondu l'enquêteur. Kajzer estimait que l'«âge» des éléments de preuve n'avait pas d'importance. Il savait que, contrairement aux empreintes digitales laissées sur une arme, par exemple, la pornographie juvénile sur Internet laisse une trace numérique pendant des années dans un ordinateur ou sur un disque de sauvegarde.

Le juge n'était pas du même avis: il se trouvait devant les allégations d'un enfant au sujet d'un enseignant respecté dans la collectivité, à propos d'actes qui auraient eu lieu deux ans auparavant, tout cela sans autre preuve que la parole de l'enfant. Kajzer a bien tenté de faire comprendre au juge qu'il croyait en la sincérité d'Ann durant l'entrevue, mais en vain. Le juge a refusé d'autoriser le mandat de perquisition.

Premier échec.

Le même soir, deux agents se sont rendus au domicile de Wyllie pour ce que la police appelle par euphémisme «une petite conversation». Wyllie, alors âgé de 37 ans, était un bel homme, à la chevelure brune bien coupée, au regard doux mis en valeur par d'élégantes lunettes sans monture. Célibataire endurci, il avait été avocat avant de se tourner vers l'enseignement. En 1992, un journal local avait publié un article élogieux à son sujet, lui, un avocat bien rémunéré qui renonçait à sa pratique pour devenir enseignant, parce qu'il voulait travailler avec des enfants. Sans doute en raison de ses antécédents dans le milieu juridique, Wyllie a accueilli les agents chez lui avec aplomb et assurance, acceptant même de les accompagner au poste, où la police s'en est tenue à des généralités à propos de son enquête.

«Connaissez-vous des élèves qui feraient ce genre d'allégations?» a-t-on demandé à Wyllie.

L'enseignant a répondu sans hésiter: «Oui, Ann.»

Lorsqu'on lui a demandé pourquoi, Wyllie a répondu qu'elle aimait raconter des histoires et qu'elle disait beaucoup de mensonges. Il a ensuite quitté le poste.

Kajzer, découragé, est rentré à la maison tard ce soir-là. Il a téléphoné à une amie proche, enseignante à l'école primaire Walt-Disney et, par hasard, titulaire de la classe voisine de celle de Wyllie.

«Parle-moi de lui», a-t-il demandé à son amie.

« C'est l'un de nos meilleurs enseignants, lui a-t-elle répondu tout de go. Il est respecté par ses collègues. Il relève souvent le directeur. Il aspire à la direction de l'école. »

« Parle-moi d'Ann. »

« Elle se met souvent dans le pétrin à l'école, a répondu l'enseignante. C'est une menteuse invétérée. »

Ce n'était pas le commentaire que Kajzer aurait aimé entendre. Deuxième échec. La description qu'avait faite l'enseignante de la personnalité de Wyllie ne le dérangeait pas, puisque beaucoup de délinquants s'entendent à merveille avec les enfants. Il s'inquiétait à propos d'Ann, mais pas parce qu'il ne croyait pas à son histoire. « Si elle avait la réputation de mentir – même si elle disait la vérité à propos des agressions subies –, elle s'exposait à un cruel contre-interrogatoire », explique-t-il. Il avait besoin d'une preuve irréfutable de ce qu'elle disait la vérité.

Kajzer n'abandonnait pas. Le samedi matin, il a préparé une assignation de procureur, pour laquelle le fardeau de la preuve est moins lourd que pour un mandat de perquisition, afin de pouvoir saisir l'ordinateur que Wyllie utilisait à l'école. Il l'a soumise à l'autorisation du même juge.

« Je suppose qu'il y a plusieurs façons de plumer un canard », a fait le juge, tout souriant.

Le jour même, des policiers se rendaient à l'école pour saisir l'ordinateur de Wyllie et quelques disquettes se trouvant à proximité de la machine. Vers le milieu de la semaine, Kajzer avait terminé son analyse : rien à signaler. De toute façon, il n'avait jamais cru que Wyllie serait imprudent au point de laisser du matériel compromettant dans son ordinateur de travail. Il y avait toutefois des fragments de fichiers indiquant que des sites pornographiques adultes avaient été visités, mais rien de plus – pas d'images, ni de pages Web en cache, rien de relié à des sévices infligés à des enfants.

Troisième échec.

Les autorités scolaires, bien entendu, ont appris que quelque chose se tramait ; avec un rapport de police dans les dossiers, elles ont dû suspendre Wyllie. À la fin de l'année scolaire, il a démissionné et a quitté la ville en direction de Chicago, où il allait de nouveau pratiquer le droit. Personne ne savait qu'Ann était à l'origine des allégations. Bon nombre de collègues et d'élèves étaient peinés de perdre un enseignant si populaire. Ann, quant à elle, allait constater que ses révélations n'étaient que le début, et non pas la fin, d'une rude épreuve. Perplexe, elle avait le sentiment de ne pas avoir obtenu justice.

« J'ai dit la vérité, mais il n'a pas été arrêté », déplorait-elle.

« Nous te croyons, lui répondait sa mère, tentant de la consoler. La police travaille sur l'affaire. »

En fait, Kajzer ne pouvait pas faire grand-chose de plus. Il a envoyé quelques photos du visage d'Ann au Service américain de l'immigration et des douanes qui, comme le NCMEC, exploitait une banque d'images d'enfants victimes, espérant qu'on y trouverait une correspondance, mais en vain. Il s'est efforcé de rester en contact avec la famille afin qu'elle sache que l'affaire n'était pas oubliée.

Tout ce qu'il pouvait dire, c'était: «Je crois votre enfant. Je sais que cet homme a fait ce qu'elle dit.»

Durant ses nombreuses années de service dans la police, Kajzer avait appris une leçon importante: ne jamais prendre une affaire trop à cœur sur le plan personnel, de crainte de devenir fou. C'est pourquoi il avait évité de rencontrer Ann, afin que la sympathie qu'il éprouvait pour elle n'influe pas sur son enquête. Chaque fois qu'il se rendait au domicile de l'enfant pour bavarder avec les parents, Ann était absente ou restait dans une autre pièce. Mais cela ne changeait rien pour lui; il était profondément bouleversé par son cas: «J'ai désobéi à ma propre règle. C'est l'une des rares affaires que j'ai prises à cœur sur le plan personnel. Je voulais prouver qu'Ann disait vrai.»

Mais comment?

Pour Kajzer et pour le procureur Ken Cotter, le défi était double: il leur fallait prouver que les allégations d'Ann étaient fondées et aussi trouver une trace quelconque des photos que l'enseignant aurait prises d'elle. Elle avait précisé que Wyllie avait utilisé un appareil numérique, parce qu'elle se souvenait qu'il lui avait montré les photos sur le petit écran situé sur le dos de l'appareil. Cotter savait bien que, si l'affaire aboutissait à un procès, la première question que poserait le jury serait: où sont les photos?

Il a fallu attendre plus de 15 mois après le dépôt de la plainte d'Ann pour que se produise un premier développement – lequel n'était pas celui auquel Kajzer et Cotter s'étaient attendus. Il s'est produit grâce au rôle clé du centre national d'information et de coordination que commençait à jouer le NCMEC. L'un des flux permanents de pistes provenait des fournisseurs de services Internet (FSI), que la loi obligeait à déclarer toutes les images illégales qu'ils trouvaient dans leurs serveurs. Les FSI conservaient généralement dans des serveurs caches des copies des pages Web ou articles de forum pendant des semaines, sinon des mois. C'était cette riche base d'immenses fichiers qui avait permis au NCMEC d'aider les enquêteurs de l'opération *Hamlet* à retrouver l'historique Web des délinquants. Elle servirait plus tard à venir en aide à une fillette de l'Indiana.

Le 25 mai 2004, dans sa transmission habituelle d'images de sévices infligés à des enfants trouvées dans ses serveurs, Yahoo! a fait parvenir au

NCMEC un rapport CyberTipline sur un utilisateur, kluvsitruff@yahoo.com (abréviation de *kid loves it rough*), qui avait téléchargé de ces images dans un forum de clavardage. Yahoo! avait également fourni l'adresse IP de l'utilisateur. Une analyse initiale indiquait que l'adresse était liée à un compte d'accès commuté qui utilisait une ligne d'ATT à New York. Mais, grâce à un mandat autorisé par un juge, on a appris d'ATT que le compte appartenait en fait à un dénommé Timothy Wyllie, de l'Indiana. La loi permet que les suspects ne soient pas informés de ces mandats jusqu'au moment où des accusations sont portées contre eux.

Le NCMEC a transmis l'information aux autorités de l'Indiana; vers la mi-juin, un Mitch Kajzer débordant de joie en a pris connaissance. « J'ai vu vers qui le doigt pointait, et cela m'a ravi », dit-il. Tout comme il l'avait espéré, on avait fini par retrouver les empreintes de pas numériques de Wyllie dans la boue de la cyberpornographie juvénile. Kajzer s'est immédiatement rendu à l'immeuble d'habitation dont l'adresse figurait sur le compte, mais il y a appris que l'homme avait déménagé en Illinois, à Wheaton, banlieue de Chicago. Mais la piste était chaude, et Kajzer a pressé le pas. Le 16 juin, il a envoyé à Chris Feller, du NCMEC, un courriel l'informant du nom complet de Timothy J. Wyllie et de son nom d'utilisateur Yahoo!.

À Alexandria, Feller a interrogé l'immense banque de données qu'exploitait le NCMEC et qui contenait les rapports de sévices, l'information sur les suspects et les registres de clavardage qui avaient été transmis au fil des ans par les FSI, la police et les citoyens.

Elle n'a rien trouvé de relié à son nom d'utilisateur. Mais en lançant une recherche sur le nom « Wyllie », elle a trouvé dans la banque un rapport d'assistance technique que le NCMEC avait envoyé à la police de Dallas lorsque, dans le cadre d'une opération appelée *Sitekey*, celle-ci avait fait fermer le site Web daily-lolita.com et obtenu la base de données sur ses abonnés. Dans cette base se trouvait le numéro de carte de crédit de Timothy Wyllie ainsi qu'une adresse électronique au nom de luv2teach-10yos (signifiant « *love to teach 10-year-olds* »). Feller a ensuite cherché ce nom dans les ordinateurs du NCMEC, où elle a découvert deux anciens rapports de CyberTipline au sujet de téléchargements que Wyllie avait faits dans un forum de Yahoo!.

Comme beaucoup de membres de ce forum, « luv2teach10yos » avait rempli un profil détaillé. Il prétendait être le père d'une fille de 10 ans :

Nom :	TJ
État civil :	Divorcé
Profession :	Enseignant

Passe-temps :	Aimer ma fille de 10 ans À la recherche d'utilisateurs qui pensent comme moi et qui souhaitent échanger des photos authentiques
Dernières nouvelles :	Je m'amuse beaucoup en famille
Citation préférée :	« Qui a une fille ? »

Le lendemain, le 17 juin, Feller a envoyé un rapport détaillé à Kajzer, qui a poursuivi son travail d'enquête. Dans son profil Yahoo!, « TJ » avait aussi donné son numéro d'abonné à ICQ. C'est l'un des services de messagerie instantanée les plus anciens et les plus populaires d'Internet – 150 millions d'inscrits –, parfait pour une brève conversation, mais aussi lieu de rencontre idéal pour des pédophiles. Kajzer a examiné le profil ICQ public de l'homme. Là aussi il avait indiqué TJ comme prénom, mais il utilisait le pseudonyme « *teacher* ». Il avait écrit dans son profil : « J'aime les préadolescentes et les jeunes adolescentes au corps bien ferme. Rien n'est tabou pour moi. »

TJ indiquait qu'il souhaitait échanger des photos de vraies enfants et se vantait d'avoir « un petit ange de 10 ans qui [faisait] tout ce que son papa lui disait ». Sur sa page Web d'ICQ, TJ avait affiché une photo de son « ange ». On y voyait une enfant tout habillée, debout devant une table de cuisine.

Mitch Kajzer était saisi.

Il reconnaissait les meubles, et l'enfant, qui semblait avoir quatre ou cinq ans de moins. Mais il était convaincu que c'était bel et bien Ann.

Kajzer s'est dit qu'il tenait son suspect.

La photo ne prouvait pas – pas encore – que Wyllie avait abusé d'Ann. Mais elle témoignait de son obsession sexuelle à l'endroit des jeunes filles, et elle reliait cette obsession à l'élève qui prétendait qu'il l'avait sexuellement agressée. « La photo corroborait les dires d'Ann, dit le procureur Ken Cotter. Au moins, nous avions une bonne chance de l'emporter si nous allions devant un tribunal. »

Kajzer devait s'assurer que la photo était vraiment celle d'Ann. À 15 h ce jour-là, il s'est rendu au domicile de l'enfant pour montrer la photo aux parents – individuellement –, et ceux-ci ont confirmé qu'il s'agissait bien de leur fille. La mère s'est souvenue que Wyllie avait demandé à Ann et à ses camarades d'apporter à l'école des photos de famille pour un projet scolaire quelconque, et qu'Ann avait choisi celle-là.

Plus tard, ce soir-là, Kajzer a ouvert une session sur Internet – cette fois prétendant être Justine, une adolescente de 12 ans de l'Indiana, qui aimait « clavarder et magasiner ». Il a ajouté luv2teach10yos à sa liste de contacts ICQ, afin de voir si le compte de Wyllie était toujours actif. Il l'était. Le lendemain, Kajzer a reçu une réponse de TJ indiquant qu'il avait ajouté Justine à sa liste de contacts. Kajzer a ensuite obtenu d'un juge un mandat obligeant Yahoo! et ICQ à confirmer que Wyllie était bel et bien le titulaire de ces comptes. Enfin, il a rédigé un mandat d'arrestation dans lequel il accusait Wyllie d'attentat à la pudeur.

Cette fois, il n'a eu aucune difficulté à faire autoriser le mandat par un juge. L'étau se refermait sur Wyllie. « Mais nous étions loin d'être en mesure de prouver les faits hors de tout doute raisonnable devant un tribunal », explique Kajzer.

Les efforts de Kajzer ont reçu un appui inattendu lorsqu'il a découvert que le FBI avait aussi Wyllie dans sa mire – même si cette découverte a résulté d'une incroyable coïncidence. Kajzer s'était adressé à un officier du service de police de Wheaton, en Illinois, pour faire exécuter son mandat d'arrestation. L'après-midi du vendredi 25 juin, tandis que l'officier se trouvait au bureau du procureur général de l'État pour préparer la documentation, un représentant du FBI qui s'y trouvait aussi a demandé le nom d'un policier de confiance qui pourrait l'aider à exécuter un mandat sans crainte de fuite. Le représentant du FBI s'est fait diriger vers l'officier qui assistait Kajzer. Les deux hommes ont tout de suite compris qu'ils traquaient le même criminel.

Six mois auparavant, un enquêteur du groupe de travail *Innocent Images* du FBI s'était fait passer sur Internet pour un homme de Floride, qui venait d'être arrêté pour possession de pornographie juvénile. Il avait infiltré un forum de Yahoo! appelé « *Running and giggling* ». L'un des participants de ce forum, « dynamictwist », avait téléchargé cinq photos et une vidéo de pornographie juvénile. Un ordre de la cour avait permis au FBI de trouver chez Yahoo! l'information permettant de situer dans l'appartement de Wyllie, à Wheaton, l'homme dont le pseudonyme était « dynamictwist ». Grâce à un mandat de perquisition, le FBI avait trouvé 370 images pornographiques supplémentaires stockées par Wyllie dans les serveurs de Yahoo!.

Kajzer et le FBI se sont entendus pour coordonner leurs actions : Kajzer avait un mandat d'arrestation contre Wyllie pour sévices infligés à un enfant ; le FBI avait un mandat de perquisition pour l'appartement et l'ordinateur de Wyllie. Le dimanche, Kajzer s'est rendu dans la région de Chicago afin de rencontrer les agents du FBI. Le lendemain, à 5 h du matin, 16 policiers ont effectué un raid sur le petit studio du suspect.

Kajzer a vu pour la première fois l'homme qu'il essayait d'épingler depuis un an et demi lorsque le FBI a conduit celui-ci vers une voiture de patrouille. Wyllie semblait avoir gardé son sang-froid – pour une bonne raison. Dans son appartement, après une recherche rapide, le FBI n'avait rien trouvé dans son ordinateur. (Lorsque Kajzer a pu mener une analyse judiciaire plus poussée, il a constaté que Wyllie avait probablement utilisé un lecteur ZIP externe.) Wyllie a demandé à voir un avocat.

« Avez-vous fini ? » a-t-il demandé aux agents du FBI, tandis qu'il attendait dans la voiture de l'agence, convaincu qu'il échapperait à toute mesure de justice.

Kajzer s'est approché de la voiture et a poliment demandé à l'ancien enseignant d'en descendre.

« Je travaille au bureau du procureur de l'Indiana, à St. Joseph County, lui a-t-il dit, et j'ai contre vous un mandat d'arrestation pour attentat à la pudeur d'un enfant. »

Wyllie a levé les yeux au ciel, comme pour dire : cette affaire-là encore !

Kajzer lui a simplement passé les menottes aux poignets, puis lui a fait lecture de ses droits. L'enquêteur avait l'air calme, mais il exultait de joie au fond de lui-même.

« Le menotter a été pour moi un moment fantastique », se souvient-il.

À 8 h 30 du matin, Kajzer a téléphoné aux parents d'Ann. Il a appris la bonne nouvelle au père, qui avait décroché le combiné. Après un long silence, ce dernier a sincèrement remercié l'enquêteur. Wyllie se trouvait enfin derrière les barreaux.

Kajzer était déterminé à ce que Wyllie reste à l'ombre. Il existait beaucoup d'éléments de preuve révélant son comportement sur le Web. La photo d'Ann, vêtue, présentée comme son « ange de 10 ans » sur sa page Web, étaierait – sans la prouver – toute allégation de sévices que ferait Ann. Pour l'enquêteur, le cas d'Ann était devenu une passion, une quasi-obsession. Il ne voulait pas que l'affaire, si elle se trouvait devant un tribunal, ne dégénère en une rivalité de crédibilité, surtout pas entre une enfant effrayée et un enseignant plein d'aplomb. Kajzer voulait trouver une preuve directe qui rende inattaquables les allégations d'Ann.

Une fois de plus, la clé de l'affaire se trouvait dans la banque de données du NCMEC. Le FBI avait analysé avec soin l'ordinateur de Wyllie, mais Kajzer était convaincu qu'il y avait davantage. Les agents fédéraux avaient trouvé des centaines de photos d'enfants que Wyllie avait prises à l'école – rien d'illégal, mais Kajzer en avait repéré plusieurs d'Ann. Wyllie avait utilisé certaines de ces photos ordinaires dans ses divers profils Yahoo!, les épiçant avec des légendes obscènes. Pour Ann, il avait écrit sous la rubrique « occupation » : « Jouet pour papa et ses amis », et comme

« passe-temps » : « Jouer nue à de petits jeux coquins avec quiconque m'y oblige ». Plus important encore, tandis que le FBI avait découvert 6 pseudonymes utilisés par Wyllie sur son ordinateur personnel, Kajzer avait trouvé 29 pseudonymes sur Yahoo! et 14 comptes sur ICQ.

Kajzer a de nouveau sollicité l'aide de Chris Feller, au NCMEC, en lui demandant de faire une recherche à partir des pseudonymes de Wyllie. Cette fois, elle a frappé dans le mille. Yahoo! avait transmis des douzaines de rapports en relation avec les pseudonymes nouvellement découverts. Du fait que les FSI communiquent avec le NCMEC au moyen d'un serveur sécurisé, ils peuvent transmettre non seulement l'information, mais aussi les images. Le NCMEC peut dès lors rendre ces images accessibles aux agences d'application de la loi sur un réseau privé virtuel (RPV). En réalité, les photos ne sont pas diffusées ; elles sont simplement stockées dans un serveur jusqu'à ce que des policiers désignés aient besoin d'y avoir accès. Ainsi, ni les FSI ni le personnel civil du NCMEC ne possèdent ni ne distribuent le matériel pornographique, lequel, au sens strict de la loi, ne peut être traité que par des agences d'application de la loi.

Grâce au RPV du NCMEC, la police d'État de l'Indiana a pu graver les photos sur un CD, afin que Kajzer les examine. Tard, un vendredi soir, rentré d'une conférence de formation, Kajzer a pu jeter un coup d'œil sur le CD du NCMEC. Il a commencé à regarder une à une les centaines d'images d'enfants agressés.

L'une d'elles a capté son attention.

Une jeune fille était assise, complètement nue, les jambes écartées. Derrière elle se trouvait un four. Le décor correspondait parfaitement à la description qu'Ann avait faite de la salle d'arts plastiques dans laquelle Wyllie l'avait sexuellement agressée. Et l'enfant de 10 ans effrayée qui figurait sur la photo était bel et bien Ann.

« Bingo ! se souvient-il d'avoir pensé. J'en ai eu la chair de poule ! »

Il a rogné la photo pour qu'il n'y reste plus que le visage d'Ann et l'arrière-plan de la pièce. Il s'est rendu chez la mère de l'enfant et lui a montré la photo.

« C'est Ann, a-t-elle dit, et je reconnais cette pièce. »

« C'était fantastique, se rappelle Kajzer. C'était le premier élément de preuve irréfutable dont nous disposions. »

Il est entré dans le bureau de Ken Cotter, avec la photo en main. « Je ne sais pas si tu veux voir cela, lui a-t-il dit, avertissant le procureur de la nature obscène de la photo de sévices. Elle provient de l'ordinateur de Wyllie. »

Cotter savait que Wyllie était enfin démasqué. « Nous nous sentions immensément soulagés, raconte-t-il. Il semblait évident qu'un jury ne pourrait que le reconnaître coupable. »

Il a téléphoné à l'avocat de Wyllie: « Je veux simplement vous avertir que nous avons une photo nue de la fillette – dans l'école. Vous pouvez venir y jeter un coup d'œil si vous voulez. »

La réponse de l'avocat n'a pas tardé: « Ce ne sera pas nécessaire. »

Le procureur a proposé à Wyllie une peine de 30 ans de prison s'il reconnaissait sa culpabilité pour un chef d'accusation d'attentat à la pudeur sur une enfant. Aucune négociation possible. À prendre ou à laisser.

Wyllie a accepté l'offre.

Cotter était toujours ravi d'obtenir un plaidoyer de culpabilité dans un cas d'agression sexuelle, parce que, même s'il obtenait un verdict de culpabilité de la part d'un jury, l'accusé pouvait toujours prétendre qu'on lui avait forcé la main. « Lorsqu'ils plaident coupables, ils reconnaissent que toutes les accusations sont fondées, dit-il. Beaucoup de ceux qui connaissaient Wyllie n'arrivaient pas à croire jusque-là que quelqu'un comme lui ait pu commettre de tels crimes. »

Le vendredi 10 février 2005, Timothy J. Wyllie devait comparaître devant un juge de la Cour supérieure pour décrire en détail les sévices infligés à Ann. Cela faisait partie du marché conclu. Ce serait la première fois qu'Ann verrait son agresseur depuis l'époque où elle était sous son joug. Ce serait aussi la première fois qu'elle rencontrerait l'agent qui avait contribué à envoyer son agresseur derrière les barreaux. Elle connaissait Mitch Kajzer de nom, bien entendu, et l'avait vu à la télévision, mais lui et elle ne s'étaient jamais rencontrés en personne. En se rendant au tribunal, ses parents l'ont conduite au bureau de Kajzer. Elle y est entrée, très élégante dans son manteau d'hiver, a regardé l'homme et lui a souri. Kajzer l'a prise dans ses bras et l'a étreinte. Ann a remercié l'enquêteur pour tout ce qu'il avait fait pour elle. Kajzer reconnaît avoir été pris d'émotion à ce moment-là, mais il n'a pas versé de larmes. Il pleurerait plus tard.

Lorsqu'ils sont arrivés au tribunal, Kajzer a tenté d'orienter la conversation sur des sujets légers. Ils ont plaisanté sur la réussite de l'enfant à l'école. Ann voulait avoir des détails sur le revolver du policier et sur son pistolet électrique. Lorsque Ann, nerveuse, a mentionné que c'était la première fois qu'elle se trouvait dans une salle d'audience, Kajzer a souri en lui disant: « Viens, suis-moi. »

Ann l'a accompagné dans le couloir et dans l'escalier. Kajzer a demandé à l'un des agents d'ouvrir la porte d'une salle du tribunal libre. Ann s'est installée dans le fauteuil du juge. Un peu plus détendue, Ann est retournée dans la salle d'audience où Wyllie était sur le point de comparaître. Avec ses parents et Kajzer, Ann a observé la salle par une porte ouverte, à partir d'un couloir longeant la salle et généralement réservé au personnel judiciaire. Elle ne s'approcherait pas davantage, encore mal à l'aise à l'idée de se trouver dans la même pièce que Wyllie.

Elle se tenait à moins d'une dizaine de mètres de l'enseignant, alors âgé de 41 ans, lorsqu'il a décrit comment il l'avait agressée plusieurs fois en 2001. Il n'a pas été avare de détails: il avait pris des photos d'elle plus ou moins dévêtue, il avait eu des rapports sexuels avec elle et il lui avait dit qu'il la ferait rater son année scolaire si elle en parlait à quiconque. Ann n'a pas bronché. Elle s'est contentée d'écouter Wyllie en silence. Une fois le témoignage de Wyllie terminé, Ann s'est retournée, a souri et s'est éloignée. À l'extérieur du palais de justice, Kajzer l'a de nouveau étreinte, en la félicitant de son courage. Cotter aussi était impressionné par l'aplomb de l'enfant. « Elle voulait l'entendre avouer ses crimes. Cela l'a aidée à garder la tête haute, comme pour dire au monde entier: je vous l'avais bien dit ! »

Cinq mois plus tard, le 20 juillet 2005, Wyllie comparaissait devant le juge pour la dernière fois, afin d'entendre la sentence. Même si ce n'était pas obligatoire, Ann et sa famille ont décidé qu'elle devrait lire une déclaration décrivant le préjudice subi. Il était extrêmement rare qu'un enfant participe à l'audition sur sentence. Le sous-procureur en chef Ken Cotter n'avait jamais vu cela auparavant, mais il avait senti que cette enfant-là était spéciale.

Ann lui avait confié un peu plus tôt qu'elle avait décidé de devenir procureure – et, comme lui, de se charger de cas de sévices infligés à des enfants. « Il y avait une étincelle dans son regard, dit-il. Elle a vécu un crime et elle a vu que justice était rendue. Elle a compris. Cela ne va pas effacer le passé, mais au moins elle peut mettre cette affaire derrière elle. Il est important que les êtres humains aient à rendre des comptes. »

Cette fois, elle ne se tiendrait pas dans le couloir, à l'écart de Wyllie. « Tu n'es pas obligée de faire cela, lui a dit Kajzer au moment où elle allait pénétrer dans la salle d'audience. C'est sans doute la chose la plus difficile que tu auras à faire dans ta vie. Mais si tu la fais, tu vas éprouver par la suite un merveilleux sentiment d'accomplissement. »

« Je comprends cela », lui a-t-elle répondu.

Selon l'entente convenue, le juge devait condamner Wyllie à une peine de 30 ans de prison, pas un jour de plus ni de moins. Mais des membres des deux familles concernées par le crime souhaitaient être entendus. C'est la mère de Wyllie qui a parlé la première. Elle a présenté des excuses pour le comportement de son fils, disant à la famille d'Ann que toute sa famille à elle était peinée, ajoutant: « Je sais ce que vit [Ann], parce que moi aussi j'ai été sexuellement agressée quand j'étais jeune. »

La mère d'Ann, quant à elle, n'avait pas le cœur au pardon. « Au lieu de sortir jouer après le repas du midi, ou de s'amuser avec ses camarades durant les récréations, notre fille était forcée à rester à l'intérieur, où vous avez commis ces crimes sexuels qui auront des répercussions permanentes sur elle, a-t-elle dit à Wyllie. Nous espérons que cette affaire rappellera à nos écoles d'assumer leurs responsabilités et de protéger nos enfants. »

C'est Ann, toutefois, qui a tenu la salle en haleine lorsqu'elle s'est approchée de la barre pour lire sa déclaration. Elle est passée du côté gauche du procureur Ken Cotter. Wyllie se tenait tout près de là, à la gauche de Cotter, portant l'uniforme de prisonnier, des menottes aux poignets et des chaînes aux chevilles. Cotter pouvait voir trembler les mains d'Ann, ainsi que sa feuille de notes manuscrites. Il a fallu à Ann quelques instants pour reprendre son calme ; une fois qu'elle a eu commencé à parler, rien n'aurait pu l'arrêter.

Elle a commencé par décrire l'épreuve qu'elle avait dû subir de la part de Wyllie. « Vous étiez mon instituteur, et vous m'avez agressée. Vous m'avez fait du mal [...]. Vous prétendiez vous soucier du bien des enfants, mais vous ne pensiez qu'à vous-même et qu'à vos perversions. Lorsque c'était mon anniversaire – mon anniversaire ! –, vous vous en fichiez. Ce n'était pour vous qu'une occasion de plus de m'agresser. »

Elle l'a admonesté pour ne pas avoir mis fin au supplice lorsqu'il en a eu l'occasion. « Lorsque j'ai raconté à la police ce que vous me faisiez, vous avez menti [...]. Lâche que vous êtes, vous avez rejeté la faute sur moi. Vous n'avez pas assumé votre responsabilité. Vous n'avez pas avoué vos crimes. »

Ann a ensuite révélé à quel point ces sévices l'avaient irrémédiablement marquée : « Ma vie a été bouleversée à tout jamais à cause de vous. Lorsque je ferme les yeux, je vous vois. Je vous vois chaque jour. Je vous vois me dévisager. Dans la vie, je dois être courageuse. Pourquoi ? Parce que je sais qu'il y a des gens méchants comme vous qui aiment faire du mal aux enfants.

« Le souvenir de ce que vous m'avez fait subir me hantera toujours, a-t-elle poursuivi. Mais je suis forte. Je dois l'être. J'ai peur du mal, mais je ne courberai pas l'échine devant lui. »

Ann a conclu en remerciant ses parents, Kajzer et tous ceux qui avaient cru en elle et qui n'avaient ménagé aucun effort pour envoyer Wyllie derrière les barreaux : « Ces gens-là se soucient du bien des autres. Ce ne sont pas des frimeurs comme vous, monsieur Wyllie. Ils aident les enfants. »

C'était l'un des moments les plus dramatiques dont Cotter eut jamais été témoin dans une salle d'audience. « Elle se tient debout, solide comme le roc, et lit sa déclaration sans se dérober. Toutes les personnes présentes avaient probablement les larmes aux yeux. »

Wyllie a pris la parole, loin de susciter la même émotion. «Je sais qu'aucune parole ne peut vraiment exprimer à quel point je suis désolé pour Ann et pour sa famille, a-t-il déclaré, dans une salle silencieuse. Je souhaite qu'Ann comprenne que rien de tout cela n'est de sa faute. Tout était de ma faute. J'ai gâché ma vie [...]. Je passerai le reste de mes jours en prison [...]. Je donne ce temps, parce que c'est tout ce que j'ai à donner. J'accepte la punition du tribunal.»

(La contrition de Wyllie n'a pas fait long feu. Au début de 2007, il comparaîtrait devant un juge de la Cour supérieure afin de demander un nouveau procès, prétendant qu'on l'avait «induit en erreur» avant la conclusion de l'entente.)

Le juge a mis fin à l'audience avec une brièveté exemplaire: «Merci à tous. Le défendeur a comparu. L'audition sur sentence a eu lieu. Le plaidoyer de culpabilité est accepté sans condition. Comme le veut l'entente qui lie les parties, le défendeur est condamné à une peine de 30 ans d'emprisonnement.»

C'était fini.

À l'extérieur de la salle d'audience, Ann a couru dans le hall et s'est précipitée dans les bras de Kajzer, remplie de joie.

«Vous aviez parfaitement raison, lui a-t-elle dit. C'était difficile à faire, mais j'éprouve maintenant une sensation extraordinaire.»

Chris Feller, du NCMEC, a elle aussi eu la chance de rencontrer la jeune victime qu'elle avait aidée. Le personnel du NCMEC évite scrupuleusement de rencontrer les enfants dont les images inondent leurs ordinateurs. Il y a des centaines de ces victimes, et les employés du Centre ne peuvent s'exposer au cataclysme d'émotions que de telles rencontres risqueraient de provoquer. Mais, heureux hasard, Feller se trouvait en ville pour l'inauguration de l'Unité de lutte contre les crimes de haute technologie, que Kajzer allait diriger. Elle s'est donc rendue au tribunal. Lorsqu'elle a été présentée à l'analyste du NCMEC, Ann l'a remerciée poliment.

«Non, merci plutôt à toi, a répondu Feller, d'avoir manifesté tant de courage et de t'être opposée à lui. Il y a beaucoup d'enfants qui n'osent pas parler.»

Le procureur Ken Cotter avait vu beaucoup de jeunes victimes d'exploitation sexuelle encore brisées après un procès, même après un procès gagné. Mais pas Ann. «À ce moment-là, elle avait accepté sa blessure et surmonté sa douleur. Elle n'allait pas se laisser abattre. Mais elle ne voulait pas que ces choses arrivent à d'autres enfants.»

Au cours des mois suivants, il y a eu d'autres procès. Reconnu coupable de distribution de pornographie juvénile, Wyllie a été condamné à une peine d'emprisonnement de 90 mois, à purger après ses 30 années de réclusion. Les parents d'Ann ont également poursuivi la commission scolaire pour avoir négligé de protéger leur enfant. Sa mère avait espéré que cette affaire servirait de signal d'alarme, mais il semble que les autorités scolaires n'étaient pas à l'écoute. L'assureur de l'école a fondé leur défense sur une prétendue « négligence concourante de la victime », laissant entendre qu'Ann devait assumer une partie du blâme pour ne pas avoir rapporté les agressions pendant près de deux ans.

Ann a quitté l'école primaire Walt-Disney lorsque l'affaire a été connue de tous ; elle s'est inscrite dans une école privée catholique.

Une fois la tempête passée, Kajzer a pris un moment pour parler à l'enseignante qui lui avait dit qu'Ann était une « fautrice de troubles ».

« C'était peut-être pour Ann une façon de faire face à son sort, lui a-t-il dit. Elle venait à l'école chaque jour et se faisait agresser sexuellement. Qu'est-ce qu'une enfant de 10 ans peut faire contre cela ? Peut-être se faire remarquer et être envoyée chez le directeur. C'est logique, non ? » L'enseignante a reconnu, rétrospectivement, voir d'un autre œil le comportement de l'enfant.

Kajzer, quant à lui, ne chômait pas à la direction de la nouvelle Unité de lutte contre les crimes de haute technologie. Au lieu d'en être le seul membre, il dirigeait deux subalternes. Sa charge de travail est passée d'une dizaine de cas au début à plus d'une centaine en 2004, et à 221 en 2005. Toutes les affaires de pornographie juvénile dans lesquelles des accusations ont été portées ont abouti à un plaidoyer de culpabilité, sauf une : le seul homme qui a choisi de subir un procès a été reconnu coupable par le jury après une heure de délibérations seulement.

Le cas d'Ann sera toujours spécial aux yeux de Kajzer. Aujourd'hui encore, il lit souvent la déclaration de la victime rédigée par Ann durant les ateliers de formation qu'il dirige un peu partout aux États-Unis ; chaque fois, il en a la chair de poule.

« C'était l'une de ces affaires que je n'aurais jamais lâchées, dit-il. Tant d'enfants se taisent de crainte qu'on ne les croie pas et qu'on les traite de menteurs. Mais Ann avait eu le courage de parler. Ç'aurait pu être l'un de ces cas où l'on n'arrive pas à prouver les allégations et, malheureusement, il y en a tous les jours. Mais Ann méritait mieux que cela.

« Tous les enfants méritent mieux. »

CHAPITRE HUIT

Choix et conséquences

Je peux vous le dire tout de suite: si c'était votre enfant ou le mien, vous voudriez que la police fasse tout ce qu'elle peut pour défoncer la porte et le sauver.

– Sergent détective Paul Gillespie,
service de police de Toronto

Ce n'était pas le type de courrier qu'avaient l'habitude de traiter les employés de la poste de la petite ville d'Alvesta, en Suède.

En fait, à proprement parler, ce n'était même pas du courrier. Un matin, au printemps de 2004, les employés de la poste ont trouvé parmi les piles de lettres et de colis plusieurs vidéocassettes non emballées et non identifiées. Lorsqu'ils les ont visionnées dans l'espoir de savoir à qui elles appartenaient, ils ont découvert avec stupéfaction qu'elles contenaient des heures et des heures d'images de sévices infligés à des enfants. Ils ont immédiatement transmis le matériel à la police nationale de Suède, laquelle n'arrivait pas à déterminer quelle était la langue parlée dans les enregistrements.

Les Suédois ont apporté le matériel à l'une des réunions annuelles des enquêteurs en pornographie juvénile qu'Interpol avait commencé à organiser. Cette année-là, la réunion avait lieu au Sri Lanka, par un printemps de canicule. Ils ont visionné les cassettes dans la salle chaude et mal aérée. Parmi les participants se trouvaient Daniel Szumilas et Corinna Koch, deux enquêteurs du Bundeskriminalamt (BKA), l'Office fédéral de police criminelle d'Allemagne, à peu près l'équivalent du FBI. « C'est en allemand», ont-ils dit immédiatement. Ce jour marquait le début d'une quête qui allait durer quatre mois et se dérouler dans toute l'Allemagne, tandis qu'ils tenteraient de sauver quatre enfants d'une même famille.

«Normalement, une affaire comme celle-là se terminerait lorsque la police dirait: "Ce n'est pas notre langue, ce n'est pas notre problème, alors il n'y a rien que nous puissions y faire", explique Szumilas. Mais dans notre métier les relations internationales sont extrêmement importantes. Un lien nous unit tous.»

Szumilas et Koch étaient deux des neuf agents qui formaient, avec quelques analystes civils, l'Unité de pornographie juvénile du BKA. Au quartier général de ce dernier, à Wiesbaden, ils ont passé des heures à examiner les vidéos reçues durant la conférence du Sri Lanka: quatre cassettes; environ quatre heures de sévices. Ils sont parvenus à savoir qui apparaissait à l'écran: il y avait deux garçons et deux filles, de toute évidence membres d'une même famille, puisqu'ils s'appelaient parfois frère ou sœur. Le délinquant sexuel – soit le père, soit un gardien quelconque, appelé Frankie sur les vidéocassettes – présentait un trait des plus distinctifs: il n'avait qu'une jambe et portait une prothèse.

Les enregistrements étaient datés; ils s'échelonnaient sur une période de huit ans, de 1995 à 2003. Ce fait a mené à l'une des révélations les plus troublantes. Plus Szumilas et Koch étudiaient les bandes, plus ils devenaient convaincus que le garçon de 8 ans agressé dans les scènes anciennes n'était autre que l'adolescent de 16 ans qui agressait ses jeunes sœurs dans les scènes plus récentes. «Nous ne savions que penser, dit Szumilas. Nous avons repassé les enregistrements mille et une fois. Le garçon avait grandi. Il était passé de victime à bourreau.» Ils apprendraient plus tard que l'autre garçon, son frère, avait lui aussi été entraîné à devenir un agresseur.

Szumilas a découvert que le père avait l'intention de détruire les enregistrements durant des vacances en Suède, mais que sa caméra avait été volée. Szumilas ne pouvait que supposer que le voleur, après avoir vu les horreurs filmées, avait eu assez de conscience pour jeter les vidéocassettes dans une boîte aux lettres, sachant que c'était le meilleur moyen pour qu'on les trouve et qu'on fasse enquête.

Sur les enregistrements, les agents du BKA pouvaient voir les visages des agresseurs et des quatre victimes; ils connaissaient également leurs prénoms. C'était un bon point de départ.

Szumilas espérait que la prothèse de Frankie constituerait le deuxième indice majeur. En Allemagne, presque tous les détails concernant les citoyens sont stockés dans une banque de données gouvernementale quelconque. Certains États allemands conservent même des registres médicaux, incluant des registres des personnes portant des prothèses. Malheureusement, le plus grand des cinq États sur lesquels le BKA concentrait son attention était l'un de ceux qui ne tenaient pas de tels registres. Mais il y avait un registre municipal public. En Allemagne, lorsque quelqu'un déménage, il doit déclarer à l'administration de sa nouvelle municipalité chacun des membres de sa famille, en plus de fournir des photographies.

Szumilas a pensé qu'il n'y aurait pas tant de ménages que ça en Allemagne dont le père s'appelait Frankie et qui avait quatre enfants portant les mêmes noms que ceux des enregistrements. Le BKA a donc écrit à ce sujet à toutes les municipalités du nord-ouest – envoyant plus de 200 lettres.

Une semaine plus tard, un agent d'une petite ville du nord a téléphoné au bureau de Szumilas : « J'ai ici une famille dont les membres portent ces quatre noms. »

Szumilas, contenant à peine sa joie, a demandé à son interlocuteur de lui envoyer leurs photos.

Les photos étaient une confirmation : ils avaient trouvé Frankie et sa famille. Szumilas et Koch sont entrés en contact avec la police de la petite ville et s'y sont rendus en voiture.

Pour Szumilas, il était toujours stressant d'arriver à la fin d'une chasse commençant par des photos et se terminant par des personnes en chair et en os. « C'est étrange, parce que vous avez appris à bien les connaître, même s'ils vous sont étrangers, dit-il. On ne se sent jamais très bien lorsqu'on débarque chez eux et qu'on reconnaît les victimes et les lieux où les crimes ont été commis. »

Les victimes n'accueillent pas toujours les policiers comme des sauveurs. « Les victimes ne sont pas toujours contentes », dit-il. Ce jour-là, les deux filles, âgées de 11 ans et de 13 ans, assises à la table du petit-déjeuner, s'accrochaient l'une à l'autre en sanglotant convulsivement. « Elles vous regardent comme si elles vous demandaient pourquoi vous voulez détruire leur famille. Les agresseurs enseignent aux enfants que les agressions sont normales. Certains enfants ne comprennent pas qu'il s'agit d'un crime et que nous devons emmener leur père. » Szumilas était bien conscient que l'avenir était sombre pour les enfants. Traumatisés et perturbés par des années d'agressions sexuelles, ils seraient confiés à des familles d'accueil ou, pire encore, placés dans un établissement gouvernemental.

Szumilas comprenait que ce n'était là que l'une des conséquences de la chasse aux prédateurs à laquelle lui et ses collègues du monde entier se livraient. « Nous devons constamment nous répéter que nous faisons ce que nous devons faire, dit-il. Un jour, les enfants comprendront que nous les avons sauvés. »

Malgré toutes leurs réussites, il y avait un cas qui continuait de hanter les enquêteurs du BKA et leurs collègues d'autres pays. En Allemagne, l'enfant était appelée *Schielendes Mädchen*, la « fille qui louche ». Aux États-Unis, ses photos constituaient la série Angeli. Jolie, avec ses longs cheveux blonds, elle figurait sur des photos qui comptaient parmi les plus populaires auprès des amateurs du Web : chevauchant une Harley ; étendue sur un lit d'hôtel ; au volant d'une voiture de course dans une salle de jeux électroniques, sa jupe juste assez relevée et ses jambes juste assez écartées pour que la photo soit révélatrice.

Personne n'arrivait à l'identifier. Angeli est devenue une obsession pour un policier du Canada.

Quel qu'ait été le vrai nom de la jeune fille, il était évident pour Bill McGarry qu'Angeli avait été gravement et constamment exploitée pendant de longues années par un proche. « Dans son regard, on sentait qu'elle connaissait l'homme, qu'elle se sentait à l'aise avec lui, parce qu'elle souriait sur certaines photos », explique le détective de la Section de lutte contre l'exploitation des enfants, Unité des crimes de nature sexuelle de la police de Toronto. « Mais sur d'autres photos, ajoute-t-il, elle a un regard horrifié comme si elle était un zombi à la merci de l'homme qui est avec elle. Elle était sans défense. »

Au début de 2005, McGarry tentait depuis près de deux ans déjà de localiser la jeune fille. Paul Gillespie, le patron de McGarry, lui avait donné quelques photos de la série Angeli à son retour d'Europe, où il avait rencontré des enquêteurs travaillant en analyse d'images. McGarry avait fini par rassembler plus de 200 photos de la jeune blonde, dans 35 milieux différents. Sur les plus anciennes, elle avait 5 ou 6 ans, et sur les plus récentes, 9 ou 10 ans. « Nous pouvions voir grandir la petite fille », dit-il.

Elle grandissait victime d'interminables sévices. Son tortionnaire la gardait attachée dans le sous-sol pendant des heures, la forçant à se livrer à divers actes sexuels et les photographiant. Sur certaines photos, on la voit nue, les poignets et les chevilles enchaînés à des agrès de gymnastique. « L'homme l'avait ouverte de force pour prendre une photo, dit le policier dégoûté. C'était extrêmement troublant. »

Aussi troublantes qu'aient été les photos, McGarry devait faire fi de ses émotions et trouver l'enfant. « Un jour, une idée m'est venue », dit-il. Il avait pensé qu'il pourrait atténuer son dégoût s'il effaçait la victime des photos. « Imaginez un instant que vous puissiez mettre le pouce sur la représentation de l'enfant. Il est difficile de concentrer son attention sur le décor quand l'enfant est présente sur la photo, et que 80 p. 100 de la surface de l'image est occupée par des parties génitales. » Grâce à un logiciel d'édition de photos, McGarry a pu faire disparaître le corps de l'enfant, laissant sur les photos une forme blanche, presque fantômatique. Le périphérique devenu central, ce qui n'était qu'un arrière-plan pour l'agresseur devenait un avant-plan pour l'enquêteur. « Lorsqu'on enlève la victime, on voit mieux l'environnement dans lequel elle est photographiée, dit McGarry. C'est là que se trouvent les indices. » La modification des photos facilitait la tâche des policiers qui devaient examiner des images de sévices à longueur de journée. Elle leur permettait aussi de partager les photos avec des agences externes et des civils, à la recherche d'indices.

McGarry a compris les avantages de cette modification presque dès le départ, lorsqu'il a commencé à analyser les photos de l'enfant chevauchant une moto. Un jour qu'il rentrait chez lui en train, il a vu qu'un nouveau concessionnaire Harley-Davidson venait d'ouvrir ses portes. Il s'y est plus tard rendu, photo modifiée en main, pour demander aux employés ce qu'ils pouvaient lui dire à propos de la moto. Quelques minutes plus tard, quatre mécaniciens surexcités, armés de leurs manuels et catalogues de pièces, discutaient allègrement des détails anatomiques de la moto, un peu comme des zoologistes en train d'analyser la photo d'un animal rare. Ils ont repéré sur la moto – une ElectraGlide 1993 – 26 caractéristiques la rendant unique, de la bride spéciale retenant le silencieux au filtre à air personnalisé. Malheureusement, la photo était prise du côté où le numéro de série ne figure pas. McGarry est entré en contact avec le siège social de Harley-Davidson, à Milwaukee : il y avait environ dix mille propriétaires enregistrés pour ce modèle. C'était là un bassin de suspects trop vaste pour être utile, mais McGarry espérait que, s'il finissait par trouver le coupable, il pourrait se servir de la moto pour le coincer.

McGarry s'est ensuite attaqué aux photos de l'enfant dans un ascenseur. Il y avait une étiquette collée sur le mur. Il l'a fait agrandir, dans l'espoir d'y lire une adresse, mais l'image était trop floue. Le logo et les boutons des étages lui indiquaient qu'il s'agissait d'un ascenseur Otis « Series 1 » installé dans un bâtiment de trois étages. Le fabricant lui a appris qu'il y avait environ 1700 installations du genre au Canada, et environ dix fois plus aux États-Unis. « Ce n'étaient pas des chiffres astronomiques, mais le travail de localisation prendrait une éternité, dit McGarry. L'enfant aurait le temps de devenir adulte avant que je la trouve. »

Le dernier et meilleur espoir du détective résidait dans les photos prises au domicile de l'enfant. Non seulement elles étaient les plus nombreuses, mais elles présentaient probablement les indices les plus sûrs pour l'identification du lieu. Lentement mais sûrement, McGarry a acquis la conviction qu'il s'agissait d'une maison de la région du nord-est des États-Unis. Les briques des murs extérieurs ressemblaient à toutes les autres pour un œil non averti, mais McGarry a découvert que, pour un briqueteur d'expérience, elles étaient tout aussi singulières – et géographiquement marquées – qu'un vin de grand cru. Lorsqu'il a montré les briques à des fabricants, tous lui ont dit qu'elles provenaient probablement d'une briqueterie de Pennsylvanie. McGarry a également appris que les briquetiers ne transportent jamais les briques sur de longues distances ; la maison devait donc se trouver dans la région. Il est entré en contact avec l'entreprise, espérant obtenir la liste de ses clients, mais la plus grande partie des archives venait d'être détruite par un incendie. Encore une impasse.

Sur l'une des photos, Angeli se tenait appuyée contre un bureau d'ordinateur, les jambes écartées, un bras derrière le dos. Derrière elle, par une fenêtre, McGarry pouvait distinguer un arbre. Il a déterminé qu'il s'agissait d'un orme d'Amérique. Un spécialiste lui a fait remarquer que cette essence avait été frappée par une maladie dans toute la région du nord-est à enneigement naturel abondant, ce qui signifiait vraisemblablement que la maison n'était pas sise près de la côte, mais plutôt dans les terres. La végétation apparaissant sur d'autres photos laissait supposer la même chose. Sur l'une des photos, l'enfant est assise dans l'escalier avant, une platebande s'étalant derrière elle. Lorsqu'il a eu déterminé qu'il s'agissait d'impatientes, McGarry s'est joint à un forum en ligne regroupant les amateurs de cette plante annuelle. Se présentant comme policier, il a demandé si quelqu'un pouvait l'aider à situer géographiquement cette plate-bande. Il a vite eu des nouvelles d'un horticulteur de l'Université de Pennsylvanie, qui l'a mis en contact avec l'une des sommités mondiales en matière d'impatientes. Non seulement celle-ci lui a indiqué quelle était la variété d'impatientes et quelles sociétés distribuaient ces graines en Amérique du Nord, mais elle a aussi établi que, d'après la hauteur des plants et certaines caractéristiques des fleurs, la photo avait presque certainement été prise dans la région du nord-est des États-Unis ou dans le sud de l'Ontario.

McGarry se rapprochait d'Angeli, mais il n'arrivait pas à préciser avec certitude dans quel État elle se trouvait, et encore moins dans quelle ville. Le cas d'Angeli commençait à prendre toute la place dans sa vie, occupant ses pensées au bureau et partout ailleurs. Il devenait lui-même un expert dans d'obscurs domaines dont il n'avait jamais même soupçonné l'existence auparavant. En étudiant le couvre-lit figurant sur une série de photos, il lui a fallu déterminer s'il s'agissait d'un jeté ou d'une couette. « Quelle est la différence ? L'un tombe à environ 10 cm du sol, et l'autre pas ; en outre, l'un est cousu d'une manière qui lui est particulière, explique McGarry en riant. Pourquoi dois-je savoir cela ? Je ne fais même pas mon lit. Mais quand je téléphone au fabricant, je dois en savoir le plus possible sur son produit. »

Un bel après-midi, tandis qu'il se promenait dans le magasin Home Depot pour y acheter des ampoules, il s'est soudain mis à penser à une baignoire à remous rouge dans laquelle il avait vu l'enfant. Il a interrogé le commis à propos de ces baignoires – quelles sont les couleurs offertes, qui les fabrique en rouge flamboyant, quelle est l'ampleur de la distribution du modèle rouge. Deux heures plus tard, il a dû téléphoner à sa femme tout penaud afin de lui expliquer pourquoi une si petite course à la quincaillerie lui prenait tant de temps.

McGarry avait commencé à travailler sur la série Angeli quelques mois avant que l'Unité des crimes de nature sexuelle de Toronto ne lance sa folle course à la recherche de Jessica en 2003. Comme ses collègues, il avait tout laissé tomber pour participer au sauvetage de l'enfant de Caroline du Nord dont la vie semblait menacée par la violence et la brutalité grandissantes dont témoignaient ses photos. Heureusement, McGarry et ses collègues avaient pu résoudre l'affaire Jessica en quelques jours. Mais dans le cas d'Angeli, des mois s'étaient écoulés et, malgré l'accumulation des indices, il n'y avait eu aucune percée.

« On ne peut pas se contenter de baisser les bras et de se dire qu'on ne croit pas pouvoir aller plus loin », dit-il. Il se souvient de ce qu'il a un jour lancé à ses collègues dans la salle de l'escouade :

« Allons, les gars – il y a sûrement quelque chose d'autre que nous pouvons faire ! »

Gillespie partageait la déception de son détective. Les photos des sévices de l'enfant étaient tellement populaires que les policiers de Toronto les trouvaient dans presque la moitié de tous les ordinateurs qu'ils saisissaient. Ne sachant plus s'ils devaient toujours espérer retrouver Angeli grâce à leur cyberenquête, les enquêteurs ont commencé à envisager une tactique plus controversée dans la lutte qu'ils doivent mener pour sauver les enfants piégés dans le monde de l'exploitation sexuelle en ligne : la publication des photos des victimes non identifiées.

« Pendant combien de temps pouvons-nous laisser se perpétrer ces sévices ? demandait McGarry. Si nous publions une photo de l'enfant, quels risques lui faisons-nous courir ? Son tortionnaire risque-t-il de lui faire du mal, voire de la tuer ? Disparaîtra-t-elle à tout jamais de la terre ? Ou bien sera-t-elle reconnue par quelqu'un – et sauvée ? Pensons à ce que ressentiront ses parents lorsqu'ils verront tout à coup la photo de leur enfant en première page de leur journal. Avons-nous d'autres avenues que celle consistant à publier sa photo ? »

La décision prise entraînerait des conséquences absolument inattendues – et susciterait un débat enflammé : jusqu'où la police devrait-elle aller dans ses efforts en vue d'arracher des enfants des mains de leurs agresseurs.

S'il était un pays qui pouvait servir de modèle de réussite en ce qui a trait à la diffusion de photos du visage d'une victime, c'était bien l'Allemagne.

« C'est toujours un dilemme, et il faut protéger les enfants », reconnaît Daniel Szumilas, du BKA. Selon lui, la crainte de voir le délinquant faire du mal à sa victime, voire la tuer, ne doit pas paralyser la police. « Les sévices sont bien réels, et nous devons sauver ces enfants. »

La police allemande a diffusé la photo d'enfants victimes de sévices et de leurs agresseurs au cours d'une émission de télévision populaire mais respectée, mais seulement en dernier recours, et seulement après que trois critères ont été satisfaits : les sévices doivent être récents et se perpétuer ; le crime doit être commis en Allemagne ; et il faut que l'on soit certain que l'affaire n'a pas encore été résolue. « Nous avons des tonnes de photos de sévices pour lesquelles nous ne disposons d'aucun indice. Mais nous ne pouvons les diffuser dans les médias parce que cela ferait beaucoup de mal et que nous n'avons aucune attente précise », explique Szumilas.

Une fois les trois conditions remplies, la police soumet la proposition de diffusion au procureur. Si celui-ci est d'accord, il demande au tribunal un mandat spécial. « Nous n'obtenons ce mandat que si nous avons tout essayé et qu'il n'y a plus aucun autre moyen de résoudre l'affaire », dit-il. Même dans ce cas, la police fournit le moins de détails possible à la télé, bien qu'il soit précisé que l'enfant est victime de sévices sexuels.

Les résultats ont été impressionnants. Depuis 1999, la police allemande a diffusé trois fois dans les médias la photo d'une jeune victime. La première fois, le délinquant s'est rendu de son propre chef à la police quelques heures seulement après la diffusion. Les deux autres fois, un parent ou un voisin a identifié le coupable. Dans l'un de ces cas, la nouvelle a été reprise par des médias germanophones et rediffusée en Autriche voisine, où une famille a reconnu le suspect comme étant un oncle d'Allemagne. « Je sais que cette méthode fait toujours du tort à l'enfant, parce que chacun sait alors qu'il a été victime de sévices sexuels, dit Szumilas. Mais c'est notre dernière chance. » (En 2004, Szumilas allait s'attaquer à l'affaire qui a fini par inciter Interpol à opter pour ce « dernier recours », dans le cadre d'une chasse à l'homme publique qui a captivé le monde entier.)

Si l'Allemagne a connu des réussites, il y a eu nombre de catastrophes dans d'autres pays, lorsque les corps policiers se sont adressés précipitamment aux médias. L'une de ces affaires a commencé par une piste provenant de Paul Griffiths, du Royaume-Uni. Après un raid, la police britannique a découvert plusieurs CD renfermant des images de sévices particulièrement choquantes : on y voyait des enfants – un garçon et une fillette âgés d'environ 8 ans et 5 ans, respectivement – non seulement se faire agresser sexuellement, mais aussi se faire droguer avec des seringues, devenir hébétés et perdre conscience. D'après les accents et un magazine visible dans une scène, Griffiths avait compris que l'agresseur était australien. Les images ont été transmises à divers corps policiers australiens, mais aucun n'a pu découvrir d'indices permettant de situer avec précision le lieu du crime. On savait simplement que c'était sur la côte Est, peut-être dans l'État de Victoria, de Nouvelle-Galles-du-Sud ou de Queensland. Sur une photo, on apercevait une partie du pare-chocs d'un véhicule qui permettait d'identifier le type de véhicule utilisé par l'agresseur, mais pas la couleur. Une tente figurant sur certaines photos était vendue par trop de fabricants pour constituer un indice utile. « Nous ne connaissions ni l'enfant ni son agresseur. Nous n'avions rien qui indique clairement où se trouvait l'enfant », explique le sergent détective principal Jon Rouse, chef opérationnel du groupe de travail Argos de la police de Queensland.

Rouse est fier du nom que porte son groupe de travail, Argos, créature aux cent yeux chargée par les dieux grecs de protéger Io, ainsi que du scorpion figurant sur l'écusson que portent les membres de l'équipe. Il explique que, en Australie, les pédophiles et agresseurs sexuels d'enfants qui ont été condamnés sont appelés « *rock spiders* » par les autres prisonniers, et sont considérés comme les plus méprisables des criminels. « Le scorpion, prédateur naturel de ces insectes, dit Rouse, les chasse de l'environnement. » D'où la devise du groupe, *Leave no stone unturned*, que l'on pourrait traduire par « remuer ciel et terre ».

Ce que Rouse ne fera jamais avant d'avoir épuisé toutes les autres possibilités, c'est de publier la photo du visage d'une victime.

Les divers corps policiers disposaient d'une photo claire du visage du délinquant, et se préparaient à la faire diffuser par l'intermédiaire du programme national Crime Stoppers. Par la suite, tout est allé de travers.

L'une des agences de la police d'État, sans informer les autres corps policiers, a décidé de publier une série de photos tirées de la vidéo – non pas de l'agresseur, mais de la victime – au cours d'une émission de télévision diffusée à l'échelle nationale, *A Current Affair*. Le visage de l'enfant était clairement visible. Dans l'émission, on décrivait les agressions sexuelles que lui avait fait subir un homme dans la cinquantaine. « J'en suis presque tombé de ma chaise, raconte Rouse. Je n'arrivais pas à croire que ce rapport ait été diffusé dans les médias sans aucune consultation préalable. »

Si Rouse était étonné, on peut dire que la mère de l'enfant, elle, était atterrée. Comme Rouse, elle était en train de regarder l'émission lorsqu'elle a soudainement vu l'image de sa fille à l'écran. Il a plus tard été dévoilé que le grand-père abusait d'elle, à l'insu du reste de la famille. Après que la mère de quatre enfants d'une ville de l'État de Victoria a appelé la police, le cirque médiatique a commencé. Les reporters se sont installés à l'extérieur de l'école de l'enfant. La famille a fini par devoir déménager. La police s'est fait éreinter pour avoir agi dans la précipitation. On a même songé à poursuivre les responsables devant les tribunaux puisque, selon la loi australienne, quiconque publie du matériel susceptible de permettre l'identification d'une victime d'agression sexuelle s'expose à une peine de prison ou à une amende.

Certes, l'enfant et son agresseur ont ainsi pu être identifiés, mais à quel prix pour elle et pour sa famille ! Au sein de la police, c'était la consternation. La police d'État a commis une erreur, estime un enquêteur spécialisé dans les affaires d'agressions sexuelles d'enfants, « en ne tenant pas compte de la gravité de cette approche et en faisant le maximum dès le départ pour rendre l'histoire sensationnelle ». Selon Peter Crawford, l'inspecteur détective qui supervise le groupe de travail Argos dans le Queensland, il aurait été plus sage d'adopter une approche progressive avant de diffuser la photo de la victime : s'assurer que la victime habite probablement la région ; diffuser la photo de l'agresseur ; limiter la diffusion de la photo de la victime aux autorités scolaires et travailleurs sociaux ; et s'il y a diffusion publique de l'affaire, taire la nature des agressions sexuelles. En l'occurrence, aucune de ces mesures n'avait été prise.

Quand et comment diffuser les photos des victimes de pornographie juvénile ? Le NCMEC aussi jugeait urgent d'établir des lignes directrices acceptables à ce sujet. Le NCMEC est célèbre pour le zèle qu'il manifeste dans la diffusion la plus large et la plus fréquente possible des photos d'enfants disparus. Mais la différence à faire est importante : il s'agit d'enfants déjà identifiés, avec nom et adresse, qui ont été enlevés – souvent par un parent mécontent – ou qui ont disparu. Même dans ce cas, le NCMEC ne diffuse les photos d'un enfant disparu qu'avec l'autorisation d'un parent ou tuteur.

La situation des enfants non identifiés dont les photos de sévices circulent sur le Web est tout à fait différente, explique Michelle Collins, du NCMEC : « Il est très facile de dire : "Si un enfant se fait agresser sexuellement, ne pensez-vous pas que nous devrions faire tout en notre pouvoir pour le sauver ?" Mais ce n'est pas si clair que ça. Il faut être moins émotif et plus pragmatique. Il faut s'assurer que toutes les méthodes d'enquête ont été épuisées, parce que les conséquences d'une diffusion de photo risquent d'être terribles. »

Pour aider la police à s'y retrouver dans toutes les dimensions légales et éthiques de ce problème, le conseil du NCMEC a publié des lignes directrices détaillées dans un document de cinq pages portant sur la diffusion de photos destinée à l'identification des enfants victimes d'une exploitation pornographique qui se poursuit. On peut y lire que tous les efforts doivent être déployés pour confirmer auprès des polices internationales, nationales et locales que l'enfant n'a pas encore été identifié. Ensuite, la police doit essayer de déterminer avec le plus de précision possible l'endroit où l'image a été produite. Des demandes d'information limitées peuvent alors être présentées aux directions d'école, aux agences de protection de l'enfance et aux procureurs. Le principe étant de contrôler la diffusion, en commençant à l'échelle la plus réduite et la plus locale possible. « Vous dévoilez le visage de l'enfant de manière limitée – d'abord aux agences d'application de la loi, puis vous agrandissez peu à peu le cercle, explique Collins. Vous ne commencez pas par la télévision, mais par des personnes qui sont susceptibles d'avoir déjà rencontré l'enfant. »

Collins rejette les critiques formulées par certains milieux policiers selon lesquelles les limites imposées par le NCMEC obligeraient la police à tant de contorsions que la photo d'un enfant risque de ne jamais être largement diffusée : « Je ne crois pas que ce soient là des contorsions, ce sont plutôt de solides pratiques d'enquête. »

Il reste que même les pratiques les mieux conçues peuvent se révéler inefficaces lorsque vient le moment de sauver des enfants victimes d'exploitation sexuelle.

Ce qui irritait les enquêteurs qui cherchaient à trouver Angeli, c'était l'impudente assurance de son agresseur. Il semblait tellement à l'aise qu'il prenait des photos de sa victime dans des salles de jeux électroniques, des hôtels et autres lieux publics. « Il commet ses crimes dans des endroits très risqués pour lui, a dit Paul Gillespie. Cela témoigne d'une arrogance inouïe. De toute évidence, il ne s'inquiète pas tellement d'être pris. »

Son enquêteur Bill McGarry affichait des nouvelles à propos de sa recherche d'Angeli sur le réseau Groove, le réseau Internet sécurisé sur lequel les enquêteurs s'échangeaient des tuyaux et des pistes. L'équipe de McGarry avait transmis des photos d'Angeli aux agences américaines d'application de la loi afin de savoir si elles avaient quelque information sur elle. Gillespie a même transmis une photo rognée de l'enfant à une association d'ophtalmologistes. Les yeux de la victime présentant une légère déformation, la police espérait qu'un médecin la reconnaîtrait peut-être.

Au début de 2005 – soit après deux ans d'enquête –, Gillespie songeait à élargir la diffusion de la photo d'Angeli. Il était conscient de la controverse que cette pratique suscitait au sein des agences d'application de la loi partout dans le monde, mais il n'était pas de ceux qui se contentaient de demi-mesures. « Je comprends les enjeux de vie privée, mais cette enfant est exposée chaque jour à une existence misérable », dit-il. Ainsi, pensait-il, lorsque toutes les approches ont échoué, pourquoi ne pas diffuser de photos d'Angeli, de la même manière que la police diffuse les photos d'enfants enlevés ou disparus ?

« C'est bizarre, quand on y réfléchit, dit-il. Lorsque nous craignons qu'un enfant ait été enlevé, nous publions sa photo et faisons des pieds et des mains pour avertir la population, afin qu'elle nous aide. Dans nos affaires, nous disposons de photos prises sur les lieux du crime. Nous possédons la preuve que nos pires craintes se sont réalisées, mais nous ne faisons rien de public pour sauver la victime.

« Je vous dirais que le vrai problème, c'est que les photos de ces enfants sont déjà sur Internet, poursuit-il, d'une voix toujours plus irritée. Nous n'inventons rien. Ce n'est pas comme si nous avions une collection privée de photos que nous soyons les seuls à posséder. Ces photos sont sur Internet, déjà accessibles au public. »

Ce que McGarry et l'escouade de Toronto ignoraient, c'était que depuis 2003 – soit quelques mois avant qu'ils ne commencent leur travail sur la série Angeli – un sergent d'une banlieue de Chicago faisait déjà des recherches à ce sujet sur le Web. Le sergent Mike Zaglifa effectuait le même type de travail clandestin qu'avait lancé le FBI : il se faisait passer parfois pour un jeune garçon ou une jeune fille innocente, parfois pour un prédateur. Dans son rôle de prédateur sur Internet, il employait le pseudonyme billyboy7. Il s'est trouvé à bavarder avec un certain NkdSister (pour « Naked Sister »), très actif dans le troc d'images de sévices infligés à des enfants. Les photos d'Angeli étaient extrêmement prisées sur le Web, et NkdSister semblait en posséder une réserve inépuisable, qu'il était prêt à échanger contre du matériel frais, comme le révèle cet extrait de conversation :

NkdSister : As-tu des images de bonne qualité ou nouvelles ?
billyboy7 : Je t'ai dit que oui [...] tu allais m'envoyer quelques photos
NkdSister : Ouais
billyboy7 : Si tu es un troqueur correct, je vais échanger des photos avec toi
NkdSister : Je veux des filles maigres

Zaglifa dirait plus tard à des reporters qu'il avait un drôle de pressentiment à propos de NkdSister. NkdSister était très clair dans ce qu'il voulait : des filles âgées de 8 à 12 ans, engagées dans des actes sexuels. Il connaissait les noms des autres séries populaires. Zaglifa était persuadé que son nouveau correspondant d'Internet connaissait la musique. Il a donc cherché à localiser l'adresse Internet de l'homme. Il habitait dans la région de Pittsburgh.

Il a transmis les détails au FBI; ce travail-là était terminé pour lui. Ensuite, il a fait sur Internet encore beaucoup de nouvelles connaissances disposées à lui envoyer des photos d'enfants sexuellement exploités. À Toronto, l'Unité des crimes de nature sexuelle avait élaboré un compromis très novateur à propos d'Angeli. Au lieu de diffuser dès le départ des photos de la victime inconnue, pourquoi ne pas commencer par des photos des lieux du crime inconnus ?

Le pari était audacieux. McGarry s'est servi d'un logiciel d'imagerie numérique pour effacer Angeli des photos prises par son agresseur durant des vacances quelque part, ne laissant que l'image d'un lit dans une chambre d'hôtel, d'une salle de jeux électroniques et d'une fontaine en plein air. « Ce n'est qu'une fontaine laide, plaisantait Gillespie, mais, fort heureusement, d'une laideur vraiment unique. »

L'objectif était de susciter l'attention de la population – affiches, publicités dans les journaux et à la télévision, pages Web – afin de voir si quelqu'un ne reconnaîtrait pas l'hôtel où étaient descendus Angeli et son agresseur.

Un peu avant midi, le jeudi 3 février 2005, la police de Toronto a publié une espèce d'affiche de recherche sur laquelle figuraient les lieux du crime. « Savez-vous où c'est ? » demandait la bannière imprimée au-dessus du lit, de la salle de jeux, de la fontaine et de l'ascenseur. Les médias ont diffusé la nouvelle non seulement à Toronto, mais dans toute l'Amérique du Nord. « C'est quelque chose de fabuleux qu'ils sont en train de faire », a dit Arnold Bell, chef de l'Unité de lutte contre la cybercriminalité du FBI, lorsqu'il a entendu parler de la manœuvre de la police de Toronto. « C'est vraiment une tactique nouvelle. Nous allons en observer le déroulement pour voir si elle est efficace. Si c'est le cas, nous n'allons pas nous gêner; nous allons la copier. »

Dans la salle de l'escouade de Toronto, McGarry a reçu au bout de quelques minutes un coup de fil d'un homme de Peterborough, en Ontario, qui revenait tout juste de vacances passées à Disney World, en Floride.

« Cela ressemble tout à fait à l'hôtel où nous sommes descendus, ma femme et moi », a-t-il dit.

L'homme a envoyé à McGarry par courriel des photos de ses vacances ainsi que l'hyperlien d'un hôtel d'Orlando, le *Port Orleans French Quarter Resort*. McGarry pouvait dès lors effectuer une visite virtuelle des lieux, avec vue panoramique de l'hôtel et des chambres. Il a constaté avec stupéfaction que c'était le bon endroit, tout était identique, jusqu'au couvre-lit.

Le lendemain, au cours d'une conférence de presse très suivie, Paul Gillespie a remercié le public pour ce nouveau rôle qu'il jouait en vue de rendre le Web plus sûr. « La volonté est là, surtout chez ceux qui sont conscients des dangers que présente Internet, a-t-il dit. Cette enquête n'est pas terminée, mais nous savons désormais où le crime a été commis. »

Bill McGarry s'est permis d'espérer. Soudainement, « la fille de Disney », comme l'avaient baptisée les médias, était bien réelle. La police ne connaissait pas encore son nom et ignorait où elle se trouvait. Mais elle savait au moins qu'elle avait visité un endroit bien réel lui aussi : Orlando, en Floride.

Les policiers de Toronto ont transmis le dossier à leurs collègues du Service américain de l'immigration et des douanes, qui avaient fait du si beau travail dans l'opération *Hamlet*. Ces enquêteurs américains, à Orlando, ont à leur tour fait équipe avec la police locale. Ils ont commencé à éplucher les registres des hôtels, à interroger les employés, à leur montrer des photos de l'enfant, en espérant que quelqu'un se souviendrait d'elle. Mais, à la fin d'avril 2005, trois mois après la publication des photos des lieux du crime, la piste de l'hôtel n'avait plus rien à donner. Sauf pour la vive attention médiatique initiale – Paul Gillespie et son équipe étaient devenus des stars de la télé américaine et des magazines du Canada et des États-Unis –, plus aucun progrès n'était réalisé. La police a pu déterminer qu'Angeli avait résidé à l'hôtel en question au début de 2001, mais personne ne pouvait l'identifier, ni elle ni son agresseur.

Le moment était venu de hausser la mise.

Paul Gillespie avait bien envie d'aller jusqu'au bout et de diffuser la photo du visage de la victime, dans l'espoir que quelqu'un quelque part la reconnaisse avant que son agresseur décide de lui faire encore du mal. « Quel est le prix à payer si nous ne le faisons pas ? demandait-il. Je crois que nous avons suffisamment attendu ; le moment d'agir est venu. »

Les Américains restant prudents, un autre compromis a dû être forgé. Le mercredi 27 avril, à Orlando, au cours d'une conférence de presse conjointe, Paul Gillespie s'est joint à la police locale et aux enquêteurs du Service de l'immigration et des douanes pour solliciter de nouveau l'aide de la population. Cette fois, ce ne serait pas des photos censurées de pièces et d'autres lieux. La police a distribué des photos montrant clairement le visage, non pas de la petite victime blonde, mais d'une autre fillette qu'elle a qualifiée de « témoin ». Les cheveux foncés, complètement vêtue, l'enfant était assise sur un sofa marron. La garniture de son débardeur était assortie au rebord de son short de denim. Les policiers de Toronto avaient vu Angeli porter les mêmes vêtements. Le sofa, les agrès de gymnastique et le plancher figurant sur les photos de l'« amie » – c'était sous cette appellation qu'elles étaient désignées dans la série Angeli – correspondaient en tous points à ceux des images de sévices. Il était évident que cette fillette connaissait la victime. Les policiers, n'ayant rien trouvé qui indique qu'elle aussi subissait des sévices, ont estimé plus sûr de diffuser ses photos plutôt que celle d'Angeli.

Même cette demi-mesure a attiré les foudres des défenseurs des droits des enfants, des deux côtés de la frontière. Au siège du NCMEC, Jennifer Lee, superviseure du Programme d'identification des enfants victimes, était consternée que des journaux à sensation aient publié d'épouvantables articles sur la pornographie juvénile en se servant de la photo de la fillette. « Voici la page centrale du *National Enquirer*, dit-elle, en ouvrant le journal. Dès que la photo est entre les mains des médias, il n'est plus possible d'en contrôler l'utilisation. » Rita Karakas, de l'organisme Aide à l'enfance Canada, a qualifié la tactique de la police de « geste désespéré ». Elle a mis en garde les médias : « Je suis très préoccupée [par la publicité], parce que les agresseurs sexuels tuent les enfants afin d'éliminer les témoins. »

Dans d'autres milieux, toutefois, on réclamait des mesures encore plus draconiennes. « Montrez-nous la victime ! exigeait le *National Post* de Toronto, dans un virulent éditorial. Au lieu de fonder tous ses espoirs sur un témoin, la police devrait publier la photo de la victime et solliciter l'aide des innombrables personnes qui sont susceptibles de reconnaître l'enfant et de connaître son identité. Prendre le risque de retarder le sauvetage de cette petite fille n'est plus excusable. »

Deux semaines plus tard, la discussion était devenue toute théorique.

Le vendredi 14 mai, lorsque Bill McGarry est entré dans son bureau du troisième étage, au quartier général de la police de Toronto, tous étaient debout et formaient un petit groupe serré. Il était évident qu'il se passait quelque chose.

« Tu ferais mieux de t'asseoir, lui ont dit ses collègues. La fille a été trouvée. »

« Vous plaisantez ! » s'est-il écrié.

McGarry espérait depuis longtemps qu'on trouverait la fille dont le sauvetage l'obsédait depuis deux ans. Dans ses heures les plus sombres, il avait envisagé la possibilité qu'on ne la trouve jamais. Dans le pire des scénarios, on retrouvait le cadavre de l'enfant.

Il restait un scénario qu'il n'avait jamais imaginé : l'enfant n'était pas morte, et elle n'était pas en danger non plus. En fait, elle avait été sauvée deux ans auparavant par le FBI.

« Vous n'êtes pas sérieux ? » a demandé McGarry, l'air stupéfait, aux enquêteurs rassemblés dans la salle.

Il a respiré profondément. Il n'était pas en colère, ni même consterné d'avoir consacré tant de temps à la recherche d'une enfant qui avait déjà été retrouvée. Il était ravi de savoir qu'elle était saine et sauve. Mais une énorme question se posait: comment se faisait-il que lui et son équipe n'étaient pas au courant?

Lentement, les policiers ont pu assembler les pièces du puzzle.

L'enfant s'appelait Masha, même si elle était née Maria Yashenkova Nickolayevna, dans une morne ville industrielle du sud de la Russie. Poignardée dans le cou à l'âge de 3 ans par sa mère alcoolique durant une beuverie, Masha a été placée dans un orphelinat d'État si «terrifiant et dangereux», dira-t-elle plus tard, qu'elle devait cacher sous son oreiller ses rares jouets et possessions, de crainte qu'on les lui vole. C'est pourquoi, en 1998, lorsqu'un Américain est venu la chercher pour l'emmener aux États-Unis, elle s'était crue sauvée: «Il semblait gentil. Il m'offrait des présents.»

Matthew Mancuso, ingénieur divorcé et millionnaire au début de la quarantaine, essayait de contrebalancer sa calvitie par une moustache noire et de longs favoris. Il avait versé à une agence du New Jersey des milliers de dollars pour négocier une adoption, exigeant spécifiquement une enfant blanche de moins de six ans. Il a choisi la petite à partir d'une vidéo envoyée par l'agence. Dès son arrivée dans sa nouvelle demeure des États-Unis, Masha, alors âgée de 5 ans, a compris que le paradis qu'elle avait espéré était en réalité une prison. Elle a demandé si elle allait avoir une maman, mais l'homme lui a répondu que non. Le soir de son arrivée dans sa nouvelle demeure américaine, l'enfant a également découvert qu'elle n'avait pas de chambre. Mancuso l'a fait dormir – nue – dans son propre lit.

«Les sévices ont commencé la nuit même de mon arrivée, a raconté Masha. Il m'agressait constamment. Parfois, il me gardait enchaînée dans le sous-sol. Du fait qu'il ne voulait pas que je grandisse, il ne me donnait qu'un tout petit peu de nourriture: des pâtes sans garniture et des légumes crus, mais pas de viande.»

Dans la maison rustique isolée de Plum Borough, près de Pittsburgh, les agressions sexuelles se sont poursuivies pendant cinq longues années. Son père adoptif recourait à un système de récompenses – comme des visites à Disney World – et de punitions pour la forcer à garder le silence sur sa situation.

«Je savais que c'était mal. J'ai essayé de le convaincre de cesser, mais il ne m'écoutait pas, dira plus tard Masha à un reporter de la télé. J'attendais simplement qu'il ait fini. J'essayais de penser à autre chose pendant que ça se passait.

«C'est comme s'il m'avait volé mon enfance.»

La fin de son calvaire a eu lieu en 2003. Lorsque Mike Zaglifa, l'agent clandestin de Chicago, a trouvé l'adresse Internet de «NkdSister», elle correspondait à celle de Mancuso. (Les policiers de Toronto pouvaient se consoler en se disant que leur instinct ne les avait pas trompés sur le plan de la géographie : les sévices avaient eu lieu dans la région du nord-est des États-Unis ; ils avaient même déterminé que c'était probablement en Pennsylvanie.)

Après que Zaglifa eut averti le FBI, deux agents se sont approchés de la maison de Mancuso, le 27 mai 2003. Ils s'attendaient à y trouver un troqueur prolifique d'images pornographiques. Ils ont été choqués de trouver une enfant, pâle et affamée, assise à l'extérieur de la maison avec le suspect.

« Cela ne sent pas bon », a dit l'un des agents à l'autre, selon le récit qu'ils ont plus tard fait aux médias.

Les agents du FBI se sont empressés de séparer l'homme et l'enfant.

« C'est à propos de mon secret ? » a timidement demandé l'enfant, alors âgée de 10 ans, laissant entendre qu'elle avait une sombre histoire à révéler.

Mancuso lui a crié de ne rien dire à la police, mais c'était trop tard. Elle avait cinq années de sévices, de terreur, d'horreur et de honte à raconter.

« J'avais enfin quelqu'un à qui parler, a plus tard raconté Masha à la télévision. Tout s'est mis à sortir. »

C'était au tour de Mancuso d'être enchaîné. Il a été immédiatement mis en détention préventive. Le FBI a saisi son ordinateur, y trouvant de nombreuses preuves de pornographie juvénile. Mancuso a plaidé coupable et, en février 2004, a été condamné à une peine de 15 ans de prison. Quant à Masha, adoptée par une femme du nom de Faith Allen, elle a commencé à se reconstruire.

Toutefois, deux faits soulèvent des interrogations. Pour une raison que l'on ignore, Mancuso a été accusé de fabrication et de distribution d'images de sévices infligés à des enfants, mais pas d'en avoir infligé à Masha. La police ou les procureurs ont peut-être estimé que c'était inutile, vu la longueur de la peine qu'il aurait de toute façon à purger. Peut-être ont-ils voulu éviter à Masha l'épreuve d'un procès.

La seconde omission est plus facile à expliquer, mais pas moins troublante. Les photos de Masha, son identité complète et le fait qu'elle avait été sauvée n'étaient pas connus : cette information n'avait jamais été transmise à une banque de données centrale de Washington. Si elle l'avait été, elle n'avait pas été classée correctement ni reliée à la série Angeli si répandue et si recherchée. Un porte-parole du Service américain de l'immigration et des douanes a tenté de mettre en contexte cette anomalie devant des journalistes lorsque la découverte de l'identité véritable de « la fille de Disney » a fait la manchette : « Un élément de pornographie juvénile ne porte pas une étiquette en indiquant l'auteur. »

En fait, de plus en plus d'éléments de pornographie juvénile portaient des étiquettes, grâce aux efforts acharnés de Michelle Collins et de son équipe du NCMEC. Le NCMEC possédait une liste de plusieurs centaines d'enfants identifiés, avec des détails sur l'endroit où ils habitaient et sur l'auteur des images de sévices. La plupart des enfants rescapés au cours de l'opération *Hamlet* en 2002 ont été ajoutés à la liste. Jessica y est entrée après avoir été trouvée par la police en 2003, et Ann, après la condamnation de son instituteur pour agression sexuelle et distribution d'images pornographiques, en 2004.

Mais, semble-t-il, pas Masha.

La multiplication des banques de données créait un problème. À l'époque, le FBI, le Service américain de l'immigration et des douanes, ainsi que le NCMEC exploitaient leurs propres banques, même si, en théorie, le NCMEC aurait dû constituer le point d'archivage central de toutes les victimes connues. Mais le système mis sur pied présentait une déficience encore plus importante : la déclaration des victimes identifiées de pornographie juvénile n'était pas obligatoire ; le système n'était même pas connu de toutes les agences policières. « Notre système ne vaut que ce que vaut l'information qui y est intégrée, affirme Jennifer Lee, superviseure au NCMEC. Nous avons constaté qu'un grand nombre des affaires les plus importantes sont dirigées par des services de police locaux. Ils ignorent que les photos de l'enfant en question circulent à grande échelle sur le Web et que nous avons besoin d'être informés à son sujet. » Le NCMEC a dû éplucher les rapports d'arrestation pour pornographie juvénile publiés dans les journaux et téléphoner aux corps policiers pour leur dire qu'ils devaient transmettre les éléments de preuve au centre national, afin que les enfants identifiés et sauvés puissent être intégrés dans la banque de données centrale. « Nous essayons d'informer les services de police de bien des façons, mais les avons-nous tous joints ? demande Michelle Collins. Absolument pas. En ce qui concerne les enquêtes sur l'exploitation sexuelle des enfants, il n'y a pas encore de banque de données nationale sur laquelle tout le monde travaille. »

Peu après la diffusion de l'histoire de Masha, les agences policières de la région de Clearwater, en Floride, ont travaillé au sauvetage d'une autre enfant, grâce à une piste fournie par les policiers torontois. À partir d'indices provenant de photos publiées sur Internet, Bill McGarry et un collègue ont pu restreindre le champ de recherche d'une enfant agressée : l'enfant habitait une maison avec piscine, située près d'un centre commercial comprenant une patinoire et un magasin Macy's. McGarry a appris que la police de Floride songeait même à inspecter la région en hélicoptère pour repérer la maison. À la dernière minute, un bulletin sur lequel figurait la photo de l'enfant a été diffusé dans les services de police locaux. Un policier a reconnu l'enfant: c'était la victime dans l'une des affaires qu'il avait résolues, mais omis de déclarer au NCMEC.

La triste vérité, c'était qu'il était plus facile pour la police de trouver un véhicule volé que de déterminer si un enfant victime de sévices avait ou non été sauvé.

C'est pourquoi, deux ans après la découverte de Masha par le FBI, et un an après l'incarcération de son agresseur, les polices de Toronto et de Floride avaient pu participer à la recherche internationale d'une enfant en ignorant que celle-ci avait déjà été sauvée. Ce n'est qu'après la commotion causée par la publication par les policiers torontois des photos des lieux du crime, dans un hôtel, que les autorités américaines avaient commencé à rassembler toutes les photos connues d'Angeli, entre 5 ans et 10 ans. On avait alors pu établir une correspondance avec l'enfant sauvée par le FBI en mai 2003.

Compte tenu des quelque 18 000 agences policières américaines et des quelque 500 canadiennes, les chevauchements et la confusion étaient presque inévitables. Grâce au NCMEC, les Américains disposaient au moins d'une banque de données centrale des victimes d'agressions sexuelles, même si cette banque n'était pas exhaustive. Le Canada n'avait pas encore établi de registre national des victimes connues de pornographie juvénile; la GRC commençait à peine à mettre sur pied un centre de coordination à Ottawa. Paul Gillespie espérait que le projet qu'il pilotait, le Système d'analyse contre la pornographie juvénile, réglerait certains des problèmes de communication, en permettant aux polices du monde de partager de l'information et de comparer des pistes. Mais ce système était encore loin d'être tout à fait fonctionnel lorsqu'on s'est mis à la recherche de Masha.

« Il y a une coupure », a dit Gillespie, en tentant d'expliquer pourquoi la police des deux côtés de la frontière a si maladroitement traité le cas de Masha. « Nous nous efforçons de combler les lacunes du système, mais cela a au moins été une expérience pleine de leçons. »

Le cas de Masha a fait renaître le débat au sein des milieux d'application de la loi sur les limites que devrait s'imposer la police dans les efforts qu'elle déploie pour trouver une victime.

« Nous sommes face à l'éternel dilemme moral, dit John Rouse, du groupe de travail Argos d'Australie. Que se passe-t-il si nous diffusons la photo et que le délinquant se sente alors obligé de tuer l'enfant et de s'enfuir ? »

Dans le cas de Masha, heureusement, cela ne s'est pas passé. Mais une chasse internationale, très publicisée dans les médias, a été lancée afin de retrouver une enfant qui était déjà en sécurité. Aux yeux de Michelle Collins, cette situation confirme le bien-fondé de la politique du NCMEC consistant à élargir progressivement le cercle dans lequel une affaire est rendue publique : si l'agence d'application de la loi estimait que Masha se trouvait quelque part en Pennsylvanie, elle aurait dû commencer ses recherches là, pour ensuite étendre progressivement son filet. Par contre, si la police avait diffusé la photo de Masha à la télé et sur Internet, le risque d'exposer l'enfant à un danger physique ou de la rendre deux fois victime aurait été trop élevé.

« Tous étaient animés par les meilleures intentions, mais il faut toujours s'arrêter un instant pour réfléchir, dit Michelle Collins. Il ne faut rien précipiter. »

Paul Gillespie est tout aussi catégorique lorsqu'il dit que la police doit être disposée à prendre un certain risque et qu'elle n'a pas toujours le loisir d'attendre. « Je peux vous le dire tout de suite : si c'était votre enfant ou le mien, vous voudriez que la police fasse tout ce qu'elle peut pour défoncer la porte et le sauver. J'ai rencontré d'innombrables victimes et je leur ai demandé : "Si on avait pu vous sauver un an plus tôt, mais au prix du risque que votre famille et vos amis soient mis au courant des choses terribles que vous avez subies, auriez-vous préféré qu'on vous sauve ou qu'on vous laisse dans cette situation afin de protéger votre vie privée ?" Aucune n'a jamais répondu autre chose que : "Pourquoi avez-vous mis tant de temps ? Pourquoi n'êtes-vous pas venu me chercher ?" »

En ce qui concerne Masha, celle-ci a profité de cette soudaine atteinte à sa vie privée pour lancer une campagne publique, retournant la situation aux dépens des délinquants. Elle a décidé de prendre la parole afin d'aider d'autres victimes à dénoncer leurs agresseurs. Masha a commencé par donner une entrevue, à visage couvert, à une télévision locale d'Orlando, puis de s'adresser à quelques journalistes.

« Je pense que ce n'est pas juste qu'il n'ait pas été accusé pour la moitié des crimes qu'il a commis, a dit Masha à propos de Matthew Mancuso ; je crois que cela ne devrait plus arriver à qui que ce soit. »

Masha a déclaré aux journalistes qu'elle avait commencé une thérapie. Elle avait même l'intention de se rendre à Orlando afin de « vaincre » ses peurs, mais de ne pas visiter Disney World pour le moment – y préférant Sea World. Dans l'intervalle, sa mère adoptive s'est adressée aux procureurs du comté d'Allegheny, où les viols systématiques de Masha avaient eu lieu. Les autorités fédérales avaient emprisonné Mancuso pour un crime fédéral de pornographie juvénile ; il revenait aux autorités de l'État ou du comté de mettre Mancuso en accusation pour les agressions physiques. Lorsque le bureau du procureur du district a affirmé qu'il ne pensait pas que Masha était prête à témoigner, celle-ci, furieuse, lui a téléphoné : « Je veux savoir pourquoi vous avez laissé tomber les accusations. Vous ne m'avez pas demandé mon avis ; je veux témoigner. »

Trois semaines après que l'histoire de Masha eut attiré l'attention des médias nationaux, le bureau du procureur du district a annoncé que Mancuso ferait l'objet de 11 nouveaux chefs d'accusation, dont celui de viol. Deux mois plus tard, il a reconnu sa culpabilité : viol d'enfant, inceste et privation de liberté illicite, relativement à des sévices qui avaient duré plus de cinq ans. Il a écopé d'une peine d'emprisonnement d'une durée de 35 à 70 ans, à purger à la fin de sa réclusion initiale de 15 ans.

Mancuso n'aurait jamais eu à purger une peine supplémentaire d'emprisonnement pour les agressions commises sur Masha si la recherche de la victime par les policiers de Toronto n'avait pas fait la manchette. Bizarrement, ils n'ont pas trouvé Masha, mais ils l'ont aidée à se trouver. Ils ont fait d'elle le symbole international de la victime inconnue de sévices sexuels ; par la suite, elle a décidé de prendre la parole et de faire mettre son agresseur à l'ombre pour toujours. « Quelque chose de bénéfique a découlé de tout cela, dit Gillespie ; elle a su qu'elle ne le reverrait plus jamais. »

Pour Bill McGarry, la recherche de Masha n'a pas été deux années de perdues, mais deux années d'apprentissage, qui lui ont appris tout ce qu'il sait sur l'analyse d'images. « Cela a changé notre travail du tout au tout, dit-il. Nous avons expérimenté la technique de recréation de la scène d'un crime en effaçant le corps de la victime. Si on ne prend jamais de risques, si on s'en remet toujours aux mêmes techniques d'enquête du passé, on se limite aussi aux résultats qu'on a obtenus dans le passé. Si on ne sort pas des sentiers battus, on ne saura jamais quelles autres possibilités existent. »

Le fait d'avoir envoyé Matthew Mancuso derrière les barreaux pour le reste de ses jours semble avoir poussé Masha à prendre des risques. Elle a été indignée de découvrir que les sévices qu'elle avait subis avaient été transformés par Mancuso en produits à échanger. « J'ai été vraiment bouleversée quand j'ai appris qu'il avait téléchargé des photos de moi sur Internet, dira-t-elle plus tard. J'ignorais qu'il avait fait cela. J'ai demandé à notre avocat de les récupérer, mais il m'a dit que c'était impossible. J'ai appris que mes photos circuleraient toujours sur Internet. C'est à ce moment-là que je me suis fâchée et que j'ai décidé de rendre mon histoire publique. »

Le 2 décembre 2005, elle a pris l'initiative d'apparaître à visage découvert à l'émission *PrimeTime* du réseau de télévision ABC. Des millions de téléspectateurs ont pu voir son visage à l'écran ; elle semblait en bonne santé et pleine d'énergie, esquissant un petit sourire désabusé. « Je pense que ce qu'il a fait est mal, a-t-elle déclaré. Certains enfants renoncent à se battre et cessent de croire en eux-mêmes. Même s'ils ont peur de révéler leur secret à quelqu'un, quoi qu'ils pensent qu'il arrivera [s'ils dénoncent leur agresseur], leur sort ne pourra que s'améliorer. »

Bill McGarry a regardé l'émission avec sa famille dans sa maison de la banlieue de Toronto. C'était la première fois qu'il entendait Masha ou qu'il la voyait ailleurs que sur les images de sévices. « Je n'arrivais pas à le croire ; elle avait l'air si différente, dit-il. Enfant, elle ressemblait à une prisonnière d'un camp de concentration. Là, elle avait l'air d'une adolescente comme les autres. Et elle était devenue la championne des victimes. »

Si les sévices que subissent les victimes sont insupportables, vivre avec leur souvenir peut se révéler tout aussi pénible pour elles.

Paul Griffiths connaît des victimes qui ont essayé de détruire toutes les photos qu'elles peuvent trouver d'elles enfants. « Mais, bien entendu, elles se rendent compte qu'il reste encore des photos d'elles, ce qu'elles trouvent presque impossible à accepter. Imaginez qu'une photo des sévices que vous subissez se trouve sur des milliers d'ordinateurs et qu'elle ne puisse jamais être supprimée. »

D'autres tentent d'effacer le souvenir de leur mémoire. La psychologue Sharon Cooper a un jour interviewé une jeune fille sur une base militaire américaine d'Allemagne. Elle avait été agressée pendant 2 ans par son père, qui avait pris plus de 500 photos de ces agressions.

La jeune fille a volontiers révélé qu'elle avait été agressée, sans mentionner l'existence de photos.

« Des photos ont-elles été prises ? » a demandé Cooper.

« Je n'en ai pas souvenir », a répondu l'enfant.

C'est en grande partie parce qu'ils se sentent coupables et qu'ils se blâment eux-mêmes que les enfants essaient d'effacer le souvenir des photos. « Ils croient qu'ils sont responsables, dit Cooper. Parce que – ne l'oubliez pas – sur la plupart de ces photos il n'y a personne d'autres qu'eux. On ne voit pas l'agresseur. Pour l'enfant, l'image est celle qu'il se fait de lui-même. »

Les enfants ne sont pas les seuls à être incapables d'effacer le souvenir de ces photos de leur mémoire. Les enquêteurs qui essaient de les sauver sont, à leur propre manière, également hantés par les images qu'ils sont obligés de voir jour après jour. « Au moment où vous vous dites que vous avez vu le pire, vous découvrez une photo encore plus horrible », dit Bill McGarry.

Betsy Perino, la jeune agente du Service américain de l'immigration et des douanes qui avait dirigé la pénible opération *Hamlet*, a accouché pendant l'enquête et s'est trouvée avec deux bambins de moins de 2 ans avant qu'elle ait abouti. Pour elle, l'affaire avait une résonance particulière.

« C'est très troublant sur le plan personnel lorsque vous avez des enfants », dit-elle. Elle a constaté avoir dû rejeter beaucoup de prénoms qu'elle avait envisagé de donner à ses enfants, parce qu'ils lui rappelaient trop l'opération *Hamlet*: « Lorsque vous travaillez sur une affaire de si grande envergure, les trois quarts de tous les prénoms possibles sont brûlés. »

La situation a empiré pour elle une fois qu'elle est devenue mère: « Au supermarché, je n'enlève pas la main de sur leurs jambes quand ils sont assis dans mon chariot. Je suis presque paranoïaque lorsqu'il s'agit de mes enfants. Je ne voulais pas en venir à considérer tout le monde comme une menace. Le moment était probablement venu pour moi de changer d'emploi. » Heureusement, elle a reçu une promotion juste au bon moment. Betsy a été nommée directrice de l'Unité de lutte contre la cybercriminalité, au Service américain de l'immigration et des douanes, où elle est responsable de toutes les infractions à la réglementation sur l'immigration et les douanes commises sur Internet, à l'exception de la pornographie juvénile.

Barbara Anschuetz, psychologue qui travaille en étroite collaboration avec les services de police de la région de Toronto, déclare que les policières sont plus sujettes que les hommes à présenter des symptômes de ce qu'elle appelle l'« usure de compassion », parce que les femmes, surtout les nouvelles mères, ont souvent une personnalité plus compatissante. Mais les hommes, surtout les pères d'enfants en bas âge, ne sont pas immunisés contre cela. Un officier qui a travaillé pendant trois ans à l'Unité des crimes de nature sexuelle de Toronto vers la fin des années 1990 a quitté la Section de lutte contre l'exploitation des enfants en partie à cause d'un stress croissant. « J'avais commencé à surprotéger mes enfants », dit-il. Il avait inscrit sa fille de 5 ans à des cours de karaté. « Au lieu de lui acheter une poupée Barbie pour Noël, dit-il, je lui achetais des armes destinées aux arts martiaux. Je ne serais pas toujours là auprès d'elle. Je voulais lui donner le maximum de moyens de défense. »

McGarry, le détective de Toronto, père de quatre enfants, n'a pas l'intention de quitter un poste pour lequel il se passionne, mais il est le premier à reconnaître que son travail a eu une influence sur sa famille: « Ma femme déteste mon travail, parce qu'elle estime qu'il a fait disparaître une part d'innocence de la vie de nos enfants. Il y a des choses que nous faisions quand nous étions enfants que je ne permets pas à mes enfants. »

McGarry, par exemple, répugne à laisser sa fille passer la nuit ailleurs qu'à la maison, même si c'est chez des voisins ou des amis que lui et sa femme connaissent.

Anschuetz dit que l'événement le plus traumatisant qu'un officier de police est susceptible de vivre – un collègue abattu sous ses yeux ou une victime innocente expirant dans ses bras – prend fin au bout de quelques minutes ou de quelques heures seulement. Mais les enquêteurs affectés à la pornographie juvénile peuvent passer des jours, des semaines, voire des années à scruter les mêmes photos d'une enfant, et la regarder grandir victime d'abus incessants. « En regardant l'enfant souffrir, dit Anschuetz, vous endurez une partie de sa douleur. Dans les vidéos, les sons et les images sont répétés d'innombrables fois. Plus l'enquêteur voit la victime, plus il l'entend, plus il s'identifie à elle parce qu'il connaît sa voix et son nom, et plus il risque de subir un traumatisme. »

Cela fait partie de ce que Jim Gamble, du Royaume-Uni, appelle l'« effet corrosif » de la lutte contre l'exploitation des enfants, effet dont il est témoin jour après jour chez ses enquêteurs de Londres : « Vous regardez votre propre équipe. Des hommes et des femmes qui travaillent jour et nuit, avec acharnement, et il semble parfois que vous n'arriviez qu'à les bouleverser. » Presque tous les services de police ont rendu obligatoires les examens psychologiques du personnel et les séances de thérapie. Certaines agences essaient d'imposer aux enquêteurs une rotation au bout de quelques années afin qu'ils puissent travailler sur des cas autres que des agressions d'enfants, mais beaucoup résistent. La cause leur tient trop à cœur.

Certains vétérans des tranchées, comme Emily Vacher, du FBI, réussissent à élever un mur entre leur lutte contre les prédateurs et leur vie personnelle. « Il n'y a rien d'agréable dans ce travail, reconnaît-elle, c'est le pire de tous. » Mais Vacher se console et retrouve sa paix d'esprit chaque fois qu'elle réussit à envoyer un prédateur derrière les barreaux : « Le fait de savoir que, grâce à mon travail, un prédateur passera le reste de ses jours en prison et ne pourra plus jamais faire de mal à un enfant fait en quelque sorte contrepoids aux souffrances que j'éprouve. »

Au siège du NCMEC, cette forme d'inspiration est stimulée par un « mur de la honte », une espèce de galerie des dévoyés qui occupe un mur entier et où figurent les délinquants sexuels qui ont été reconnus coupables. « Lorsque je me sens déprimée », dit Christina Fernandez, qui codirige la ligne téléphonique CyberTipline servant au signalement des cas de pornographie juvénile, « je regarde le mur et je me dis que, même si je meurs demain, j'aurai accompli quelque chose. »

Au bout du corridor, Jennifer Lee, superviseure, regarde un autre type de photos – celles des enfants exploités – pour trouver une force intérieure. « Je me dis que je suis probablement la seule personne au monde qui regarde la photo et qui se fait vraiment du souci pour l'enfant. »

CHAPITRE NEUF

Recherché : « John Doe »

Pour la première fois, une agence d'application de la loi a pu porter des accusations contre une personne non identifiée pour crimes perpétrés contre des enfants. Un mandat d'arrestation a été émis contre John Doe, même si les agents ignorent l'identité de cette personne.

– Émission de télévision *America's Most Wanted* du 21 février 2004

Thomas Richard Evered s'est approché d'un policier dans le terrain de stationnement d'une station-service de Missoula, au Montana.

« Il y a un mandat d'arrestation contre moi », lui a-t-il dit.

L'agent, interloqué, a consulté son ordinateur pour y rechercher le nom de l'homme, sans succès.

« Votre nom ne figure pas dans le fichier », a répondu l'agent.

« Oh ! Je suis le John Doe de l'émission *America's Most Wanted* », a expliqué Evered, presque fier de lui.

La photo d'Evered avait été diffusée sur le réseau national de télévision ce soir-là. C'était l'un des premiers suspects visés par un programme innovateur du FBI qui consistait à rendre publique la photo de délinquants dont le visage était connu de la police, mais pas l'identité. Les photos étaient publiées sur le site Web du FBI et affichées à la télévision durant la populaire émission sur le crime, incidemment animée par John Walsh, champion des droits des victimes qui travaillait avec le NCMEC. On espérait que quelqu'un, quelque part, reconnaîtrait les prédateurs, et qu'on pourrait ainsi les épingler. Puisqu'il y avait trop de risques sur les plans de l'éthique et de la légalité à montrer le visage d'un enfant victime d'abus, pourquoi ne pas montrer celui de l'agresseur, dans les rares cas où l'on disposait de sa photo ?

« L'idée me plaisait beaucoup, dit Emily Vacher, l'agente chargée de mener à bien le programme. C'est ce qu'on faisait pour les vols de banque. On diffusait la photo au journal télévisé de 17 h, en demandant au public si quelqu'un connaissait l'homme. Si l'agresseur sexuel a l'impudence de montrer son visage dans Internet sur une photo de sévices sexuels, pourquoi n'essayerions-nous pas de l'attraper de la même manière ? »

Vacher n'aurait cependant jamais pu prédire que les arrestations viendraient si rapidement – ni comment celle d'Evered la conduirait un jour dans la cellule de l'un des délinquants sexuels en série les plus dangereux qu'elle rencontrerait jamais.

Le nom officiel du programme était Endangered Child Alert Program (ECAP). On ne voyait pas souvent le visage des agresseurs sur le Web, mais certains ne pouvaient pas résister à leur vanité. « Sur certaines images, ils ne font aucun effort pour se cacher », dit Arnold Bell, directeur de l'Unité de lutte contre la cybercriminalité du FBI. Parfois, la présence du criminel sur la photo est accidentelle, par exemple à cause d'un reflet sur une pomme de douche ou dans une fenêtre.

Le danger présenté par la diffusion des avis de recherche de John Doe était faible par rapport à celui de la publication de la photo de la victime. On risquait moins de faire honte à l'enfant ou de le transformer en victime une deuxième fois. Bizarrement, s'il y avait un risque dans la tactique de l'avis de recherche, c'est John Doe lui-même qui le courait. Si les autorités se trompaient – et l'opération *Ore* avait déguisé en amateurs de pornographie juvénile au moins une poignée d'hommes qui, en réalité, avaient été victimes d'une fraude de carte de crédit ou avaient acheté du matériel de pornographie adulte –, les conséquences de cette exposition publique pouvaient être désastreuses. « Nous péchons toujours par excès de prudence », affirme Bell, insistant sur le fait que le FBI est toujours convaincu de la solidité des accusations.

Le premier défi de Vacher a été de choisir les John Doe. Elle a obtenu ses deux premiers cobayes de Corinna Koch, l'agente de l'Office fédéral de police criminelle d'Allemagne (BKA) qui avait travaillé avec Daniel Szumilas pour élucider l'affaire des mystérieuses vidéocassettes trouvées dans le bureau de poste d'une petite ville de Suède. À l'occasion de l'une des rencontres périodiques d'enquêteurs spécialisés dans les cas de sévices sexuels infligés à des enfants qu'organisait Interpol, les deux femmes avaient participé à une réunion d'agents au cours de laquelle ceux-ci s'échangeaient les images nouvellement apparues sur Internet.

« Je crois que ce sont des Américains, a dit Koch à Vacher, en lui remettant les dossiers de deux hommes. Vois si tu peux les trouver. »

Vacher a étudié les photos et s'est assurée qu'elles répondaient aux critères du nouveau programme ECAP du FBI : c'étaient des photos nouvelles de sévices sexuels sur lesquelles on voyait clairement les agresseurs. Elle a procédé à des vérifications dans la banque de données du FBI et auprès du NCMEC afin de s'assurer que les deux affaires n'étaient pas encore résolues. Il lui a ensuite fallu s'attaquer au pénible travail juridique.

Armée de friandises achetées dans une épicerie italienne de Baltimore, elle est allée voir Andrew Norman, son procureur préféré du ministère de la Justice. Celui-ci était immobilisé chez lui, la jambe cassée à la suite d'un accident de parachutisme. Cette fracture était accidentelle, mais le penchant de Norman pour la prise de risques ne l'était pas. Vacher espérait qu'il serait tout aussi disposé à prendre un risque d'ordre juridique.

Elle a expliqué au procureur que les producteurs de l'émission *America's Most Wanted* avaient accepté de diffuser les photos des John Doe, à la condition que ces hommes ne soient pas simplement des suspects, mais qu'un mandat d'arrestation ait été émis contre eux. La tâche ne serait pas facile. Se présenter devant un grand jury et tenter de persuader un groupe de citoyens de porter des accusations contre un délinquant sexuel d'identité, d'adresse et de région inconnues revenait à sauter d'un avion. C'était possible, mais c'était prendre un risque énorme à chaque saut. Norman a décidé d'augmenter ses chances de réussite : s'il n'avait ni identité ni adresse à mettre sous la dent du grand jury, il pouvait au moins travailler sur la région.

« Retourne à ton bureau et vois si tu peux trouver ces photos sur Internet, a-t-il conseillé à Vacher. Si tu le peux, cela prouvera qu'il y a un lien entre les photos du défendeur et le district fédéral du Maryland. »

Le raisonnement de Norman était des plus imaginatifs. Pour obtenir une mise en accusation, il pouvait établir que le défendeur avait produit les photos de sévices ou contribué à leur production, puisque son visage figurait directement sur les photos. Une fois la preuve faite que les photos pouvaient être facilement téléchargées dans le Maryland, où que vive le suspect et où qu'il ait commis son crime, Norman pouvait tenter de démontrer que le crime de « transport d'un État à l'autre » avait été commis dans sa juridiction. Si l'affaire aboutissait à un procès, le FBI détiendrait déjà le John Doe désormais identifié et aurait probablement accumulé des preuves de ce qu'il avait diffusé les photos sur le Web.

Le plan a marché, dans la mesure où le grand jury a porté des accusations contre les deux premiers John Doe d'Internet. À l'édition du 21 février 2004 de l'émission *America's Most Wanted*, les téléspectateurs ont pu voir des photos du visage de John Doe numéros 1 et 2. Tous deux étaient de jeunes hommes aux cheveux coupés très court. Le texte accompagnant chacune des photos était identique : « Des policiers ont établi que John Doe est américain et que la vidéo des rapports sexuels qu'il a eus avec un enfant a été tournée au cours des cinq dernières années. Pour la première fois, une agence d'application de la loi a pu porter des accusations contre une personne non identifiée pour des crimes perpétrés contre des enfants. Un mandat d'arrestation a été émis contre John Doe, même si les agents ignorent son identité véritable. »

La première réussite a été presque instantanée – et tout à fait étonnante. Avant même la fin de l'émission, quelqu'un a téléphoné au numéro mis à la disposition des téléspectateurs. Cette personne connaissait le nom du John Doe n° 2 : Scott Hayden. Elle connaissait aussi son adresse : pavillon cellulaire n° 2, prison d'État d'Indiana, Michigan City, en Indiana.

« J'ignorais que cette émission était si populaire dans les prisons ! » a dit Vacher à la blague.

Hayden ne quitterait pas les lieux de sitôt. Il purgeait déjà une peine de 35 ans pour une autre affaire d'agression sexuelle d'enfant. Les agents du FBI ont immédiatement téléphoné aux autorités carcérales. Celles-ci ont imprimé une photo de Hayden tirée du site Web d'*America's Most Wanted* et se sont rendues dans la cellule de Hayden. Il a confirmé qu'il était l'homme figurant sur les images de sévices sexuels.

Encouragés par leur rapide réussite, *America's Most Wanted* et le FBI ont diffusé de nouveau la photo de Thomas Evered la semaine suivante : celle de John Doe n° 1. Vacher se trouvait dans les studios de télévision pour surveiller les appels entrants.

Ce soir-là, l'un des téléphonistes a dit à Vacher qu'un policier était au bout du fil et qu'il voulait lui parler.

« Ici Bob, à Lolo… », lui a dit l'homme.

Vacher l'a interrompu : « Où est-ce ? »

Le policier a répondu que c'était près de Missoula.

Vacher était impatiente : « Pardonnez-moi, mais c'est dans quel État ? »

« Nous sommes dans le Montana, lui a-t-il répondu. Et nous avons votre John Doe avec nous en ce moment même. »

« Je n'arrivais pas à le croire, dira plus tard Vacher. Mais c'était vrai – c'était bien lui ! »

Le camionneur de 39 ans du Montana avait sillonné les routes du Midwest avec son stock d'images de sévices qu'il s'était procuré sur l'autoroute de l'information. Mais Thomas Richard Evered ne se contentait pas d'échanger des images avec d'autres amateurs, il se livrait lui-même à des agressions d'enfants. Sa sœur, qui regardait l'émission, l'avait immédiatement reconnu. Elle avait téléphoné à leur mère, qui avait imploré Evered de se rendre à la police. Il avait accepté de le faire, mais pas avant de s'être rendu sur une route déserte, où il a fait rouler son poids lourd plusieurs fois sur son disque dur d'ordinateur. « J'ai lancé la carcasse du lecteur dans le fossé », a-t-il plus tard avoué. Il a brisé en mille morceaux ses CD d'images et les a jetés dans diverses poubelles. Ce n'est qu'après ce nettoyage qu'il s'est approché du policier dans une station-service et qu'il s'est constitué prisonnier.

La diffusion des photos du troisième John Doe serait elle aussi couronnée de succès, mais le dénouement se ferait attendre plus longtemps que dans les deux premiers cas. Lorsque le FBI a diffusé durant la même émission de télévision une vidéo d'à peine cinq secondes, personne n'a reconnu le suspect, mais les téléspectateurs étaient certains que les images avaient été tournées dans la cabine d'un tracteur semi-remorque. En fait, ils pouvaient en préciser la marque et le modèle. D'autres pistes provenant d'images saisies chez un autre délinquant ont permis au FBI de découvrir le nom de l'homme – Kevin Quinn – et un lieu possible au Texas. Brooke Donahue, l'agent du FBI de Dallas qui avait participé à la traque de la Texane et du Britannique membres du réseau de cyberagresseurs de Burt Thomas Stevenson, a cherché le nom de l'homme dans le registre des permis de conduire et dans les dossiers des employés du transport, et a trouvé une correspondance.

Quinn, lui aussi, avait passé à travers les mailles du filet. Durant son affectation à une base aérienne du Dakota du Nord, il avait purgé deux ans d'incarcération au milieu des années 1990 après avoir été reconnu coupable relativement à trois accusations d'actes indécents avec des enfants. L'armée de l'air l'avait renvoyé pour manquement à l'honneur – mais n'avait averti ni la police ni la population de sa libération. À cause d'une échappatoire figurant dans la loi, les militaires reconnus coupables d'infractions de nature sexuelle avec des enfants n'étaient pas obligés de s'inscrire dans le registre des délinquants sexuels une fois libérés.

Revenu à la vie civile, Quinn a fait équipe avec un autre camionneur pour abuser sexuellement de jeunes victimes : quatre de Dallas et trois du Colorado ; la plus jeune était âgée de 2 ans. Quinn, qui a plaidé coupable à plusieurs accusations fédérales d'exploitation sexuelle, a écopé d'un peu plus de 11 ans de prison, et son complice, de 17 ans. Plus tard, Quinn a également plaidé coupable à des accusations d'agression sexuelle contre des enfants portées par l'État. Il a reçu une peine de 38 ans de prison, à purger après sa peine de juridiction fédérale.

L'arrestation de Quinn venait confirmer les pires craintes de Vacher : « La plupart de nos John Doe avaient chacun fait de nombreuses victimes.

S'il reste un John Doe dans la nature, il est probablement en train d'abuser de ses propres enfants ou de ceux des autres. Il faut absolument le mettre hors d'état de nuire. »

Vacher était sur le point de découvrir que, dans certains cas, trouver l'identité d'un John Doe marque le début, et non pas la fin, d'une chasse.

À l'instar du psychologue Joe Sullivan, qui considérait comme essentiel de comprendre la psyché du délinquant, Emily Vacher estimait qu'elle pouvait beaucoup apprendre des criminels à l'arrestation desquels elle contribuait, si répugnants qu'ils puissent lui sembler : « J'ai l'intime conviction que l'arrestation d'un pédophile facilite l'arrestation du pédophile suivant ; quelqu'un connaît toujours quelqu'un d'autre ou sait quelque chose sur lui. »

Le FBI, après avoir mis la main au collet de Thomas Evered – le John Doe nº 1 d'Internet – au Montana, l'a transféré à Baltimore, où Vacher et Andrew Norman travaillaient. « J'aurais pu dire : "Evered, tu vas en prison pendant 15 ans et je ne veux pas en parler, je m'en fiche", dit Vacher. Mais j'ai passé des heures et des heures à l'interroger. Il m'a beaucoup appris, parce qu'il en sait beaucoup plus long que moi sur le sujet. Ses agissements étaient dégoûtants. Mais, si j'allais apprendre quelque chose de lui, peut-être que cette information me serait utile pour élucider une autre affaire. »

Evered ne s'est pas contenté de révéler à l'agente les « trucs du métier ». Il était disposé à lui donner l'un de ses amis, un important producteur d'images de sévices sexuels, en échange d'un allègement de sa peine. Le camionneur du Montana n'a pas immédiatement craché le nom de son collègue pédophile. Tout ce qu'il a d'abord dit à Vacher, c'est qu'il s'agissait d'« un type vraiment mauvais – un pédophile déjà en prison ».

« Superbe ! » a marmonné Vacher, en plaisantant sur le fait que ce détail l'aiderait sûrement.

Evered, comme on sait, avait détruit sa collection de pornographie juvénile sur une route. Vacher a lancé à la recherche des débris du disque dur une équipe qui est revenue bredouille. Elle a eu plus de chance sur Internet, toutefois. Le Web est peut-être un paradis pour un pédophile, mais il renferme aussi de formidables archives du crime. C'est du BKA allemand que Vacher avait reçu les premières photos du visage d'Evered, mais elle en a obtenu d'autres d'Anders Persson, d'Interpol, ainsi que d'agents du FBI d'un peu partout aux États-Unis. Elle a monté une importante collection de photos sur lesquelles on pouvait voir les mêmes victimes, le même décor – même moquette ou même meuble – ou le même endroit, cuisine ou salle de bain, par exemple.

Vacher était intriguée par la présence sur plusieurs des photos d'Evered d'un homme qui prenait des mesures extraordinaires pour masquer son identité. « Il était particulièrement prudent, explique-t-elle. Son visage ne figurait jamais sur les images, sauf sur une – et il le cachait avec sa main. »

Vacher a supprimé sur les photos toutes les scènes sexuelles pour ne garder que les parties de visage de l'homme mystère – pas grand-chose de plus qu'un œil, un nez et une moustache. Mais les traits de l'homme étaient remarquablement distinctifs. L'agente du FBI a envoyé la photo rognée à un officier de sécurité qu'elle avait rencontré à la prison fédérale de Cumberland, au Maryland, petite ville située à moins de deux kilomètres au nord-ouest de Washington. C'était tout à fait arbitraire de sa part, puisque le contact d'Evered aurait pu se trouver dans n'importe laquelle des quelque 200 prisons fédérales du pays, mais Vacher a commencé par Cumberland parce qu'elle y connaissait quelqu'un.

L'officier a sorti des dossiers les photos de tous les délinquants sexuels incarcérés dans la prison de Cumberland et – fait remarquable – y a trouvé un visage ressemblant à la photo envoyée par Vacher. Pour confirmer son soupçon, l'officier s'est rendu dans la cour de la prison et, photo en main, a dévisagé le prisonnier. Aucune erreur possible ; c'était bien l'homme.

« Vous n'allez pas me croire, a-t-il dit à Vacher au téléphone. J'ai votre homme. »

Vacher n'a pu que répondre : « Oh mon Dieu ! Oh mon Dieu ! »

Il s'appelait James E. Reigle ; il était de Harrisburg, en Pennsylvanie, et il avait été quatre fois reconnu coupable de crimes commis contre des enfants. Une fois que Vacher eut appris le nom de Reigle, Evered s'est chargé de la renseigner sur les détails de leur relation. Lui et Reigle s'étaient rencontrés dans un salon de clavardage appelé « *littleboysexpics* » et avaient immédiatement commencé à s'échanger des photos à caractère sexuel de petits garçons. Evered a quitté Missoula, au Missouri, pour aller rencontrer l'agresseur sexuel plus âgé et plus expérimenté que lui, et assister aux agressions d'enfants. Reigle était le tuteur d'un garçon, Alexander*. Il avait persuadé les parents divorcés de laisser l'enfant habiter chez lui, sous prétexte que les écoles du voisinage étaient meilleures. Connu dans le quartier sous le nom d'Oncle Jim, Reigle s'était lié d'amitié avec beaucoup d'autres garçons. « Ses autres victimes provenaient du voisinage ou étaient les enfants d'amis », dit Vacher. Elle estime qu'à eux deux Reigle et Evered ont agressé une bonne trentaine d'enfants.

En 2002, Reigle a vu surgir sur son chemin un petit obstacle : une condamnation à 37 mois d'incarcération dans un pénitencier fédéral pour possession de pornographie juvénile et, à l'échelle de l'État, une peine concomitante pour l'agression sexuelle d'un garçon de Harrisburg. Mais la prison ne semblait être rien de plus qu'un léger contretemps pour ce pédophile invétéré. Peu de temps après avoir commencé à purger sa peine, le maître planificateur a téléphoné à Evered, son contact d'Internet, pour lui demander une faveur: prendre possession de son impressionnante collection de pornographie juvénile à sa résidence de Harrisburg et la garder en lieu sûr. « Tu peux tout copier si tu veux, lui a dit Reigle, mais tu dois tout me rendre quand je serai libre. »

Et il allait être libre peu de temps après, comme l'a découvert Vacher, consternée, pendant qu'elle montait un nouveau dossier contre Reigle, en 2004. La peine de prison reliée à ses condamnations de 2002 prenait fin deux semaines plus tard. « C'était pour moi une course contre la montre, parce que je ne voulais pas qu'il soit relâché, dit-elle. Je courais le risque qu'il disparaisse dans la nature et j'avais peur de ce qu'il pouvait faire. »

Au pénitencier fédéral de Cumberland, Reigle comptait les heures. Le mercredi, Vacher s'est fait lancer un mandat d'arrêt contre lui pour ses crimes nouvellement découverts dans la collection d'Evered. Le jeudi, elle s'est précipitée au pénitencier, sachant que Reigle en serait libéré le vendredi matin. Arrivée au pénitencier, elle a rencontré le prisonnier pour s'entretenir avec lui. Il l'a regardée de ses yeux extraordinairement bleus, sans laisser paraître de crainte ni d'inquiétude.

« Savez-vous pourquoi je suis ici ? » lui a-t-elle demandé.

« Oui, c'est au sujet d'Evered, a-t-il répondu. Je l'ai vu à l'émission *America's Most Wanted.* »

Vacher ne l'a pas détrompé immédiatement sur ce point. Elle a commencé à sortir de sa mallette 32 photos sur lesquelles Evered agressait des enfants. Reigle s'est penché pour s'approcher de la table. Calmement, il a identifié son ami et même quelques-uns des enfants.

Dix-sept minutes après le début de l'entretien, Vacher a sorti un nouveau lot de photos: des photos de Reigle en train d'abuser d'Alexander et d'autres victimes. « Tout s'est déroulé comme on le dit dans les manuels, se rappelle-t-elle. Le comportement de Reigle a changé du tout au tout; il se tortillait sur sa chaise. »

Lorsque l'agente du FBI a placé devant le prisonnier la photo de lui où il couvre son visage avec ses mains, il a lancé: « Ce n'est pas moi ! » Vacher n'a même pas eu le temps de lui poser la question.

« Cette réaction était révélatrice », remarquera-t-elle plus tard.

Elle lui a ensuite montré des photos prises chez lui; de nouveau, il s'est trop empressé de dire que ce n'était pas sa cuisine.

Enfin, Vacher lui a montré une photo sur laquelle on ne pouvait voir que la partie dégarnie de son crâne, un peu de ses yeux bleus et quelques grains de beauté sur sa peau. Montrant du doigt le visage de Reigle, puis la photo, elle lui a dit: « Regardez: grain de beauté, grain de beauté, grain de beauté, calvitie, yeux bleus. »

Le visage de Reigle est devenu livide. Vacher s'est permis un petit sourire en lui disant: « En passant, j'ai un mandat pour votre arrestation et vous ne sortirez pas d'ici. »

Reigle a tenté de garder son calme lorsqu'il a quitté la salle. Mais les gardiens ont plus tard raconté à Vacher que dès qu'ils l'eurent emmené de l'autre côté du mur, ses genoux l'avaient lâché.

Reigle était conscient de ce qui l'attendait. Devant des tribunaux fédéraux et locaux, il avait été quatre fois reconnu coupable d'agression d'enfants et de pornographie depuis 1983. Mais, tandis qu'il purgeait sa peine pour la dernière de ses condamnations, une loi spéciale d'incarcération à perpétuité avait été adoptée à l'encontre des délinquants reconnus coupables de deux crimes graves commis contre des enfants. Au moment où s'est ouvert son procès à la fin de 2005, Reigle risquait de passer le reste de sa vie à l'ombre.

Pour s'assurer qu'il ne soit pas libéré, Vacher et le procureur Andrew Norman ont dû surmonter plusieurs obstacles pendant qu'ils rassemblaient les éléments de preuve. La seule preuve d'un complot entre Reigle et Evered, c'était la parole de ce dernier – et le témoignage d'un pédophile avoué influerait difficilement sur la décision d'un jury. Evered continuait d'affirmer qu'il avait transporté avec lui la collection de Reigle durant tous ses déplacements à travers le pays – c'était pour lui un bon moyen d'y jeter un coup d'œil à son gré et de la protéger. Mais il avait commis un crime de compétence fédérale en transportant constamment les images d'un État à l'autre. Heureusement pour Vacher et pour Norman, les registres de camionnage d'Evered indiquaient que son travail l'avait un jour fait rouler au Maryland. Même si ce n'était que sur une quinzaine de kilomètres, cela suffisait pour qu'on puisse déposer des accusations de complot contre Reigle et Evered dans l'État où était établi le programme *Innocent Images* du FBI.

Il leur serait plus difficile de prouver que Reigle s'était directement engagé dans la production des images et dans les agressions d'Alexander et d'autres enfants. Vacher devrait déterminer avec précision l'heure et le lieu des agressions, de même que l'identité des victimes. Sur l'une des images, sur la porte d'un réfrigérateur, Vacher pouvait voir un aimant portant une année: 1997. Sur une autre photo, un exemplaire de *TV Guide* traînait sur une table. Elle ne pouvait y lire la date, seulement y voir la photo de la couverture. Vacher a trouvé un site Web montrant les couvertures de tous les numéros du magazine. Elle y a constaté que la photo du policier de la télé Dennis Franz avait été publiée en page couverture du magazine le

27 juillet 1999. Elle pouvait dès lors prouver que les agressions s'étaient déroulées pendant au moins deux ans.

Elle a ensuite confirmé le lieu des agressions grâce aux registres hypothécaires et aux actes de vente de la maison que Reigle avait occupé durant ces années-là. Au cours d'une visite de la maison, elle a découvert que les surfaces des plans de travail de la cuisine avaient été refaites, mais que la configuration des armoires était identique à celle des photos. D'autres photos de sévices avaient été prises dans une salle de bain peinte en rouge criard. La pièce avait été rénovée et peinte en blanc, mais Vacher a découvert la peinture rouge initiale sur une partie de mur, après avoir retiré le couvercle du réservoir de la cuvette.

En combinant les indices repérés sur les photos, les dates des registres et le certificat de naissance d'Alexander qu'elle a plus tard obtenu, Vacher a pu prouver que le garçon ne pouvait être âgé de plus de 13 ans au moment des agressions et que les photos le montraient qui grandissait au fil des ans – à partir de sa tendre enfance.

Devant cette preuve imposante, l'avocat de Reigle souhaitait une négociation de peine. Mais le FBI et les procureurs n'accepteraient rien de moins que la prison à vie. Reigle n'avait d'autre avenue que de parier sur l'issue d'un procès.

Il souffrait d'un handicap dès le départ. L'homme accusé d'avoir comploté avec lui, Thomas Evered, a témoigné contre lui. Sur la photo où Reigle se cachait le visage, les jurés pouvaient reconnaître son nez, sa moustache et l'un de ses yeux. L'un des greffiers de la cour a plaisanté à ce sujet: « Même Ray Charles aurait pu savoir que c'était Reigle. »

Sur l'une des vidéos, Reigle n'apparaissait pas à l'écran, trop occupé à filmer, mais parlait. La poursuite a comparé sa voix à celle de la bande et a obtenu une correspondance. Ensuite, comme élément de preuve ultime, on a fait témoigner des victimes. Reigle, sur l'image où il masquait son visage de la main, pratiquait une fellation sur un garçon. Alexander, assis dans le box des témoins, a déclaré au jury: « C'est moi, et c'est monsieur Reigle. » En tout, Vacher a pu convaincre trois des victimes de témoigner.

En dernier lieu, afin de révéler toute l'ampleur du mal causé, le procureur a fait venir du Royaume-Uni l'enquêteur Paul Griffiths, qui viendrait dire à quel point les séries de photos d'Alexander produites par Reigle étaient répandues et disponibles sur le Web. « Je voulais que le jury comprenne bien que ces photos, une fois qu'elles se trouvent sur Internet, font le tour du monde, dit-il. Le préjudice causé à l'enfant est irréparable. »

Andrew Norman était bien conscient de ce que, malgré la richesse de la preuve, une condamnation n'est jamais assurée dans un procès devant jury. Il y a eu un moment de terreur lorsque l'un des jurés a adressé une note au juge pour lui demander si l'enfant avait résisté. C'était une question qui témoignait d'une grande insensibilité, mais qui était sotte aussi, puisqu'un enfant ne peut, selon la loi, consentir à un acte sexuel. Pourtant, la question avait ébranlé Norman : « C'était particulièrement troublant. Je redoutais qu'il y ait un idiot parmi les membres du jury. »

Après quatre semaines de témoignage, le 8 décembre 2005, le jury a déclaré Reigle coupable relativement aux six chefs d'accusation découlant des agressions commises sur dix victimes. Tandis que le président du jury lisait le verdict, Vacher a regardé l'accusé pour observer sa réaction : « Aucune, dit-elle. Il savait que ça lui pendait au bout du nez. C'était comme si le jury avait dit une banalité. »

« Tu devrais passer le reste de tes jours en prison ! » a crié la mère de l'une des victimes, après la lecture du verdict.

C'est exactement la peine obligatoire dont il a écopé quelques semaines plus tard – la prison à vie. Un mois plus tard, Thomas Evered, le John Doe qui avait donné Reigle, a été condamné à une peine de 10 ans de prison, suivie d'une liberté conditionnelle perpétuelle. « Ce que cela signifie, explique Andrew Norman, c'est que jusqu'à la fin de ses jours, dès qu'il enfreindra la loi, il risquera d'être emprisonné dans un établissement pénitencier fédéral. »

Presque tous les « John Doe » ont été capturés quelques jours – parfois quelques heures – après la diffusion de l'émission *America's Most Wanted*. Mais une affaire est restée non résolue pendant presque un an.

Le 7 juillet 2004, un grand jury fédéral du district Ouest du Missouri a porté des accusations contre « John Doe nº 4 » pour avoir distribué de la pornographie juvénile sur Internet. L'accusation précisait qu'il y avait eu « comportement violent et sadique » à l'encontre d'un jeune enfant. Le suspect était décrit comme un homme blanc, aux cheveux bruns, pesant entre 80 et 85 kg. Une photo assez claire de l'homme a été diffusée à l'émission *America's Most Wanted*, de même que des gros plans d'une cicatrice sur l'un de ses bras, et d'un tatouage sur l'autre.

Personne n'a téléphoné. Aucun indice. Aucune piste.

« C'est lui qui est resté dans la nature le plus longtemps », dit avec irritation Arnold Bell, chef de l'Unité de lutte contre la cybercriminalité du FBI. Personne aux États-Unis ne semblait connaître l'identité de cet homme parce que – on le saurait plus tard – il n'était pas dans ce pays.

Heureusement, le FBI et Interpol avaient pris la précaution de faire circuler une série de photos éloquentes de John Doe nº 4 dans les agences policières du monde. Au printemps de 2005, des membres de l'Unité des crimes de nature sexuelle de Toronto ont vu de nouvelles photos et une vidéo du même agresseur dans un forum d'Internet. Le détective Ian Lamond a fait agrandir le coin d'une affiche de film qu'on pouvait apercevoir sur la photo et a constaté qu'elle était écrite en français. Par une fenêtre, on pouvait distinguer une rampe d'escalier extérieur tout à fait typique d'une seule grande ville du Canada : Montréal.

La police de Toronto a transmis l'information à la Sûreté du Québec ainsi qu'au Centre national de coordination contre l'exploitation des enfants, alors créature récente de la GRC. Un enquêteur du Centre a reconnu sur les photos une fillette qu'il avait vue à la suite d'un signalement d'un cas de pornographie juvénile adressé au service CyberAide du Canada, dont le siège se trouve à Winnipeg. Les pistes ont permis à la police du Québec de confirmer l'identité du suspect et le lieu où il se trouvait. Le 24 juin 2005, la police, armée d'un mandat de perquisition, a saisi un millier de DVD, de CD et de disques au domicile de l'homme. Elle a également pu secourir la fillette dont l'exploitation avait été documentée en ligne : sa propre fille.

C'était là un bel exemple du chemin parcouru par la police en matière d'analyse d'images et de coopération internationale. Vers le milieu de 2005, tout juste un an après le lancement de l'initiative « John Doe », tous les suspects avaient été capturés, sauf un. Pourtant, le FBI savait bien que la portée de ce projet serait limitée. Parmi les millions d'images d'enfants sexuellement exploités qui circulent sur Internet, le FBI n'en avait trouvé qu'une demi-douzaine sur lesquelles on pouvait voir clairement le visage de l'agresseur. En outre, on commençait à comprendre dans les milieux de l'application de la loi que la chasse aux hommes qui, comme Reigle et Evered, échangeaient et produisaient photos et vidéos pour leur propre divertissement ne suffisait plus.

Il fallait de toute urgence s'en prendre aux financiers qui tiraient des millions du florissant commerce de la pornographie juvénile de contrebande.

TROISIÈME PARTIE
PRÉDATEURS INC.

CHAPITRE DIX

La piste de l'argent

Ce qui est terrifiant, c'est lorsque les membres du crime organisé voient qu'il y a de l'argent à faire quelque part, et qu'ils se fichent de la nature du produit.

– Ernie Allen, directeur du NCMEC

Le sénateur Richard Shelby n'est pas un homme qu'on peut traiter à la légère.

Sénateur principal d'Alabama, et à l'époque président du puissant Comité sur la banque, le logement et les affaires urbaines, c'est le type d'élu qui peut se permettre de convoquer les capitaines du commerce et de l'industrie autour d'une table et de les forcer à l'écouter. C'est ce qu'il a fait à l'été 2005 : « J'ai appris que la pornographie juvénile est une industrie internationale en pleine croissance, et qu'on s'y sert de nos réseaux financiers modernes pour se la procurer et pour encaisser les recettes. »

Le 20 juillet, Shelby a présidé au Capitol une réunion de représentants des grandes banques, des compagnies de cartes de crédit et des services de paiement. Il leur a fait comprendre avec force son dégoût : « Si des gens achetaient de l'héroïne et de la cocaïne avec leur carte de crédit, a-t-il tonné, tout le monde serait outré ! Ceci est pire, bien pire ! »

L'analogie de Shelby était appropriée, car, comme c'est le cas dans le trafic des drogues, pour que l'exploitation commerciale des enfants rapporte, il faut une demande ainsi qu'un réseau criminel en mesure de livrer la marchandise. Mais il y a une différence importante entre les deux activités criminelles. Ni le cartel de Medellin ni les revendeurs locaux n'acceptent Visa ou MasterCard. Mais les sites de pornographie juvénile, oui.

« Je crois que les institutions financières doivent adopter des normes de conduite plus élevées et déterminer quelles sont les choses qu'elles ne feront pas pour de l'argent, explique le sénateur républicain. On peut toujours détourner le regard ou fermer les yeux, et se dire que ce n'est qu'une autre transaction commerciale. Mais c'est bien davantage que cela. C'est l'exploitation des éléments les plus vulnérables de la société, les enfants. »

Une bonne partie de cette exploitation se faisait sans échange d'argent, puisque d'innombrables images de sévices sexuels infligés à des enfants s'échangeaient gratuitement sur Internet entre amateurs. Certaines images difficiles à trouver ou qui manquaient à une série populaire – par exemple celles de Masha ou du réseau visé par *Hamlet* – pouvaient prendre une valeur considérable et conférer à ceux qui les possédaient un statut enviable au sein de la confrérie des pédophiles. Mais la motivation demeurait la collection d'images, pas la recherche du profit.

Le crime, comme la nature, ne supporte pas le vide. S'il y a une occasion de gagner de l'argent sur le Web, des membres du crime organisé et des hommes d'affaires sans scrupules la saisiront. Selon une étude d'*Internet Filter Review*, site Web américain d'analyse commerciale, « la pornographie juvénile génère annuellement 3 milliards de dollars ». Des sommes encore plus élevées ont été mentionnées aux audiences publiques du Congrès américain, mais établir avec précision l'ampleur des profits tirés de la pornographie juvénile – tout comme obtenir des statistiques exactes sur le nombre d'enfants exploités sur Internet – était quasiment impossible.

Ce qui était clair, toutefois, c'était que, si les agences d'application de la loi avaient toutes les difficultés du monde à combattre les hordes d'agresseurs qui recherchaient leur petite satisfaction personnelle, la traque des marchands avides de profit se révélerait encore plus ardue. « Nous sommes en présence de certains des gangs les plus brutaux du crime organisé russe ou est-européen, dit le sénateur. Ils ne reculeront devant rien. »

À 45 ans, Carlos Ortiz avait vu son lot de crimes financiers. À titre de chef adjoint du bureau du ministère de la Justice américain pour le district du New Jersey, il avait supervisé de nombreuses enquêtes sur des fraudes commises au détriment du gouvernement, sur des crimes commerciaux et sur des affaires reliées au crime organisé. Auparavant, en tant que procureur itinérant pour le compte du ministère, il avait réglé de nombreux cas de crimes fiscaux et avait acquis beaucoup de flair et appris à remonter les pistes financières les plus sinueuses. Malgré l'ampleur de tous ces délits financiers, c'est la cruauté des sévices sexuels infligés aux enfants qui l'a marqué : « On ne peut imaginer que ce soit même physiquement possible. Je me souviens de la photo d'une fillette – elle pleurait, son visage était rouge; c'était horrible. Qui peut infliger pareil traitement à quelqu'un de si jeune et si innocent? Qui peut y prendre plaisir?»

La souffrance des enfants touchait la corde sensible d'Ortiz parce qu'il en avait lui-même été témoin: lui et sa femme avaient perdu l'un de leurs jumeaux trois jours après leur naissance, et le survivant avait eu besoin de soins particuliers. «Je suis très sensible à l'exploitation délibérée d'un enfant, reconnaît-il. À cause de l'expérience que j'ai vécue, je ressens le besoin de protéger les enfants.»

Au début de sa carrière, il avait eu à engager une poursuite contre un homme qui avait affiché sur le Web des photos du viol d'une fillette de 7 ans, membre de sa famille. Au procès, le juge qui allait déterminer la peine a refusé de voir les images.

«Vous savez, votre Honneur, je comprends qu'il est difficile de les regarder, que c'est dégoûtant, a déclaré Ortiz au tribunal. Mais vous avez l'occasion d'être le témoin direct du type de sévices qui ont été infligés à cette enfant.» Après avoir hésité un instant, le juge a ouvert le cahier à anneaux placé devant lui pour jeter un coup d'œil sur les photos.

«Vous aviez raison, lui a dit le juge. Je n'aurais jamais pu imaginer que c'était si terrible.»

L'accusé a écopé de 15 ans de prison.

En tant que procureur principal, Ortiz a vu le trafic du matériel de pornographie juvénile se transformer en une folie extravagante qui rapportait gros. Il y avait des sites payants de caméras Web, des sites à adhésion payante et des pages de téléchargement en vrac – tout cela facilement accessible au moyen d'une carte de crédit. «Plus j'en apprenais sur ce commerce, plus j'étais dégoûté, raconte Ortiz. Certains sites Web annonçaient leur "marchandise" comme s'il s'était agi de voitures d'occasion!»

Ne reculant jamais devant un défi, Ortiz a abordé le sujet avec ses patrons: «Pourquoi ne suivons-nous pas la piste de l'argent? Pourquoi personne ne remonte-t-il la chaîne?»

On lui a répondu que, s'il voulait tenter de s'attaquer au problème, il le pouvait. La réponse de ses chefs n'a guère compté; il était déterminé à aller de l'avant de toute façon.

Il est d'abord entré en contact avec Maria Reverendo, agente de l'IRS, le service chargé de la collecte des impôts et de l'application des lois fiscales aux États-Unis. Il avait souvent fait équipe avec elle dans des affaires de corruption publique. Ils ont recruté John Johnson, inspecteur des postes qui travaillait sur les affaires de pornographie juvénile depuis quelques années, ainsi que Susan Cantor, du Service américain de l'immigration et des douanes, bureau de Newark, qui possédait de l'expérience dans les enquêtes sur des fraudes et sur le blanchiment d'argent.

Au début de 2003, Ortiz et son équipe ont rencontré le groupe de travail du programme *Innocent Images* du FBI, afin de se familiariser avec les dernières techniques d'enquête et de voir ce que le FBI savait au sujet des sites Web commerciaux d'exploitation des enfants. C'était la procédure habituelle. Mais ce qu'ils ont fait ensuite, aucune autre agence d'application de la loi ne l'avait fait systématiquement jusque-là : ils sont entrés en contact avec les compagnies de cartes de crédit. Ortiz a organisé des rencontres avec les directeurs de la sécurité d'American Express, de MasterCard et de Visa. Ces rencontres ont débouché sur un échange bilatéral qui allait modifier la manière dont la police et l'entreprise allaient s'attaquer à la pornographie juvénile sur Internet.

« Nous les avons sensibilisés à ce qui se passait », dit Ortiz. John Brady, directeur principal de la lutte contre la fraude, quant à lui, dit : « Nous leur avons clairement expliqué comment fonctionne le système de cartes de crédit. »

Le mécanisme n'est pas aussi simple qu'on le croit. Nombreux sont ceux qui pensent que, lorsque vous achetez quelque chose sur Internet – que ce soit un livre sur le site d'Amazon.com ou des images de sévices sexuels infligés à des enfants vendues sur un site douteux –, la compagnie de cartes de crédit paie le vendeur, puis se fait payer par vous. Ce serait une transaction à trois joueurs assez facile à analyser. Mais, en réalité, le système est beaucoup plus complexe que cela. Pour commencer, ce ne sont pas les compagnies de cartes de crédit, mais les banques qui émettent ces cartes destinées aux individus et aux entreprises. L'obtention d'un compte commercial peut être un processus long et coûteux. C'est pourquoi plusieurs très petites entreprises sautent cette étape en recourant à des intermédiaires. Ces services de paiement tiers permettent à une petite entreprise d'utiliser leur compte commercial moyennant une généreuse redevance sur chaque vente. C'est pratique pour une très petite entreprise, et encore plus pour un homme d'affaires qui exploite un site Web de pornographie. Il n'a pas à demander directement à Visa, à MasterCard ou à une banque la permission d'utiliser ses logos et son système de paiement. Il peut passer par plusieurs intermédiaires pour masquer la vraie nature de son commerce.

« Vu la multiplicité des intermédiaires et l'anonymat, ces individus croyaient être à l'abri de la loi, dit Maria Reverendo. Même si nous étions enthousiastes et prêts à passer à l'action, la tâche serait incroyablement difficile. »

Après avoir compris le fonctionnement complexe des finances sur Internet, l'équipe d'Ortiz devait trouver le moyen de faire enquête. La première difficulté, c'était la rapidité des opérations. Il était trop facile pour un pornographe de se donner un nom d'entreprise, de monter un site Web et d'obtenir un compte commercial de cartes de crédit, pour ensuite fermer boutique, s'il sentait le vent tourner, et recommencer son petit manège sous un autre nom et avec l'aide d'un autre revendeur de comptes de crédit. Au moment où les enquêteurs étaient en mesure d'amorcer une procédure judiciaire, la piste menant à l'argent était froide depuis longtemps.

« À moins de pouvoir agir rapidement, ces individus auront toujours une longueur d'avance sur vous, dit Ortiz. Il nous fallait donc instaurer un mécanisme qui nous permette d'obtenir l'information en temps réel. »

Chez MasterCard, John Brady a proposé son aide. Ortiz a fini par obtenir d'autres grandes compagnies de cartes de crédit et, plus tard, de banques qu'elles ouvrent leurs registres rapidement lorsqu'un mandat pertinent leur était signifié. Normalement, ce processus prenait des mois ; Ortiz l'a réduit à quelques heures ou jours.

L'équipe de Newark était prête à faire quelques achats d'images illicites et à remonter la piste financière. Trouver la marchandise à acheter était fort simple. « J'ai simplement recherché "pornographie juvénile" sur Google, dit Cantor, pour trouver d'innombrables photos d'enfants à vendre. »

Ce n'était pas simplement de photos dont ils avaient besoin ; pour qu'une affaire puisse être portée devant le tribunal, ils devaient trouver une entreprise qui traitait ses ventes par carte de crédit aux États-Unis.

Il était facile de ne pas remarquer l'immeuble anonyme qui se dressait dans Sunset Drive, près d'East Las Olas Boulevard, non loin de la plage à Fort Lauderdale. Il y avait bien sur la porte un petit panneau qui invitait à appuyer sur le bouton de la sonnette, mais peu de visiteurs se rendaient aux bureaux de Connections USA.

Dans ces bureaux, une poignée d'employés travaillaient calmement, en répondant au téléphone ou en dépouillant du courrier. L'entreprise floridienne avait commencé par exploiter une chaîne de services de rencontres téléphoniques et en ligne tout à fait légaux. Arthur Levinson, prospère homme d'affaires de l'endroit, était le président de la société, mais celui sur place qui prenait toutes les décisions était le chef de la direction Eugene Valentine, qui habitait tout près, à Hollywood. Valentine connaissait tout des activités de Connections USA. Il savait que, parmi les épais dossiers que l'entreprise avait montés sur tous ses clients, une chemise marquée « Regpay » ne renfermait que quelques noms et feuilles de papier. Valentine savait également que, malgré la maigreur des détails contractuels, Regpay était son plus gros client et gagnait des millions de dollars à vendre des images d'exploitation sexuelle d'enfants.

Le siège de Regpay se trouvait à Minsk, capitale du Bélarus, l'une des nouvelles républiques formées après l'effondrement de l'Union soviétique, où les membres de la mafia russe et les parrains du crime organisé étaient devenus de nouveaux tsars. Yahor Zalatarou, 27 ans, entrepreneur instruit, fils d'un ingénieur et d'une enseignante, était le président de l'entreprise. Il avait pour associés Aliaksandr Boika, expert en informatique, début trentaine, chargé de l'administration technique ; Alexei Buchnev, 28 ans, traducteur expérimenté, désigné comme directeur du marketing ; et une certaine Tatsiana Sienko, 25 ans, adjointe à l'administration et aux finances.

Le gang bélarussien exploitait un réseau de sites Web de pornographie juvénile particulièrement crue et choquante. L'une de ses adresses Internet, Redlagoon.com, offrait un portail vers le « monde pédophilique clandestin ». Regpay ne cachait nullement le fait que ses « modèles » étaient mineurs. L'une de ses publicités disait : « Avant qu'ils grandissent, profitez de leur innocente passion. » Quatre autres sites Web aux noms évocateurs – lustgallery.com et lolittles.com, par exemple – rassuraient leurs acheteurs : « Toutes les filles ont moins de 14 ans. » Ces sites étaient exploités au Bélarus mais hébergés par des fournisseurs de services Internet situés aux États-Unis et dans d'autres pays. De plus, Regpay traitait les paiements d'au moins 50 autres sites de pornographie juvénile appartenant à des tiers.

Regpay s'appelait TrustBill à l'origine, mais après avoir reçu deux « ordonnances de cessation et d'abstention » du bureau du procureur général du Michigan à l'été 2002, l'entreprise a fait ce que font la plupart des entreprises louches : elle a simplement changé de nom. Ses loyaux clients saisissaient le numéro de leur carte de crédit afin d'avoir accès à des milliers d'images pornographiques d'enfants, tandis que Connections USA percevait les paiements. Après avoir déduit sa commission de 11 p. 100, l'entreprise de Floride transférait les fonds à des établissements financiers extraterritoriaux. Et les fonds étaient abondants ! Valentine reconnaîtrait plus tard avoir été témoin d'au moins 29 virements électroniques au bénéfice de Regpay entre juin 2002 et juin 2003, pour un total de plus de 3 millions de dollars.

Il se trouve que le site Redlagoon.com de Regpay a été le premier que l'agente du Service américain de l'immigration et des douanes Susan Cantor a examiné. Elle a vite compris que Regpay était l'un des acteurs principaux du marché. Les enquêteurs d'Ortiz ont remarqué que, quel que soit le site Web de départ, ils finissaient la plupart du temps par payer Regpay pour leur achat. « C'était incroyable : page après page, le nom de Regpay revenait, dit Maria Reverendo, de l'IRS. C'est ainsi que nous avons pris conscience de l'importance de cette entreprise. »

Les compagnies de cartes de crédit étaient conscientes de la multiplicité des tentacules de Regpay, mais ce nom ne figurait nulle part sur leurs listes de clients commerciaux. Il y avait sûrement une société-écran qui fournissait une protection à Regpay. Ce n'est qu'en cliquant pour payer l'achat de matériel de pornographie juvénile que les compagnies de cartes de crédit découvriraient qui collectait l'argent pour le compte de Regpay. Bien entendu, ces compagnies n'avaient pas le droit d'acheter des images illicites d'exploitation sexuelle d'enfants.

Les policiers avaient ce droit. Lorsqu'ils ont procédé à l'achat des produits de Regpay, les relevés de compte ont désigné l'opération sous le nom d'Iserve. La recherche de ce nom dans le registre des entreprises a conduit à une entreprise de Floride appelée Connections USA. L'équipe d'Ortiz disposait dès lors de tout ce dont elle avait besoin pour lancer une poursuite aux États-Unis : un important distributeur qui vendait sur Internet des images de sévices sexuels infligés à des enfants et qui raflait des millions par l'intermédiaire d'une entreprise établie aux États-Unis.

En collaboration avec les compagnies de cartes de crédit et les banques, les enquêteurs de Newark ont commencé à faire des achats réguliers et à surveiller la circulation des fonds. Connections USA avait un compte à la banque Morgan Stanley Trust. Ortiz a présenté le mandat requis à l'institution financière, en prenant soin de déclarer qu'il s'agissait d'un cas de blanchiment d'argent, afin de s'assurer que la banque n'allait pas informer son client de l'enquête en cours.

Ortiz a découvert la piste que suivait l'argent : Morgan Stanley le transférait à la Deutsche Bank, en Allemagne, qui à son tour le transférait à un compte de la banque Aizkraukles, en Latvie, ouvert au nom des exploitants de Regpay. Un flux constant, puis une déferlante de profits de la pornographie. « À l'examen des relevés bancaires, nous avons vu que les activités avaient démarré lentement, puis que les montants avaient crû de manière quasi exponentielle », dit Ortiz. À la fin de 2002, Regpay encaissait environ 100 000 $ par mois ; puis le double. Au printemps de 2003, une somme de 700 000 $ à 800 000 $ atterrissait chaque mois dans le compte.

Les financiers de Regpay nieraient plus tard avoir joué un rôle direct dans la production des images d'exploitation sexuelle d'enfants, mais les enquêteurs n'étaient pas convaincus. Selon Ortiz, une enquête un peu plus poussée leur a permis de constater que, même si Regpay traitait l'argent que rapportaient des douzaines de sites de pornographie juvénile appartenant à d'autres entreprises, les cinq sites les plus payants étaient ceux que Regpay exploitait elle-même. « Ainsi, dit-il, 23 p. 100 de tout l'argent que Regpay traitait lui restait. »

Les enquêteurs de Newark ont dû se faire à l'idée que les chances de traduire un jour en justice les caïds du crime d'Europe de l'Est étaient minces. « Réalistes, nous croyions pouvoir abattre la partie américaine du réseau, dit Ortiz. Personne ne mettra jamais la main au collet des types du Bélarus, C'est une chimère. Jamais. »

Il faisait encore très chaud le soir, comme c'est souvent le cas en Floride au mois de juin. Il faisait encore plus chaud dans la salle de conférences de l'hôtel où s'étaient rassemblés plus de 80 officiers fédéraux – agents du Service de l'immigration et des douanes, inspecteurs postaux et agents de l'IRS – ainsi que des policiers municipaux, en vue de la descente prévue dans les bureaux de Connections USA.

« C'était une très grosse opération, dit Susan Cantor ; pour la première fois, nous en saisissions toute l'ampleur. »

Pendant plusieurs semaines, Cantor et les autres enquêteurs s'étaient affairés à rassembler et à organiser les éléments de preuve. À leur atterrissage en Floride, ils connaissaient déjà l'identité de tous les employés de Connections USA, et ils avaient monté un dossier sur chacun. Cantor raconte : « Nous avions méticuleusement élaboré un plan – nous savions la manière dont nous l'exécuterions et quelles étaient les entrevues que nous devions mener –, parce qu'il nous fallait obtenir tous les renseignements dont nous avions besoin. »

Le lendemain, le 4 juin, à 6 h du matin, les équipes étaient prêtes à se déployer. Elles se sont abattues sur les bureaux de Sunset Drive et sur les résidences des dirigeants de l'entreprise. Bien entendu, la réaction initiale des cadres a été de feindre l'ignorance. « Leur position était d'affirmer qu'ils ne faisaient rien de mal », dit Carlos Ortiz, qui a assisté à la plupart des entrevues. « Ils disaient : "Ce sont les méchants Russes ! Ce sont les bandits de l'étranger. Nous sommes abasourdis ; nous ne nous doutions de rien." »

Cette position s'est vue considérablement affaiblie lorsque les enquêteurs ont constaté la minceur suspecte du dossier sur Regpay – comme si Connections USA essayait de cacher l'information susceptible de l'incriminer – comparativement à la pléthore de détails que l'entreprise avait consignés dans les dossiers des autres clients. « C'est votre plus gros client, insistait Ortiz ; c'est à peu près le seul que vous ayez maintenant. Comment auriez-vous pu ignorer ce qui se passait ? »

Le déblocage a eu lieu lorsque Arthur Levinson, président de l'entreprise, a accepté de coopérer. Insistant sur le fait qu'il ignorait tout des activités de pornographie juvénile de Regpay, il s'est plus tard reconnu coupable d'un crime d'ordre financier beaucoup moins grave, celui d'avoir structuré les opérations afin d'échapper aux exigences de déclaration. Mais il a donné à l'équipe quelque chose de beaucoup plus précieux que de l'information : son identité de courriel. Cela a poussé les Américains à tenter leur chance : Regpay jouait à cache-cache depuis des années sur Internet. Pourquoi ne pas renverser la situation et tendre un piège aux Bélarussiens ? Ceux-ci n'avaient jamais rencontré Levinson et ne lui avaient jamais parlé non plus. L'occasion était belle de monter une opération clandestine contre les financiers de Minsk. « Notre succès était loin d'être probable, dit Ortiz, mais nous nous sommes dit qu'il valait la peine d'essayer. »

Le moment était opportun parce que, heureux hasard, les arrestations sont survenues lorsque l'entreprise de Levinson devait un peu plus d'un million à Regpay. La ruse était simple : un agent clandestin se faisant passer pour Levinson enverrait un courriel aux patrons de Regpay les informant, avec embarras, qu'en raison de problèmes d'ordre légal il ne pourrait plus virer de grosses sommes d'argent. Mais il souhaitait ardemment ne pas léser son meilleur client. Ainsi, il proposait de remettre aux Bélarussiens une somme de 35 000 $ en argent comptant qu'il gardait chez lui lorsqu'il les rencontrerait en personne pour discuter de projets d'affaires.

Pour interpréter Levinson, l'équipe avait recruté un ancien attaché du Service américain de l'immigration et des douanes à Moscou ; non seulement il parlait couramment le russe, mais il ressemblait à Levinson. Une délicate discussion sur le lieu de rencontre s'en est suivie. Naturellement, les Bélarussiens souhaitaient un lieu où ils seraient en sécurité, tandis que les Américains tenaient à ce que la rencontre ait lieu dans un pays avec lequel un traité d'extradition avait été signé. Le soi-disant Levinson a d'abord proposé Londres ; les dirigeants de Regpay ont refusé et suggéré Moscou. Finalement, les deux parties se sont entendues sur Paris, et un déjeuner d'affaires a été prévu pour le 30 juillet 2003, au superbe restaurant de l'hôtel *Concorde La Fayette*, tour de 34 étages surplombant les Champs-Élysées.

La police surveillait le restaurant comme dans les films d'espionnage. Susan Cantor faisait semblant de déjeuner avec deux agents clandestins à une table toute proche. Des officiers français étaient postés dans tout l'hôtel. Jusqu'à la dernière minute, les Américains ignoraient qui viendrait représenter Regpay. C'est le président de Regpay en personne, Yahor Zalatarou, qui s'est présenté en compagnie de son traducteur et directeur du marketing, Alexei Buchnev. Devant cocktails et mets fins, le faux Levinson a assuré les Bélarussiens qu'il était en train d'organiser une nouvelle société de cartes de crédit qui pourrait traiter un plus grand volume d'opérations, et sans complications. Buchnev, quant à lui, a déclaré que Regpay n'avait pas de concurrent sérieux sur le marché et que son entreprise « pourrait traiter jusqu'à 2,2 millions de dollars par mois ».

Au moment convenu à l'avance, le faux Levinson s'est excusé et s'est levé pour aller aux toilettes. C'était le signal. Un essaim de policiers français a fait son apparition dans le restaurant. « C'était incroyable », raconte Cantor, qui, à quelques mètres de la table des Bélarussiens, a assisté à l'arrestation des hommes qu'elle pourchassait depuis des mois. « Les policiers les ont projetés sur le sol. Il fallait voir le visage des criminels. Ils étaient en état de choc. »

Deux jours plus tard, le troisième homme du triumvirat de Regpay tombait : les registres des douanes indiquaient qu'Aliaksandr Boika, l'expert en informatique de Regpay, était en vacances dans un hôtel de la côte nord-est de l'Espagne. La police s'est empressée d'interrompre ses vacances. L'Espagne et la France ont extradé les trois hommes aux États-Unis. La dernière chose à laquelle les trois hommes de Minsk auraient pu s'attendre, c'était de se retrouver dans une cellule de Newark, au New Jersey, à cause de leur florissant commerce mondial d'images d'enfants innocents.

Aux États-Unis, le moment était venu pour Connections USA de reconnaître sa culpabilité relativement à une charge mineure, afin d'en éviter une plus grave qui condamnerait ses dirigeants à passer une vingtaine d'années derrière les barreaux, comme leurs collègues bélarussiens. « Ils se sont entêtés à nier les faits, jusqu'à ce qu'ils finissent par comprendre où était leur intérêt », explique Cantor. Eugene Valentine, chef de la direction, a plaidé coupable devant un tribunal fédéral de Newark face à une accusation de complot en vue de blanchir de l'argent pour le compte de Regpay. Il encourait une peine de sept ans de prison.

Une fois tous les dirigeants de Connections USA reconnus coupables, Ortiz a travaillé sur le sort de l'entreprise elle-même : celle-ci a accepté de reconnaître sa culpabilité, de se dissoudre et de renoncer à une somme dépassant 1,3 million de dollars. Les peines les plus lourdes ont été imposées au gang bélarussien responsable de la distribution à grande échelle d'images de sévices sexuels infligés à des enfants. Buchnev, le directeur du marketing, a été le premier à jeter l'éponge ; il s'est reconnu coupable de distribution de pornographie juvénile, s'exposant ainsi à une peine potentielle de 20 ans de prison. Les deux administrateurs principaux, Zalatarou et Boika, ont résisté jusqu'à la dernière minute. Ensuite, le 28 février 2005, la veille de la sélection du jury, tous deux ont cédé et ont reconnu leur culpabilité face à des accusations de blanchiment d'argent et de complot en vue de distribuer ou d'annoncer de la pornographie juvénile.

Chez eux, au Bélarus, les trois criminels se seraient vu infliger une amende ou, dans le pire des cas, auraient été condamnés à une peine de cinq ans de prison. Aux États-Unis, ils s'exposaient à des peines de 40 à 50 ans de prison. Même après une négociation de peine, ils ont chacun écopé d'une peine de 25 ans de prison et d'une amende de 25 000 $.

L'un des procureurs a bien résumé la situation durant l'audition sur sentence: «Ces deux accusés passeront leur vie adulte en prison parce qu'ils ont fait passer leur amour de l'argent avant la vie de jeunes enfants innocents.»

Les financiers se trouvaient à l'ombre, mais les enquêteurs de Newark n'avaient pas fini de faire le ménage dans l'empire financier de Regpay. Après tout, il y avait ces dizaines de milliers de clients avides qui avaient fait porter sur leurs cartes de crédit des sommes totalisant plusieurs millions de dollars.

Pour gagner gros chaque mois, Connections USA et Regpay avaient dû être systématiques, bien organisés et... informatisés. Cela avait été un avantage pour les hommes d'affaires, jusqu'à ce qu'ils se fassent prendre. Cela serait un inconvénient pour les clients, parce que les paiements par carte de crédit laissent des traces. Dans les serveurs de l'entreprise, les spécialistes de l'informatique judiciaire ont trouvé les noms de quelque 90 000 clients – avec les détails et les dates de leurs achats, ainsi que leurs adresses. Environ la moitié d'entre eux étaient américains; les autres étaient répartis dans 29 pays, dont l'Australie, l'Italie et Hong Kong.

Contrairement aux retards qui avaient marqué le suivi de l'enquête sur l'affaire Landslide, les autorités américaines ont agi rapidement cette fois, avant que les preuves ne deviennent obsolètes. Le Service américain de l'immigration et des douanes a accordé la priorité aux vrais clients, ignorant ceux qui n'avaient fait qu'un seul achat ou des achats occasionnels. Les agents ont repéré les clients à répétition qui s'étaient abonnés aux sites plus de trois fois, aux hommes à qui le travail ou la vie donnait un accès direct à des enfants et aux suspects qui avaient un dossier judiciaire. Les 330 personnes arrêtées constituaient un échantillon représentatif de citoyens ordinaires: un conseiller dans un camp mormon, un ministre du culte dans une école de filles du New Jersey, un enseignant de première secondaire en Californie et un prêtre catholique de New York, qui stockait sa pornographie juvénile dans un ordinateur de son presbytère. Au cours d'un raid dans la résidence d'un pédiatre de Chicago, la police a découvert deux ordinateurs contenant plus de 3000 photos d'enfants, certains à peine âgés de 4 ans. Il a été condamné à une peine de cinq ans de prison.

Les descentes effectuées dans le New Jersey ont touché Susan Cantor d'un peu trop près à son goût. À l'occasion de l'une des fêtes juives les plus importantes, Rosh ha-Shana, elle s'est trouvée assise dans la synagogue quelques rangées derrière un homme qu'elle savait sur le point d'être arrêté. «Je l'observais en sachant qu'il serait jeté en prison deux mois plus tard», dit-elle. Elle s'est sentie si mal à l'aise qu'elle a dû quitter la synagogue.

Sam Cynamon, de Millburn, au New Jersey, était propriétaire d'une entreprise de vente en gros de matériel pour piscines. Tout le monde le considérait comme un mari aimant, qui prenait soin de sa femme malade, et comme un membre dévoué de sa collectivité qui s'était précipité sur les lieux des tours jumelles le 11 septembre 2001. Mais il était également un client de Regpay, et ses achats illicites lui ont valu une peine de deux ans et demi de prison. « Vous croyez connaître quelqu'un, mais ce n'est pas le cas, dit Cantor. L'acheteur délinquant pourrait être votre collègue de bureau. »

Il y avait des centaines d'autres clients ailleurs dans le monde. Le Service américain de l'immigration et des douanes a baptisé « opération *Falcon* » les suites internationales de son enquête sur Regpay. Réunis au siège d'Interpol, à Lyon, des agents provenant d'une bonne douzaine de pays ont reçu sur CD un dossier détaillé sur chaque suspect – nom, numéro de carte de crédit, adresse et type d'images de sévices sexuels acheté.

L'un des plus grands groupes d'acheteurs se trouvait en Australie. Les Américains ont transmis les noms de 700 suspects à la police fédérale d'Australie (AFP). En mars 2004, le Centre de lutte contre les crimes de haute technologie, récemment mis sur pied par l'AFP, a lancé dans le cadre de cette affaire l'opération *Auxin*, dans l'intention de frapper toutes les cibles du pays le même jour. Mais la réponse des agences policières a été inégale. Certains États se basaient sur une « matrice des risques » et ne poursuivaient que les délinquants potentiellement les plus dangereux. Dans le Queensland, Jon Rouse et son dynamique groupe de travail Argos manifestaient leur désaccord avec cette pratique. Il n'y avait rien de mal à établir un ordre de priorité des cibles et de mettre d'abord hors d'état de nuire les individus présentant le plus de risques, mais tous les suspects devaient passer dans le collimateur de la justice : « Le pire des délinquants, explique Rouse, sera probablement un individu inconnu des milieux policiers et sans antécédents judiciaires. »

La police du Queensland a donc exécuté les mandats délivrés contre ses 127 suspects. Cette opération a entraîné plus de la moitié des accusations criminelles portées en Australie dans cette affaire. Parmi les acheteurs de Regpay arrêtés par l'équipe de Rouse, on comptait des enseignants et des brigadiers scolaires. Les images trouvées dans un ordinateur ont permis l'identification et le sauvetage de huit enfants victimes d'exploitation sexuelle.

Comme cela avait été le cas des répercussions de l'affaire Landslide, un ancien officier de police faisant face à 46 chefs d'accusation s'est suicidé. Il n'a pas été le dernier Australien pris dans le filet Regpay à s'enlever la vie. Au moins six autres suspects qui avaient été identifiés par la police l'ont fait. C'est ce qui a incité les agences de certaines régions à cesser d'identifier publiquement leurs cibles et à fournir aux suspects arrêtés les coordonnées des services de counseling. Mais Peter Crawford, l'inspecteur détective qui supervisait le groupe de travail Argos n'en démord pas: «Nous ne nous sommes pas trompés, nous avons attrapé les individus qu'il fallait. Ils ont beaucoup à perdre. Quand vous allez en prison, vous n'êtes pas un héros.»

Ce qui irritait davantage les membres du groupe de travail Argos, c'était la manière lente et sporadique dont le pays avait réagi à l'affaire Regpay. L'opération *Auxin* a été aussi révélatrice pour l'Australie que l'avait été l'affaire Landslide dans d'autres pays. C'était un avertissement lancé à la police: elle devait mieux s'organiser. «Ç'a été une leçon pour nous, conclut Rouse. À tous les égards, l'Australie était mal préparée pour cela.»

Il reste que l'enquête Regpay a entraîné à l'échelle mondiale plus de 1200 arrestations. L'équipe de Newark a eu le sentiment profond d'avoir réussi à ouvrir aux agences d'application de la loi de nouveaux territoires d'enquête. «On éprouve beaucoup de satisfaction quand on parvient à démanteler une importante organisation criminelle, dit Susan Cantor. Nous savions que, si nous suivions la piste de l'argent, nous allions frapper là où cela fait le plus mal, dans le portefeuille des gens.»

Les enquêteurs n'avaient fait qu'égratigner la surface de Regpay. Il semble que son président n'ait empoché que de 20000$ à 50000$ – ce qui laisse supposer que la majeure partie des millions encaissés par Regpay a abouti dans les poches de dirigeants supérieurs inconnus, qui ont probablement pu se relancer dans les affaires sous un autre nom. L'avocat américain de Zalatarou a déclaré au *Wall Street Journal* qu'il y avait «une hiérarchie au-dessus de lui».

Susan Cantor est aussi de cet avis. «Existe-t-il d'autres Regpay? demande-t-elle. Nous en sommes absolument convaincus.» En fait, selon la *Pravda*, le chef de l'Unité de lutte contre les crimes de haute technologie, qui relève du Directorat central des Affaires intérieures de Moscou, aurait conclu que les revenus de la pornographie juvénile sur Internet représentaient «une partie considérable du marché noir», qui rapportait illicitement au crime organisé environ 30000$ par mois pour chacun des sites Web exploités.

Le procureur Carlos Ortiz avait espéré que d'autres bureaux du procureur général et d'autres agences policières comprendraient le message. «Regpay prouvait une fois de plus, dit-il, que la pornographie juvénile était un problème lié au crime organisé. Le crime organisé s'était lancé dans ce commerce pour gagner beaucoup d'argent, et il le faisait de manière très vigoureuse.» Au cours des mois qui ont suivi les raids de Regpay, Ortiz a contribué au lancement rapide de deux enquêtes financières de petite envergure sur des exploitants de pornographie juvénile – en partie pour convaincre tout le monde que les enquêtes de ce type étaient réalisables.

Malheureusement, durant les années qui ont suivi, il y a eu aux États-Unis peu de tentatives sérieuses de lancer des enquêtes à la Regpay visant les gros brasseurs de fonds. Toutefois, la police britannique s'est inspirée de l'affaire Regpay pour faire la chasse aux profiteurs de la pornographie juvénile. « Il est extrêmement difficile d'établir la preuve dans les affaires financières, dit Maria Reverendo. On craint encore l'inconnu, on a peur de s'engager plus avant dans ce nouveau territoire. »

De toute évidence, les procureurs et la police ne pourraient le faire seuls. Si l'exploitation des enfants était devenue une affaire de grandes entreprises, pourquoi justement ne pas recruter de grandes entreprises pour lutter contre ce fléau ?

Les grands profits à tirer de l'exploitation de petits enfants n'avaient pas échappé à l'attention de Washington. Ernie Allen, directeur du NCMEC, se sentait impuissant : « Je veux qu'on se concentre sur la dimension financière de tout cela, afin de voir s'il n'y aurait pas moyen de bloquer la circulation de l'argent. La triste réalité, c'est que les enfants sont devenus un produit, et [la pornographie juvénile] une industrie. »

Ainsi, lorsque le sénateur Richard Shelby a demandé à Allen de le renseigner sur la manière dont le crime organisé s'installait dans le business de l'exploitation des enfants, le directeur du NCMEC a sauté sur l'occasion. Allen a expliqué à celui qui était alors le président républicain du comité sénatorial sur les banques pourquoi il était plus facile de tirer de l'argent de l'exploitation des enfants que d'autres sources de revenus plus traditionnelles : « Il y a une abondance d'enfants, et ils sont faciles d'accès. La production de pornographie juvénile est peu coûteuse, et le marché de ses consommateurs est énorme. Les risques sont pratiquement inexistants, contrairement au trafic de drogues ou d'armes. »

Le pronostic d'Allen était peu encourageant : « Ce qui est terrifiant, c'est lorsque les membres du crime organisé voient qu'il y a de l'argent à faire quelque part, et qu'ils se fichent de la nature du produit. Les sommes sont faramineuses. Les opérations financières se déroulent de plus en plus dans des établissements extraterritoriaux. Comment faire pour y mettre fin ? »

Le sénateur Shelby voulait une réponse à cette question lorsqu'il a sermonné les représentants des banques et compagnies de cartes de crédit à Capitol Hill, en juillet 2005. Il a demandé à ces entreprises de lui présenter un rapport dans un délai de six mois sur les mesures qu'elles comptaient prendre. « Sont-elles aveugles à ce qui se passe, demandait-il d'un ton sceptique. En fin de compte, il faut que ces financiers veuillent vraiment mettre un terme à cette situation. Il leur faut tenir mordicus à ne pas profiter de cette situation. Pour l'instant, ils en profitent. »

« Les gens ont mis beaucoup de temps à prendre conscience de ce problème », reconnaît Robert Alandt, vice-président de Visa International chargé des programmes mondiaux d'acceptation et de conformité.

Pour empêcher un marchand de porno de se servir de votre système de cartes de crédit célèbre dans le monde entier, vous devez d'abord le trouver – et cela est moins facile qu'il ne paraît. Visa avait instauré un programme de surveillance de la pornographie juvénile dès février 2002. Une « araignée » balaye le Web à la recherche de sites utilisant la marque ou le logo Visa et présentant des images de sévices sexuels infligés à des enfants. C'est une longue tâche. Tous les jours, Visa balaye environ un million de pages Web à la recherche d'utilisations illégales de sa marque. En quatre ans, l'entreprise a repéré 1100 sites douteux et a sévi contre une centaine de marchands ou de services de paiement.

Chez MasterCard, John Brady avait eu des discussions avec Carlos Ortiz, à la suite des condamnations dans l'affaire Regpay. « C'était une enquête très réussie, a-t-il dit à Ortiz, mais nous pouvons faire davantage. »

« En raison de ressources limitées, les agences d'application de la loi ne peuvent pas mettre la main au collet de tous les délinquants ; ils sont beaucoup trop nombreux », conclut Ortiz, qui est passé à la pratique privée au sein de l'un des cabinets juridiques internationaux les plus importants, DLA Piper. « Nous avons commencé à nous réunir de manière informelle afin de discuter de la façon dont nous pourrions procéder. »

Si une coopération ponctuelle avait été efficace pour la neutralisation de Regpay, pourquoi ne pas mettre sur pied une structure permanente en vue d'enrôler les entreprises dans la lutte contre l'exploitation des enfants ? C'est ce qui est arrivé le 13 mars 2006 avec le lancement officiel par le NCMEC de la Coalition financière contre la pédopornographie sur Internet, laquelle rassemblait 18 des plus grosses institutions financières du monde et les leaders de l'industrie d'Internet. Sur papier, au moins, c'était une alliance des plus impressionnantes. Du monde du Web provenaient America Online, Microsoft et Yahoo!, et, plus tard, Google ; les trois géants des cartes de crédit – American Express, Visa et MasterCard – se sont engagés, de même que de nombreuses grandes banques, comme Bank of America, Chase et Citigroup.

« Notre objectif est d'éradiquer la pornographie juvénile commerciale d'ici 2008, dit Ernie Allen, tout en reconnaissant que cet objectif est audacieux. Coupez la circulation de l'argent, et vous couperez l'offre. »

Très tôt, la Coalition a connu des réussites. En vertu d'un programme pilote mis sur pied à l'été 2006, le NCMEC a créé un mécanisme sécurisé grâce auquel ses analystes, les agences d'application de la loi et les institutions financières pouvaient échanger de l'information.

Le service de signalement CyberTipline a reçu 422 signalements de pornographie juvénile commerciale et identifié 99 sites Web commerciaux du genre, portant des noms comme Elite Child Porn ou Loli-Virgins. Chacune de ces entreprises d'Internet offrait plusieurs méthodes de paiement pour l'achat d'images illicites.

Cette multiplicité des méthodes de paiement sur Internet compliquait les choses. La seule chose qui circulait plus rapidement sur le Web que les images de pédopornographie, c'était probablement l'argent. La Coalition avait beau se vanter de regrouper les entreprises qui traitaient 87 p. 100 de toutes les opérations aux États-Unis, il restait tout de même dans le monde des endroits que pouvaient exploiter les marchands de pornographie, comme les bas-fonds financiers de certains pays, la Russie par exemple. « Adoptez toutes les lois que vous voulez, mais à défaut de les appliquer systématiquement, vous aurez beaucoup de difficulté à patrouiller Internet », affirme Ruben Rodriguez, directeur des affaires relatives à l'application de la loi de l'International Center for Missing and Exploited Children (ICMEC), nouveau pendant international du NCMEC. Policier à Washington pendant des années, Rodriguez avait été recruté par le FBI pour travailler sur le crime organisé asiatique et sur la contrebande de drogues panaméenne. À la fin des années 1980, il exploitait déjà des bases de données informatiques pour mener les enquêtes les plus complexes du FBI. Il a été le premier directeur de l'Unité des enfants exploités du NCMEC, avant de passer à l'ICMEC, où il se mettrait sur la piste de l'argent.

Rodriguez s'est rendu en Amérique latine, en Asie et en Europe afin de solliciter le soutien des institutions financières à la répression de l'exploitation des enfants, mais on lui a opposé une farouche résistance en Russie. Rien d'étonnant à cela. « Il y avait des membres du conseil d'administration de certaines de ces banques russes qui étaient des figures bien connues du crime organisé », dit Rodriguez.

Les agences d'application de la loi avaient dit la même chose à Visa, l'avertissant que le crime organisé russe avait infiltré le secteur financier. « Quelques banques russes sont allées jusqu'à nous laisser entendre qu'elles avaient le droit d'avoir des clients qui vendaient ce matériel », raconte Robert Alandt, de Visa. Visa a alors décidé de frapper. Elle a imposé des amendes totalisant 300 000 $ à trois banques russes – Alfa, Prima Bank et Joint Stock Bank – pour avoir refusé d'empêcher les marchands d'utiliser

Visa pour percevoir les paiements de pornographie juvénile. Ces banques ont fini par éliminer les clients que Visa jugeait indésirables.

La Coalition faisait face à un autre problème, qui la touchait de plus près. De plus en plus souvent, les commerçants et distributeurs illégaux du Web délaissaient les traditionnels paiements par cartes de crédit en faveur des nouveaux systèmes plus anonymes basés sur le Web, comme E-gold. Ces « systèmes de paiement numériques » fonctionnent en grande partie hors du cadre réglementaire. N'importe qui peut ouvrir un compte E-gold, peut-être sous un faux nom. Vous achetez des unités E-gold au moyen d'un virement ou d'une carte de crédit (peut-être volée). Contrairement à un compte de banque ou de carte de crédit, l'achat d'unités E-gold ne requiert aucune vérification d'identité. Vous transférez ensuite les unités E-gold au vendeur (qui peut aussi bien distribuer des pièces d'auto que des images de sévices sexuels infligés à des enfants). Celui-ci échange ensuite les unités E-gold contre de l'argent ordinaire, en bénéficiant du même anonymat. E-gold a affirmé avoir environ 3,6 millions de comptes et des opérations quotidiennes de plus de 8 millions de dollars.

À la fin de décembre 2005, des agents du FBI et des services secrets ont effectué un raid sur les bureaux floridiens d'E-gold, y saisissant des caisses de documents et des fichiers informatiques. Les deux agences fédérales ont refusé tout commentaire, prétextant les enquêtes en cours, mais au moins une source au ministère de la Justice a affirmé qu'il y avait dans ces enquêtes un élément de pornographie juvénile. Un mois plus tard, le ministère de la Justice a exigé qu'E-gold perde par confiscation une somme de plus de 800 000 $ dans deux de ses comptes. Dans la poursuite déposée en cour fédérale, le gouvernement a allégué que l'entreprise exploitait « sans permis un service de transmission d'argent ». La cause n'a pas encore été entendue.

E-gold, de son côté, s'est plainte de faire l'objet d'« accusations sans fondement et d'une publicité négative mensongère ». Le fondateur de l'entreprise, Douglas Jackson, a affirmé qu'il avait été particulièrement frappé par les dangers de l'exploitation sexuelle des enfants sur Internet lorsqu'il avait assisté à une conférence du NCMEC. Il insistait pour dire que son entreprise avait coopéré avec la police chaque fois que celle-ci avait fait appel à elle dans ses enquêtes, et qu'E-gold avait été l'une des premières entreprises à se joindre à la Coalition financière contre la pédopornographie sur Internet.

Aux yeux de certains concurrents d'E-gold, Jackson n'était pas très convaincant : « C'est un peu comme si vous invitiez un cambrioleur au bal des policiers », a dit un haut dirigeant d'une entreprise de cartes de crédit rivale.

Nul besoin d'être un Sherlock Holmes pour découvrir avec quel empressement une certaine clientèle se ruait sur les services d'E-gold et d'autres entreprises du genre. « La carte de crédit est une forme de paiement dépassée dans le cyberespace ; tout le monde tend à adopter E-gold ou d'autres formes de paiement parfaitement anonymes », pouvait-on lire le 3 mai 2006 dans le salon de clavardage Internet appelé « alt.fan.prettyboy ». Une annonce affichée dans un autre cybersalon, « alt-sex.incest », était encore plus explicite :

> Nous offrons de la VRAIE PORNOGRAPHIE JUVÉNILE, livrée sur CD. [...] Puisqu'il est trop risqué pour vous de payer par carte de crédit et trop dangereux pour nous d'accepter vos chèques, nous vous proposons d'utiliser le système de paiement E-gold. Vous ouvrez un compte anonyme chez [E-gold] (ils ne vérifient pas les coordonnées que vous leur donnez). [...] Nul besoin de préciser l'objet du paiement.

Comme cela avait toujours été le cas pour ce qui était de faire circuler des millions de photos et de vidéos illégalement sur Internet, il semblait que, pour ce qui était de faire circuler de l'argent clandestinement, les exploiteurs d'enfants parvenaient à toujours garder une longueur d'avance technique sur la loi.

CHAPITRE ONZE

Les touristes à la recherche des enfants

Le ciel nous tombe sur la tête […]. Woody a été arrêté en Thaïlande ; tu dois te débarrasser du disque dur de ton ordinateur et de tous tes CD.

– Courriel trouvé dans un ordinateur à Londres, en Angleterre

« Ici vous êtes roi, et vos rêves se réalisent », claironnait le site Web de l'hôtel.

Mis à part le slogan, la publicité du Castillo Vista del Mar d'Acapulco était délibérément plus discrète. Le site Web était simple, attrayant et distingué. Le futur visiteur devait envoyer un acompte de 175 $ à Tim Julian, l'Américain qui dirigeait l'affaire. Ce dernier transmettait ensuite des photos du visage de quelques garçons mexicains parmi lesquels le client pouvait choisir.

Après un mois d'échange de courriels, une fois convaincu d'avoir trouvé un client fiable, Julian permettait à celui-ci de réserver une chambre et d'envoyer le paiement par la poste – pas de carte de crédit ni d'autre forme de paiement en ligne, dont la trace est trop facile à suivre. Robert Decker, lui aussi américain, parlait espagnol et agissait comme hôtelier ; il allait chercher les touristes – des États-Unis, du Canada, de Suède et de Grande-Bretagne – à l'aéroport et leur présentait les garçons qu'ils avaient achetés.

« C'était un business, une pension, un refuge où pouvaient se rendre des Américains pour passer du temps en compagnie d'un garçon, dirait plus tard Decker durant son témoignage. Un lieu sûr où ils n'auraient aucun ennui. »

C'était un peu un Priceline pour pédophiles, l'Expedia du monde de l'exploitation des enfants, où un prédateur pouvait choisir un forfait et sa victime, puis payer pour le voyage. Si certains entrepreneurs, comme Regpay, avaient trouvé le moyen de faire fortune en vendant les photos d'enfants exploités, d'autres avaient compris qu'il y avait beaucoup à gagner à vendre un accès direct aux enfants par le biais du tourisme sexuel. Rien ne pouvait empêcher les pédophiles occidentaux voraces de se rendre en Asie ou en Amérique latine, ou dans n'importe quel pays où les enfants sont pauvres et désespérés, et où les lois sont souples ou inexistantes. Mais il y avait les soucis habituels du choix de la destination, de l'hôtel où descendre et des manières d'éviter les problèmes légaux. Naturellement, d'entreprenants agresseurs d'enfants ont compris qu'ils pouvaient offrir leurs services et leur expertise à leurs coreligionnaires voyageurs – moyennant compensation.

« Tim Julian était lui-même pédophile, mais aussi homme d'affaires », dit Perry Woo, qui a dirigé les enquêtes sur le tourisme sexuel menées par le Service américain de l'immigration et des douanes. « Il allait répondre à la demande et lancer son entreprise. »

Reconnu coupable d'agression sexuelle sur un enfant – il avait violé un enfant en 1989 –, Tim Julian était originaire de Hammond, petite ville située à l'extrémité nord-ouest de l'Indiana, à une trentaine de kilomètres de Chicago et des vents froids du lac Michigan. Cela explique peut-être pourquoi il aimait tant le climat d'Acapulco.

Mexico était l'endroit idéal pour les adeptes américains du tourisme sexuel : proximité avec les États-Unis, indigence des lois sur l'exploitation des enfants, propension à la corruption des corps policiers et abondance d'enfants désespérément pauvres. « Il y avait tellement d'enfants, de garçons sans abri sur les plages, dit Woo. Ils ne souhaitaient pas participer, mais ces rencontres signifiaient beaucoup pour eux, qu'il s'agisse de nouvelles chaussures ou de leur prochain repas. »

Les garçons, âgés de 8 ans à 16 ans, étaient généralement des gamins des rues ou des fugueurs, souvent dépendants de drogues. C'étaient des garçons comme Jesus Santiago, 13 ans, qui a déclaré avoir eu des rapports sexuels avec Decker « et avec beaucoup d'autres hommes » dont il ne se souvient pas du nom, parce qu'il veut oublier tout cela. La raison était simple : « On m'a dit que je n'aurais plus jamais faim », a plus tard déclaré Jesus au tribunal. Certains des garçons « travaillaient » à l'hôtel, mais celui-ci ressemblait à n'importe quel lieu de villégiature ordinaire. Les délits sexuels n'étaient jamais commis en public. « Ces gens-là prenaient soin de maquiller leurs activités », dit Woo.

La mascarade ne durerait pas toujours. Les criminels ont été débusqués à la suite d'une enquête menée pendant quatre ans par Perry Woo, du Service américain de l'immigration et des douanes, de concert avec des inspecteurs postaux et une équipe de douaniers provenant de tous les coins du pays. L'arrestation de deux hommes dans un atelier photographique de Dallas, qui servait aussi de centre de production de matériel pornographique juvénile, a conduit à la découverte de vidéos les montrant en train d'agresser des garçons au Mexique. L'analyse de leurs courriels et des registres téléphoniques a fait ressortir le nom de Tim Julian, entre autres. « Pendant deux ans, nous avons surveillé les cibles, suivi la trace des courriels et interrogé des individus un peu partout aux États-Unis, raconte Woo. Vers la fin de 2002, la police fédérale mexicaine a été mise au courant des activités de Robert Decker. Les autorités ont annulé son visa et l'auraient expulsé du pays s'il n'avait pas accepté de rentrer volontairement aux États-Unis.

« Il a insisté pour emporter son ordinateur portable avec lui, dit Woo. Erreur fatale ! »

C'était une erreur, parce que les douaniers n'ont pas besoin d'avoir un mandat, pas même de fournir d'explication, pour inspecter et saisir les biens de quelqu'un. Ainsi, lorsque les autorités mexicaines ont renvoyé Decker à Laredo, au Texas – le poste frontière le plus proche –, il a promptement été arrêté pour possession de pornographie juvénile. « Nous avons procédé à un examen judiciaire complet de son ordinateur, dit Woo ; c'est comme ça que nous avons découvert le pot aux roses. »

Decker a été incarcéré pendant un an dans une prison de Laredo, où les autres détenus, dont bon nombre de Mexicains, étaient moins que ravis que leur nouveau compagnon ait agressé de jeunes Mexicains. « On lui a fait la vie dure », se contentera de dire Woo. Qu'il ait été motivé par le désir d'échapper à cette pénible détention ou par la crainte de passer de nombreuses années de plus derrière les barreaux, Decker a accepté de témoigner contre ses associés. Il a été condamné à 10 ans de prison pour possession de matériel de pornographie juvénile, au lieu des 20 ou 30 ans que lui aurait valus une condamnation pour exploitation d'une entreprise de tourisme sexuel.

Suivant les révélations de Decker, les agents se sont rendus en Utah, au Colorado et en Californie, où ils ont interrogé des clients et compilé une liste de suspects potentiels sur laquelle figuraient une trentaine d'hommes, pour les États-Unis seulement. Mais les procureurs ont décidé de concentrer leur attention sur la mise hors d'état de nuire du cerveau de l'opération, Tim Julian. Woo a découvert que Julian, homme d'affaires ne manquant pas de dynamisme, avait non seulement envoyé des Américains au Mexique pour abuser de jeunes garçons, mais aussi expédié au moins un garçon à un Américain. Decker avait aidé à faire passer clandestinement le garçon aux États-Unis pour le compte d'un ancien colocataire de Julian. Lorsque Woo s'est rendu en Indiana au domicile de l'homme, Louis Accordini, c'est le jeune Mexicain qui lui a ouvert. Si Accordini n'a seulement écopé que d'un an de prison pour avoir hébergé un étranger entré illégalement aux États-Unis, c'est parce que lui aussi a accepté de témoigner contre Julian.

En août 2002, Woo a estimé que la preuve accumulée justifiait une arrestation. Le procès de Julian a eu lieu dans les six mois qui ont suivi. Après quatre jours de délibérations seulement, le jury l'a déclaré coupable de rapports sexuels avec mineurs et de transport d'un adolescent mexicain en Indiana à des fins immorales.

Pendant ce temps, Decker a craché un autre nom : celui d'un grand client qui avait également participé au financement de certaines activités de l'hôtel. Stefan Irving, ancien pédiatre du district scolaire de Middletown, à New York, avait perdu le droit d'exercer après avoir été reconnu coupable d'une tentative d'agression sexuelle sur un enfant en 1983. Selon les documents du tribunal, dans l'un des poèmes découverts par les enquêteurs, Irving comparait ses victimes masculines à « de petites mangues empilées à sa porte ».

« Uniques. Encore vertes. Chacune si belle », écrivait-il.

C'était en raison du poème d'Irving, ainsi que de l'habitude qu'avaient prise les délinquants du Castillo Vista del Mar de se faire photographier devant les manguiers d'Acapulco, que l'enquête a été appelée « opération *Mango* ». En fin de compte, toutefois, la poésie d'Irving lui vaudrait un aller simple vers un enfer carcéral. Il a été envoyé derrière les barreaux 7 mois après Julian ; le 13 février 2004, il a été condamné à 21 ans de prison. Deux semaines plus tard, Timothy Julian, qui avait nourri les projets les plus grandioses pour le Castillo Vista del Mar, recevait sa sentence : 25 ans d'incarcération dans un pénitencier fédéral, sans beaucoup de soleil ni de vue sur la mer.

En tout, l'enquête de Perry Woo sur le tourisme sexuel a débouché sur huit arrestations aux États-Unis, dix au Mexique, et le sauvetage d'une trentaine d'enfants. Lorsque Woo s'est rendu au Mexique pour rechercher certains des garçons qui avaient été agressés à l'hôtel d'Acapulco, il n'a pu en trouver que quatre. Deux ont témoigné aux États-Unis, dont Jesus Santiago, qui, à 13 ans, avait dispensé des faveurs sexuelles pour se nourrir, mais qui, à 18 ans, avait pris l'avion pour Manhattan afin d'envoyer Stefan Irving en prison. À ce moment-là, Jesus vivait avec sa tante dans l'État d'Hidalgo, il fréquentait l'école et il faisait du porte-à-porte pour distribuer de l'eau.

Certains des autres garçons qui avaient été captifs à l'hôtel d'Acapulco ont eu moins de chance. « Nous avons sillonné les rues de l'Acapulco souterraine, raconte Woo. L'un des garçons était devenu souteneur ; un autre, toxicomane, était porté disparu et deux autres avaient été retrouvés décapités sur la plage. »

Après la réussite de l'opération *Mango*, Perry Woo a été nommé à la tête du programme national, au siège du Service de l'immigration et des douanes, où il superviserait les activités du Service liées au tourisme sexuel.

Pour Woo et pour d'autres enquêteurs, il devenait évident que les délinquants sexuels voyageurs jouaient un rôle clé dans le cycle de production des images de sévices sexuels infligés à des enfants qui sont diffusées sur Internet. « Avant de prendre des photos d'un enfant, il faut d'abord en trouver un et l'agresser, dit Woo. Les agresseurs savent que les lois américaines sont sévères et le deviennent de plus en plus ; alors, ils se rendent dans des pays où ils peuvent exploiter des enfants et où les lois sont inadéquates. » Ils prennent l'enfant en photo ou en vidéo, puis montent des sites Web d'où ils peuvent vendre les photos, ou bien ils les échangent dans les salons de clavardage ; c'est ainsi que le cycle des agressions s'accélère.

Selon une recherche d'ECPAT (End Child Prostitution, Child Pornography and the Trafficking of Children for Sexual Purposes), réseau international d'organisations travaillant ensemble afin d'éradiquer la prostitution juvénile, la pornographie juvénile et le trafic d'enfants à des fins sexuelles établi à Bangkok, les Américains représentent le quart des consommateurs de l'industrie mondiale du sexe, laquelle exploite environ deux millions d'enfants. Mais ils ne sont pas les seuls ; des Britanniques, des Canadiens, des Européens et des Australiens se rendent en grand nombre sur les plages et dans les bordels annoncés sur le Web.

Le Mexique restait populaire, mais, pendant que les autorités américaines et nationales y sévissaient, la rumeur s'est répandue qu'il y avait des pays plus « compréhensifs » en Asie. Eric Franklin Rosser, le premier prédateur sexuel d'enfants à figurer sur la liste des dix fugitifs les plus recherchés par le FBI, a été accusé d'un crime commis non pas aux États-Unis, mais en Thaïlande. Il y avait enregistré sur vidéo l'agression qu'il avait commise contre une fillette de 11 ans. Ce crime lui avait valu de figurer au palmarès ignominieux tout juste après Noël 2000. Au bout de deux mois, il a été arrêté en Thaïlande ; mais, relâché sous caution, il a pris la poudre d'escampette. Après une liposuccion et une chirurgie plastique du visage, il s'est promené en Europe, avant de retourner en Thaïlande, où il a été de nouveau arrêté en août 2001. Cette fois-là, il a passé deux ans en prison. Il a ensuite été extradé aux États-Unis, où il s'est reconnu coupable des crimes qu'on lui reprochait. En octobre 2003, il a été condamné à plus de 16 ans d'incarcération dans un pénitencier fédéral.

La Thaïlande était tout aussi populaire chez les prédateurs britanniques. Des hommes comme Robert Errol Wood, 24 ans, concepteur de pages Web de Dewsbury, dans le West Yorkshire, trouvaient la chasse facile à Klong Toey, le plus vaste des quartiers misérables de Bangkok. Plus de 80 000 personnes s'entassent dans des huttes de fortune aménagées le long d'étroites allées. L'air y est empuanti par la fumée et les odeurs de cuisson. Les enfants, pour la plupart en haillons et en sandales rapiécées, roulent à vélo ou jouent au ballon. On entend constamment le fracas métallique des casseroles qui s'entrechoquent, les chiens qui aboient et les bébés qui pleurent. C'est une collectivité pauvre, mais bien vivante. Les gens y sont fiers de leur capacité à survivre et à se montrer amicaux avec les étrangers – peut-être trop amicaux.

Wood a profité de la situation. Il soudoyait des garçons âgés de 7 à 13 ans qui essayaient de gagner leur vie en vendant des fleurs dans la rue. « Ses victimes comptaient parmi les enfants les plus vulnérables », dit le père Joe Maier, un prêtre qui dirige une école et un dispensaire communautaire pour les enfants de Klong Toey. « Ils vivent dans des conditions abominables, ajoute-t-il ; un dollar peut leur sembler une fortune. » Certains des enfants appelaient Wood « oncle », mais l'oncle ramenait certains garçons dans un appartement loué, où il les agressait et prenait les photos qu'il diffusait sur Internet. Sous le pseudonyme de « Woody », il se vantait de ses escapades à ses copains d'Angleterre.

Paul Griffiths a croisé le chemin de Wood pour la première fois lorsqu'il travaillait encore comme policier à Manchester. C'était au printemps 2002 ; Griffiths venait de recevoir une toute nouvelle série d'images de sévices dont chacune portait la marque « Woody » dans le coin inférieur.

« Il les téléversait directement dans les forums sur Internet et les signait, dit Griffiths, ce qui est plutôt rare. Il était en quête de gloire. » Griffiths a creusé dans les archives des moteurs de recherche – qui conservent souvent des copies des anciens articles de forum – et a trouvé des messages que Wood avait envoyés en se servant de la même adresse de courriel. Il en a trouvé un comportant une adresse IP qui lui a permis de remonter jusqu'au fournisseur britannique de services Internet. Lorsque la police est venue frapper à la porte de Wood, celui-ci avait déjà quitté le pays.

Wood faisait partie de la nouvelle race de voyageurs du XXIe siècle qui se rendent dans le tiers-monde non seulement pour abuser d'enfants, mais aussi pour diffuser sur Internet les trucs du métier. « Les conversations découvertes dans son ordinateur indiquaient qu'il conseillait les gens sur les meilleurs endroits à visiter et sur ceux qu'il valait mieux éviter », dit Griffiths. Celui-ci a commencé à rassembler les images et les registres de conversation qui prouvaient que Wood agressait sexuellement de jeunes garçons à Bangkok – sans savoir où exactement. Il était conscient d'être incapable de mener seul cette affaire à bien.

Pendant des années, les autorités thaïlandaises avaient fermé les yeux sur le tourisme sexuel; après tout, la réputation de « ville du péché » qu'avait acquise Bangkok rapportait beaucoup d'argent au pays. Sous la pression des groupes locaux de défense des droits de la personne et des gouvernements occidentaux, la Thaïlande a commencé à sévir au moins contre le secteur du commerce sexuel impliquant des enfants. ECPAT a établi le siège de ses activités à Bangkok, et y a exercé toute l'influence dont il disposait pour que la situation change. Les compagnies aériennes et les hôtels ont publié des messages fort efficaces qui avertissaient les touristes que l'exploitation sexuelle d'enfants était illégale.

La police thaïlandaise aussi était sortie de sa léthargie historique, et bon nombre d'agents ne ménageaient pas leurs efforts dans la chasse aux prédateurs. Paul Griffiths s'est adressé à plusieurs enquêteurs thaïlandais qui s'étaient rendus à Londres pour assister à la conférence de stratégie sur l'affaire Wood. Il leur a montré des photos de Woody prises près du Grand Palais de Bangkok; l'un des visiteurs thaïlandais a reconnu l'un des gardes du palais qu'il connaissait. Sur les photos que Wood avait prises des garçons dans son appartement, on pouvait voir des immeubles par la fenêtre. Le chef des enquêteurs thaïlandais chargé de l'affaire Wood, le sous-lieutenant de police Nathapan Sresthputr, était à peu près certain d'avoir reconnu le quartier.

De retour à Bangkok, en sillonnant les rues, Sresthputr a appris qu'un Britannique correspondant à la description de Wood avait habité dans le quartier, mais qu'il avait déménagé. Il a ensuite établi l'itinéraire le plus rapide menant de l'appartement de Wood jusqu'aux bars fréquentés par les touristes sexuels. Sur ce chemin, il a traversé des intersections où se tenaient les enfants des rues pour vendre fleurs et friandises.

« Il savait où Woody allait se chercher des garçons », dit Griffiths.

En peu de temps, Sresthputr et ses hommes ont trouvé des garçons qui connaissaient Woody; ils ont même rencontré certaines des victimes dont les photos circulaient sur Internet. L'un des garçons était porteur d'une nouvelle étonnante : Woody – à qui les enquêtes menées sur lui en Angleterre avaient peut-être mis la puce à l'oreille – était parti le jour même à l'aéroport. Les policiers se sont précipités à l'aéroport Don Muang de Bangkok, mais n'ont pu découvrir le nom de Wood sur les listes de passagers des vols vers l'Angleterre. Griffiths commençait à s'inquiéter: la police savait que le visa de Wood expirerait sous peu, mais peut-être l'homme lui avait-il glissé entre les doigts. Les autorités thaïlandaises ont décidé d'analyser toutes les listes de passagers, estimant que Wood était peut-être rentré dans son pays par un vol non direct. Cette fois-là, la recherche a été fructueuse: Robert Errol Wood a été arrêté avant de s'embarquer pour Dubai.

«Le ciel nous tombe sur la tête», disait le courriel d'un pédophile américain paniqué, connu sous le pseudonyme de JoeJoe Biggs. «Woody a été arrêté en Thaïlande; tu dois te débarrasser du disque dur de ton ordinateur et de tous tes CD.» JoeJoe avait peut-être appris de Woody lui-même qu'il fuyait Bangkok. Peut-être avait-il lu sur le Web les dépêches annonçant l'arrestation de Woody. Il envoyait son courriel urgent à l'un des correspondants londoniens réguliers de Woody, mais c'était trop tard. La police a lu l'avertissement de JoeJoe dès que celui-ci l'a envoyé: un agent était assis devant l'ordinateur de l'ami londonien, qui a été arrêté lui aussi.

Craignant que certains associés du milieu pédophile thaïlandais n'achètent le silence des victimes de Wood ou ne les tuent, les autorités britanniques ont d'abord voulu extrader Wood pour lui faire subir son procès en Angleterre. En fin de compte, ce sont les autorités thaïlandaises qui ont sévi. Le 25 novembre 2003, le concepteur de sites Web du West Yorkshire a entendu le juge d'une cour de Bangkok le condamner à une peine d'emprisonnement de 42 ans – l'une des plus sévères jamais imposées à un adepte du tourisme sexuel. Lorsque le prononcé de la sentence lui a été traduit, Woody a frappé du poing sur la table qui se trouvait devant lui et a lancé des insultes au juge. Cet accès de colère lui a valu deux mois de prison de plus.

La Thaïlande a continué d'être la destination privilégiée des touristes pédophiles, mais la lourde peine imposée à Wood ainsi que la nouvelle détermination de certains policiers thaïlandais à pourchasser les prédateurs étrangers en ont poussé plus d'un à chercher des cieux plus cléments.

Ils ont trouvé refuge de l'autre côté de la frontière, au Cambodge voisin, encouragés par les sites Web qui le présentent comme la destination de vacances rêvée pour les pédophiles. «Les délinquants sexuels voyageurs ont facilement accès à des enfants, la plupart du temps en toute impunité», explique Aarti Kapoor, avocate qui a décroché son premier emploi à l'âge de 24 ans au sein d'un groupe cambodgien de défense des droits des enfants, où elle a œuvré pendant quatre ans. «Depuis que la justice thaïlandaise a sévi contre les pédophiles, bon nombre d'entre eux viennent ici», dit-elle. Selon l'ONU, il y aurait au Cambodge – l'un des pays les plus pauvres du monde, où la moitié de la population gagne moins de un dollar par jour – quelque 33 000 enfants qui travaillent dans l'industrie du sexe.

«Le système judiciaire est particulièrement corrompu et inefficace», dit Kapoor. Elle fait remarquer qu'il n'y a pas de loi au Cambodge qui traite des délits reliés à la pornographie juvénile ou de crimes concernant spécifiquement les enfants. Les hommes accusés d'agressions d'enfants peuvent souvent acheter dans la rue de faux documents haussant l'âge de leurs victimes. «N'importe qui peut fabriquer un faux certificat de naissance, dit-elle, c'est simplement une question d'argent. Tout s'achète au Cambodge.»

Kapoor relate un incident survenu en décembre 2004. La police a effectué une descente dans un hôtel de Phnom Penh, qui n'était rien de plus qu'un bordel, y arrêtant 8 présumés trafiquants, et confiant plus de 80 femmes et fillettes aux soins d'une organisation non gouvernementale (ONG). Mais, tout juste le lendemain, une meute a pris d'assaut le refuge de l'ONG pour capturer de nouveau les femmes et fillettes, et les remettre dans le circuit du commerce sexuel. Même lorsqu'elle semblait disposée à s'attaquer aux touristes sexuels, la police se révélait considérablement dépassée. Kapoor se souvient d'au moins deux fois où des policiers sont venus la voir avec des ordinateurs portatifs de touristes qu'ils avaient saisis. «Ils ne savaient même pas comment les allumer», dit-elle.

Au début, Kapoor désespérait de voir la situation s'améliorer. Tandis que les organismes caritatifs et les ONG signalaient que des touristes occidentaux rôdaient autour des enfants, il semblait que les ambassades de ces pays étaient davantage enclines à protéger leurs citoyens que les enfants des pays pauvres. La situation a commencé à changer en 2003, lorsque le Service américain de l'immigration et des douanes s'est attaqué aux délinquants américains. Jim Gamble a ensuite apporté sa contribution lorsqu'il a mis sur pied une nouvelle agence policière destinée à coordonner la lutte contre l'exploitation des enfants que mènerait la Grande-Bretagne à l'échelle mondiale. Gamble s'est même rendu au Cambodge. Pour ce commandant bourru, qui avait survécu d'abord à la guerre sanglante livrée dans les rues d'Irlande, ensuite à la vision d'horreur des milliers d'images répugnantes saisies durant l'opération *Ore*, ce voyage a été troublant, mais aussi édifiant.

«Après avoir été témoin de la pauvreté dans laquelle vivent ces enfants, dit-il, on voit les choses d'un œil tout à fait différent.» Dans un pays où, trop souvent, «l'épaisseur du portefeuille détermine la longueur de la sentence», comme il le dit lui-même, Gamble était déterminé à modifier l'équilibre des forces. «Le seul moyen de faire une différence au Cambodge, c'est de travailler de manière très visible», dit-il. C'est pourquoi il a envoyé trois fois au Cambodge des équipes britanniques d'une vingtaine de spécialistes. Ceux-ci ont formé les travailleurs sociaux, afin qu'ils puissent aider les enfants victimes; ils ont également enseigné aux experts médico-légaux les techniques de prélèvement des éléments de preuve dans les cas d'agressions sexuelles. Les agents de Gamble ont travaillé de concert avec la police cambodgienne en vue de mettre les agresseurs sexuels hors d'état de nuire.

Joe Sullivan, psychologue spécialisé dans la formation des agents relativement au «cycle de l'agression sexuelle» des délinquants, faisait partie de ces équipes d'experts. Il a constaté que les enfants des rues distribuaient des cartes de visite sur lesquelles figuraient des adresses de courriel ainsi que des noms de babillards électroniques donnant des détails sur les meilleurs bordels. Accompagné d'un groupe international d'enquêteurs en matière de droits des enfants, il s'est rendu dans le village de Svay Pak, tristement célèbre pour ses bordels d'enfants. Devant une caméra cachée, un proxénète a amené le groupe dans une ruelle, puis dans une hutte dégoûtante, où il a montré une enfant de 7 ans, mise en vente. «Miam, miam, moi bonne», disait-elle, en mettant un doigt entre ses lèvres. Heureusement, elle et la trentaine d'autres victimes mineures ont été sauvées, mais Svay Pak continue d'être un centre de trafic sexuel des plus florissants.

Certains adeptes du tourisme sexuel n'ont pas reçu l'accueil chaleureux auquel ils s'attendaient. Gary Glitter, star du *glam rock* qui ne passait jamais inaperçue mais dont l'étoile pâlissait, a été incarcéré en 1999: dans son ordinateur, on avait découvert des milliers de photos de sévices sexuels infligés à des enfants. Après avoir purgé la moitié de sa peine de quatre mois, il s'est rendu dans un pays qu'il croyait plus sûr pour lui, le Cambodge. Il en a été expulsé. Il y est retourné, y a acheté une propriété, mais a de nouveau été expulsé à la fin de 2004, après avoir fait quelques jours de prison. Glitter, dont le vrai nom est Paul Francis Gadd, s'est enfui au Vietnam voisin, où il a été condamné, en 2006, à une peine de trois ans de prison pour avoir abusé chez lui de deux fillettes, âgées de 10 ans et de 11 ans. Des agents britanniques se sont rendus au Vietnam pour examiner l'ordinateur saisi, dans l'espoir de localiser d'autres victimes. Ils ont mis Glitter en garde: il risquait la prison s'il retournait jamais en Grande-Bretagne.

Glitter reste cependant la célèbre exception à la règle parmi les milliers de touristes sexuels moins connus. «Nous en attrapons certains, mais si peu!» dit Hamish McCulloch, directeur adjoint de la Sous-direction

Trafic d'êtres humains d'Interpol. Il déplore que la réglementation et la coopération internationales soient aléatoires. L'Australie, par exemple, permet que les individus qui figurent sur la liste des délinquants sexuels à contrôler soient sortis d'un avion si leur destination est un lieu de tourisme sexuel connu; mais la plupart des pays n'imposent pas de restrictions. Si plusieurs pays transmettent à Interpol les noms des trafiquants de drogues reconnus coupables, bien peu lui envoient de l'information sur les délinquants sexuels connus.

Le fatras de lois incomplètes et souvent contradictoires qu'ont adoptées la majorité des pays complique davantage la chasse aux prédateurs d'Internet.

CHAPITRE DOUZE

Une toile de lois

Ce n'est pas en tatouant le front de chaque délinquant sexuel que notre société sera plus sûre. Ce n'est pas le cas.

– Rachel Mitchell, procureure de l'État d'Arizona

Deux cents jours de prison… ou deux cents ans ? Selon que vous vivez au sud ou au nord du 45e parallèle, vous écoperez de peines fort différentes pour le même crime commis contre des enfants.

Robert Rehill, 31 ans, de Sudbury, en Ontario, stockait dans son ordinateur 256 fichiers d'images de sévices sexuels infligés à des enfants, dont 32 vidéos. En mai 2006, un juge l'a condamné à sept mois de prison. Une semaine plus tard, au sud de la frontière du Canada, la Cour suprême d'Arizona a maintenu la condamnation de Morton Berger, 52 ans, père de 4 enfants et enseignant en histoire, sans antécédents judiciaires, pour possession de 20 images de pornographie juvénile. Il n'y a eu aucune allégation d'attouchements sexuels sur un enfant ni d'agression sexuelle. Mais, selon la loi de cet État, la peine obligatoire minimale pour simple possession d'images de sévices sexuels infligés à des enfants est de 10 ans par image, à purger successivement. Vingt images, deux cents ans !

Berger a fait appel de sa sentence, qu'il considérait comme une « peine cruelle et inusitée ». Après tout, la peine minimale imposée en Arizona est égale ou supérieure à la peine maximale de 48 des autres États américains. Mais il a perdu en appel, jusqu'à la Cour suprême des États-Unis.

L'ampleur de l'écart séparant les peines n'est qu'une des nombreuses incongruités qui marquent la lutte judiciaire contre la pornographie juvénile sur Internet, où le crime est mondial, mais la peine locale – dans les pays où existent des lois. Une étude menée en 2006 par l'ICMEC (International Center for Missing and Exploited Children) a révélé que plus de la moitié des 184 pays membres d'Interpol – 95 États en tout – n'ont aucune loi concernant spécifiquement la pornographie juvénile. Il ne faut pas s'étonner de voir figurer sur cette liste certaines des destinations les plus populaires auprès des pédophiles, comme le Cambodge, la Thaïlande, Singapour et la Malaisie – mais aussi des destinations vacances bien connues comme les îles Fidji, la Grenade et la Jamaïque.

Même parmi les pays qui ont adopté une loi quelconque dans ce domaine, la moitié ne définissent pas ce qu'est la pornographie juvénile ni ne criminalisent la possession de matériel de pornographie juvénile. Dans la législation du quart de ces pays – 27 États en tout –, il n'est pas question des délits commis par l'intermédiaire d'Internet. En fait, cinq pays seulement – les États-Unis, la France, la Belgique, l'Australie et l'Afrique du Sud – satisfont aux cinq critères établis par l'ICMEC pour la législation en la matière : la loi doit (1) porter sur la pornographie juvénile, (2) définir ce qu'est la pornographie juvénile, (3) inclure les délits commis par l'intermédiaire d'Internet, (4) criminaliser la simple possession du matériel, et (5) obliger les fournisseurs de services Internet à déclarer les cas d'images de pornographie juvénile.

« Il y a encore un immense travail de sensibilisation à faire ; le problème est loin d'être compris », déclare Ernie Allen, président de l'ICMEC.

En ce qui concerne les délits reliés à la pornographie juvénile, on ne s'entend même pas encore sur les définitions les plus simples. Quand un enfant cesse-t-il d'être un enfant selon la loi ? Quel âge doit-il avoir avant d'être légalement capable de donner son consentement à des relations sexuelles ?

Selon la Convention sur les droits des enfants – le traité de l'ONU sur les droits de la personne qui a été ratifié par le plus grand nombre de pays –, un enfant est une personne âgée de moins de 18 ans. Tout en ne précisant pas l'« âge de consentement », la Convention stipule qu'un enfant ne doit pas être victime de sévices sexuels, de pornographie ni de prostitution. L'ICMEC recommande que l'âge de consentement légal soit fixé à 18 ans. Dans la plupart des pays, il tourne plutôt autour de 16 ans ; dans certains autres, il est beaucoup plus bas.

La question est loin d'être d'intérêt exclusivement théorique. En avril 2004, la GRC de Moncton, au Nouveau-Brunswick, a arrêté un homme de 38 ans provenant de Pennsylvanie alors qu'il se trouvait seul dans une chambre de motel avec une adolescente de 14 ans. Il a été accusé de leurre sur Internet et d'agression sexuelle. De telles accusations, si elles étaient maintenues, pourraient entraîner une condamnation à des décennies d'incarcération aux États-Unis. Mais, au Canada, la police a dû relâcher l'homme parce que l'adolescente a déclaré qu'elle avait accepté d'être avec lui. Cela s'explique par le fait que l'âge de consentement légal était à l'époque de 14 ans au Canada – c'était l'un des plus bas au monde. Le Chili et la Chine ont également placé la barre à 14 ans. En Espagne, au Japon et dans d'autres pays, l'âge de consentement légal est de 13 ans. Il peut même varier à l'intérieur du pays : en Australie, il passe de 16 à 17 ans, selon l'État. Certains États américains, comme l'Iowa et la Caroline du Sud, permettent les relations sexuelles consensuelles entre adolescents de 14 ans ; dans d'autres États, comme en Oregon et au Wisconsin, les rapports sexuels sont illégaux jusqu'à l'âge de 18 ans. Au Canada, les lois sur la pornographie fixent la majorité sexuelle à 18 ans, ce qui signifie qu'il est légal d'avoir des rapports sexuels avec une personne plus jeune, mais pas de les photographier.

Plusieurs sociétés, à juste titre, ne souhaitent pas criminaliser les rapports sexuels entre adolescents. Des sondages révèlent qu'entre 30 et 50 p. 100 des adolescents de moins de 16 ans ont eu une forme ou une autre de rapports sexuels, la plupart au cours de relations consensuelles avec d'autres adolescents. L'application aveugle de lois strictes sur l'âge de consentement peut avoir des répercussions désastreuses. En avril 2006, un forcené de Nouvelle-Écosse, Stephen Marshall, a abattu plusieurs hommes dans le Maine après avoir décidé de pourchasser les délinquants sexuels dont il avait vu les noms dans le registre public de cet État. Le seul crime de l'une des victimes, âgée de 19 ans, était d'avoir couché avec sa copine, laquelle, à deux semaines de son 16e anniversaire, n'avait pas encore l'âge légal pour donner son consentement.

C'est pourquoi les experts préfèrent parler d'« âge de protection » plutôt que d'âge de consentement. David Butt, ancien procureur qui a travaillé en étroite collaboration avec Paul Gillespie de la police de Toronto, est aujourd'hui secrétaire général d'ECPAT, le réseau international d'organisations travaillant ensemble afin d'éradiquer la prostitution juvénile, la pornographie juvénile et le trafic d'enfants à des fins sexuelles. Il propose un barème mobile, de la protection complète à la liberté complète, correspondant au cheminement de l'enfant vers la maturité. La société peut criminaliser les rapports sexuels avec un enfant n'ayant pas atteint tel ou tel âge, si elle le juge approprié, par exemple 13 ans. Selon Butt, au stade suivant, les adolescents de 14 et 15 ans auraient le droit de « vivre leur éveil sexuel, mais dans un environnement social sûr limité à des jeunes du même âge ». Dans le cas de ces adolescents, l'écart maximal devrait être de 5 ans d'âge pour les rapports sexuels consensuels : par exemple, une personne de 19 ans pourrait avoir de tels rapports avec une personne de 14 ans. Dans le cas des adolescents de 16 ans et plus, la même règle concernant les rapports sexuels consensuels pourrait s'appliquer, pourvu qu'il n'y ait pas « d'exploitation, d'abus de pouvoir, de confiance ou d'autorité ».

« La protection est un concept, pas un âge limite, explique Butt. Il s'agit de protéger les enfants contre les prédateurs, mais aussi contre l'État. » Il a été ravi de voir le gouvernement conservateur minoritaire du Canada adopter en juin 2006 une loi portant explicitement sur l'« âge de protection ». Cette loi a fait passer la majorité sexuelle de 14 ans à 16 ans, tout en comportant une exception d'« âge rapproché » de cinq ans.

« Il faut créer le bon équilibre, dit Butt. Nous devons protéger les enfants à un moment important de leur développement sexuel, où ils sont vulnérables, tout en les laissant faire ce qu'ils ont toujours fait avec leurs pairs : s'éveiller sexuellement. »

On ne s'entend pas non seulement sur la définition juridique de ce qu'est un enfant, mais non plus sur la classification des crimes commis contre des enfants et sur les peines que devraient encourir leurs auteurs.

En Australie, jusqu'à tout récemment, les délits de pornographie juvénile ne figuraient même pas dans le code criminel. La police devait porter des accusations sur la base des règles de classification des films et de la littérature. L'opération *Falcon* – la vague d'arrestations qui a été déclenchée par les répercussions mondiales de l'enquête sur Regpay – a contribué à sensibiliser les gouvernements locaux et fédéral, qui ont dès lors accordé plus d'importance au problème. En 2005, la possession et la distribution de « matériel d'exploitation d'enfants » – sans doute la formule la plus juste pour décrire les images de sévices sexuels infligés à des enfants – étaient devenues des délits criminels fédéraux.

Il reste toutefois un écart à combler entre la loi telle qu'elle a été formulée dans le code criminel et la loi appliquée par les tribunaux. Selon une enquête menée par un journal de Nouvelle-Galles-du-Sud, 2 ans après les arrestations de l'affaire Regpay, 15 seulement de la centaine d'hommes mis en accusation à la suite des raids policiers se trouvaient en prison, malgré le fait que la plupart d'entre eux avaient été reconnus coupables des crimes qui leur étaient reprochés. En fait, bon nombre de ces délinquants avaient reçu des sentences avec sursis ou simplement des amendes, plutôt que des peines d'emprisonnement. Les données du Bureau of Crime Statistics and Research indiquent que celui qui vole une voiture risque cinq fois plus d'aller en prison que celui qui regarde des images d'exploitation sexuelle d'enfants sur Internet.

Les procureurs et tribunaux du Royaume-Uni ont eu eux aussi à se démener pour s'adapter à la vague de crimes sur Internet. Pendant de nombreuses années, les délinquants sexuels d'Internet faisaient l'objet d'accusations portées en vertu de la loi de 1978 sur la protection des enfants, très ancienne sur le plan de la technologie, ou d'une loi à peine plus moderne, adoptée en 1988, c'est-à-dire avant que l'utilisation du Web ne se répande. Cette loi prévoyait une peine maximale de six mois pour possession d'images de sévices, et il fallait que les accusations soient portées dans les six mois suivant la perpétration du délit, ce qui rendait quasiment impossible toute arrestation, vu l'arriéré des analyses des experts judiciaires en informatique.

« Il nous fallait penser autrement », dit Esther George, conseillère en matière de politiques au bureau du procureur de la Couronne.

En 1999, les procureurs ont remporté une victoire juridique en obtenant que les tribunaux reconnaissent que le simple téléchargement d'une image équivalait à la « fabrication » d'une image – crime plus sérieux entraînant une peine plus longue – puisque, dans les faits, le délinquant créait une nouvelle image en sol anglais dans son ordinateur. En 2001, une réforme a allongé les peines, portant à cinq ans la peine maximale pour possession de matériel pornographique juvénile.

Ce n'est toutefois qu'après l'adoption en 2003 de la loi sur les délits sexuels que les crimes sexuels commis contre des enfants sur Internet au Royaume-Uni allaient être enfin codifiés, et les peines alourdies. Un nouveau délit – le leurre – a été ajouté : il devenait illégal de rencontrer une personne âgée de moins de 16 ans dans l'intention d'abuser d'elle. Pour la première fois, la loi visait aussi les voyageurs délinquants sexuels. « Dans le passé, ils pouvaient commettre leurs crimes dans une relative sécurité, convaincus que les autorités britanniques ne pouvaient les poursuivre, dit George. Ce n'est plus le cas. »

Bien entendu, il était plus facile de modifier la loi que de changer la mentalité des gens. Un médecin de 23 ans, traduit devant un tribunal écossais en 2004 devant lequel il s'est reconnu coupable d'avoir téléchargé des images de jeunes garçons que la cour a qualifiées de « dégoûtantes », s'en est tiré avec une simple réprimande – pas de peine d'emprisonnement ni même d'amende. Le juge a fait remarquer que l'accusé planifiait de travailler auprès des personnes âgées, et non des enfants, comme si cela changeait quoi que ce soit à la nature du délit. Dans un autre cas de leurre, le juge a accordé à l'homme qui avait donné rendez-vous à une fille de 12 ans pour l'agresser sexuellement la libération conditionnelle, estimant que les registres de clavardage indiquaient qu'elle avait été une « participante consentante ».

La situation était pire encore au Canada, où les sentences rendues dans les affaires de pornographie juvénile sur Internet étaient particulièrement clémentes. La plupart du temps, les Canadiens accusés de possession simple de ce matériel recevaient une sentence conditionnelle à purger dans la collectivité : pas de peine de prison, pas de thérapie obligatoire.

Certains juges ont donc décidé de faire preuve de créativité. Gérald Morin, Cri de Saskatchewan issu d'une petite communauté sans école secondaire et qui a fini par siéger à la Cour provinciale, a dirigé l'audition sur le cautionnement d'un autochtone de 19 ans qui vivait dans une réserve et qui était accusé de possession d'images de sévices sexuels infligés à des enfants. « Je me souviens de l'époque où les anciens disaient que prendre quelqu'un en photo, c'était lui voler son âme, dit-il. Rien de plus vrai lorsqu'on prend de telles photos d'un enfant. » Morin s'est montré particulièrement sévère, refusant le cautionnement de l'accusé. Ce dernier a fini par reconnaître sa culpabilité. « Il faut parfois faire ce que l'on doit, dit le juge, lorsque la loi est lacunaire. »

La loi a certainement été lacunaire pour d'autres victimes. Sergio Martinez, 35 ans, quand il a attiré dans son appartement de Toronto une fillette de 11 ans en lui faisant croire sur Internet qu'il avait 19 ans, pour ensuite tenter de la violer, s'exposait à une peine maximale de 5 ans de prison pour leurre et de 10 ans pour agression. La Couronne réclamait une peine de 10 à 12 ans d'incarcération. Le juge en a imposé une de 21 mois.

Certains délinquants semblent être des habitués des tribunaux – et des prisons. Blair Evans, un homme marié père de deux enfants, scientifique travaillant dans un centre de recherche de la Défense nationale à Shirley's Bay, en Ontario, a été arrêté pour avoir téléchargé 20 000 images de pornographie juvénile. Il a écopé d'une peine de huit mois de prison. En 2002, vivant alors à Toronto, il a été arrêté de nouveau ; cette fois-là, le juge l'a condamné à deux ans de prison. L'une des conditions de sa libération était l'interdiction d'utiliser un ordinateur relié au Web. En 2004, il récidivait. L'équipe de Paul Gillespie l'a repéré au clavier d'un ordinateur d'université, dans un salon de clavardage appelé « 100 % PreTeenGirlSexPics ». Cette dernière fois, il a écopé d'une peine de 47 mois, qui, dit-on, serait la plus longue jamais imposée au Canada pour possession de pornographie juvénile.

Même lorsqu'un juge penche en faveur d'une sentence plus sévère, son effort est parfois voué à l'échec. Lorsque la juge de la Cour du Québec Dominique Wilhelmy a condamné un père à dix ans de prison pour avoir violé sa fille de 2 ans et à cinq ans de plus pour avoir diffusé des images de l'agression sur Internet, elle a déclaré que c'était le « pire crime commis dans les pires circonstances ». Mais, dans un renversement de situation stupéfiant, en juin 2006, la Cour d'appel a plutôt estimé que l'homme ne devrait pas écoper de la peine maximale parce que, selon l'un des juges, « l'on ne retrouve pas ici des gestes de violence tels que bâillonner, menacer, ou frapper l'enfant ». Les juges de la Cour d'appel ont également trouvé que le fait de n'avoir qu'un seul antécédent judiciaire en semblable matière, remontant à l'époque où il était mineur, justifiait aussi une peine moins lourde. Cet antécédent, c'était l'agression sexuelle d'une fillette de 6 ans, commise lorsqu'il avait 17 ans. La sentence qu'il avait reçue pour avoir abusé de sa fille a été réduite à neuf ans.

Une loi fédérale récente a finalement prescrit des sentences minimales pour les cas de pornographie juvénile : la distribution vous vaudra de 90 jours à un an de prison, et la possession, de 14 à 45 jours. Rien pour effrayer les délinquants et les dissuader de s'engager dans le cycle de l'agression sexuelle.

« Qu'est-ce que cela nous dit sur la valeur que nous accordons aux enfants ? » demande David Butt. Il fait remarquer que, au Canada, l'incarcération dans les cas de sévices infligés à des enfants est laissée à la discrétion du juge, tandis qu'une condamnation pour tentative de vol de banque – même si aucune arme n'est utilisée et que la somme dérobée est insignifiante – entraînera presque automatiquement une peine de prison.

« Nous voyons régulièrement des peines d'incarcération imposées à des individus qui ont causé des pertes totalement assurées à des institutions financières internationales, mais beaucoup moins souvent à des gens qui ont ruiné la vie d'un enfant, dit-il. C'est une logique détraquée. »

La logique est peut-être détraquée aussi, mais dans l'autre sens, aux États-Unis. Aucun autre pays occidental ne se targue autant que les États-Unis de réprimer sévèrement la criminalité. Les crimes de nature sexuelle, en particulier, font la manchette des tabloïds et attirent l'attention de la télévision. Les politiciens conservateurs et les évangélistes profitent parfois de la situation pour attaquer les homosexuels. Mais, malgré tout le bruit et les feux d'artifice, il y a souvent aux États-Unis davantage de feu que de lumière pour ce qui est de la meilleure manière de protéger les enfants des prédateurs.

Le monde a beaucoup à apprendre du système judiciaire américain en ce qui a trait à la protection des enfants. Les juges américains sont davantage conscients du fait que le commerce des images de sévices infligés à des enfants n'est pas moins un crime sexuel que ne l'est une agression directe. À la suite de l'opération *Hamlet*, un homme âgé de 44 ans de Spokane, dans l'État de Washington, accusé d'avoir photographié sa fille de 3 ans et d'avoir échangé ces photos avec l'un des chefs du réseau de pédophiles, a plaidé coupable tout en précisant qu'il n'avait jamais abusé physiquement de son enfant.

« Vous venez de me dire que ce que vous avez fait n'était pas mauvais ni méchant, que vous n'êtes pas un violeur », lui a dit Oliver W. Wanger, juge de la Cour fédérale des États-Unis. « Ce que vous avez fait était mauvais et méchant. »

L'homme a été condamné à 17 ans et demi de prison, après négociation de la peine.

Même dans l'Amérique de la loi et de l'ordre, il reste des anomalies. Dans certains États, comme en Californie, la possession de pornographie juvénile est une infraction mineure. Au moins 8 États ne considèrent pas comme un crime le leurre d'un enfant en vue de l'agresser sexuellement, tandis que d'autres États réduisent le crime à une infraction mineure si l'enfant est âgé de 14 à 17 ans.

Les registres de délinquants sexuels dont on fait tant l'éloge ne sont pas sans faille. Le NCMEC fait remarquer que, parmi les 600 000 délinquants inscrits aux États-Unis, environ 150 000 sont « perdus », parce qu'ils omettent de se conformer à la réglementation ou parce qu'ils tirent parti de la confusion que suscite la multiplicité des règlements. Par exemple, la loi n'obligeait pas les membres des forces armées reconnus coupables par un tribunal militaire d'actes sexuels commis sur des enfants à s'inscrire au registre des délinquants sexuels une fois leur peine purgée. C'est à cause de cette faille dans le système que le suspect John Doe nommé Kevin Quinn a pu échapper au radar de la loi pendant plusieurs années.

Cette lacune a été comblée au cours d'une vaste réforme connue sous le nom de *Protect Act of 2003*. Cette nouvelle loi s'attaquait aussi au tourisme sexuel, doublant la sentence minimale de 15 ans à 30 ans et supprimant l'obligation de prouver l'intention criminelle. « Dans le passé, nous devions faire la preuve que le motif du voyage était prémédité et consistait à avoir des rapports sexuels avec un mineur », dit Perry Woo, du Service américain de l'immigration et des douanes. « Aujourd'hui, nous n'avons qu'à prouver la perpétration du crime. » Les Américains qui s'engagent à l'étranger dans des activités sexuelles avec des personnes âgées de moins de 18 ans – quel que soit l'âge de consentement fixé par le pays visité – s'exposent à des accusations aux États-Unis. Tandis qu'une poignée de touristes seulement se sont fait attraper avant l'entrée en vigueur de la nouvelle loi, le Service américain de l'immigration et des douanes a depuis 2003 arrêté 19 voyageurs américains pour tourisme sexuel – la moitié pour des crimes qui auraient été commis au Cambodge.

Trois ans plus tard, en 2006, le Congrès a adopté la loi *Adam Walsh Child Protection and Safety Act* – ainsi baptisée en l'honneur du fils de John

Walsh, champion des droits des victimes –, dont la portée est encore plus étendue. Pour commencer, cette loi a créé un registre national public des délinquants sexuels et imposé à tous les États des exigences cohérentes en la matière. Les hommes d'affaires qui profitent de l'exploitation sexuelle des enfants encourent une peine minimale de 15 ans de prison ainsi qu'une amende correspondant à la plus élevée de ces deux sommes: 500 000 $ ou leurs profits bruts.

Comme toujours, le législateur américain est enclin à gonfler les peines de prison. La solution universelle semble être d'envoyer l'accusé en prison et d'en jeter les clés. La loi a institué de nouvelles sentences obligatoires ou alourdi les sentences existantes, laissant ainsi aux juges très peu de marge de manœuvre. La peine infligée pour la production de pornographie juvénile a été établie à 15 ans de prison pour une première condamnation, et à 25 ans pour une deuxième. L'agression sexuelle grave d'un enfant entraîne une sentence minimale de 30 ans.

Les années de prison imposées aux prédateurs continuaient de s'empiler. Paul Whitmore, l'un des instigateurs du réseau international d'agresseurs démantelé au cours de l'opération *Hamlet*, s'est vu offrir une peine pouvant aller de 30 ans jusqu'à la perpétuité. Il a estimé qu'il n'avait rien à perdre en optant pour un procès. Terrible erreur pour lui.

Jeff Dort, le procureur adjoint de San Diego, appréhendait le procès: « Le juge choisi avait fait apporter de petits sacs pour le cas où quelqu'un aurait envie de vomir durant ma déclaration d'ouverture. » Whitmore semblait prendre plaisir à contempler de nouveau son œuvre, souriant parfois lorsque certaines images de sévices sexuels étaient affichées à l'écran dans la salle du tribunal.

Il ne riait plus, toutefois, le 30 novembre 2005, pendant l'heure qu'a duré la lecture du verdict relatif aux douzaines d'accusations pesant contre lui. Whitmore a été reconnu coupable de 51 crimes: asservissement, sodomie, pénétration sexuelle, copulation orale, notamment. Le 9 février 2006, sans manifester d'émotion, Whitmore s'est levé pour écouter le prononcé de sa sentence: 467 ans de réclusion dans une prison d'État.

Whitmore – faut-il s'en étonner? – a décidé de faire appel.

Une sentence de quatre siècles fait la manchette et apporte probablement une certaine consolation morale aux victimes. Mais elle risque également de donner à la population un faux sentiment de sécurité.

Lars Underbjerg, le policier danois à l'origine de l'opération *Hamlet*, est ravi qu'un individu comme Whitmore paie pour ses crimes, mais se demande s'il n'y a pas un danger à adopter des solutions simplistes: « Si vous me disiez qu'on devrait mettre à l'ombre tous les pédophiles pour toujours et qu'on serait ensuite en sécurité, je pourrais vous dire la même chose des voitures : retirez-les toutes des voies publiques, et plus personne ne périra dans un accident de la route. Pourtant, personne ne songe à faire cela. Nous n'allons pas envoyer tous les pédophiles sur une île déserte, ni les tuer. Est-ce à dire qu'il n'y a rien à faire ? Non, pas du tout. »

Underbjerg soulève une question que peu de politiciens, procureurs ou policiers américains peuvent poser publiquement, de crainte d'être taxés de clémence excessive envers les criminels. Aux États-Unis, la peine moyenne imposée aux agresseurs sexuels d'enfants n'est pas de quelques siècles mais d'environ 11 ans, selon un article du magazine *Time*, c'est-à-dire plus courte que dans la plupart des autres pays. « La réalité, c'est que tous les agresseurs n'iront pas en prison et tous n'y resteront pas, dit Jim Gamble. Alors, quand les délinquants sont relâchés, comment rassurer la population ? »

Envoyer sans discernement tous les criminels derrière les barreaux pour purger des peines interminables peut en fait rendre les choses plus dangereuses. « La massue que constitue une lourde peine d'emprisonnement est la pire des solutions à ce problème, dit Ken Greer. Il faut traiter ces délinquants de manière individuelle. » Greer, avocat de l'aide juridique de Nouvelle-Écosse, qui a souvent eu à défendre des agresseurs d'enfants et des collectionneurs de pornographie juvénile, est également père de 4 filles âgées de moins de 12 ans.

Il relate le cas d'un ancien client, un homme troublé, dans la mi-vingtaine. Condamné pour pornographie juvénile à une peine de deux ans à purger dans un pénitencier fédéral, il a été violé à quatre reprises, dont une par plusieurs détenus à la fois. « Il a été plongé encore plus profondément dans un univers de violence, où la gratification sexuelle est obtenue par la force, dit Greer. Une fois sa peine purgée, c'est un homme stigmatisé et traumatisé qui a quitté le pénitencier, une victime qui n'en savait pas plus long qu'avant sur sa maladie et sur les moyens de la contrôler. »

Greer convient que certains délinquants sont des violeurs impénitents que l'on devrait garder en prison, mais d'autres souffrent parfois d'un déficit intellectuel, d'une dépendance aux drogues ou de troubles mentaux. Une fois incarcéré, un détenu ne peut être forcé à suivre une thérapie, que la prison soit canadienne, américaine ou britannique. Il arrive souvent que les délinquants choisissent de purger leur peine entière plutôt que de se faire traiter et d'avoir une meilleure chance d'obtenir une libération conditionnelle, parce qu'ils craignent le ridicule et les mauvais traitements dont les agresseurs d'enfants font l'objet en prison. Les détenus condamnés pour de telles agressions ne s'en vantent pas en prison ; s'inscrire à une thérapie, c'est rechercher les ennuis. Greer estime qu'il serait plus efficace de condamner certains délinquants à des peines à purger dans la collectivité, mais avec thérapie obligatoire. S'ils refusent de se faire traiter, ils sont incarcérés immédiatement, et pour la durée de la sentence.

Ces points de vue ne peuvent pas facilement être rejetés d'emblée comme étant les propos prévisibles d'un avocat de la défense, parce qu'ils sont également tenus par les procureurs purs et durs d'Arizona, l'État où se faire prendre avec une seule photo pornographique d'enfant entraîne automatiquement une peine minimale de 10 ans de prison. Si le cas de l'enseignant d'école secondaire qui a été condamné à deux siècles de prison a attiré l'attention des médias de tout le pays, sous la surface les autorités de l'Arizona se montraient beaucoup plus inventives qu'il n'y paraissait.

L'État permet à certains délinquants d'opter pour une accusation moins grave: par exemple, tentative d'obtenir une image de pornographie juvénile plutôt que possession de celle-ci. Cela signifie que le délinquant écopera d'une sentence moins longue, avec libération conditionnelle. Le piège pour lui, c'est qu'il devra pour le reste de sa vie adhérer à un programme de libération conditionnelle strict.

Et ce programme est effectivement très strict. L'une des règles prescrit que le délinquant soit obligé de porter un slip en tout temps lorsqu'il se trouve en public. Quinze autres conditions sont imposées au délinquant: par exemple, l'interdiction de tout contact avec des enfants, même de sa famille; l'interdiction de fréquenter quelqu'un qui a des enfants sans l'autorisation écrite préalable des autorités; l'interdiction de se trouver à proximité d'une école, d'un parc ou d'un terrain de jeu; l'interdiction de posséder des vêtements, jouets ou jeux d'enfants; et, sans doute plus important encore, l'obligation de se soumettre à tout programme thérapeutique.

En fait, l'Arizona brandit le bâton des décennies d'incarcération pour forcer les délinquants à choisir la carotte du traitement et de la liberté surveillée sa vie durant. Il semble que l'approche soit efficace.

« Le programme de liberté surveillée permanente connaît un vif succès », dit Rachel Mitchell, procureure principale chargée des crimes à caractère sexuel au bureau du procureur du comté de Maricopa. Elle a envoyé son lot de prédateurs derrière les barreaux, mais elle aimerait autant en voir quelques-uns recevoir l'aide – et la supervision – dont ils ont besoin: « Ce n'est pas en tatouant le front de chaque délinquant sexuel que notre société sera plus sûre. Ce n'est pas le cas. »

De fait, une étude a révélé que 2 p. 100 seulement des délinquants engagés dans le programme de libération conditionnelle récidivaient. « C'est phénoménal, s'exclame Mitchell. Il est évident que garder ces individus en liberté surveillée toute leur vie en les faisant soigner est efficace. »

Les statistiques internationales nous apprennent que l'expérience d'Arizona n'est pas l'exception. Karl Hanson est psychologue clinicien et chercheur principal au ministère de la Sécurité publique et de la Protection civile du Canada, à Ottawa. Il a suivi les études menées sur environ 20 000 délinquants sexuels de par le monde. Il a constaté que, en moyenne, le taux de récidive chez ceux qui ne faisaient l'objet d'aucun traitement était d'environ 17 p. 100 dans le cas des nouveaux délits sexuels après cinq ans de liberté – chiffre de loin inférieur à ce que l'on a fait croire à la population affolée. Mais ce taux baisse encore, à 10 p. 100, chez ceux qui ont reçu une forme quelconque de traitement. Pourtant, jusqu'à présent, le programme de traitement que dirige Andres Hernandez à Butner, en Caroline du Nord, est le seul dans tout le système carcéral fédéral des États-Unis.

« Les programmes de traitement manquent terriblement », dit Hanson.

Allumez la télé ces temps-ci : vous ne cesserez de voir des messages d'intérêt public destinés aux victimes de viol et de violence conjugale, des publicités sur des lignes d'information pour enfants, sur les cliniques de sevrage des drogues, sur l'alcoolisme ou sur la dysfonction érectile. Mais si un homme est troublé par l'envie d'avoir des rapports sexuels avec un enfant et qu'il cherche des conseils, vers qui peut-il se tourner ?

À l'inauguration du programme de lutte contre les agressions sexuelles d'enfants *Stop It Now!* mis sur pied par l'État du Vermont, en 1992, le premier appelant a été un homme dont le message était des plus simples : « Allô ! Je m'appelle John et j'ai besoin d'aide. » Selon le site Web du programme, 15 p. 100 des quelque 700 appels reçus par la suite provenaient d'agresseurs avoués.

Mark Langham, pédophile d'Edmonton, en Alberta, cherchait de l'aide au Canada, après avoir été arrêté deux fois vers la fin de l'adolescence. Mais il a été frappé par le fait qu'il devait commettre un délit pour avoir droit aux traitements. « Disons que vous êtes pédophile et que vous n'avez rien fait d'autres que du voyeurisme ou que vous avez regardé de la pornographie juvénile sur Internet, et que vous cherchez de l'aide, dit-il. Il n'y a rien pour vous. Rien du tout ! N'est-ce pas idiot ? »

Langham a l'honnêteté de ne rejeter la faute sur personne d'autre que lui-même pour ses actes. « Je ne blâme pas Internet, je me blâme moi. Je ne blâme ni ma femme ni les enfants, la faute est mienne. J'ai choisi d'allumer mon ordinateur et de visiter des sites pornographiques. Ce n'est pas mon ordinateur qui me mène et qui me dit où aller. »

Il est également assez honnête pour comprendre qu'il n'y a pas de remède miracle à son mal : « Toute ma vie, j'aurai chaque jour des fantasmes. Je peux choisir de les repousser, en me disant qu'ils sont à réprouver, que ce n'est plus ça que je veux faire. »

Pendant sept ans, il a pu contrôler ses pulsions, jusqu'à ce qu'il retombe dans l'abysse et s'engage dans le cycle de l'agression sexuelle qui finirait par le conduire – lui et plusieurs des partenaires de son réseau de pédophiles – en prison pour de nombreuses années. Le message qu'il veut lancer aux autres pédophiles est simple: « Il n'y a pas de remède à ce mal. Vous en serez atteint toute votre vie. Faites-vous aider avant que quelque chose arrive. »

Des experts comme le psychologue Joe Sullivan sont d'accord là-dessus. « Les statistiques nous apprennent que le système de justice criminelle n'est pas efficace pour ce qui est de réduire le nombre d'enfants victimes d'agressions sexuelles, dit-il. Nous devons inciter les délinquants à chercher de l'aide et à affronter leurs démons. »

En règle générale, les programmes de traitement intègrent le recours à des médicaments à une orientation psychologique, deux approches thérapeutiques couronnées de succès. À la Clinique des comportements sexuels de l'Hôpital Royal d'Ottawa, le Dr John Bradford et ses collègues ont traité plus de 4000 individus depuis 1980. Les premières années, de 20 à 30 p. 100 d'entre eux recevaient des médicaments; de nos jours, près de 80 p. 100 des patients font l'objet d'une forme de traitement pharmacologique.

La plupart des patients de Bradford prennent des médicaments appelés « inhibiteurs sélectifs du recaptage de la sérotonine » (ISRS), qui sont des antidépresseurs mieux connus sous leurs formes de Prozac et de Zoloft. Les médecins ont constaté que les ISRS atténuent la libido et réduisent les idées obsédantes de même que les comportements compulsifs chez les pédophiles. Dans les cas les plus graves – par exemple ceux des tueurs d'enfants –, la clinique d'Ottawa administre un puissant anti-androgène qui réduit de façon spectaculaire le taux de testostérone et bloque les récepteurs du cerveau. « L'anti-androgène supprime l'excitation et les fantasmes sexuels déviants, ce qui est exactement l'effet recherché, dit Bradford. Dans au moins une des études que nous avons menées, nous avons réussi à inverser le modèle d'excitation, de telle sorte que les pédophiles n'éprouvaient plus de préférence sexuelle pour les enfants – mais l'éprouvaient pour des adultes. C'est là un renversement étonnant, une cure plutôt qu'un traitement – pourvu que les patients continuent de prendre le médicament. »

La clinique de Bradford propose également à tous ses patients un programme de prévention des rechutes, qui prend généralement la forme d'une dynamique de groupe. Certains individus participent encore régulièrement aux groupes mis sur pied en 1982. Les statistiques de suivi de la clinique de Bradford indiquent que les taux de récidive des hommes traités pour avoir agressé leurs propres enfants avaient baissé jusqu'à 6 p. 100

– ce qui est remarquable. Dans le cas des autres agresseurs, ce taux était de 12 à 13 p. 100.

En Angleterre, Joe Sullivan remportait le même succès avec un programme où l'on incitait les délinquants à s'aider eux-mêmes, à la Wolvercote Clinic, dans le Surrey, où il a commencé à travailler en 1995. «Il ne fait aucun doute que certains individus devraient être incarcérés le reste de leur vie», dit Sullivan. L'un des cas qu'il a traités concernait un agresseur déjà condamné qui continuait de fantasmer sur le rapt et le meurtre d'enfants. «Nous avons le devoir de protéger la société contre de tels individus, dit-il. Vous ne pouvez forcer quelqu'un à changer s'il ne le veut pas. Mais certains délinquants sexuels abhorrent ce qu'ils font et voudraient s'amender.»

Sullivan et d'autres psychologues de la même école aux quatre coins du monde traitent les agresseurs sexuels d'enfants à peu près de la même manière qu'on traite les alcooliques ou les toxicomanes dans les centres de désintoxication: les délinquants sexuels doivent reconnaître qu'ils souffrent d'une maladie incurable mais traitable; ils doivent accepter que l'attirance qu'ils éprouvent pour les enfants est répréhensible; et ils doivent apprendre des techniques d'adaptation qui leur permettront de maîtriser leurs pulsions.

Wolvercote a accepté 305 patients en 7 ans. Plus de 80 p. 100 d'entre eux n'ont pas récidivé. À l'échéance de son bail, toutefois, les plans de déménagement de la clinique ont échoué à cause d'une féroce opposition de la part de voisins inquiets – notamment d'alertes à la bombe. Wolvercote, la seule clinique du genre au Royaume-Uni, a fermé ses portes en 2002.

Cette réaction instinctive a suscité les critiques acerbes inattendues d'une victime d'abus sexuels. Shy Keenan s'est fait connaître en Angleterre lorsque, irritée de n'avoir pas réussi à convaincre les autorités de prendre au sérieux ses allégations contre son beau-père, elle a décidé de confier son histoire aux responsables d'une émission de télévision populaire de la BBC, *Newsnight*. L'enquête menée par les reporters a conduit à l'arrestation du beau-père, pour une série d'agressions sexuelles commises sur sa belle-fille ainsi que sur d'autres enfants depuis les années 1970. Il a été condamné à 15 ans de prison. Keenan a par la suite formé les Phoenix Survivors, dont la mission était de militer en faveur des droits des victimes. Consacrée en 2003 «championne des droits des enfants britanniques» par une organisation caritative, Keenan a exercé des pressions sur des ministres et affronté des prédateurs d'Internet. Elle a aussi dénoncé l'attitude de la population – qui selon elle se cachait la tête dans le sable – à propos de la fermeture forcée de centres de traitement comme Wolvercote.

«Souhaitez-vous que ces dangereux individus se trouvent dans la rue ou voulez-vous plutôt qu'ils soient surveillés dans un milieu contrôlé par des gens qui connaissent leurs pulsions ? demandait Keenan. Les manifestants ont mis un terme au type de traitement dont les pédophiles ont besoin ; ceux-ci doivent être contrôlés. »

Aux États-Unis aussi les politiciens – et certains chefs de police peu éclairés – privilégient les tactiques qui font peur plutôt que celles qui règlent les problèmes. L'hystérie qui fait que l'on dépeint les agresseurs sexuels d'enfants comme des monstres a atteint des proportions d'épidémie. Dix-sept États interdisent aux agresseurs sexuels d'enfants d'habiter près d'écoles, ce qui est logique. Mais la Géorgie a adopté une nouvelle loi qui leur interdit d'habiter ou de travailler dans un rayon de 300 mètres d'un arrêt d'autobus d'écoliers. Cette loi est contestée par les groupes de défense des droits civiques, parce qu'elle empêche en fait ces individus de vivre à peu près partout dans l'État. Bon nombre de villes ou de collectivités du Texas, du Kansas et de Géorgie ont explicitement franchi le pas, interdisant à ces délinquants d'habiter chez elles. Une nouvelle loi proposée en Californie interdirait pratiquement Los Angeles et San Francisco aux délinquants.

L'ennui avec la panique du « pas dans ma cour » en ce qui concerne les agresseurs sexuels d'enfants, c'est qu'elle occulte l'indésirable vérité : les prédateurs que vous devriez redouter le plus sont ceux qui sont déjà dans votre cour. La vaste majorité des enfants agressés le sont non pas par un étranger, mais par quelqu'un qu'ils connaissent. Au moment où le Congrès américain se félicitait d'avoir adopté la loi Adam Walsh pour réprimer et suivre à la trace les délinquants sexuels, l'un des principaux tenants de la réforme – celui que l'on louangeait pour avoir été l'un des principaux artisans de la loi – n'était autre que le congressiste républicain Mark Foley, plus tard tombé en disgrâce pour avoir envoyé des courriels à contenu de nature sexuelle à des adolescents qui avaient travaillé au Congrès.

Il est beaucoup trop facile pour les législateurs d'accroître les peines, comme si cacher le problème derrière des barreaux ou le transférer dans une autre ville ou un autre État allait le résoudre. Cette politique de l'autruche n'est pas tellement utile pour protéger les enfants dans le monde complexe des cyberprédateurs.

QUATRIÈME PARTIE
DE NOUVELLES FRONTIÈRES

CHAPITRE TREIZE

La guerre de la haute technologie

Nous en sommes au stade où c'est un détail, un tout petit élément d'information, qui a parfois le plus d'importance. Certains renseignements enfouis quelque part peuvent transformer une cause désespérée en victoire éclatante.

– Don Colcolough, directeur des enquêtes et des affaires légales, AOL

Les agresseurs sont parfois négligents. Parfois, simplement stupides.

Sur l'une des séries d'images de sévices sexuels infligés à des enfants que la police du Connecticut a transmises au NCMEC, l'agresseur avait numériquement inscrit le prénom et le nom de sa jeune victime sur la vidéo, ce qui les rendait – lui et elle – relativement faciles à trouver. En 2005, en Allemagne, un homme âgé de 20 ans s'est lui-même livré à la police – avec sa vaste collection d'images de pornographie juvénile – après avoir été effrayé par le virus informatique Sober. Le virus s'accompagnait d'un faux avertissement qui a poussé l'homme à avouer ses crimes : « Nous avons repéré votre adresse IP sur une trentaine de sites Web illicites. »

De telles gaffes sont rares. Après plus d'une décennie de guérilla, durant laquelle ils se sont cachés des agences d'application de la loi, ont échangé des coups avec elles et ont appris à les connaître, les cyberagresseurs sont devenus plus compétents et aussi plus audacieux. « Les criminels sont de plus en plus habiles », dit Carlos Ortiz, le procureur qui s'est attaqué aux conspirateurs de l'affaire Regpay. « Ils sont organisés. Ils savent ce qu'ils font. Ils sont jeunes et forts en informatique. »

Les cyberprédateurs et les producteurs d'images de pornographie juvénile jouissent de plusieurs avantages par rapport aux enquêteurs qui les pourchassent, dont l'un, non négligeable, est qu'ils ne sont pas entravés par la loi. Les policiers – contrairement aux agents clandestins de la brigade des stupéfiants, qui sont autorisés à transporter ou à faire le commerce de petites quantités de drogues pour attirer les trafiquants – n'ont pas le droit d'échanger une seule image d'exploitation sexuelle d'enfant. Les cyberagents clandestins comme Emily Vacher, du FBI, ou Jim Pearce, de Scotland Yard, ne peuvent cacher leur identité que dans la mesure où ils ne révèlent pas à leurs cibles – avant leur arrestation – qu'ils sont de la police.

Leurs cibles, par contre, peuvent faire usage de fausses identités, de cartes de crédit volées, de signaux Internet piratés et de téléchargements illégaux. Les adversaires ne luttent pas à armes égales.

Si les règles du jeu ne sont pas justes, les adversaires ne sont pas sur un pied d'égalité non plus. La plupart des enquêteurs dans ce domaine sont des policiers ordinaires qui sont devenus des experts en informatique ; même eux n'ont pas toujours le temps de se tenir au courant des plus récents logiciels et des derniers progrès réalisés dans le domaine des navigateurs Web. Par contre, beaucoup d'agresseurs d'enfants sont soit des professionnels de l'informatique, soit des amateurs d'Internet qui consacrent le plus clair de leur temps à acquérir en ligne les plus récentes techniques.

Lorsque les policiers ont vu pour la première fois les photos de Jessica prises par Burt Thomas Stevenson, en 2003, ils ont remarqué qu'il en avait rendu certaines floues pour masquer son propre visage ou des caractéristiques révélatrices des vêtements de sa victime. À l'époque, ce souci du détail était rare. Au fil des ans, les enquêteurs ont constaté que de plus en plus de délinquants avaient appris le truc. « Ils rendent l'arrière-plan flou et ils se cachent le visage », dit Vacher. Sur une série de photos découvertes par les agents du Service américain de l'immigration et des douanes, deux fillettes dorment sur un lit. Une pile de lettres sur une table à l'avant-plan a été soigneusement obscurcie. Le prédateur a pris la peine de masquer les boutons de sa télécommande – croyant sans doute que la police essaierait d'en trouver la marque ou le détaillant local – ainsi que les étiquettes de toutes les vidéocassettes rangées sur une tablette à l'arrière-plan. Il a même dessiné des cache-œils sur le visage de la fillette afin qu'on ne la reconnaisse pas.

Chez Visa International, Robert Alandt et son équipe de sécurité voyaient bien eux aussi que les marchands de pornographie devenaient de plus en plus astucieux. Pour procéder aux tests d'achat d'images illicites sur les sites suspects, les enquêteurs de Visa se servaient parfois de cartes de crédit qui ressemblaient en tous points à des cartes authentiques, mais qui n'étaient pas émises par des banques – et donc invalides pour les opérations. Les entrepreneurs ont vite compris le stratagème et, dans les salons de clavardage privés et forums du Web, ils ont fait circuler des listes de ces cartes qu'il ne fallait pas accepter. Les marchands procédaient aussi à des ventes factices pour cacher leurs activités. « Ils vous demandaient d'acheter des sonneries de cellulaire ou des logiciels sans valeur ; avec cet achat, vous obteniez un code ou un mot de passe vous permettant d'aller sur le site qui contenait le matériel pornographique », explique Alandt.

Les commerçants et producteurs de matériel d'exploitation sexuelle des enfants trouvaient de nouveaux moyens de stocker leur marchandise. « Autrefois, quand on exécutait un mandat de perquisition chez l'un de ces types, il fallait surtout saisir le boîtier tour de l'ordinateur, dit Emily Vacher. Aujourd'hui, il existe des clés USB et des lecteurs sans fil. Si vous voyiez un couteau suisse dans un tiroir, vous l'y laissiez. Aujourd'hui, vous le saisiriez aussi, car il pourrait s'agir d'un périphérique de stockage. »

Les téléphones cellulaires et autres dispositifs portatifs personnels pourraient bientôt remplacer l'ordinateur de la maison comme principal moyen d'accéder à Internet. Dans plus de 30 pays, il y a déjà davantage de comptes de téléphone cellulaire que d'habitants – et la plupart des cellulaires modernes sont équipés d'une caméra et d'un navigateur Web. Le NCMEC a commencé à recevoir sur sa ligne CyberTip des signalements de techniciens qui, au cours de la réparation d'un téléphone cellulaire, y découvrent les mêmes types d'images de pornographie juvénile qui étaient naguère trouvées par les ateliers de réparation d'ordinateurs. « C'est l'immédiateté qui rend le téléphone cellulaire si attrayant, explique Jennifer Lee, du NCMEC. L'action peut se dérouler en direct. En un instant, l'image peut être transmise d'un cellulaire à un autre cellulaire, d'un cellulaire à un ordinateur ou encore d'un cellulaire à un iPod. Dans les conversations de prédateurs que nous lisons sur Internet, [cette immédiateté] est vraiment excitante pour eux : un homme à New York est en train de violer sa fille, prend des photos du viol et les envoie à ses copains de Californie. »

Le téléphone cellulaire est également beaucoup plus « jetable » qu'un ordinateur. Vous pouvez vous procurer un modèle jetable et acheter des cartes d'appel en fonction de vos besoins. Ainsi, vous effacez toutes les traces que les fournisseurs de services Internet peuvent généralement fournir à la police dans le cas de leurs clients abonnés. La plupart des fournisseurs de services Internet conservent un registre des activités de leurs clients sur le Web pendant au moins quelques semaines. Pour ce qui est des fournisseurs de services téléphoniques, la situation est moins claire. « Qu'advient-il des images envoyées par le cellulaire ? demande Lee. Sont-elles automatiquement supprimées de l'appareil ? Si c'est le cas, sont-elles accessibles ailleurs ? La compagnie de téléphone cellulaire les stocke-t-elle ? Qui sait ? »

Pour ce qui est de l'accès et du stockage, c'est la popularité croissante du Web sans fil qui présente le défi technologique le plus immédiat pour les agences d'application de la loi. Aux États-Unis seulement, il y a environ 19 millions d'ordinateurs portatifs avec accès Internet sans fil et au moins 3 millions de points d'accès qui permettent d'ouvrir une session à bonne distance de la maison ou du bureau – et beaucoup plus discrètement. Doris Gardner, l'agente du FBI qui a lancé le programme *Innocent Images* en 1995, à l'époque où les internautes devaient se brancher au moyen d'une ligne téléphonique commutée – et se montrer très patients –, s'étonne de la facilité avec laquelle les prédateurs d'aujourd'hui peuvent le faire. « Il suffit que je me rende dans un quartier où se trouvent des points d'accès sans fil, dit-elle. J'échange mes images pornographiques, puis je rentre chez moi en voiture. »

La plupart des gens ne sécurisent pas leur réseau sans fil domestique ; il est donc facile pour quelqu'un d'« emprunter » votre connexion pour échanger du matériel pornographique ; la trace d'adresse IP laissée indiquerait que vous avez téléchargé le matériel illicite. De nombreuses villes ont l'intention d'offrir à tous leurs citoyens l'accès sans fil à Internet ; il sera alors presque impossible à la police de remonter jusqu'à une adresse IP.

Les amateurs de pornographie juvénile technophiles recourent aussi à la technologie Wi-Fi pour cacher leur matériel pour le cas où ils se feraient pincer. Leur truc préféré consiste à cacher un lecteur de disque dur sans fil dans un mur de la maison, où des policiers peu méfiants ne le trouveront probablement pas. Certains enquêteurs, comme ceux du groupe de travail australien Argos, se déplacent désormais armés des outils techniques les plus avancés : « Nos équipes de perquisition sont munies de détecteurs d'émetteurs Wi-Fi, dit Jon Rouse ; dès que nous arrivons quelque part, nous cherchons le réseau sans fil. »

Dans les guerres techniques, les deux camps deviennent de plus en plus rusés.

Si vous souhaitez empêcher les délinquants de produire et d'échanger des images d'exploitation sexuelle d'enfants, vous voudrez posséder des banques d'images et des outils de reconnaissance de pointe. Mais, un peu partout au monde, les agences d'application de la loi se heurtent aux limites de la technologie et à l'absence de coordination planétaire.

Aux États-Unis, deux immenses banques d'images de pornographie juvénile sont exploitées à des fins différentes. À Alexandria, en Virginie, le NCMEC ne stocke pas les photos, seulement leurs empreintes numériques, l'objectif étant de transmettre l'information le plus rapidement possible aux agences d'application de la loi. « Notre banque est rapide ; elle produit des rapports à la vitesse de l'éclair et elle est facile d'utilisation», dit Michelle Collins. Mais elle est incapable de reconnaissance faciale. Les analystes de Collins doivent se fier à leur propre mémoire et à leur intuition pour établir des correspondances entre des visages ou des objets figurant sur diverses photos.

L'Unité de lutte contre la cybercriminalité du Service américain de l'immigration et des douanes, à Vienna, en Virginie, a versé près de 200 000 images dans une banque de données qui utilise un logiciel de reconnaissance européen pouvant établir des correspondances entre des formes, des couleurs et des objets, mais pas des visages. «Le système du NCMEC est excellent pour la rapidité de l'information transmise au personnel de terrain, dit Claude Davenport, superviseur du programme. Le nôtre est destiné à l'analyse en profondeur, telle la recherche d'arrière-plans semblables.» Par exemple, cette banque peut établir une correspondance entre deux victimes assises sur le même lit ou trouver toutes les photos sur lesquelles figure une véranda donnée.

En Angleterre, la police dispose de Childbase, une banque de données mise au point par une entreprise de Vancouver, qui permet la reconnaissance non seulement des formes et des objets, mais aussi des visages. À son lancement, en 2003, elle contenait 280 000 images; depuis, elle n'a cessé de croître. Paul Griffiths préfère saisir lui-même les nouvelles images dans le système, afin de pouvoir les examiner et, espère-t-il, s'en souvenir. Le logiciel est raffiné au point de s'accommoder de petits changements dans l'apparence de quelqu'un – barbe, moustache, chapeau ou lunettes, par exemple. Mais le logiciel peut être incapable d'établir une correspondance entre deux photos du même visage si elles ont été prises sous un angle ou un éclairage différent.

Les polices du Canada et de l'Australie n'ont pas encore leurs propres banques de photos, mais elles espèrent picorer les meilleurs éléments de ce qui se fait ailleurs. «Nous sommes nouveaux dans le domaine, et nous aimerions tout avoir», dit Garry Belair, du Centre national de coordination contre l'exploitation des enfants, dirigé par la GRC. Il espère mettre sur pied une banque d'images qui combinera empreintes numériques et logiciel de reconnaissance des formes et des visages.

Chez Interpol, on a utilisé le même logiciel que le Service américain de l'immigration et des douanes pour cataloguer et numériser le demi-million d'images provenant du monde entier.

L'ennui, c'est que ces banques de données ne peuvent «converser» entre elles, en partie parce que les divers logiciels ne sont pas compatibles, et en partie parce que toutes les agences ne sont pas disposées à partager leurs données. «Nous ne constituons pas encore un guichet unique, et c'est un problème de taille, parce que les corps policiers doivent sonder plusieurs endroits pour trouver l'information qu'ils recherchent», reconnaît Anders Persson, d'Interpol. Paul Gillespie, enquêteur à Toronto, comme d'habitude ne mâche pas ses mots: «Nous n'avons pas encore de portail unique. En ce moment, je dois téléphoner à Interpol, téléphoner au NCMEC, téléphoner au Service américain de l'immigration; téléphoner en Angleterre. Ah! C'est ridicule!»

On s'attendrait à ce que la victoire dans la guerre technique contre les cyberprédateurs passe par les fournisseurs de services Internet. Après tout, chaque image d'abus sexuel d'enfant qui circule sur le Web a transité chez un fournisseur de services Internet: pas d'accès à Internet, pas de cyberexploitation des enfants. Si l'on découvrait que les compagnies aériennes ou ferroviaires aident leurs clients à transporter des sacs de cocaïne ou ferment les yeux lorsque des passagers se livrent à la traite d'enfants, le scandale prendrait des proportions épiques. Pourtant, les efforts déployés en vue de faire peser une certaine forme de responsabilité sur les entreprises qui fournissent des services de courriel, de pages Web, de clavardage et de communications qui alimentent le commerce de la pornographie juvénile n'ont pas été des plus soutenus.

Il faut atteindre un équilibre entre ce qui est possible sur le plan technique et ce qui est acceptable dans une démocratie. Bien entendu, les États répressifs peuvent imposer à l'intérieur de leurs frontières des contrôles sévères et la censure sur le Web, mais même dans ces pays-là les internautes intrépides trouvent des échappatoires. Aucun pays démocratique n'a mieux réussi que le Royaume-Uni à obtenir la coopération de l'industrie, des groupes de défense des droits des enfants, du gouvernement et de la police pour bloquer les sites d'exploitation sexuelle des enfants avant même que les internautes n'aient le temps de les visiter. Un surfeur du Canada ou des États-Unis pourrait taper l'adresse du site Web de pornographie juvénile qu'il préfère et voir la page s'afficher sans problème. Mais un surfeur du Royaume-Uni qui taperait la même adresse URL obtiendrait simplement un message l'avisant que la page n'est pas «accessible».

Fondée en 1996, l'Internet Watch Foundation (IWF), dont la mission est de nettoyer le Web, est une coopérative qui rassemble près de 80 entreprises et organisations d'Internet. Son siège, établi dans un petit village proche de Cambridge, est installé dans une modeste maison à étage, entourée de fermettes et de beaux petits cottages aux jardins remplis de tulipes blanches ou rouges. À l'étage, six personnes assises devant leur écran d'ordinateur surfent sur le Web à la recherche de matériel d'exploitation des enfants.

Malgré les apparences, l'IWF est peut-être la plus perfectionnée sur le plan technique de toutes les agences de surveillance en matière de pornographie juvénile. Au moyen d'une ligne téléphonique, les citoyens, les agences d'application de la loi et les entreprises peuvent signaler des sites Web, des forums ou d'autres éléments d'Internet dont le contenu leur semble illicite. Au cours de sa première année, l'IWF a traité 615 signalements; 10 ans plus tard, ce nombre a grimpé à 27750. Le personnel de l'IWF examine les sites signalés afin de déterminer s'ils violent les lois sur la protection de l'enfance en vigueur en Grande-Bretagne. Si c'est le cas, l'IWF transmet une alerte au fournisseur de services Internet et à la police, en vue d'une enquête plus approfondie. Rien dans la loi n'oblige les fournisseurs à dénoncer aux autorités les sites délinquants, mais la coopération est excellente. « On sent ici une détermination à débusquer les sites de pornographie juvénile et à les éliminer », affirme Adrian Dwyer, chef d'équipe de la ligne de signalement. « Les entreprises le font librement – généralement au bout de quelques heures – en raison de la position unique que nous occupons entre les agences d'application de la loi et l'industrie. »

La réussite de l'IWF est stupéfiante. L'accès à plus de 31 000 sites Web considérés comme renfermant du matériel d'exploitation sexuelle d'enfants potentiellement illicite a été bloqué. Plus impressionnant encore, parmi les signalements de sites Web renfermant un tel matériel, la proportion de ceux qui sont situés au Royaume-Uni est passée de 18 p. 100 pour la première année d'exploitation de l'IWF à 0,2 p. 100 aujourd'hui. Les grands fournisseurs d'accès comme British Telecom intègrent l'information provenant de l'IWF dans un système qu'ils ont baptisé *Cleanfeed*, lequel bloque pour leurs clients l'accès aux sites connus de pornographie juvénile.

Bien entendu, cela signifie qu'une partie des sites de matériel d'exploitation sexuelle des enfants sont désormais hébergés dans d'autres pays, où l'IWF est impuissante. Selon elle, de tous les sites de pornographie juvénile confirmés qu'elle a découverts depuis dix ans, 20 p. 100 semblaient être hébergés en Russie, et 50 p. 100 aux États-Unis. Par exemple, un site particulièrement pernicieux a fait l'objet de 96 signalements depuis 1999, mais il continue de réapparaître ailleurs sur la planète. « Ces gens-là connaissent Internet sur le bout des doigts, dit Dwyer. Alors, ils déménagent leur site de pays en pays, de serveur en serveur. »

L'idée qu'une petite équipe rassemblée dans un bureau puisse dresser la liste de sites à bannir qu'elle juge inappropriés pour les surfeurs du Net fait l'affaire des corps policiers et agences de protection de l'enfance, mais est une abomination pour les champions des droits civils. Pourtant, l'approche de type IWF séduit de plus en plus. À la fin de 2006, l'industrie canadienne d'Internet a annoncé son intention d'instaurer au pays un système semblable à celui du Royaume-Uni. L'épreuve ultime, toutefois, se déroulera aux États-Unis, où l'absence de contraintes sur les utilisateurs du Web est considérée comme une affaire de liberté d'expression. Le NCMEC a formé une nouvelle coalition technologique – composée d'AOL, de Microsoft, de Yahoo! et d'autres membres importants de l'industrie – qui consacrera un million de dollars à la mise au point d'une technologie de « détection et d'interruption de la distribution des images connues d'exploitation sexuelle des enfants » sur le Web.

On ignore si un tel programme résistera aux contestations juridiques qu'il suscitera aux États-Unis. En 2004, le tribunal fédéral de première instance de l'Eastern District de Pennsylvanie a invalidé une loi de cet État bloquant l'accès aux sites Web accusés de diffuser de la pornographie juvénile, jugeant cette loi inconstitutionnelle parce qu'elle violerait le Premier Amendement. Mais le Premier Amendement est censé protéger les citoyens spécifiquement contre la violation de leurs droits par le gouvernement. En théorie, rien n'empêche une entreprise privée d'établir ses propres règles et d'interdire la pornographie juvénile sur ses réseaux.

Au moins une grande entreprise américaine, AOL, s'est discrètement servie pendant des années de la liste de sites douteux dressée par l'IWF pour éliminer de ses systèmes les images d'exploitation sexuelle d'enfants, en grande partie grâce à l'un de ses dirigeants qui s'est intéressé personnellement à la guerre technique menée contre ladite exploitation.

Il arrive que les éléments de preuve d'un crime soient trouvés dans des endroits tout à fait inattendus. Don Colcolough, le « limier » technique principal d'AOL, pourrait le confirmer.

Quand deux tueurs à gages du Texas se sont approchés en voiture de leur homme, qu'ils l'ont abattu et lui ont ensuite roulé sur le corps pour être bien sûrs qu'il soit mort, une feuille de papier s'est échappée de leur véhicule pendant qu'ils s'enfuyaient. C'était un imprimé de Mapquest, l'un des services de cartographie les plus populaires du Web, propriété d'AOL. L'adresse Web imprimée au bas de la page était assez complète pour que l'entreprise, consultée par les enquêteurs, puisse remonter jusqu'à l'utilisateur qui avait lancé une recherche et imprimé la carte.

« Je pense que la criminalité aux États-Unis n'a pas changé; mais davantage de crimes sont commis sur Internet », dit Colcolough. À titre de directeur des enquêtes et des affaires légales d'AOL, il est habitué à recevoir toutes sortes de demandes de la part de policiers et de procureurs. Meurtres, fraudes, vols de banque – presque tous les crimes commis aujourd'hui sont liés à une connexion d'ordinateur; AOL, l'un des premiers fournisseurs de services Internet aux États-Unis, a participé à de nombreuses enquêtes.

C'est Colcolough qui a d'abord aidé le FBI en 1995, lorsque l'agente spéciale Doris Gardner a amorcé ce qui allait devenir la première affaire du programme *Innocent Images*. Depuis, AOL est devenue un géant de l'industrie, offrant des services à haute vitesse à des dizaines de millions d'abonnés américains. Si elle ne domine plus le secteur de l'accès au Web comme naguère, elle traite encore le quart de tout le trafic quotidien sur Internet, grâce à ses sites de nouvelles et de vidéo, Netscape, ICQ, Mapquest et autres produits du genre. Le directeur des enquêtes d'AOL consacre environ la moitié de son temps au problème de la pornographie juvénile en ligne.

Pour appuyer les agences d'application de la loi, AOL a élaboré un guide de formation sur la meilleure manière de présenter des mandats de perquisition. « Voici les données que nous avons, celles que nous n'avons pas, leur durée de conservation et la manière pour vous de les obtenir, explique Colcolough. Nous avons fait le gros du travail pour vous. » Il donne régulièrement des conférences à la FBI Academy de Quantico, à la U.S. Naval Justice School et à divers centres de formation des procureurs relevant du ministère de la Justice.

« Avec certaines autres entreprises, le contact ressemble davantage à une bataille qu'à un partenariat », dit Emily Vacher, qui communique souvent avec Colcolough par téléphone ou par courriel. « Don, lui, est toujours là pour vous. »

Quand Colcolough et AOL ont entendu parler du programme IWF du Royaume-Uni à la fin des années 1990, ils en ont importé la liste de forums et de sites Web délinquants, afin de pouvoir éliminer le contenu illicite transitant par AOL. « La loi ne nous y obligeait pas, mais nous estimions que c'était la chose à faire », dit Colcolough.

Si le blocage des sites Web n'est pas obligatoire aux États-Unis, leur déclaration aux autorités l'est bel et bien. Depuis 1999, une loi fédérale y oblige les fournisseurs de services Internet à aviser le NCMEC de tout site qui semble engagé dans la pornographie juvénile et qu'ils découvrent dans leurs réseaux. Mais les fournisseurs se sont conformés à la loi de manière inégale. On ignore le nombre exact de ces fournisseurs aux États-Unis, mais on l'estime à 2000. Sur ce nombre, moins de 300 se sont inscrits auprès du NCMEC, bien que l'aient fait toutes les grandes entreprises dominant le marché. Il n'y a toutefois aucune règle écrite précisant clairement le degré de détail des rapports, ni la durée de conservation des registres.

Pour sa part, Colcolough s'est dit troublé par le flou de la réglementation et par la passivité de l'industrie. Avec l'amélioration des filtres à pourriels, le nombre de clients et utilisateurs du Web qui se plaignaient de recevoir des images et invitations pornographiques dans leur boîte de courriel a diminué. « À mon avis, nous aurions tort de croire que nous recevons moins de signalements de pornographie juvénile parce que le problème n'existe plus, parce que nous l'aurions résolu, dit Colcolough. J'estime qu'il est tout simplement davantage caché qu'auparavant. »

Lui et son équipe ont donc entrepris de mettre au point un système de filtrage appelé Image Detective Filtering Process (IDFP). Au lieu de s'en remettre aux plaintes des clients, AOL pourrait automatiquement trouver les images connues de pornographie juvénile qui circulent dans ses réseaux, les supprimer et les signaler aux agences d'application de la loi par l'intermédiaire du NCMEC. L'équipe de Colcolough a passé six ans à étudier, développer et peaufiner son système. La première année a été consacrée à surmonter les obstacles juridiques : AOL a dû obtenir une autorisation spéciale du ministère de la Justice et du FBI pour étudier la manière d'identifier et de repérer les images pornographiques. Elle a ensuite monté sa propre banque de données contenant les empreintes numériques des photos, comme celles qu'exploitent le NCMEC et les agences d'application de la loi, dans lesquelles une valeur numérique est attribuée aux images connues.

Colcolough et ses collègues ont passé les quatre années suivantes à intégrer le filtre IDFP dans l'énorme système d'AOL. Ils devaient veiller à ce que le filtre n'altère pas le rendement ni la vitesse du courriel et des sites Web d'AOL. Les faux positifs devaient être évités à tout prix : il fallait mettre hors circuit le plus grand nombre possible de marchands de porno, tout en garantissant que Mémé reçoive les photos de ses petits-enfants prises au camp d'été.

Enfin, à l'été 2004, Colcolough, ses techniciens et les cadres supérieurs d'AOL se sont réunis au centre de crise des quartiers généraux de l'entreprise, situé à proximité de l'aéroport Dulles, en banlieue de Washington. Ils étaient prêts à mettre le système en marche. Au bout de quelques minutes, l'IDFP a réalisé sa première prise d'une transmission de pornographie juvénile. Un utilisateur d'AOL a tenté d'envoyer à un autre amateur une image connue d'exploitation sexuelle d'enfants, mais celle-ci a été supprimée. « Le courriel se rend à destination, explique Colcolough, mais pas le fichier photo. » Nullement découragé, l'utilisateur a tenté d'envoyer la même pièce jointe 47 fois. « Nous étions tous là dans la salle à dire : "Il va l'envoyer de nouveau" », raconte Colcolough, balançant la tête comme s'il regardait un match de tennis. « Il l'envoyait. Le filtre l'interceptait. Quarante-sept fois. »

L'IDFP automatisé de Colcolough pouvait donner des résultats à une vitesse foudroyante, et aux conséquences lourdes. Le 28 décembre 2004,

AOL a avisé le NCMEC qu'un utilisateur avait tenté de télécharger une photo illicite dans son compte de courriel AOL. Huit jours plus tard, le NCMEC avait communiqué avec la police locale, obtenu un mandat de perquisition et arrêté Mark McGarry, à Clovis, en Californie. L'enquête a mené à l'identification de 35 autres individus. Dans sa négociation de peine, McGarry – entraîneur d'une jeune équipe de softball – a également reconnu avoir abusé d'une jeune femme.

Un an et demi plus tard, AOL est passée à la deuxième phase de son programme, celle du repérage et du blocage des images illicites incrustées dans les courriels, et non plus seulement des pièces jointes. Chaque fois qu'AOL serre la vis électronique, les pornographes mettent un peu de temps pour s'en rendre compte, puis trouvent d'autres moyens de transmettre leur matériel. Cela ne gêne pas trop Colcolough : « Si je ne t'attrape pas aujourd'hui, je t'attraperai demain. La moindre erreur te perdra. »

À la fin de 2004, Colcolough a reçu un coup de fil découragé d'un policier de Westchester, dans l'État de New York. Une fillette de 11 ans avait révélé à ses parents qu'elle couchait depuis 2 ans avec un homme qui habitait à quelques rues de chez elle. Outre la parole de l'enfant et le témoignage des parents selon lequel elle n'était plus la même depuis deux ans, la police n'avait rien de tangible comme élément de preuve.

La fillette affirmait qu'elle et son agresseur étaient restés en contact constant grâce à la messagerie instantanée d'AOL. Elle avait sur sa liste de contacts l'un de ses pseudonymes, mais ce n'était pas une preuve suffisante. Le suspect, qui était titulaire d'un doctorat en informatique, avait effacé son disque dur. Il avait supprimé tous ses pseudonymes AOL, sauf celui de son compte principal. Il avait également supprimé toutes ses listes de contacts et ses courriels, puis il avait réinstallé le programme de messagerie d'AOL.

Le suspect, expert informaticien, avait éliminé toutes les traces le reliant à l'enfant – du moins, c'est ce qu'il croyait.

« Don, y a-t-il quelque chose qu'on puisse faire ? a demandé l'enquêteur. C'est notre dernière chance. Nous n'avons rien trouvé. »

Colcolough sentait qu'il y avait anguille sous roche : « Il prend la peine de supprimer ses pseudonymes et ses listes de contacts. Il a quelque chose à cacher. » Mais comment prouver quoi que ce soit lorsqu'un spécialiste en informatique a pris toutes les mesures possibles pour couvrir ses traces ?

Le moment était venu de révéler un « œuf de Pâques ». Dans le monde de l'informatique, un œuf de Pâques, comme son nom l'évoque, est une petite surprise cachée dans un programme – en règle générale dans les programmes de jeux – qui ne figure pas dans la documentation et qui donne à l'utilisateur une prime ou un avantage quelconque. Colcolough a révélé à l'enquêteur une séquence de touches et de clics pour découvrir un tel œuf de Pâques dans le logiciel d'AOL.

Cliquez sur AIDE, puis sur SUIVANT, dans le menu déroulant, choisissez À PROPOS D'AMERICA ONLINE. Enfoncez ensuite la touche CTRL et appuyez sur la lettre E. Le journal des erreurs s'affichera; c'est le fichier dont les techniciens d'AOL se servent pour diagnostiquer le problème dont se plaint un client. À cause d'une bizarrerie de programmation, c'est également dans ce fichier qu'AOL stocke les tentatives ratées d'envoyer un message instantané.

Colcolough pariait sur ce fichier, mais c'était un pari raisonnable. La seule chose que l'agresseur ne pouvait supprimer, c'était son obsession pour la fillette. Après qu'elle eut coupé tous les liens Internet avec lui, l'homme a tenté désespérément d'entrer en contact avec elle. Il ne pouvait certes lui rendre visite chez elle ni lui téléphoner. Expert en informatique, il savait également qu'il ne pouvait lui envoyer de courriel, car AOL conservait les registres pendant un mois. Il a donc tenté de savoir si l'enfant était en ligne en cliquant sur la fonction de recherche de la messagerie instantanée. Chaque fois, il recevait un message d'erreur l'avisant qu'elle ne l'était pas.

Chaque fois que cela se produisait, AOL enregistrait la tentative dans le registre des messages d'erreur – fichier profondément enfoui dans l'ordinateur. « Le [suspect] n'était pas au courant de cela. L'enfant ne l'était pas non plus. Ni l'enquêteur de Westchester », dit Colcolough.

Colcolough, lui, le savait et l'a dit à l'enquêteur.

À l'autre bout du fil, silence. Puis « Oh ! » Le registre indiquait que la plupart des 20 derniers messages d'erreur étaient des tentatives d'entrée en contact avec la fillette. Colcolough a indiqué à l'enquêteur comment ouvrir le fichier complet dans lequel AOL stocke jusqu'à un millier de ces messages. L'enquêteur a trouvé des centaines de tentatives faites par l'homme – à quelques minutes d'intervalle pendant des jours – pour joindre sa victime.

« Ce petit élément de preuve a ressuscité l'affaire et a donné à la victime les moyens de se défendre, dit Colcolough. Nous en sommes au stade où c'est un détail, un tout petit élément d'information, qui a parfois le plus d'importance. Certains renseignements enfouis quelque part peuvent transformer une cause désespérée en victoire éclatante. »

Lorsque cet élément de preuve a été présenté au suspect docteur en informatique, celui-ci a abandonné la lutte et s'est reconnu coupable.

Pour Don Colcolough, ce n'était là qu'une autre escarmouche dans la guerre technique que livre AOL aux prédateurs sexuels. Les preuves – du moins celles qui sont stockées dans les registres informatiques d'AOL – ne peuvent mentir. « Mon objectif n'est pas de régler le problème en quelques semaines ou mois, dit-il, mais à plus long terme. Nous remportons certaines batailles et en perdons d'autres, mais c'est une guerre que nous pouvons gagner. »

S'il existe un poste de commande centralisée où sont arrêtées les stratégies légales et techniques de cette guerre, c'est la Child Exploitation and Obscenity Section (CEOS) du ministère américain de la Justice, à Washington. C'est là qu'un groupe de 11 procureurs travaillent sur les affaires de pornographie juvénile de compétence fédérale les plus importantes et les plus complexes. Dans le couloir central, à côté de la porte marquée « Salle des preuves » se trouve une autre porte, celle-là portant l'enseigne « Distributrice de boissons », sur laquelle a été ajoutée l'explication « Nous avons besoin de caféine ».

Les avocats de la CEOS se font remonter par les spécialistes en informatique autant que par la caféine des boissons. En effet, la CEOS compte presque autant d'experts en informatique judiciaire – il y en a sept à l'Unité d'enquête de haute technologie – que de diplômés en droit.

« Nous avions besoin d'une ressource, d'acquérir la capacité de nous attaquer à des affaires que personne d'autre ne poursuivait », dit Drew Oosterbaan, chef de la CEOS. Il a commencé par recruter Jim Fottrell, à qui il a confié la direction de l'expertise informatique judiciaire. « Il connaît mieux que quiconque l'intérieur d'un ordinateur, dit Oosterbaan, surtout les recoins où se trouveront les éléments de preuve en matière de pornographie juvénile. »

Fottrell était administrateur de systèmes informatiques au quartier général du Service américain des douanes. Lorsque la vague de crimes sur Internet a pris de l'ampleur, son expertise s'est révélée très précieuse, et il est passé au ministère de la Justice. Dans les cas les plus simples, l'Unité d'enquête de haute technologie peut aider les procureurs quand un défendeur affirme que son ordinateur a été infecté par un virus ou violé par un pirate. Comme toute autre ligne de défense, cette affirmation est vraie ou elle est fausse, et une expertise judiciaire de l'ordinateur le déterminera.

Techniquement parlant, un virus de type cheval de Troie – comme SubSeven, Netbus ou BackOrifice – peut donner à un pirate accès à votre ordinateur sur le Web sans que vous le sachiez. « Ces virus permettent à un pirate de planter des fichiers dans un ordinateur ou d'en retirer », dit Fottrell. Il connaît au moins un cas où un homme s'est servi d'un cheval de Troie pour planter des images de pornographie juvénile dans l'ordinateur de l'amant de sa femme. Il ne faut pas accuser un innocent pour le matériel que renferme à son insu son ordinateur, mais il ne faut pas non plus laisser s'échapper un délinquant à cause d'un examen bâclé de son disque dur. On a fait appel à Fottrell lorsqu'un homme a prétendu que le virus SubSeven avait permis à quelqu'un de planter des images de pornographie juvénile dans son ordinateur. L'analyse de l'expert a révélé que l'ordinateur était protégé par un logiciel coupe-feu configuré de manière à neutraliser le virus SubSeven. Fottrell a même recréé dans son bureau l'ordinateur de l'homme et a tenté d'y pénétrer à l'aide d'un autre ordinateur contenant le cheval de Troie SubSeven. Mais la tentative d'attaque a été repoussée. L'enquêteur de la CEOS a ensuite analysé les registres de l'ordinateur de l'homme. Il y a trouvé les séances de clavardage qu'il avait eues avec ses amis programmateurs et dans lesquelles il disait songer à se servir du virus SubSeven pour espionner son amie infidèle.

« Non seulement il connaît le virus SubSeven, a conclu Fottrell, mais il sait s'en servir. » L'homme a été reconnu coupable du crime qui lui était reproché.

Fottrell et Oosterbaan souhaitaient également passer à l'attaque contre les cyberagresseurs. Ils ont formé une équipe de jeunes passionnés d'informatique en faisant l'inverse de ce qu'avaient fait dans le passé la plupart des agences d'application de la loi. « Le FBI et les autres agences sélectionnent des agents spéciaux et tentent de leur enseigner l'informatique, explique Fottrell. Il est beaucoup plus facile de sélectionner des candidats qui possèdent des connaissances techniques et de leur enseigner le droit. Les programmateurs et développeurs du Web savent où trouver les éléments de preuve et les fichiers verrouillés, parce que ce sont eux qui ont écrit les programmes. »

Des programmateurs comme Lam Nguyen, anciennement concepteur-développeur chez PriceWaterhouseCoopers. L'un des premiers mandats de Nguyen a été de construire un meilleur piège pour attraper les délinquants qui utilisaient les serveurs de fichiers IRC, communément appelés « fserves ». Les fserves permettent à un individu de transformer son ordinateur en une espèce d'immense banque de données automatisée, où les gens peuvent télécharger ou téléverser des fichiers. Pour le distributeur ou collectionneur de pornographie, les fserves constituent des supermarchés de la pornographie juvénile sur Internet. Pourquoi aller au petit magasin du coin lorsque vous pouvez fureter dans les innombrables étalages des marchandises les plus récentes ? « Vous y avez accès 24 heures sur 24, 7 jours sur 7 », dit Oosterbaan.

Le raisonnement était logique : au lieu de s'en prendre au menu fretin qui s'échange quelques fichiers par courriel, le bureau de Washington pourrait coordonner des attaques contre les poissons plus gros et plus dangereux. Mais les affaires mettant en cause des fserves peuvent être difficiles à mener à bien à cause des défis que présente la construction de la preuve. Si la police arrête un individu qui exploite un fserve, il est probable qu'il aura stocké un grand nombre de gigaoctets dans son ordinateur. Les demandes d'expertises judiciaires s'amoncellent dans les laboratoires d'informatique de la plupart des agences d'application de la loi. Même si l'on accordait la priorité au disque dur saisi contenant des registres de fserve, ces registres sont si imposants qu'il faudrait des semaines pour les examiner. Les fournisseurs de services Internet ne conservant leurs registres que sur une courte période, les éléments de preuve risqueraient d'être déjà perdus au moment où les procureurs lanceraient enfin les mandats de perquisition relatifs aux données requises.

Nguyen a donc élaboré un programme – en moins d'une semaine – qui automatise une grande partie de l'analyse judiciaire. Il peut brancher un disque dur saisi et balayer les fichiers de fserve ; son programme réorganise la majorité de l'information contenue en tables faciles à lire. Ensuite, le programme lit toutes les adresses IP et isole celles qui se trouvent aux États-Unis. Il peut également créer une table distincte pour chaque suspect, avec un dossier détaillé sur les téléversements et les téléchargements.

L'une des premières grandes affaires de fserve confiées à la CEOS s'est déroulée à Washington même. Un individu dont le pseudonyme était BruceDC faisait explicitement la promotion de son fserve dans les salons de clavardage IRC : « Crédits gratuits aux garçons de moins de 16 ans qui ont une caméra ou qui sont disposés à bavarder au téléphone. » Entre octobre 2004 et janvier 2005, BruceDC a offert plus de 11 000 images et vidéos aux titres évocateurs, par exemple « torture12.jpg », photo sur laquelle une enfant impubère ligotée se faisait violer, ou « gerber24.jpg », photo sur laquelle figurait un bambin.

Durant l'exécution du mandat de perquisition au domicile de Bruce Schiffer, 34 ans, à Washington, les autorités ont découvert non seulement plusieurs ordinateurs – et des renseignements sur nombre de ses correspondants –, mais aussi du matériel encore plus troublant. Dans sa chambre se trouvaient deux caisses de correspondance cataloguée avec environ 160 détenus, dont la plupart avaient « soit agressé sexuellement, soit assassiné des enfants », selon le ministère de la Justice. Schiffer a rendu visite à bon nombre de ces prisonniers, certains à plusieurs reprises. Dans ses lettres, il abordait son « désir de violer des enfants », de préférence des garçons âgés de 6 ans à 16 ans. Il parlait aussi, sans ménager les détails, des fugueurs qu'il hébergeait et dont « il faisait usage ». Les autorités ont trouvé chez lui un costume de clown ainsi qu'une carte Mapquest indiquant l'itinéraire à suivre à partir de son lieu de travail jusqu'à un refuge pour garçons.

Le 14 octobre 2005, Bruce Schiffer s'est reconnu coupable d'un seul chef d'accusation, celui de s'être servi de son ordinateur pour « publicité, transport, réception et possession » de pornographie juvénile. Il a écopé d'une peine de 25 ans de prison. « C'est effrayant, dit Drew Oosterbaan, chef de la CEOS. Ce type-là fantasmait sur le meurtre d'enfants. »

Toujours déterminés à garder une avance technologique sur leurs poursuivants – et à rester en liberté –, les cyberprédateurs ont prouvé qu'ils étaient imaginatifs et pleins de ressources, repoussant même les limites du Web à l'aide de technologies de pointe comme Freenet.

Lorsqu'un étudiant de l'Université d'Édimbourg du nom de Ian Clarke a conçu Freenet et l'a lancé en 2000, son but était louable : il souhaitait offrir aux dissidents politiques, aux libres-penseurs et à quiconque ne veut pas être opprimé par la loi un moyen de communiquer entre eux à l'abri du regard scrutateur du Web officiel. Freenet « vous permet de diffuser et d'obtenir de l'information sur Internet sans craindre la censure », selon son site Web officiel. « La véritable liberté d'expression est impossible sans la sécurité de l'anonymat. » Depuis sa conception, le logiciel gratuit a été téléchargé plus de deux millions de fois. L'article rédigé par Clarke sur son invention a été l'article scientifique sur l'informatique le plus souvent cité en 2000 ; Clarke a été nommé l'un des 100 principaux innovateurs de 2003 par le magazine *Technology Review* du MIT.

Les criminels peuvent repérer une bonne idée aussi rapidement que les gens ordinaires – en fait, plus rapidement. Les blanchisseurs d'argent, les terroristes et les pédophiles ont commencé à envahir et à encombrer Freenet, au détriment de ses utilisateurs légitimes. « Lorsque j'ai découvert Freenet, on y discutait de sujets politiques dans tous les pays, par exemple en Chine, où il n'est pas vraiment possible de s'exprimer ouvertement », dit le gendarme détective John Menard, de l'Unité des crimes de nature sexuelle de la police de Toronto. « Aujourd'hui, ces utilisateurs abandonnent le réseau les uns après les autres. »

Les organisateurs de Freenet aussi semblent reconnaître qu'il y a un problème. « Même si la plupart des gens souhaitent que la pornographie juvénile et le terrorisme n'existent pas, l'humanité ne peut être privée de sa liberté de communiquer sous prétexte qu'un très petit nombre d'individus en abusent », peut-on lire sur le site Web de Freenet. Si vous ne souhaitez pas que votre ordinateur « serve à héberger de la pornographie juvénile, du contenu offensant ou des plans terroristes » lorsque vous utilisez Freenet, le site vous propose une solution toute simple : « N'utilisez pas [...] Freenet. »

Mais les délinquants sexuels qui s'en prennent aux enfants utilisent Freenet, ce qui signifiait que John Menard devait leur courir après. Menard fait partie de la jeune génération de policiers qui adoptent la technologie comme un ado son jeu Xbox. À 29 ans, lorsqu'il a décidé d'épouser une catholique et de se convertir, il a dû consacrer de longues heures de ses soirées à étudier la Bible pour ses cours de catéchisme. Le jour, il passait d'aussi longues heures à étudier un autre type d'écriture – les rouages internes de Freenet. Il est l'un des rares policiers à en comprendre le fonctionnement et à y avoir pénétré en profondeur. Sa diligence a rapporté, car il a aidé des agences d'application de la loi un peu partout au monde à élucider d'importantes affaires.

Freenet est un réseau anonyme poste-à-poste (P2P) sur lequel les utilisateurs peuvent clavarder, s'envoyer des courriels et monter des sites Web. Contrairement à la plupart des programmes P2P, comme feu Napster et ses successeurs de type LimeWire, Freenet ne comporte pas de serveur central de stockage. Chaque ordinateur stocke l'emplacement des fichiers, mais Freenet fonctionne de manière si diffuse et cachée que même l'utilisateur ignore ce qui se trouve sur son ordinateur. Par exemple, dans le partage traditionnel de fichiers, si vous voulez télécharger illégalement une chanson, vous ouvrez une session, votre ordinateur cherche sur le réseau les ordinateurs qui contiennent cette chanson, et les deux ordinateurs se connectent. En règle générale, les utilisateurs – du moins leurs ordinateurs – qui téléchargent et téléversent sont clairement identifiables. Dans les programmes plus raffinés comme BitTorrents, vous connaissez le nom du fichier – par exemple le plus récent épisode des *Sopranos* – et vous savez d'où vous l'obtenez.

Freenet pousse encore plus loin le concept de « bit ». Si vous souhaitez téléverser une image ou une vidéo de sévices sexuels infligés à un enfant, le programme prend le fichier, le divise en de nombreux morceaux, les chiffre et les stocke de manière aléatoire sur les ordinateurs reliés à Freenet. Les utilisateurs ne savent pas ce qu'il y a sur leurs ordinateurs respectifs. Le dossier Freenet de leur disque dur ressemble à une collection confuse de fichiers. Le téléverseur possède une clé qu'il peut distribuer à ses amis. Pour télécharger le fichier voulu, l'ami saisit la clé et Freenet part à la recherche de tous ses morceaux. Ce n'est qu'une fois tous les morceaux trouvés et stockés sur votre ordinateur que Freenet déchiffre le fichier et reconstitue l'image de pornographie juvénile.

« Freenet a été créé de manière qu'il soit pratiquement impossible de remonter à un utilisateur individuel », explique Menard.

L'impossibilité de suivre la trace des fichiers est pour un prédateur un rêve réalisé ; mais c'est un cauchemar pour l'enquêteur à la recherche de preuves. Si un enquêteur télécharge une image d'exploitation sexuelle d'enfant à partir de Freenet et qu'il obtient un mandat de saisie de l'ordinateur du suspect, il lui serait à peu près impossible de déchiffrer le fichier. Et, même s'il y parvenait, il ne pourrait jamais prouver que ce fichier a été transmis ni que l'utilisateur était au courant de sa présence dans son ordinateur.

Il ne faut donc pas s'étonner que ceux que Menard qualifie de « producteurs haut de gamme » de matériel d'exploitation des enfants se soient rués sur Freenet, où ils se sentent moins inhibés que sur le Web ordinaire – et c'est tout dire. Par exemple, une vaste archive d'images d'agressions violentes y est intitulée « Pornographie préadolescente dure non censurée ». Ses organisateurs vont même jusqu'à demander poliment : « Prière de ne pas ajouter de pornographie légère à cette collection. »

Freenet, toutefois, est bien davantage qu'un versant caché du Web, où abondent les versions les plus sombres de l'exploitation des enfants. C'est également un marché trépidant où les pédophiles échangent trucs du métier et techniques. « Il y a un producteur de porno qui abuse de sa fille », dit Menard d'un individu dont il a analysé en détail les conversations et les téléchargements. « Il rédige un guide sur l'art d'exploiter les enfants. Il sait comment brouiller les pistes. Il sait comment conserver les images tout en supprimant les métadonnées et les éléments de preuve en arrière-plan, afin qu'il nous soit impossible de le repérer. En plus, il transmet ses connaissances aux autres. »

Les pédophiles discutent de maintes sortes de trucs et de stratégies en toute impunité sur Freenet : comment préparer ses victimes de 7 ou 8 ans, par exemple, comment les approcher, et comment cette approche diffère de celle à adopter avec une victime de 12 ou 13 ans. L'un des guides complets accessibles sur Freenet, régulièrement mis à jour, en est à sa 14e édition. « Par son contenu et par des liens, il donne accès à des ressources sociales, politiques et pornographiques aux pédophiles et à leurs sympathisants », peut-on lire sur le site. Le guide contient également une collection de pornographie juvénile féminine où les images sont commodément catégorisées selon les tranches d'âges des guides (castor : 7 et 8 ans ; jeannette : de 9 à 12 ans ; et ainsi de suite).

Au début, Menard s'irritait d'être incapable de déchiffrer Freenet et de trouver le moyen de remonter jusqu'à ses utilisateurs. Il a consulté en vain les meilleurs pirates informatiques réformés – ces passionnés qui vendent leurs connaissances et compétences aux entreprises, au gouvernement et à l'armée. Incapable de les battre, il a donc décidé de se joindre à eux. Il se sert de Freenet comme d'une école, où il apprend de l'ennemi les meilleurs trucs et techniques. Il a réussi à infiltrer les rangs de certains des réseaux de pornographie juvénile les plus actifs de Freenet. « Ce qu'il y a d'avantageux dans notre présence sur Freenet, c'est que nous avons gagné la confiance des cyberagresseurs, dit-il. Ils n'arriveraient jamais à croire que nous sommes des policiers. »

Menard s'est servi de cet accès aux territoires inexplorés de Freenet pour télécharger les pièces qui manquaient aux puzzles que d'autres enquêteurs cherchaient à résoudre. C'est lui qui a trouvé des photos particulièrement révélatrices de la série Jessica, lesquelles ont aidé la police à sauver la fillette de Caroline du Nord. C'est aussi sur Freenet que les policiers de Toronto ont trouvé la vidéo d'un bébé victime d'agression sexuelle, vidéo qui a aidé la police espagnole à démanteler un réseau de pornographie juvénile.

L'accès à Freenet dont jouit Menard lui permettra plus tard de jouer un rôle clé dans une chasse de haute technologie qui sonderait les progrès réalisés par la police dans la course technologique qui l'oppose aux cyberprédateurs. Ce jeu international d'infiltration et d'intrigues sera connu sous le nom de projet *Wickerman*.

CHAPITRE QUATORZE

Le projet *Wickerman*

- *Je commence à m'inquiéter [...].*
- *Avez-vous entendu dire qu'ils ont fermé certains salons WinMX ?*
- *Arrête de répandre de fausses rumeurs [...]. Personne n'a fermé de salons WinMX.*
- *C'est vrai. Regarde CNN. Je ne dis pas ça pour faire peur.*
- *Merde !*
- *Ouais !*

– Clavardage dans le salon « KiddyPics & KiddyVids »

L'histoire a commencé d'une manière qui n'a rien de technique, en mai 2005, par la saisie d'une conversation entre deux enfants assistant à un match de hockey-balle.

« Je n'ai pas reçu de bonbons du tout cette semaine », a entendu une femme d'Edmonton, en Alberta, de la bouche d'une enfant de 9 ans qui bavardait avec son jeune frère.

« Tu ne suces pas le zizi de papa », a répondu le garçon de 6 ans.

Choquée, la femme a dit aux enfants : « Cessez de parler comme ça ! »

« C'est la vérité », lui ont lancé les deux enfants, comme si de rien n'était.

La femme a été si troublée par cet incident qu'elle l'a rapporté au service de protection de l'enfance, lequel a lancé une enquête. Les deux enfants ont tout dit, révélant que leur père, Mark Langham, les agressait sexuellement, eux et deux autres enfants âgés de moins de 12 ans.

Langham n'avait eu aucun ennui avec la loi depuis les deux accusations d'agression qui avaient été portées contre lui durant son adolescence.

Il avait suivi une thérapie et s'était mis en ménage avec une femme mère de deux enfants en bas âge. « Je croyais à la thérapie, mais elle n'a pas marché, dit-il. En fait, ça marchait, mais j'ai choisi de ne pas la suivre. J'ai fait le mauvais choix. »

Au printemps de 2005, le jour où Langham est allé chercher les enfants de sa compagne à l'école et qu'on l'a informé que le service de protection de l'enfance était déjà venu les chercher, il a compris qu'il avait été démasqué : « J'ai tout de suite compris. Je savais exactement ce qui s'était passé. »

Langham a été mis en état d'arrestation pour présomption d'agression sexuelle d'enfants. Chez lui, lorsque la police a découvert un ordinateur relié à une caméra Web, une nouvelle piste d'enquête s'est ouverte, celle des cybercrimes. Les policiers ont fait appel au détective Randy Wickins, affecté à la nouvelle Unité intégrée de lutte contre l'exploitation des enfants de la province, qui unissait la GRC et les corps policiers locaux. La police a mis Wickins au courant de ce qu'elle savait.

« Je vais m'en occuper », a-t-il dit, en préparant un mandat de perquisition pour l'ordinateur. Au domicile de l'accusé, il a jeté un coup d'œil sur l'ordinateur ; il y a vu des centaines d'images de sévices sexuels infligés à des enfants, dont ceux de Langham.

« Nous savions que ce serait une enquête assez importante, dit Wickins, mais nous en ignorions l'envergure. »

Au poste de police, Langham avait mijoté pendant trois heures dans une cellule. Bizarrement, il se sentait à la fois triste et soulagé : « Je n'avais plus besoin de tout le temps regarder derrière moi. »

Il éprouvait de la colère aussi : « J'étais fâché. Je perdais tout ce pour quoi j'avais travaillé – ma famille, ma vie. Qu'avais-je fait ? »

« J'ai commis tant de crimes haineux contre des enfants ! Et la réalité, c'est que je ne vais pas changer, malgré toutes les thérapies du monde. Quelle que soit la supervision d'un agent de probation, dit-il, en plaçant le bout de l'index sur sa tempe, il ne peut entrer là-dedans. »

Langham a pris une décision lourde de conséquences : il révélerait à la police son réseau secret d'amis pédophiles sur Internet. « Ce n'était pas de ma part une tentative de laver mon âme, insiste-t-il. J'ai fait tant de mal ; je me suis dit que j'allais peut-être changer quelque chose pour quelqu'un. »

Il avait fait preuve d'une grande franchise avec les policiers affectés à l'enquête sur les agressions sexuelles dont il avait été accusé. Il semblait disposé à ouvrir tout grand une porte donnant sur une enquête élargie. « Si je pouvais parler à un détective qui s'occupe de pornographie juvénile, a-t-il déclaré à la police, je pourrais lui en raconter long. »

Wickins a sauté sur l'occasion : « Je trépignais ! » Comme son homologue Emily Vacher du FBI, Wickins est l'un de ces enquêteurs à qui ne répugne pas l'idée de rencontrer des agresseurs sexuels, mais qui s'en réjouit. « La plupart des policiers et des citoyens ordinaires diraient : "Je veux les faire disparaître de la surface de la terre." Quant à moi, je reconnais tout le mal qu'ils ont fait, mais je sais que je peux apprendre beaucoup d'eux ! »

Cette époque a marqué le début de l'éducation de Wickins en matière de cyberexploitation des enfants, mais aussi celui d'une enquête internationale qui pousserait la police dans de nouvelles technologies de pointe. Elle aurait à déchiffrer des codes informatiques et à infiltrer un réseau clandestin à haute sécurité, dont les ramifications s'étendaient sur plusieurs continents.

Il était minuit lorsque le détective Randy Wickins est retourné au poste de police et a rencontré pour la première fois Big_Daddy619, pseudonyme de Langham dans les salons de clavardage d'Internet.

« Je veux un poste de télé couleur et des cigarettes, a dit le prisonnier, et pouvez-vous me faire passer à l'émission d'Oprah Winfrey ? »

« Je vais essayer », lui a répondu le policier d'Edmonton, certain de pouvoir répondre aux deux premières demandes, mais doutant d'être en mesure de satisfaire la troisième.

Dès le départ, Wickins a déclaré au prisonnier qu'aucun marché ne lui serait proposé. Langham, qui a reconnu sa culpabilité relativement à 16 chefs d'accusation d'agressions sexuelles et de pornographie juvénile, a été condamné à 14 ans de prison en juillet 2005 – peine d'une longueur inédite pour le Canada. Mais il était évident qu'il souhaitait coopérer avec la justice. Langham a donné aux policiers accès à ses listes de contacts sur les messageries instantanées de MSN et de Yahoo!, information qui se révélerait précieuse pour la traque d'autres agresseurs comme lui aux États-Unis et au Royaume-Uni. Il a également parlé à l'enquêteur d'une série de salons secrets accessibles au moyen d'un puissant logiciel de partage de fichiers appelé WinMX.

« Il a ouvert pour moi la porte me donnant accès à son monde, a déclaré Wickins. Un monde où aucun policier n'avait encore jamais pénétré. »

WinMX était l'un des programmes P2P les plus solides et les plus populaires, qui permettait aux accros d'Internet d'échanger facilement des fichiers de musique ou d'images, ainsi que de clavarder. Les mesures de répression prises par l'industrie du disque contre les téléchargements illégaux ont poussé l'entreprise créatrice de WinMX à fermer son site Web officiel. Mais un groupe d'ardents supporters ont maintenu le programme en vie, continuant de l'améliorer, notamment au moyen de rustines, et finissant en fait par le pousser dans les recoins obscurs du Web. Dans des centaines de salons animés et dirigés par des administrateurs hyperdiscrets, les participants pouvaient faire et dire ce qu'ils voulaient. Dans chaque salle, vous pouviez voir ce que les autres avaient stocké dans les dossiers partagés de leurs ordinateurs, choisir les fichiers qui vous intéressaient et les télécharger.

« Oh, mon Dieu ! J'ai perdu la tête ! » dit Langham du moment où il a découvert l'existence de WinMX. Il avait vu des tas de photos de sévices sexuels infligés à des enfants, mais jamais un stock de vidéos aussi abondant et varié que celui qui remplissait les disques durs de WinMX. « J'ai commencé à clavarder. C'est à ce moment-là que j'ai aussi commencé à rencontrer certains des "gars". »

Sous le pseudonyme de Big_Daddy619, Langham s'est mis à fréquenter plusieurs des salons consacrés à l'inceste, ainsi qu'un autre, destiné au clavardage « adulte » et appelé « KiddyPics & KiddyVids (Adult Chat) ». Ce que plusieurs des « gars » de son club WinMX avaient de particulier, a-t-il vite constaté, c'est qu'ils agressaient les enfants en direct sur le Web, grâce à une caméra Web que les autres utilisateurs pouvaient regarder. Il n'a pas fallu beaucoup de temps à Langham – lui qui était équipé d'une caméra Web dernier cri et qui avait accès à deux enfants qu'il pouvait exploiter à volonté – pour prendre du galon et devenir l'un des administrateurs du salon. « Je voulais atteindre un poste de haut rang, avoue-t-il. Il me donnait l'impression d'appartenir à un groupe – j'avais dès lors beaucoup d'amis. Des centaines d'amis. Je sais que cela paraît probablement dégoûtant, mais c'était ce qui me faisait vivre. C'était ma gloire ultime. »

Même un enquêteur aussi aguerri que Wickins se sentait écœuré par le récit de Langham : « Ces gars-là n'étaient pas des collectionneurs qui s'échangeaient des images. Il s'agissait d'enfants réels, qui se trouvaient dans des lieux réels et que l'on torturait. Il fallait agir. »

Comprenant que l'affaire menait à des suspects potentiels des quatre coins du monde, le détective d'Edmonton est entré en contact avec le Centre national de coordination contre l'exploitation des enfants (CNCEE), alors naissant. Des enquêteurs du Centre dirigé par la GRC se sont rendus en Alberta, où ils ont travaillé brièvement avec Wickins, rassemblant renseignements et pistes avant de rentrer à leur siège d'Ottawa. Durant l'été, Wickins a continué de rencontrer Langham ; il était de plus en plus préoccupé par le fait qu'il fallait remonter ces pistes le plus rapidement possible.

Le 8 septembre, il a décidé de prendre les choses en main et de voir dans quelle mesure les allégations de Langham étaient fondées. BigDaddy affirmait qu'il rencontrait souvent ses amis dans le salon de WinMX, puis échangeait avec eux des transmissions vidéo en direct par la messagerie instantanée de Yahoo! ou de MSN. Au sommet de la liste de contacts Yahoo! de Langham trônait un correspondant appelé Af9572.

Wickins s'est demandé pourquoi ce pseudonyme lui semblait familier.

Il s'est alors rappelé avoir vu dans la collection de Langham de nombreux fichiers intitulés « af9572daughter1 », « af9572daughter2 », et ainsi de suite. Il a compris que la fille figurant sur ces photos était reliée au mystérieux correspondant figurant sur la liste de contacts de Langham. Grâce au mot de passe que ce dernier lui a donné, Wickins a ouvert une session, a bloqué tous les autres contacts de Big_Daddy619 et a attendu que Af9572 soit en ligne.

Au bout de quelques minutes, l'homme est arrivé en ligne et a allumé sa caméra Web. « Où étais-tu passé ? » a-t-il demandé à Big_Daddy619 ; Wickins a inventé une histoire de bris de caméra. Dans la transmission vidéo qu'il recevait, Wickins pouvait voir une enfant d'une douzaine d'années en chemise de nuit rose. Les deux hommes ont clavardé pendant 11 minutes, ce qui a donné le temps à Wickins d'obtenir l'adresse IP correspondant à la transmission d'Af9572.

« Je dois partir », a tapé Af9572, interrompant soudainement la conversation.

« Je trépignais sur ma chaise, en me disant que nous le tenions », se rappelle Wickins, tout heureux d'avoir saisi l'adresse IP de son correspondant, laquelle se trouvait au Royaume-Uni.

L'humeur de Wickins n'allait pas tarder à changer.

Quelques minutes plus tard, Af9572 revenait en ligne. Cette fois-là, l'enfant était proche de la caméra. La main de l'homme est apparue à l'écran. Il a soulevé la chemise de l'enfant, exposant ses fesses. « Je me disais : "Mon dieu, qu'est-ce qui se passe ici ?" » se rappelle Wickins.

L'homme a saisi les hanches de la fille, qu'il a tirée contre lui. Elle s'est éloignée brièvement, et la caméra Web a montré le pénis en érection du correspondant.

« Très bien – est-ce que ça t'a manqué de voir ça ? » a tapé l'homme, avant de saisir de nouveau l'enfant pour l'asseoir sur ses genoux.

Wickins était alarmé. « Mon cœur battait fort. Je me disais que je ne pouvais pas regarder cela. Impossible. Ce n'était pas un film quelconque. C'était la réalité, cela était en train d'arriver. Cette enfant allait se faire violer sous mes yeux ! »

Wickins tremblait. Il a trouvé un prétexte – « Quelqu'un arrive à la maison. Je dois partir. » – pour couper la connexion. Encore ébranlé par ce dont il avait été témoin sur son écran d'ordinateur, le détective a rédigé un rapport complet, avec l'adresse IP d'Af9572, l'a copié sur un CD et envoyé par messager au CNCEE de la GRC, à Ottawa. Selon le protocole convenu, le CNCEE transmettrait aux autorités compétentes les pistes aboutissant à l'étranger.

Il était 22 h 30 à Londres lorsque Paul Griffiths, l'enquêteur qui avait dans le passé coopéré très étroitement avec les autorités canadiennes et américaines, a reçu l'appel de la GRC. Il avait travaillé tard sur une autre affaire et était sur le point de quitter le bureau. L'officier de la GRC était surpris ; il avait cru qu'il devrait laisser un message dans une boîte vocale. Il a donc passé l'affaire en revue avec Griffiths, en lui communiquant l'adresse IP du suspect. Il était trop tard pour que Griffiths obtienne de l'information sur cette adresse, mais il s'occuperait le lendemain matin d'entrer en contact avec le fournisseur de services IP concerné.

La bonne nouvelle, c'est qu'il n'a fallu à la police que quelques heures pour agir. L'ordinateur ayant servi à la transmission vidéo était situé à Londres. La police s'y est précipitée durant l'après-midi.

À Edmonton, il était 11 h lorsque Randy Wickins, très tendu, a reçu un coup de fil de son collègue de la GRC d'Ottawa. « Randy, j'ai de mauvaises nouvelles pour toi », lui a-t-il dit. Le cœur du détective albertain s'est arrêté de battre un instant. Tant de choses peuvent mal tourner dans une affaire internationale d'exploitation sexuelle d'enfants !

« Tu n'iras pas au Royaume-Uni pour témoigner, a poursuivi l'agent de la GRC, en riant. Le suspect a avoué et l'enfant a tout raconté. »

L'homme de 35 ans que la police de Londres avait découvert dans la maison où se trouvait l'ordinateur muni de la caméra Web avait promptement avoué qu'il abusait de la fille de 12 ans de la femme dont il partageait la vie. Quelques mois plus tard, vu les 16 chefs d'accusation d'agression et de pornographie, il allait écoper d'une peine indéterminée – c'est-à-dire que son cas devrait être examiné avant toute possibilité de libération.

« Je flottais sur un nuage, raconte Wickins. Après 14 minutes de clavardage avec un type, nous avons réussi à prouver la perpétration d'un crime et, quelques heures plus tard, une enfant a été sauvée. Difficile de faire mieux ! »

Wickins espérait toutefois faire encore mieux – et faire plus –, car l'arrestation du contact Internet de Mark Langham avait prouvé quelque chose d'essentiel. « J'ai compris que notre source disait vrai, explique Wickins. Tout ce qu'il nous avait dit s'était avéré. Cela confirmait une fois de plus qu'il nous fallait exploiter les informations dont nous disposions. »

En novembre 2005, la GRC n'avait pas encore fait grand-chose. « Je n'arrive pas à croire qu'ils n'ont pas agi là-dessus, a dit un officier qui était au courant du dossier. Ils auraient dû se rendre compte de son potentiel. »

Wickins a téléphoné à son ami Paul Krawczyk, l'un des enquêteurs impitoyables du sergent détective Paul Gillespie, de la Section de lutte contre l'exploitation des enfants, à l'Unité des crimes de nature sexuelle de la police de Toronto.

« Je n'en dors plus la nuit », a dit Wickins à son collègue. Il a expliqué à Krawczyk les horreurs qu'il avait découvertes sur WinMX. « Il a explosé ! » se souvient Wickins.

« Randy et moi avons décidé que nous ne pouvions attendre que quelqu'un d'autre passe à l'action », dit Krawczyk. Cette décision reflétait bien l'évolution de la lutte contre la cyberexploitation sexuelle des enfants : deux détectives expérimentés de deux provinces différentes se sentaient assez sûrs d'eux pour faire enquête sur un réseau mondial de haute technologie, conscients qu'il était peu probable que suspects et victimes vivent dans leur pays, encore moins dans leur ville. Cela leur importait peu. « Nous devons sauver certains de ces enfants », répétait Krawczyk.

Le 17 novembre, Wickins a transmis à Toronto les adresses électroniques provenant des listes de contacts fournies par Langham. Cinq jours plus tard, il a expliqué à Krawczyk comment entrer dans les salons de clavardage sur WinMX, plus particulièrement celui nommé « KiddyPics & KiddyVids ». Le 28 novembre, les policiers de Toronto ont commencé à surveiller le salon. Les participants les plus actifs – les administrateurs et des amateurs d'échanges nommés Chevman et MOH, signifiant « Master of Horsemen » – se sont vite révélés. « Nous essayions de connaître un peu les participants, de voir quels étaient les habitués », explique le gendarme détective Scott Purches de Toronto, qui s'était joint à Krawczyk sur cette affaire.

Purches et Krawczyk avaient passé beaucoup d'heures pénibles dans le monde clandestin du Web, où des salons de clavardage sont destinés aux pédophiles, mais ils avaient le sentiment que cette clientèle de WinMX constituait une race à part. « Il était évident que leur organisation était différente de tout ce que nous avions pu voir auparavant », dit Purches. Beaucoup de sites Web et de salons de clavardage privilégient l'anonymat et se développent grâce à lui : vous entrez dans le salon, vous échangez vos images, puis vous quittez les lieux. Mais WinMX faisait plutôt penser à un bar miteux où les habitués se connaissent tous par leurs noms – du moins par leurs pseudonymes du Web. « Il semblait y régner une amitié dont nous n'avions jamais été témoins auparavant, fait remarquer Krawczyk. Ces gars-là voulaient être connus. Ils voulaient qu'on sache qu'ils étaient les patrons et qu'il ne fallait pas se frotter à eux. »

Deux jours après que les policiers de Toronto eurent pénétré dans le salon de clavardage secret, un lien international avec une autre affaire a fait passer l'enquête WinMX à la vitesse supérieure. Tandis que Krawczyk et Purches sillonnaient WinMX, à son bureau du troisième étage, le gendarme détective John Menard poursuivait ses incursions dans Freenet. Au mois d'août précédent, il avait découvert une collection de 83 photos explicites d'abus d'une enfant de 6 ans – la série Ellen*. Il y avait suffisamment d'indices sur ces photos pour que l'on sache qu'elles avaient été prises au Royaume-Uni. C'est pourquoi au début d'octobre, se rendant en Europe pour y suivre un cours de formation d'Interpol, Scott Purches a transmis les photos à Paul Griffiths.

Griffiths a commencé à examiner la série, puis s'est arrêté soudainement à la dixième photo. « Je vois un cendrier ; il vient d'une brasserie située à une quinzaine de kilomètres de chez moi, à Manchester », a-t-il dit. Les photos étaient récentes et l'enfant avait l'âge de fréquenter l'école primaire. La police a donc fait circuler une photo rognée de la petite fille aux autorités scolaires de la région. Le premier matin de la recherche, un directeur d'école a reconnu l'enfant. Il n'a pas fallu beaucoup de temps pour que la police aille frapper à la porte du père.

Cette affaire aurait pu se terminer là, comme un autre exemple de l'amélioration du travail policier, n'eût été de l'intervention du système d'analyse CETS contre la pornographie juvénile. Ce programme de banque de données mis au point par Microsoft fonctionnait déjà dans 8 sous-directions de la GRC au Canada, à la Sûreté du Québec et à la Police provinciale de l'Ontario, ainsi que dans 19 services de police municipale. Il allait donc de soi, le 30 novembre, que la police de Toronto saisisse les détails du raid effectué au Royaume-Uni. Le gendarme détective Warren Bulmer était en train de taper certains des mots écrits sur des bouts de papier placés près de la fillette nue de la série Ellen, lorsque le système CETS a établi une correspondance.

« Un instant ! C'est la même chose ! » a-t-il lancé à voix haute dans la salle des enquêteurs.

« Quoi ? » s'est enquis Krawczyk, en s'approchant de l'écran de Bulmer.

Sur l'une des photos, à côté des parties génitales de la fillette, il y avait un bout de papier sur lequel était écrit « KiddyPics & Kiddy Vids 2005 ». Il y avait aussi des photos de la fillette endormie qui tenait un message adressé à un certain Chevman. Sur d'autres photos où l'enfant ne portait qu'une petite culotte, le nom Chevman était écrit sur sa cuisse droite, et l'abréviation MOH sur la gauche.

« Mon Dieu ! a crié Krawczyk en voyant les photos. Ce sont les gars du salon de clavardage que nous avons visité il y a deux jours ! »

Le système CETS avait établi une correspondance entre les photos du Web de la fillette de 6 ans agressée en Angleterre avec le salon de clavardage WinMX que surveillait la police de Toronto. « Le CETS a établi une correspondance décisive à partir d'indices en apparence insignifiants ; dès lors, l'affaire a progressé rapidement », explique le sergent détective Paul Gillespie, qui a joué un rôle important au moment où on avait convaincu Microsoft d'aider la police.

« Cela nous a grandement aidés, parce que nous étions dès lors certains que les habitués de ce salon de clavardage créaient des séries de pornographie juvénile sur demande avec de vrais enfants, conclut Krawczyk. Ce n'était pas un salon comme les autres. Nous avons commencé à le surveiller 24 heures sur 24. »

Il y a eu des téléconférences et des séances de stratégie entre Wickins d'Edmonton et d'autres policiers d'un peu partout au pays : de Toronto, de la Police provinciale de l'Ontario et du CNCEE d'Ottawa. Comme toujours dès qu'un projet est bien lancé, il a fallu le baptiser. Quelqu'un a proposé le nom de « Wickerman », inspiré par le film-culte des années 1970, *The Wicker Man*, dans lequel un détective recherche une enfant kidnappée. Le projet *Wickerman* naissait officiellement.

Le salon « KiddyPics & KiddyVids », dirigé par un groupe très uni d'administrateurs, était difficile à infiltrer. Chacun des participants utilisait un pseudonyme et un système complexe pour masquer la signature numérique de son adresse IP.

« Nous étions engagés dans une lutte contre la montre, car ce salon aurait pu être fermé à n'importe quel moment », dit Krawczyk. La première fois que les policiers ont pénétré dans ce salon, il était dirigé par un homme instable et imprévisible qui se faisait appeler TK. « C'était un accro au crack, très agité, qui s'irritait facilement », explique Krawczyk.

Heureusement pour les enquêteurs, la direction du salon a fini par échoir à un administrateur beaucoup plus efficace, appelé GOD – acronyme de Galactic Overlord Duplicate. GOD était secondé par 31 autres administrateurs, dont Chevman et Master of Horsemen, et – si l'on en juge par le pseudonyme –, par une femme également, Humble Duchess. Parmi les autres habitués, on comptait Acidburn, Lumberjack et Lord Vader.

Leur clavardage grouillait d'expressions argotiques décrivant leurs habitudes en matière de pornographie juvénile – « surfing et masturbation » – et de plaisanteries d'un goût douteux, qu'on aurait pu qualifier de grivoises si elles n'avaient pas été faites par des utilisateurs de WinMX qui n'avaient rien de drôle lorsqu'ils parlaient de leurs jeunes cibles.

« J'ai eu beaucoup de plaisir aujourd'hui à faire mon magasinage d'après Noël, a un jour écrit Lord Vader; beaucoup de chair fraîche au centre commercial. »

« Dépravé ! » a écrit un autre participant de WinMX.

« Merci du compliment », lui a tout de go répondu Lord Vader.

Ce qu'ils s'échangeaient, cependant, n'avait rien d'amusant : une image d'une fillette de 18 mois dont les parties génitales étaient exposées ; une vidéo de neuf minutes montrant une enfant d'une dizaine d'années forcée à se livrer à des actes sexuels ; une vidéo de cinq minutes montrant deux petites filles en train de subir des agressions physiques. La police faisait face à un grave dilemme. Si les enquêteurs passaient trop vite à l'action contre l'un des participants de WinMX – et ils pourraient difficilement s'abstenir d'agir s'ils savaient que l'homme était en train d'agresser un enfant –, perdraient-ils l'occasion d'en arrêter d'autres et de sauver un plus grand nombre d'enfants ?

Il était évident que le groupe d'individus observé était l'un des plus précautionneux que les autorités aient jamais vus sur le Web, mais cette manie de la sécurité allait aussi pouvoir jouer en faveur de la police. Apparemment, personne ne connaissait l'identité réelle de personne parmi les utilisateurs. L'arrestation de Langham et sa disparition subséquente n'avaient pas créé de remous, mais il n'était pas l'un des administrateurs principaux. Heureusement, l'arrestation de son correspondant à la caméra Web de Manchester est elle aussi passée inaperçue, car l'homme n'avait pas eu d'activités dans le salon depuis des mois.

Combien de temps, toutefois, la police pourrait-elle arrêter un à un les membres du groupe WinMX avant d'éveiller les soupçons ? Les habitués de KiddyPics s'échangeaient constamment des conseils de sécurité et des trucs techniques. Lord Vader, par exemple, a décrit l'arsenal d'armes Web raffinées qu'il avait assemblé et qui stupéfierait n'importe quel utilisateur ordinaire d'Internet : routeur crypté de 128 mégaoctets, logiciel d'anonymat et de nettoyage des traces Ghost Surf Pro, logiciel de chiffrement Cryptainer. Un autre utilisateur se vantait d'avoir installé une balle de fusil dans son lecteur de disque dur de manière à pouvoir la faire exploser s'il croyait que la police était à sa porte.

Les administrateurs du salon de clavardage « KiddyPics & KiddyVids » étaient des passionnés d'informatique très compétents. Ils hébergeaient le salon dans leurs ordinateurs, mais s'ils sentaient que quelque chose se passait ou s'ils s'inquiétaient d'une infiltration quelconque, ils pouvaient rapidement déménager tout le salon – avec toutes ses conversations et tous ses participants – sur un autre serveur sans que quiconque le sache. Ce qui entravait le plus le travail policier, c'était la propriété du programme

WinMX de cacher ou de masquer les adresses IP des utilisateurs. Normalement, lorsque les enquêteurs clandestins clavardent avec les collectionneurs de pornographie juvénile, échangent des fichiers avec eux ou regardent leurs transmissions par caméra Web, ils peuvent lire l'adresse IP de leur correspondant. Dans le système WinMX, toutefois, seuls les administrateurs peuvent voir les adresses IP des autres membres.

Malgré tous leurs efforts, les policiers n'arrivaient pas à déchiffrer le code. « Nous avons affecté à cette tâche nos meilleurs experts en informatique judiciaire, dit Krawczyk, mais ils nous ont tous dit que ces adresses étaient impossibles à trouver. C'était impossible. »

Krawczyk s'est dit que, s'il ne pouvait trouver les suspects au moyen de leurs adresses IP, il devrait le faire de la bonne vieille manière traditionnelle. Il a concentré son attention sur Chevman, l'un des administrateurs qui faisaient souvent surface en raison du grand nombre de ses interventions. Au bureau de l'Unité des crimes de nature sexuelle, sur un immense tableau blanc, Krawczyk a commencé à consigner tous les indices qu'il pouvait récolter dans les messages de Chevman, afin de suivre la « piste des miettes de pain », comme il disait. Il a vu un commentaire de Chevman qui disait souhaiter que « TiVO soit au Canada », ce qui l'a renseigné sur le pays où l'utilisateur se trouvait. Chevman parlait souvent des chutes de neige et disait aller souper vers 18 h – alors qu'il était déjà 20 h à Toronto ; ainsi, l'enquêteur était à peu près certain que sa cible était en Alberta. Les policiers connaissaient les voitures de Chevman, la date et l'heure exacte de la naissance de sa fille prématurée, ainsi que son poids, et ils savaient que sa femme avait subi une chirurgie du cœur.

« Nous en savions plus long sur lui que lui-même », plaisante Krawczyk.

Chevman et les autres administrateurs prenaient grand plaisir à se dire invincibles. « Il leur est absolument impossible de nous attraper », ont-ils écrit dans un message qu'ils s'étaient envoyé les uns aux autres.

Ce que Chevman et ses comparses de WinMX ignoraient, c'était que les policiers lisaient leurs messages au moment même où ils les tapaient… et qu'ils s'apprêtaient à frapper dans divers pays.

Dès le départ, les Canadiens avaient transmis des pistes à leurs collègues du Royaume-Uni, d'Australie et des États-Unis.

L'une des premières pistes a été transmise au bureau de Chicago du Service américain de l'immigration et des douanes – coup de chance, puisque c'est dans cette ville que se trouve la plus grosse unité de lutte contre la cybercriminalité dont dispose le Service sur le terrain. Ron Wolflick, agent des douanes expérimenté qui a passé plus de deux décennies à lutter contre le trafic de drogues et le blanchiment d'argent, dirigeait l'équipe de 17 enquêteurs.

Au début de décembre 2005, Wolflick et son équipe ont appris par leurs collègues canadiens que trois ou quatre suspects potentiels provenant du Midwest figuraient sur la liste de contacts « KiddyPics » de Langham. L'une des connaissances de Langham sur Internet, dont le pseudonyme était Acidburn, lui avait envoyé des vidéos des agressions qu'il avait commises sur une enfant en bas âge.

Cette nouvelle avait donné froid dans le dos aux enquêteurs de Chicago. « Quelqu'un est peut-être en train d'agresser une fillette de 18 mois, a dit Wolflick. Nous devons découvrir l'identité de cet homme. »

Du fait que Langham avait eu des contacts avec Acidburn hors du salon WinMX, dans des programmes de messagerie instantanée moins sécurisés, la police disposait d'une bonne piste, l'adresse IP d'Acidburn. Une vérification faite auprès du fournisseur de services Internet a révélé une adresse. L'équipe du Service des douanes s'est ensuite servie des registres téléphoniques et d'informations provenant d'autres sources pour déterminer l'identité du suspect, un homme de 29 ans habitant Bartlett, banlieue de Chicago, qui était engagé dans une bataille juridique contre sa femme pour la garde de leur enfant.

Les enquêteurs auraient bien voulu fondre sur le domicile du suspect et procéder à son arrestation, mais il leur fallait d'abord rassembler tous les éléments de preuve nécessaires. Ils devaient s'assurer que l'enfant ne se trouvait pas avec lui, de crainte qu'il ne lui fasse du mal. En outre, ils devaient lui mettre la main au collet pendant qu'il n'était pas en ligne dans le salon WinMX, afin qu'il n'ait pas la possibilité d'alerter ses acolytes.

Les enquêteurs de Wolflick ont monté une opération complexe. Ils ont organisé une téléconférence avec Langham, qui se trouvait en cellule – Randy Wickins a dû téléphoner tard le soir au directeur de la prison pour obtenir son autorisation –, afin d'obtenir de lui un complément d'information sur Acidburn. Ils ont demandé au tribunal l'autorisation d'intercepter une communication Internet – autrement dit, d'installer une « table d'écoute » sur l'ordinateur du suspect par l'intermédiaire de son fournisseur de services Internet. « Tandis qu'il surfait sur le Web, tout ce qu'il faisait s'affichait sur notre écran dans nos bureaux », raconte Wolflick.

La police a ensuite installé des caméras de surveillance à proximité du domicile d'Acidburn. Les policiers l'ont vu faire régulièrement des pauses pour aller fumer dans son garage – moments opportuns pour une arrestation, mais un peu courts. Il fumait rapidement et finissait sa cigarette en trois ou quatre minutes.

Le raid était prévu pour le dimanche 8 janvier. L'équipe avait appris que la grand-mère de l'enfant allait la déposer chez son père pour qu'il la garde. « Nous ne pouvions plus attendre, dit Wolflick. Nous voulions attraper Acidburn avant l'arrivée de l'enfant. »

À 16 h, Acidburn est sorti dans son garage double pour fumer. L'équipe d'intervention spéciale s'est déployée et a immobilisé le suspect au sol. « Il n'était pas bouleversé, il ne pleurait pas, il ne criait pas non plus », dit Wolflick, qui s'est tenu au-dessus du suspect pendant qu'on lui passait les menottes et qui a été frappé par le fait qu'Acidburn ne s'est inquiété à ce moment-là que de ses écouteurs stéréo : « Il était beaucoup plus préoccupé par ses écouteurs que par les menottes. »

Les enquêteurs ont obtenu d'Acidburn le nom d'un autre utilisateur de WinMX dans la région de Chicago – qu'ils ont immédiatement arrêté –, ainsi que des pistes relativement à une douzaine d'autres délinquants d'autres régions des États-Unis. La police n'arrivait pas encore à savoir comment le logiciel WinMX bloquait les adresses IP des utilisateurs. La tâche d'élucider cette énigme a été confiée à un jeune cyberenquêteur, Brian Bone.

Bone reconnaît que les ordinateurs lui ont toujours été familiers. Son père avait été comptable et s'était mis très tôt à l'informatique. Bone se souvient d'avoir visité le bureau de son père et d'y avoir vu les anciennes machines à cartes perforées. « J'ai eu de la chance, parce que, même lorsque j'étais très jeune, nous avions un ordinateur à la maison », dit-il. Bone a commencé sa carrière à 21 ans, comme patrouilleur au bureau du shérif. Son air d'éternel adolescent lui a souvent valu de servir d'appât dans les opérations clandestines menées contre des cyberprédateurs, lorsqu'ils se présentaient à des rendez-vous pris avec ce qu'ils croyaient être une jeune victime. Par la suite, Bone est passé à l'informatique judiciaire et a été muté au poste de détective, au bureau du procureur de l'État de Lake County, où, à l'âge de 29 ans, il aidait l'équipe de Chicago du Service de l'immigration dans ses enquêtes.

Dans la plupart des programmes poste-à-poste populaires, les ordinateurs « conversent » entre eux pendant l'échange des fichiers. Durant ce temps, il est facile pour l'utilisateur de lire l'adresse IP de la personne qui transmet le fichier. Après tout, l'ordinateur qui reçoit le fichier doit savoir où se trouve l'ordinateur qui téléverse le fichier. Mais WinMX brouille en quelque sorte le code IP, afin que seuls les administrateurs de haut niveau puissent le voir. « C'était caché dans la connexion WinMX – et c'est ce qu'il y a de super dans ce système, dit Bone, avec l'admiration qu'un programmateur ne peut manifester que pour un adversaire coriace. Ils croyaient que les policiers ne le découvriraient jamais et, dans une certaine mesure, ils n'avaient pas tort. »

Lorsque les enquêteurs de Toronto Paul Krawczyk et Scott Purches se sont rendus à Chicago pour assister à la mise hors d'état de nuire d'Acidburn, ils ont expliqué à leurs homologues américains à quel point il était important de mettre la main au collet de l'un des administrateurs de la salle, par exemple Chevman. « Si nous parvenions à le trouver, nous pourrions élucider cette affaire », a déclaré Krawczyk.

Les enquêteurs ont passé la journée penchés sur leurs ordinateurs. « Il doit y avoir un moyen quelconque d'y arriver, insistait Bone. Mon ordinateur doit savoir avec qui je suis en communication. L'adresse IP est là, quelque part – il nous suffit de la trouver. »

À 22 h, fourbus, ils ont décidé de cesser de travailler.

« Si tu arrives à trouver la solution, je t'offre une bière », a lancé Krawczyk à Bone en quittant les lieux.

Une fois chez lui, Bone s'est mis à son ordinateur et a commencé à jouer avec le programme WinMX. Il n'a pas tardé à remarquer que, quel que soit le nombre de fois qu'il ouvre et ferme une session dans le salon WinMX, le code hexadécimal apparaissant à la suite de son pseudonyme d'utilisateur – système alphanumérique des mathématiques et sciences informatiques qui emploie les symboles 0 à 9, et A à F – restait le même.

« Le code hexadécimal représente quelque chose et ne varie pas, a-t-il conclu. D'une quelconque manière, il correspond à l'adresse IP. »

Bone a effectué une recherche sur le Web. Il a fini par trouver une page rédigée en allemand qui semblait expliquer certaines des rustines de WinMX. Il a cliqué sur l'un des outils de traduction automatique du Web – rapide, mais pas toujours fiable – pour lire le texte dans sa langue. Malgré la mauvaise qualité de la traduction, il a pu trouver dans le texte un indice important : les quatre derniers caractères du code hexadécimal représentent le numéro de port, c'est-à-dire la porte d'entrée par laquelle l'ordinateur de l'utilisateur communique avec Internet.

C'était là un renseignement essentiel, parce qu'il expliquait en partie le code. Bone a essayé de manipuler les caractères restants pour les faire parler, mais sans arriver à obtenir un numéro IP. Il a ensuite pensé que les caractères – groupés en séries de quatre séparés par un point décimal – étaient peut-être inscrits à l'envers, c'est-à-dire que les données les moins importantes se trouvaient peut-être au début du code. S'il inversait l'ordre des caractères et les lisait de droite à gauche, puis convertissait le code hexadécimal en chiffres ordinaires… voilà ! Il venait de déchiffrer l'adresse IP.

Le lendemain matin, 12 janvier, Bone est arrivé au bureau après une courte nuit de sommeil.

« Tu me dois une bière » a-t-il lancé à Krawczyk.

« Quoi ? » lui a répondu le policier canadien, incrédule.

Bone n'était pas encore tout à fait certain de la validité de sa formule. Il ne l'avait mise à l'épreuve que sur son propre ordinateur à son domicile. Les policiers ont donc ouvert une session sur WinMX à partir de divers ordinateurs du Service. Chaque fois, la formule marchait. Ils l'ont ensuite appliquée au code suivant le pseudonyme de Chevman.

Les enquêteurs canadiens ont été étonnés de voir l'enquêteur américain déchiffrer le code, mais ils n'ont pu s'empêcher de sourire lorsque ce dernier a révélé son secret. L'adresse IP de Chevman indiquait que l'administrateur qu'ils pourchassaient depuis si longtemps habitait la ville où toute l'affaire avait commencé.

« La boucle était bouclée. Nous étions de retour à Edmonton », dit Randy Wickins, qui, le jour où on lui a appris la nouvelle, n'arrivait pas à y croire.

Chevman, a-t-on découvert, était un commis de 49 ans du nom de Carl A. Treleaven, dont la femme travaillait dans une garderie.

Le 14 janvier, la police a pu demander au fournisseur de services Internet Shaw d'Alberta de trouver l'adresse civique correspondant à l'adresse IP de Chevman. Le 25 janvier, Paul Krawczyk et Scott Purches ont pris l'avion pour Edmonton, où ils seconderaient Wickins durant l'arrestation du suspect. À 7 h 30 le lendemain matin, il faisait encore nuit. Les policiers attendaient dans une fourgonnette de surveillance garée à proximité du modeste bungalow de l'homme. L'enjeu était de taille, parce que les policiers ne voulaient pas se contenter d'arrêter Treleaven, ils souhaitaient se faire passer pour lui en ligne, afin d'infiltrer le groupe en tant qu'administrateur de haut niveau. Pour ce faire, ils devaient l'arrêter durant les brefs moments où il était en ligne, mais loin de son ordinateur.

« Nous savions ce que nous pouvions obtenir – si son ordinateur était encore allumé », dit Wickins.

De la fourgonnette, les policiers avaient par la fenêtre avant de la maison une vue partielle de l'intérieur. Ils étaient en contact téléphonique avec John Menard qui, à Toronto, surveillait en direct le clavardage de Chevman.

Tandis que Chevman tapait sur son clavier, Menard lisait le message au téléphone, et Scott Purches le répétait à haute voix dans la fourgonnette : « De retour sous peu – pause café. »

C'était le moment tant attendu – les quelques précieuses minutes que Chevman passerait loin de son ordinateur.

« O.K., allez-y. Il est dans la cuisine ! » La tension s'entendait dans la voix de Randy Wickins lorsqu'il a donné l'ordre par radio aux policiers.

Rapidement, l'un d'eux est allé sonner à la porte du suspect. Les policiers se sont dit que Treleaven aurait un choix à faire : aller répondre à la porte ou se précipiter sur son ordinateur. Dans un cas comme dans l'autre, l'unité tactique était prête.

« Au moment où il a ouvert la porte, sa vie a changé pour toujours », dit Wickins.

Les policiers se sont engouffrés dans l'ouverture. Krawczyk s'est précipité sur l'ordinateur. Sur le pas de sa porte, Treleaven, ébranlé, affolé, sanglotait.

« Je ne fais que regarder des photos, a lancé Treleaven aux policiers ; je ne veux faire de mal à personne. » Le moins que l'on puisse dire, c'est que Chevman manquait de sincérité : son dossier criminel contenait deux condamnations, l'une en 1986 et l'autre en 1993, pour grossière indécence et pour attentat à la pudeur de jeunes filles. Chez lui, en Alberta, dans l'air glacial du matin, Treleaven sentait son monde s'écrouler autour de lui.

« Je sais pourquoi vous êtes ici », a-t-il dit, sanglotant encore, au policier qui l'a mis en état d'arrestation.

« Pourquoi donc suis-je ici ? » a demandé le policier.

« Pour m'envoyer en prison pour le reste de mes jours », a répondu d'un ton quelque peu mélodramatique le prédateur de WinMX. Au Canada, il ne s'exposait qu'à quelques années derrière les barreaux, puisqu'il n'y avait aucune preuve – cette fois-là – qu'il ait commis lui-même des agressions sexuelles. Dans le salon de clavardage WinMX encore ouvert sur son ordinateur, la police a vu 90 individus qui attendaient de télécharger une partie de la vingtaine de gigaoctets d'images d'exploitation sexuelle d'enfants que Treleaven avait stockées.

Pendant que Chevman laissait couler ses larmes, à quelques mètres de là Paul Krawczyk, penché sur l'ordinateur de l'homme, espérait qu'on allait mordre à son hameçon : il lui fallait convaincre les centaines de sous-fifres de WinMX – et, plus important encore, les autres administrateurs de haut niveau du salon – qu'il était Chevman. « Cet homme était sans doute la personne en qui on avait le plus confiance dans le salon », dit Krawczyk.

À Toronto et à Chicago, le déchiffreur de codes Brian Bone et d'autres membres du Service américain de l'immigration et des douanes attendaient nerveusement en surveillant le salon. Ils savaient que, la prochaine fois que Chevman se manifesterait dans le salon, ce serait un officier de police qui serait au clavier. « Cinq longues minutes se sont probablement écoulées entre le départ de Chevman et le premier mot tapé par Paul, dit Bone ; c'était l'un de ces moments où l'on retient son souffle. »

« Nous devions veiller à ce qu'il n'y ait pas de panique dans le salon, après l'élimination de Chevman, explique Ron Wolflick, du Service américain de l'immigration. Nous attendions, les doigts posés sur les boutons du téléphone, parce que, en cas de dérapage, nous allions devoir déployer en vitesse nos agents. » Les agents auraient arrêté celles des cibles de WinMX qui étaient connues.

Il n'y a toutefois pas eu lieu de paniquer. Au bout de quelques minutes, « Chevman » est revenu à son clavier. Ses copains de WinMX ont supposé que sa pause café était terminée ; personne n'a émis quelque doute que ce soit. Plus tard dans la journée, Treleaven a fait des confidences aux enquêteurs pendant quatre heures, et leur a donné son mot de passe d'administrateur du salon. Durant les heures, les jours et les semaines qui ont suivi, Krawczyk a continué de se faire passer pour Chevman, sans que personne ne mette en doute son identité. « Le transfert d'identité s'est fait en douceur, sans accroc, dit-il. J'avais étudié [Chevman] pendant si longtemps que j'ai pu le remplacer et me faire passer pour lui. Il nous suffisait ensuite de suivre le courant. »

Cet épisode a été un tournant dans l'enquête et, à bien des égards, une démonstration de tout le chemin parcouru par les enquêteurs en quelques années seulement. Dans l'affaire Landslide, ils avaient été enterrés par des montagnes d'éléments de preuve. Dans les affaires suivantes, ils devaient constamment s'efforcer de rattraper l'avance technologique des cyberprédateurs. Au stade où ils en étaient, la police était en mesure d'infiltrer au plus haut niveau un grand réseau d'exploitation sexuelle d'enfants. C'était l'équivalent sur Internet de l'infiltration d'un cartel de trafiquants de drogues : il fallait avoir assez de chance, d'habileté et d'information interne pour réussir le coup.

« La porte venait de s'ouvrir sur l'étape suivante de l'enquête, fait remarquer Randy Wickins. Nous étions à l'intérieur, au centre de l'action. »

Jusqu'à ce moment, les policiers n'avaient pu qu'observer discrètement ce qui se passait dans le salon WinMX et, en grande partie grâce à la liste de contacts de Langham, procéder à quelques arrestations. Désormais, par le truchement du pseudo-Chevman, la police avait accès à l'adresse IP de chaque participant – en quelque sorte, aux registres d'adhésion du club « KiddyPics & KiddyVids ». Dès qu'un participant entrait dans le salon – il y avait toujours de 30 à 60 participants en ligne –, les agents clandestins pouvaient voir son pseudonyme, son adresse IP et le nombre de fichiers qu'il partageait.

Du 26 janvier au 6 mars, date du raid final, Krawczyk et son équipe ont poursuivi leur subterfuge. En tant qu'officiers de police, ils n'avaient pas le droit d'offrir de pornographie juvénile ; il leur a donc fallu trouver un prétexte pour expliquer pourquoi Chevman n'échangeait plus de fichiers. Le faux Chevman a dit à ses copains du salon qu'il avait procédé de nouveau au partitionnement de son disque dur et que l'accès à sa collection était difficile. Il attendait son remboursement d'impôts pour s'acheter un nouveau lecteur.

« Chevman a été pour nous un coup de chance, dit Krawczyk. Il occupait une position de premier plan. C'était comme si on avait acheté la clé du salon. » C'était une clé qui permettrait d'envoyer des douzaines d'individus derrière les barreaux, au Canada et aux États-Unis, mais aussi aux Pays-Bas, en Allemagne, en Écosse, au Danemark et en Suède.

Les policiers de Toronto avaient transmis une piste au sujet d'un suspect, Blue Dragon, au détective inspecteur suppléant Jon Rouse, de la police du Queensland, en Australie. « Rien que par ses conversations en ligne, dit Rouse, nous savions que [Blue Dragon] était un poids lourd dans le réseau et qu'il avait une très vaste collection d'images à partager. » Le gendarme détective Warren Bulmer, qui coordonnait la transmission des pistes à l'échelle internationale pour l'Unité des crimes de nature sexuelle de Toronto, tenait les Australiens au courant de tous les progrès réalisés par l'intermédiaire de Groove, le réseau sécurisé d'échange d'information que la police exploitait depuis plusieurs années.

En se faisant passer pour Chevman, les policiers de Toronto ont pu déterminer l'adresse IP de Blue Dragon. Malheureusement, cette adresse correspondait à une université fréquentée par plus de 40 000 étudiants. Le suspect aurait pu être n'importe quel étudiant, professeur ou administrateur. Travaillant de concert avec le service des technologies de l'information de l'université, la police australienne a demandé à Toronto de suivre plusieurs fois sur une courte période de temps l'adresse IP de Blue Dragon. Après trois confirmations sur une même adresse IP, la police a su qu'elle avait repéré son homme.

Il s'agissait d'un étudiant de 38 ans, William Robert Burns, d'Ashgrove, banlieue de Brisbane. Ce qui était troublant, c'est qu'il était titulaire de ce que l'on appelle au Queensland une « carte bleue ». Celle-ci doit être délivrée après enquête par un office de l'enfance et de la jeunesse à quiconque travaille ou fait du bénévolat auprès d'enfants. Blue Dragon était en fait un enseignant inscrit, mais qui ne pratiquait pas au moment de l'opération. « Nous étions cependant suffisamment inquiets pour le faire surveiller », dit Rouse.

Grâce au travail clandestin de « Chevman », Blue Dragon était également surveillé sur WinMX. La police a pu lire ses conversations avec son copain Knight Rider, auprès de qui il s'est vanté d'avoir retiré toute information compromettante de son ordinateur et de l'avoir cachée dans un lecteur MP3 :

Blue Dragon : C'est gros comme un paquet de cigarettes (mdr) [mort de rire].
Knight Rider : Un iPod pour la PJ [pornographie juvénile].
Blue Dragon : Hahaha.
Knight Rider : Et si les policiers descendent du ciel dans 100 hélicoptères et qu'ils trouvent ton DD [disque dur] ?
Blue Dragon : L'avantage, c'est que ça ressemble à un lecteur MP3 – hahaha – c'est si petit, ça tient dans la main.

La police n'a pas eu besoin d'hélicoptères lorsqu'elle a arrêté Blue Dragon. « Lorsque notre équipe est arrivée dans sa chambre, il était très très très sûr de lui, convaincu qu'elle ne trouverait rien », raconte Jon Rouse. Mais la police s'est dirigée directement vers son lecteur MP3. Blue Dragon est devenu livide. William Robert Burns s'est plus tard reconnu coupable de possession de matériel d'exploitation d'enfants – 12 000 photos et vidéos d'enfants, certains âgés de 6 ans seulement – et a écopé d'une peine de six ans d'emprisonnement.

Au Canada, grâce au pouvoir qu'avait Chevman de filtrer et de surveiller les participants dans le salon WinMX, le gendarme détective Krawczyk a pu suivre la trace du pompeux Lord Vader, qu'il avait à l'œil depuis de nombreux mois. Krawczyk avait recouru à des techniques d'espionnage assez novatrices pour en apprendre davantage sur l'irréductible de WinMX qui s'était un jour vanté de ce qu'« aucun policier ne [lui rendrait] visite ». Quand le groupe rock Mötley Crüe est allé donner un concert dans la ville de Lord Vader, celui-ci a tenu absolument à acheter des billets. Le 3 décembre, il a même dit à ses copains de WinMX que les billets seraient en vente sur le site de Ticketmaster « dans une heure ». La montre de Krawczyk, à Toronto, indiquait midi huit minutes ; il savait que les ventes sur Ticketmaster commençaient à 10 h du matin. Cela signifiait donc que Lord Vader habitait dans un fuseau horaire ayant trois heures de retard sur le sien, donc quelque part sur la côte du Pacifique. Une vérification rapide sur le site de Ticketmaster lui a indiqué que, ce jour-là, il y avait un concert de Mötley Crüe à Prince George, en Colombie-Britannique.

Peu de temps après, Lord Vader était de retour dans le salon, déclarant avec joie : « Fantastique ! J'ai six billets, rangée 9, face à la scène. » Krawczyk est entré en contact avec Ticketmaster : un seul client avait acheté six billets de la rangée 9. Beau travail de détective, certes, mais aucun résultat. Krawczyk a plus tard appris que Lord Vader se trouvait chez un ami et qu'il avait utilisé la carte de crédit de la mère de ce dernier.

En tant que Chevman, Krawczyk avait l'avantage sur les membres du réseau. Lorsque Lord Vader a ouvert une session dans le salon « KiddyPics & KiddyVids » à 17 h 15 le vendredi 27 janvier, Krawczyk a usé de ses privilèges d'administrateur pour lire l'adresse IP. Celle-ci était enregistrée au nom de Telus Corporation, grand fournisseur de services Internet dans l'ouest du Canada. Un mandat a permis à la police d'obtenir le nom et l'adresse de l'individu se cachant sous le masque de Lord Vader, un homme de Prince George âgé de 28 ans. Il a été accusé de possession et de distribution de pornographie juvénile; sa cause n'est pas encore réglée.

Lentement mais sûrement, la police du Canada et celle des États-Unis resserraient leur étreinte sur le réseau. À Chicago, l'équipe de Ron Wolflick a assumé la coordination de l'enquête à l'échelle nationale, à laquelle ont participé jusqu'à 147 agents du Service de l'immigration. Les enquêteurs de Wolflick orientaient là où il le fallait les appels téléphoniques, les rapports et les pistes qu'ils recevaient des quatre coins des États-Unis, et aidaient les autres bureaux régionaux du Service au moment des arrestations, des interrogatoires et des séances de débreffage. Deux agents du Service basés à Chicago se sont joints aux Canadiens pour travailler clandestinement dans le salon de clavardage.

Le 6 mars, les Américains se sont dits prêts à frapper. Dans la première vague de raids, ils ont arrêté 14 individus de 9 États: Illinois, Tennessee, Michigan, Nevada, Floride, New York, Arizona, Hawaï et Caroline du Nord.

À Clarksville, au Tennessee, les agents fédéraux ont frappé à la porte de l'appartement E73, dans un paisible immeuble de la rue Madison, où habitait Royal Raymond Weller, réparateur. Certains de ses voisins le trouvaient un peu bizarre. Une voisine s'est rappelé avoir aperçu l'intérieur de l'appartement de Weller et avoir constaté qu'il n'y avait aucun meuble, rien qu'un nouvel ordinateur Dell sur le sol. La mère de Weller, cependant, a assuré aux policiers que son fils était un brave garçon, qui soupait tous les dimanches soir avec ses parents et ses trois frères et sœurs.

Weller, le brave fils, n'était autre que GOD, le Galactic Overlord Duplicate qui dirigeait le salon de clavardage « KiddyPics ».

Dans un petit parc de maisons mobiles situé près d'Osceola, en Iowa, une maison mobile délabrée a soudain été la scène d'une grande agitation lorsque les agents fédéraux y ont débarqué, à la recherche de Lisa Winebrenner, 36 ans. Elle y habitait à l'étroit avec deux enfants. Le plancher était couvert de vêtements sales, de rebuts, de cannettes vides de Mountain Dew et d'excréments. Mais Winebrenner était en possession du plus récent matériel informatique: quatre ordinateurs. Bienvenue au château de la Humble Duchess. « Dans le monde réel, elle n'était personne, dit Brian Bone, enquêteur à Chicago. Dans le salon WinMX, elle jouissait de l'admiration de beaucoup de participants. »

Winebrenner a tenté d'éliminer toute trace de son règne dans le monde de la pornographie juvénile en recourant au logiciel Evidence Eliminator, outil d'effacement du disque dur, mais la police a pu récupérer quelques images d'exploitation sexuelle d'enfants – en plus de disposer, bien sûr, des registres de ses activités sur Internet. Sa cause n'est pas encore réglée. Elle a reconnu sa culpabilité en avril 2007, s'exposant ainsi à une peine maximale de 20 ans de prison.

Tous les types de personnes et de professions étaient représentés par les participants du salon WinMX. Il y avait des grands-parents et des célibataires endurcis. Ils habitaient une maison mobile ou un confortable bungalow de banlieue. L'un d'eux était étudiant, un autre vendeur dans un parc de bois. L'un des participants avait choisi un pseudonyme révélateur: « A_School_Teacher » – David Perrozi, qui avait fait fortune dans le pétrole, donnait aussi des cours à l'école du dimanche.

Toutes les arrestations ne se sont pas faites sans heurt. La police n'a pas trouvé de balle de fusil explosant dans les lecteurs de disque dur des suspects, mais quand Perrozi a vu la mine sombre des agents fédéraux en ouvrant la porte de sa luxueuse demeure de Buffalo, il l'a aussitôt refermée, s'est précipité sur son ordinateur et a tapé la commande d'effacement de son disque dur. « En quelques secondes, il a détruit toutes les données, dit Ron Wolflick. Il a mis en œuvre le protocole de sécurité qu'il avait planifié. »

Le mercredi 15 mars 2006, CNN a interrompu sa programmation habituelle pour transmettre une conférence de presse spéciale donnée à Chicago par le ministre de la Justice de l'époque, Alberto Gonzales, qui annonçait la réussite du projet *Wickerman* et l'arrestation de 27 individus aux États-Unis, au Canada, au Royaume-Uni et en Australie. « Le comportement dans ces salons de clavardage et les images que plusieurs accusés ont transmises dans le monde entier à l'aide des programmes poste-à-poste et des messageries instantanées constituent la pire forme imaginable de pornographie juvénile », a dit Gonzales. C'était la première fois que le ministre américain de la Justice annonçait l'issue d'une enquête en matière de pornographie juvénile, ce qui en disait long sur l'ampleur et l'importance du projet *Wickerman*, et qui a permis de sensibiliser l'opinion publique à la gravité de la cybercriminalité dirigée contre les enfants.

Sur le podium, avec le ministre de la Justice se trouvaient le chef adjoint de la police de Toronto et des cadres supérieurs du Service américain de l'immigration et des douanes. Mais, dans la salle, c'étaient les officiers de première ligne, qui avaient fait tout le travail de terrain, qui resplendissaient de joie : Ron Wolflick et son équipe de Chicago ; Paul Krawczyk et Scott Purches de Toronto ; et Randy Wickins, qui avait ouvert le bal à Edmonton.

Gonzales a déclaré : « Cette enquête est un bel exemple de collaboration entre les agences d'application de la loi des États-Unis et celles d'autres pays en vue de démanteler ces réseaux, afin de protéger les jeunes et vulnérables victimes contre les horreurs de l'exploitation sexuelle. »

Tandis qu'il regardait la conférence de presse derrière les barreaux au Canada, Mark Langham n'arrivait pas à croire ce qu'il avait déclenché. « Mon Dieu ! C'est moi qui ai fait ça ! » se souvient-il de s'être dit. Il ne l'a dit à personne d'autre, toutefois, car en prison cela aurait pu constituer son arrêt de mort. « J'ai pensé que, pour une fois dans ma vie, je faisais le bien, ajoute-t-il. J'aidais certains enfants plutôt que de leur faire du mal. »

Quelques téléspectateurs qui regardaient Gonzales tapaient furieusement sur leurs claviers d'ordinateur. Dans le salon de clavardage WinMX, parmi les participants qui restaient, il régnait un sentiment de danger imminent. « Nous surveillions WinMX durant la conférence de presse ; on aurait dit des rats abandonnant le navire », dit Jon Rouse, d'Australie.

Voici à quoi ressemblaient les derniers registres de clavardage :

- Je commence à m'inquiéter [...].
- Avez-vous entendu dire qu'ils ont fermé certains salons WinMX ?
- Arrête de répandre de fausses rumeurs [...]. Personne n'a fermé de salons WinMX.
- C'est vrai. Regarde CNN. Je ne dis pas ça pour faire peur.
- Merde !
- Ouais !

Le salon s'est vidé, mais pas pour longtemps.

Comme des drogués, ils y revenaient chercher leur dose, même s'ils étaient conscients des dangers courus. « Je comparerais cela à un film d'horreur, dans lequel chaque jour l'un des personnages disparaît, alors que les autres continuent de revenir au chalet pour se faire tuer, dit Krawczyk, sourire aux lèvres. C'était tout à fait comme ça. »

Dans un nouveau salon WinMX, Krawczyk ne pouvait plus se servir du pseudonyme de Chevman, puisque l'arrestation du suspect avait été annoncée. Quelques semaines après la conférence de presse de Gonzales, il s'est inventé une autre identité et a clavardé avec Bastien, pseudonyme d'un membre de WinMX du Danemark, que la police danoise avait arrêté, puis relâché, et qui s'était tout de suite remis au clavier :

Bastien : Ne fais confiance à personne [...]. Nous devons être prudents [...] j'ai été arrêté, et la police est venue saisir tout [...] j'attends des nouvelles à propos de mes disques durs [...] j'ai utilisé QuickWipe sur chacun, j'espère que les données sont effacées, mais je n'en suis pas sûr.

Krawczyk: Oh non ! ça c'est mauvais.

Bastien: Ils surveillent tous les administrateurs avec le mot de passe de Chevman [...]. C'est la police canadienne qui a envoyé ici les renseignements sur moi.

Krawczyk: Non, pas vrai !

Bastien: Vrai [...] j'ignore quand je vais revenir dans le salon, de temps en temps probablement, mais je ne veux pas me faire remarquer ; tu comprends pourquoi.

Il allait se faire remarquer. La police danoise l'a arrêté de nouveau, grâce à ces conversations et aux images saisies dans d'autres ordinateurs branchés sur WinMX et qui révélaient qu'il abusait de ses propres enfants.

Quatre mois après la conférence de presse de Gonzales à Chicago, le nombre d'arrestations était passé de 27 à 55, dont 22 aux États-Unis, 16 au Canada, et les autres réparties à peu près également entre l'Australie, le Royaume-Uni et le reste de l'Europe. En tout, la police avait identifié 18 enfants qui avaient été directement agressés par les membres du réseau. En Écosse, un suspect du nom de David Sim a subi un prélèvement d'ADN – procédure normalisée pour à peu près quiconque est arrêté au Royaume-Uni – et la police a établi une correspondance avec une affaire non résolue d'agression sexuelle sur une fillette de 3 ans. Sim a écopé de cinq ans de prison.

Comme on pouvait s'y attendre, les peines les plus lourdes ont été imposées aux États-Unis. David Perrozi, l'instituteur à temps partiel à l'école du dimanche qui avait réussi à supprimer presque tous les éléments de preuve de son ordinateur, s'est quand même vu imposer une peine de cinq ans d'emprisonnement pour distribution de matériel pornographique, ainsi qu'une amende de 55 000 $. Michael Burns, de Reno, au Nevada, qui participait à l'administration du salon sous le pseudonyme de Wharfrat, a écopé de 10 ans, tandis que CuLeX, administrateur de Floride dont le vrai nom était Jason Wilson, a eu 20 ans. Quant à Raymond « GOD » Weller, une peine de 10 ans l'a vite ramené sur terre.

Au Canada, Carl « Chevman » Treleaven s'est reconnu coupable de possession et de distribution de matériel pornographique juvénile, ce qui lui a valu une peine de trois ans et demi de prison – une fraction de ce que les Américains imposaient, mais tout de même un an de plus que toute autre sentence imposée jusque-là au Canada pour la distribution de pornographie juvénile. Pourtant, la légèreté de sa peine en a outré plusieurs, dont sa jeune sœur Cindy, qui a allégué devant les reporters rassemblés à l'extérieur du tribunal que Treleaven avait abusé d'elle lorsqu'elle était enfant.

« Combien d'autres ? a-t-elle demandé. Pensez à ces enfants qu'il avait sur son ordinateur ! Certains n'étaient que des bébés ! »

Le projet *Wickerman* a prouvé que la police, dans un effort coordonné à l'échelle mondiale, avait acquis beaucoup de compétence dans le monde numérique et était capable de s'attaquer sur le Web aux réseaux les plus complexes d'agresseurs sexuels d'enfants.

Les outils technologiques que les agences d'application de la loi avaient mis au point au fil des ans – Groove, pour clavarder et échanger des fichiers en toute sécurité, et le CETS, pour rechercher les indices importants dans les banques de données policières – s'étaient révélés extrêmement précieux. Les enquêteurs avaient jeté beaucoup de lumière sur le mystère de Freenet et pouvaient déchiffrer le code WinMX qui protégeait l'adresse IP des utilisateurs. En plus de cet arsenal technique, les policiers disposaient d'un puissant réseau officieux de contacts, grâce auquel ils pouvaient donner à tout moment un coup de fil à l'étranger à un collègue qu'ils avaient appris à connaître et à qui ils faisaient confiance.

Pour le détective d'Edmonton qui avait été à l'origine du projet *Wickerman*, c'était tout simplement un cas de curiosité entêtée qui rapportait. « Si vous trouvez un bout de fil qui dépasse dans une enquête, que vous tirez dessus et que le fil commence à s'allonger, n'arrêtez pas de tirer avant qu'il soit complètement démêlé », dit Randy Wickins.

Il n'aurait jamais pensé que le fil mènerait à l'une des plus sordides collections d'images que la police ait vues jusque-là, avec même des transmissions en direct de séances de torture d'enfants. La femme de Wickins lui a un jour demandé comment il pouvait regarder ces choses-là, que ce devait être une tâche particulièrement éprouvante.

C'était éprouvant. Wickins se consolait en lisant un passage des écrits d'Alan Bosak, qui s'était battu pour la liberté des Noirs en Afrique du Sud :

> Nous irons devant Dieu pour être jugés, et Dieu nous demandera : « Où sont vos blessures ? »
> Nous répondrons : « Nous n'en avons pas. »
> Dieu nous demandera alors : « N'y avait-il donc rien qui vaille une bataille ? »

Des mois plus tard, la bataille *Wickerman* n'était pas encore terminée. Il restait encore beaucoup de membres actifs du salon « KiddyPics » que la police n'avait pas capturés. Peu de temps après les arrestations, l'un d'eux – le même Knight Rider qui avait clavardé avec Blue Dragon à propos du lecteur MP3 – a mis en ligne une vidéo. « Regardez ce que je fais de ma PJ [pornographie juvénile] et de mes fichiers dangereux», y disait-il. La vidéo le montrait en train d'empiler des boîtes et des boîtes de CD et de photos, et de les arroser d'un liquide inflammable. Il mettait ensuite le feu au bûcher, et riait pendant que les éléments de preuve se consumaient. Sur le dernier plan, on pouvait voir Knight Rider qui jetait les restes calcinés dans un camion d'ordures. Tout au long de la bande, on l'entendait glousser de joie.

Naturellement, la police continue d'analyser la vidéo à la recherche d'indices. «Knight Rider n'a pas encore été identifié, dit Randy Wickins, mais il est apparu à d'autres endroits, et nous sommes encore à sa recherche.»

À la fin de 2006, la police était sur la piste de l'administrateur qui avait remplacé Raymond Weller, mieux connu sous le pseudonyme de GOD par les utilisateurs de WinMX. Après avoir constaté la chute du GOD autrefois si puissant, le nouveau chef de WinMX s'est montré encore plus prudent et plus rusé que lui. Il s'est aussi choisi un pseudonyme tout à fait approprié: Son of GOD.

CHAPITRE QUINZE

Des cyberpoliciers planétaires

Il nous faut nous servir de la technologie pour rendre le monde plus petit [...]. Nous essayons de changer la dynamique en engageant la participation du public. Quand les prédateurs sauront que, quelle que soit l'heure et où qu'ils se trouvent, des enfants et des policiers les ont peut-être à l'œil, le monde sera transformé à tout jamais.

– Jim Gamble, président, Groupe de travail virtuel international

En 1989, lorsque Bill Walsh a organisé à Dallas, au Texas, la première conférence sur les crimes commis contre des enfants, il y a eu 50 participants et deux conférenciers. En 2006, la conférence a rassemblé 2600 délégués en provenance de 24 pays.

« Nous sommes devenus adultes dans la lutte contre l'exploitation des enfants », dit Walsh, ancien lieutenant de police de Dallas qui a participé à la direction de l'enquête Landslide et à beaucoup d'autres affaires de pornographie juvénile.

Le discours d'ouverture a été prononcé par le ministre américain de la Justice de l'époque, Alberto Gonzales, qui avait hissé la lutte contre l'exploitation sexuelle des enfants au sommet des priorités du ministère de la Justice, et qui serait plus tard contraint de démissionner à cause d'une controverse et d'un scandale politiques. Gonzales a demandé à l'assemblée de policiers, procureurs et défenseurs des droits des enfants de « s'enrôler dans l'armée de la compassion ». Il était de plus en plus animé et direct lorsqu'il abordait le sujet. Il avait franchi un tournant quelques mois auparavant durant une visite aux bureaux de Drew Oosterbaan et de son équipe de la Section de lutte contre l'exploitation des enfants, au ministère de la Justice. Oosterbaan avait pris un risque calculé en montrant au ministre de la Justice une petite sélection de certaines des images que procureurs et policiers devaient regarder chaque jour.

Dans une salle où régnait un silence de mort, Oosterbaan s'est tenu derrière Gonzales pendant que les images défilaient sur l'écran. Il ne pouvait voir le visage de son grand patron, mais il ressentait l'impact que les images avaient sur lui. « On peut sentir quelque chose s'évacuer des gens lorsqu'ils regardent ce matériel, dit-il. Quiconque n'a jamais vu pareilles images auparavant se trouve transformé à tout jamais. Il était évident que le ministre de la Justice était ému. »

« J'ai vu des photos d'hommes d'âge mûr forçant des jeunes filles nues à avoir des rapports anaux. Il y a sur Internet des vidéos de très jeunes filles obligées de s'engager dans des rapports vaginaux et oraux avec leur propre père », a plus tard déclaré Gonzales au cours d'un discours public étonnamment explicite. « Voir ce [matériel] m'a choqué et m'a écœuré, a-t-il poursuivi, mais si nous ne pouvons en parler en toute franchise, il sera facile aux gens de détourner le regard. »

Les délégués à la conférence de Dallas ne détournaient certainement pas le regard des dures réalités de leurs propres batailles. Ils se sont réunis dans la salle de bal de l'hôtel pour entendre le psychologue Joe Sullivan expliquer ce qu'il appelait le « cycle de l'agression sexuelle ». Ils ont rempli une autre salle pour entendre l'agente du FBI Emily Vacher relater comment elle s'était servie de mandats d'arrêt lancés contre John Doe et avait usé de créativité dans son travail de détective pour faire enfermer James Reigle à vie. Les délégués ont aussi écouté le détective Randy Wickins, d'Edmonton et ses collègues du Service de l'immigration et des douanes de Chicago faire le récit de leur opération clandestine de haute technologie dans les salons WinMX du projet *Wickerman*.

Autour du monde, les enquêteurs constataient l'ampleur des progrès réalisés en une décennie, depuis qu'Internet avait provoqué une explosion du matériel d'exploitation des enfants. Aux États-Unis, les agences d'application de la loi, disparates et parfois en conflit, coordonnaient mieux leurs activités. Le ministère américain de la Justice avait accru le financement de 45 groupes de travail régionaux voués à la lutte contre les crimes commis sur Internet contre des enfants, groupes qui fourniraient formation et technologie, afin que les enquêteurs locaux, d'État et fédéraux puissent faire équipe.

En Australie, Jon Rouse et son équipe du Queensland s'efforçaient de convaincre la police fédérale et les polices des États de s'allier en vue de mettre sur pied une banque d'images nationale. Au Canada, Earla-Kim

McColl, inspectrice de la GRC, nouvellement responsable du Centre national de coordination contre l'exploitation des enfants, essayait d'établir des normes et des programmes de formation à l'échelle nationale. La GRC avait créé des unités intégrées de lutte contre l'exploitation des enfants avec de nombreux corps policiers municipaux et avait pris la direction de la banque de données du système CETS d'analyse contre la pornographie juvénile initialement créée par la police de Toronto et Microsoft.

Le NCMEC était désormais l'un des 25 services de signalement d'enfants exploités sexuellement sur Internet, établis dans 22 pays dans le but d'aider le public, la police et l'industrie à exercer une surveillance sur le Web. Au Canada, le service Cyberaide fonctionnait avec moins de personnel et moins de financement que son équivalent américain, mais ses résultats étaient tout aussi impressionnants. Une équipe de 4 analystes passait au peigne fin les 600 à 700 signalements reçus chaque mois – fait remarquable, 43 p. 100 de ceux-ci étaient transmis à la police pour qu'elle intervienne.

Autour du monde, toutes ces organisations se sont rassemblées pour former une association internationale des services de signalement, INHOPE (International Association of Internet Hotlines). Voici ce que Lianna McDonald, du service canadien de signalement Cyberaide.ca, dit de son service : « Nous sommes l'équivalent sur Internet du programme de surveillance de quartier. »

Au siège du NCMEC, en Virginie, l'équipe de Michelle Collins a pris de l'expansion ; elle ne ressemble plus du tout à la petite unité à laquelle elle avait présenté une demande d'emploi la veille de Noël 1998.

Quand Collins a commencé à tenir un registre officieux des victimes identifiées et sauvées au début des activités du NCMEC, sa liste comportait à peine plus de deux douzaines de noms. À la fin de 2007 figuraient sur cette liste les noms de plus de 1200 enfants, provenant de presque tous les coins de la planète. Les analystes du NCMEC avaient acquis beaucoup d'expérience dans le repérage des moindres indices présents sur une photo. Ils avaient aussi compris que plus il y avait d'yeux qui analysaient ces photos, mieux c'était. Pourquoi réserver la chasse aux indices figurant sur les photos à la poignée de spécialistes du NCMEC s'il y avait un moyen sécurisé de faire appel aux ressources des agences d'application de la loi de tout le pays ? Le NCMEC a donc mis sur pied le Laboratoire d'identification des victimes, où se trouvaient des milliers de photos d'affaires non résolues. Les photos se trouvant sur un serveur virtuel sécurisé, les agents d'application de la loi inscrits de tout le pays pouvaient ouvrir une session, analyser les photos, fichiers audio et autres indices, et ainsi contribuer au repérage des victimes. Le NCMEC a fait l'essai du Laboratoire à la conférence de Dallas. Policiers et procureurs de 48 États et 11 pays ont eu accès à une bonne cinquantaine des fichiers les plus prometteurs. Au cours des 4 jours qu'a duré la conférence, les délégués ont établi 560 pistes et endroits précis relativement à au moins 5 petites victimes.

Malgré toutes ses réussites, la directrice de l'Unité de lutte contre l'exploitation des enfants du NCMEC est inquiète. À mesure que s'accroissent la capacité de stockage des disques durs et la vitesse des connexions Internet, les collections saisies prennent des proportions inouïes. « Elles sont gigantesques, dit Collins. On ne parle plus de centaines d'images, mais bien de centaines de milliers. »

Tandis que ces chiffres augmentent, l'âge des victimes semble diminuer. « Je travaille dans ce milieu depuis huit ans, dit Collins ; au début, il était rare de voir des images de bébés et de bambins. Aujourd'hui, 39 p. 100 des victimes de pornographie juvénile identifiées par le NCMEC sont âgées de moins de 5 ans ; 19 p. 100 ont moins de 3 ans. »

En fait, ces temps-ci, les enquêteurs de Collins rapportent de plus en plus souvent que les délinquants racontent qu'ils s'en prennent délibérément aux enfants qui ne parlent pas encore, parce qu'ils sont les victimes parfaites – qui ne pourront rien révéler de ce qui leur arrive. Collins cite le cas d'un homme qui abusait de sa fille de 4 ans, pour ensuite transférer ses « attentions » vers son autre fille, celle-là âgée de 18 mois.

« Il faut que je commence tôt, même si elle est encore jeune, écrivait le père, avant qu'elle ne commence à parler. »

Trois ans après avoir envoyé à Bill Gates le fameux courriel qui contribuerait à changer la manière pour la police de s'attaquer à l'exploitation sexuelle des enfants sur Internet, Paul Gillespie a eu l'occasion de rencontrer en personne le chef de Microsoft.

La rencontre a eu lieu au printemps 2006, en Virginie, durant un séminaire sur l'utilisation de la technologie dans la lutte contre le crime, organisé par Microsoft à l'intention des dirigeants gouvernementaux. Les deux hommes – le policier et le chef d'entreprise – se sont serré la main et ont bavardé brièvement. Gillespie, contrairement à son habitude, cherchait ses mots.

« C'était remarquable, se contentera-t-il de déclarer. C'était un honneur. »

Gates a fait l'éloge du policier dont la ténacité avait mené à la création du Système d'analyse contre la pornographie juvénile CETS. « Il a véritablement fait preuve de leadership dans la protection des enfants sur Internet et pour convaincre le gouvernement, les agences d'application de la loi et l'entreprise privée que nous devions tous travailler ensemble. »

Paul Gillespie n'arrive pas à croire à quel point – et à quelle vitesse – a grandi son bébé. « On est vraiment stupéfaits lorsqu'on pense au chemin parcouru en quelques années, dit-il. Il faut vraiment se pincer. Le système est brillant parce qu'il est simple ; le concept est tellement facile à comprendre que les intéressés y adhèrent volontiers. »

Et ils y adhèrent en masse. Au milieu de 2006, 182 policiers enquêteurs étaient branchés sur le système CETS dans 29 lieux au pays. Les Américains faisaient l'essai du système dans plusieurs villes et songeaient à un déploiement pilote. L'Italie a été le premier pays d'Europe à adopter officiellement le CETS en novembre 2006, suivie peu de temps après par l'Espagne. Au Royaume-Uni, quatre corps policiers d'Angleterre, du pays de Galles et d'Écosse testaient des programmes pilotes. L'Indonésie a été le premier pays en voie de développement à participer au CETS. « Nous allons enseigner la lutte contre la cybercriminalité à la police de Djakarta, dit Gillespie. Je vais inciter d'autres pays à adopter le système. »

Toutefois, c'est sans son badge qu'il les incitera à agir. Après avoir passé six ans à la tête de l'Unité de lutte contre l'exploitation des enfants la plus connue du Canada – et parfois la plus controversée –, Gillespie a annoncé en juin 2006 qu'il quittait les forces policières. Il n'allait pas abandonner la lutte, loin de là. Il allait la poursuivre à l'échelle mondiale d'une manière que ne lui permettait pas sa qualité de policier municipal.

« Je voulais poursuivre le travail à un plus haut niveau, dit-il. À mes yeux, l'objectif évident était de relier le monde entier. » Travaillant au sein d'une organisation sans but lucratif appelée Kids' Internet Safety Association, il espère mettre sur pied à Toronto ce qu'il appelle un centre de formation de calibre mondial, où les enquêteurs, plus particulièrement ceux des pays en voie de développement, pourront acquérir les plus récentes techniques policières. À titre de consultant privé, il entend aider Microsoft – qui en trois ans a affecté 7 millions de dollars au projet – à étendre le système CETS au reste de la planète. Il semble que le Brésil sera le prochain pays à l'adopter, et Gillespie voudrait en élargir la portée en Amérique latine, peut-être en Afrique du Sud et, au-delà de l'Indonésie, au reste de l'Asie. Microsoft estime que, jusqu'à présent, le rêve de Gillespie a contribué à l'arrestation de 64 individus, et à l'identification et au sauvetage de 43 victimes à l'échelle mondiale.

Pendant qu'il récupérait ses effets personnels dans son bureau du troisième étage du quartier général de la police de Toronto, Gillespie essayait de faire entrer de force dans un cahier noir la centaine de cartes, lettres et courriels reçus des victimes sauvées. Sur le mur derrière son bureau, dans une lettre encadrée envoyée par un membre de la famille de l'une des victimes qu'a faites Burt Thomas Stevenson en Caroline du Nord, on pouvait lire ceci : « Il y a un an, j'ignorais l'existence de votre Unité.

Aujourd'hui, je suis incroyablement reconnaissant au Ciel qu'elle existe. La prochaine fois que vous serez dégoûté par votre travail ou découragé par ce que vous voyez, ou que vous vous demanderez si ce que vous faites change la vie de quelqu'un, sachez que c'est le cas [...]. Merci beaucoup de ne pas avoir baissé les bras. Merci, et Dieu vous bénisse. »

De son cahier noir, Gillespie a tiré une autre note : « Si cela peut vous aider, je tiens à vous assurer qu'au moins certaines des victimes pourront mener une vie normale, comme c'est mon cas, lui écrivait une femme. Je suis maintenant mère d'une petite fille. S'il vous plaît, protégez-la contre le genre d'individus qui m'ont fait du mal dans le passé. »

De l'autre côté de l'Atlantique, Jim Gamble est enfin témoin de la réalisation de l'un de ses rêves les plus chers. On vient de créer pour le Royaume-Uni une agence centralisée de lutte contre l'exploitation des enfants, le CEOP (Child Exploitation and Online Protection Centre).

« Nous sommes là pour rappeler aux agresseurs qu'Internet n'est pas le far west, que c'est un lieu public, et que nous appliquons la loi dans les lieux publics », a déclaré Gamble aux médias la veille de l'inauguration du CEOP, en avril 2006. Le shérif était de retour en ville, mais cette fois avec des troupes composées d'experts civils et d'enquêteurs. Le but était de rassembler sous un même toit non seulement divers corps policiers, mais aussi des travailleurs sociaux, des éducateurs et des psychologues, des représentants de l'industrie d'Internet, des enquêteurs de la brigade financière et même des jeunes gens. C'est peut-être au monde le projet le plus ambitieux de lutte contre la cybercriminalité dirigée contre les enfants.

Pendant trois ans, après l'opération *Ore* menée dans l'affaire Landslide, Gamble a travaillé à restructurer la manière dont la police du Royaume-Uni s'attaquerait à la cybercriminalité au XXIe siècle. Il a eu la chance de pouvoir construire quelque chose à partir de zéro, après avoir étudié ce qui se faisait « de bien et de moins bien » ailleurs dans le monde. Gamble caressait l'idée d'un centre national dirigé par la police, comme le CNCEE de la GRC à Ottawa, mais le centre canadien n'avait pas l'envergure et la portée d'un centre d'échange d'information comportant de nombreux partenaires comme c'était le cas du NCMEC américain. Par contre, vu son statut civil, le NCMEC n'avait pas l'autorité requise ni la capacité de lancer et de diriger des enquêtes policières ; le NCMEC recueillait les renseignements, les traitait, mais devait les envoyer à la police pour que des mesures soient prises.

Gamble voulait le meilleur des deux mondes – et il l'a eu. Le CEOP est une agence de lutte contre le crime dirigée par la police, mais aussi une large coalition d'organisations civiles, gouvernementales et industrielles. La moitié seulement de la centaine de membres du CEOP sont des officiers de police. Les grandes organisations vouées à l'enfance, comme la Société nationale de prévention de la cruauté envers les enfants – la plus importante organisation caritative protégeant les enfants au Royaume-Uni –, ont apporté au CEOP d'imposantes ressources, comme l'ont fait les grandes entreprises telles que Microsoft, AOL et Visa. Gamble ne cherchait pas seulement à accroître son effectif, il visait la diversité et le débat, afin que soient remises en question les procédures policières. « Vous voyez au CEOP des détectives endurcis travailler de concert avec des travailleurs sociaux, des éducateurs et des représentants de l'industrie, dit Gamble. Chaque groupe vient avec ses compétences et sa vision spécifiques, propres à remettre en question nos manières de faire. »

Le CEOP, dont le budget initial était de 5 millions de livres, est d'abord et avant tout une agence policière, affiliée à la SOCA (Serious Organised Crime Agency) du Royaume-Uni, nouvelle structure policière nationale de type FBI. Gamble a réuni la crème des policiers enquêteurs, ceux qui luttent depuis des années contre l'exploitation des enfants, des hommes comme le vétéran Paul Griffiths. Les brigades policières qui travaillaient naguère séparément – comme l'Unité de lutte contre les crimes graves de nature sexuelle ou l'équipe POLIT de lutte contre la pédophilie sur Internet, que Gamble avait créée au plus fort de l'opération *Ore* – ne font plus qu'un.

La portée du CEOP s'étend au-delà des frontières du Royaume-Uni, grâce à une offensive continue contre le tourisme sexuel. Bouleversé par le sort réservé aux enfants du Cambodge qu'il a lui-même constaté, Gamble continue d'y envoyer des équipes d'experts et conseillers du CEOP. Il a recruté Aarti Kapoor, l'activiste qui a consacré plusieurs années à faire campagne en faveur des droits des enfants en Asie, afin qu'il étudie le problème mondial de la traite d'enfants. Il a également pris des mesures pour que la police britannique surveille et signale les délinquants potentiels qui voyagent à l'étranger. « Si votre nom figure dans le registre des délinquants sexuels et que nous apprenons que vous partez en voyage, sachez que nous vous aurons à l'œil, prévient Gamble. Je fais en sorte que chaque enfant compte, où qu'il vive », ajoute-t-il, faisant référence au slogan du CEOP : *Making Every Child Matter Everywhere.*

Puisant dans son expérience en contre-terrorisme acquise en Irlande du Nord, Gamble accorde la priorité au renseignement et aux enquêtes financières. Le CEOP veut trouver et saisir les biens des individus qui échangent des images de sévices sexuels infligés à des enfants. C'est pourquoi il a intégré dans ses activités quotidiennes une sous-direction des enquêtes financières – une première dans le monde de la lutte contre la pornographie juvénile. Gamble a même obtenu de Visa International la plus grande partie du financement nécessaire, soit une somme de 450 000 £ répartie sur trois ans. Il s'est directement inspiré de l'enquête menée aux États-Unis sur Regpay, après avoir rencontré l'ancien procureur Carlos Ortiz et l'agente du fisc américain Maria Reverendo, afin d'en savoir plus long. Mais il souhaitait que le travail du CEOP, contrairement au démantèlement de Regpay, soit continu, qu'il ne se termine pas après la première grande cause. « Mettons hors d'état de nuire les gens qui profitent de ce commerce, dit Gamble. Je veux leurs maisons, leurs voitures et tout l'argent de leurs comptes en banque. »

Au début de juillet 2006, trois mois seulement après l'annonce de la création du CEOP, le centre a réussi sa première opération nationale en arrêtant 13 individus soupçonnés de faire partie d'un réseau de visionnement à la carte. Comme cela avait été le cas pour Regpay, on croyait que ce réseau était dirigé par des criminels d'Europe de l'Est. Les enquêteurs du CEOP trouvaient également la trace de comptes bancaires en Nouvelle-Zélande, en Norvège et en Amérique du Nord.

Ce n'était qu'un début. Grâce à une modification apportée en juillet 2006 à la loi sur la protection des données, pour laquelle le CEOP avait exercé beaucoup de pressions, la police britannique pourra désormais transmettre aux banques des renseignements sur les personnes qu'elle soupçonne ou reconnaît coupables de crimes reliés à la pornographie juvénile. Les banques pourront alors annuler les cartes de crédit de ces individus. « Si vous êtes un pédophile, je veux tout savoir sur vous, explique Gamble. Je veux savoir où vous dépensez votre argent, comment vous utilisez l'argent comptant que vous retirez de votre compte bancaire, quelles cartes de crédit vous avez et ce que vous achetez sur Internet. Nous allons vous tourner autour comme un essaim de guêpes. »

Jim Gamble a compris très tôt qu'il ne suffisait pas d'envoyer les délinquants derrière les barreaux. Davantage que la plupart des officiers supérieurs de police, il veut les comprendre, les aider s'ils sollicitent de l'aide – mais aussi à tout prix les dissuader de recommencer.

À certains égards, pour Gamble la boucle est bouclée. Au début, la police se contentait d'arrêter les trafiquants et délinquants en ligne. Ensuite, elle a compris que les images échangées contenaient des indices essentiels pouvant mener à des enfants en chair et en os qu'il fallait sauver. L'objectif de Gamble reste de sauver des enfants, mais il souhaite le faire le plus souvent possible *avant* que ne soient prises les photos.

« Jusqu'à présent, notre activité a reposé en grande partie sur la recherche de photos et sur leur suppression d'Internet, dit-il. Très bien, trouvez les images si cela vous aide à identifier les enfants et à les sauver, mais ne vous enlisez pas dans les photos. Les photos ne sont qu'un symptôme du crime.»

Pour expliquer son point de vue, Gamble compare le flot d'images de pornographie juvénile sur Internet à une baignoire bouchée aux robinets ouverts. La police essaie d'empêcher la baignoire de déborder en se servant d'un seau pour en retirer de l'eau. «Si j'ai de la chance, il n'y aura pas d'eau par terre, dit-il. Mais la baignoire continuera de se remplir et, si je laisse tomber le seau à un moment ou à un autre, je serai dans le pétrin.

«Si nous ne voulons pas que ces photos se trouvent sur Internet, nous devons nous montrer beaucoup plus proactifs. C'est très bien de bloquer les images, mais nous devrions concentrer notre attention sur la prévention : ne pas laisser les délinquants avoir accès aux enfants pour prendre les photos. Notre objectif est de les empêcher d'aller sur Internet avec leurs photos en commençant par faire en sorte qu'ils ne puissent prendre ces photos. Ainsi seront fermés les robinets de la baignoire.»

En vue d'atteindre cet objectif, Gamble a désigné le psychologue Joe Sullivan pour remplir le rôle d'analyste judiciaire principal du comportement. Sullivan aidera la police à étudier les délinquants, à mieux connaître leurs habitudes et tactiques, à savoir ce qui les pousse à agir et comment les stopper. Il a également recruté Maggie Brennan, qui travaillait sur le projet COPINE (Combating Pædophile Information Networks in Europe) du University College à Cork, afin qu'elle coordonne la recherche avec le milieu universitaire. Le CEOP a adopté une manière nouvelle d'aborder cette maladie, à laquelle il faut s'attaquer avec d'autres armes que les tribunaux et les prisons.

Le chef du CEOP souhaite également modifier l'équilibre des forces sur le Web, afin que la répression des prédateurs ait lieu avant et non après le passage à l'acte. Au lieu de laisser Internet devenir un lieu dangereux où les parents craignent pour la sécurité de leurs enfants, pourquoi ne pas placer les délinquants sur la défensive ? Il faut qu'ils aient peur quand il est question d'enfants, et non l'inverse.

Pour commencer, Gamble veut que les grandes entreprises d'Internet, d'ordinateurs et de téléphonie mobile se rallient au mouvement et fassent en sorte que la sécurité soit intégrée dans leurs produits et services à l'étape de leur conception. Vodafone – la première entreprise de téléphonie mobile du monde – s'est ralliée très tôt. Il y a 50 millions de téléphones mobiles au Royaume-Uni ; presque la moitié ont accès au Web. Un client de Vodafone qui tente de visiter l'un des dizaines de milliers de sites bannis figurant sur la liste rouge d'IWF voit ce message s'afficher sur son écran :

ACCÈS BLOQUÉ

Si vous tentez délibérément d'accéder à ce site ou à des sites associés, vous risquez de commettre une infraction criminelle.

Le CEOP a réussi un coup d'éclat en août 2006, lorsque Microsoft a annoncé qu'elle intégrerait dans ses programmes de messagerie instantanée au Royaume-Uni un bouton rouge servant à signaler les cas d'abus. Avec ses 11,3 millions d'utilisateurs inscrits, le logiciel de Microsoft – communément appelé MSN Messenger ou Windows Live Messenger – est le plus populaire du Royaume-Uni. Les jeunes qui clavardent en ligne et qui se sentent exposés à un comportement suspect ou qui font l'objet d'avances sexuelles inappropriées pourront d'un seul clic de souris signaler le cas à la police.

« En lien avec ce bouton rouge, il y aura des officiers de police et de renseignement spécifiquement formés pour traiter les cas d'exploitation des enfants », a expliqué Gamble aux médias à l'occasion du lancement du programme. « Nous vous dirons comment capter l'information et saisir les discussions en ligne, puis nous ferons tout en notre pouvoir pour remonter jusqu'au correspondant. »

Le travail de Gamble lui a valu des louanges de la part d'au moins un groupe de personnes terriblement négligées dans le passé, celui des survivants d'abus sexuels et d'exploitation en ligne. « Nous n'avions aucune chance avant l'arrivée du CEOP », affirme Shy Keenan, directrice de Phoenix Survivors, organisation qui vient en aide aux victimes d'exploitation sexuelle des enfants. Elle fait remarquer que la plupart des gens savent où se trouve leur poste de police, mais ignorent ce qu'ils doivent faire s'ils sont en danger sur Internet. « Autrefois, si vous aviez besoin d'aide sur le Web, vous ne saviez pas vers qui vous tourner. Aujourd'hui, le CEOP a changé la donne ; nous n'utilisons plus Internet de la même manière qu'avant. »

Le nouveau CEOP est aussi devenu le foyer dont avaient tant besoin les policiers du groupe de travail virtuel international (Virtual Global Taskforce, VGT), qui patrouillent le Web 24 heures sur 24, 7 jours sur 7. Le VGT – autre rêve réalisé de Gamble, qui rassemble les polices britannique, américaine, canadienne et australienne vouées à la protection de l'enfance – a désormais son siège dans l'immeuble du CEOP.

Gamble a mis en œuvre son tableau de service « tournesol », afin que la police de chaque agence membre du VGT partout dans le monde et dans tous les fuseaux horaires puisse visiter les salons de clavardage et les sites Web où les enfants risquent d'être en danger. Le raisonnement est simple : les policiers doivent dormir, mais Internet ne dort jamais. Lorsqu'il est minuit à Londres, il est 8 h du matin à Brisbane et 7 h du soir à Washington. Quelle que soit l'heure du jour ou de la nuit, un officier de police du VGT est en ligne, prêt à venir en aide à des enfants ou à mener des opérations clandestines.

Lee Costi, 21 ans, étudiant dans le domaine des médias en Angleterre, a été le premier à s'attirer les foudres du VGT. Malgré son jeune âge, Costi était passé maître dans l'art de « travailler » les filles mineures et esseulées. En 2004, il a persuadé une adolescente de 14 ans de le rencontrer dans un hôtel de Swindon. L'année suivante, il a agressé une fille de 13 ans qu'il avait séduite sur Internet et qui avait accepté de le rencontrer dans une ruelle située près de la gare Waterloo, à Londres. Au moment où le jeune homme s'est trouvé une troisième victime, en 2006, le VGT avait déjà instauré son système d'urgence en ligne. Costi a fait du charme à une écolière de 14 ans du Nottinghamshire et l'a incitée à se livrer à des actes sexuels sur une caméra Web. L'adolescente a changé d'idée. Elle avait vu le site Web du VGT et a décidé d'y envoyer un signalement. Son rapport a été transmis à la police locale, qui a remonté la piste de Costi jusqu'au domicile de ses parents. Il a été condamné à neuf ans de prison pour agression, dans le cas de ses deux premières victimes, et pour incitation à des contacts sexuels, dans le cas de la troisième.

Dans son ordinateur, la police a trouvé 355 registres de conversations en ligne avec d'autres jeunes filles. « Beaucoup de ces jeunes filles sont désormais conscientes de la menace qu'il présentait parce que l'une d'entre elles a décidé d'envoyer un signalement, dit Gamble. Plus elles seront nombreuses à le faire, plus les prédateurs perdront de leur assurance. »

Gamble espère voir ce bouton rouge de signalement ajouté à d'autres produits de Microsoft et à d'autres logiciels du Web ailleurs dans le monde. Un jeune utilisateur qui clique sur le bouton se voit dirigé vers une page Web sur laquelle on lui demande dans quel pays il se trouve. Les utilisateurs du Royaume-Uni sont dirigés vers le CEOP pour transmettre un signalement; ceux du Canada, vers les pages de Cyberaide.ca et du CNCEE. Aux États-Unis, c'est le NCMEC qui traite les signalements et, en Australie, c'est la police nationale. Dans tous les autres pays, les signalements aboutissent à Interpol. À l'automne 2006, le VGT et le CEOP avaient déjà reçu plus de 900 demandes d'aide du public, en plus de 700 autres provenant de l'industrie, des groupes de surveillance et d'autres agences.

Au Royaume-Uni, le CEOP a également lancé en novembre 2006 un site Web sur les pédophiles recherchés – première fois qu'une agence britannique d'application de la loi diffusait à l'échelle nationale des détails sur des pédophiles reconnus coupables. Sur le site figuraient cinq délinquants qui avaient purgé leur peine, mais qui, une fois relâchés, n'avaient pas informé les autorités de leur adresse comme l'exige la loi. Plus de 8 millions d'internautes ont visité ce site le premier jour et, au bout de

24 heures, l'un des 5 hommes s'est présenté à un poste de police d'Aberdeenshire. Au début de décembre, un deuxième homme s'est fait arrêter à l'aéroport de Stanstead, à son retour de Pologne, son pays natal. Quatre jours plus tard, un troisième fugitif britannique était attrapé par la police dans le nord de la France, où des citoyens avaient signalé sa présence après avoir vu sa photo sur le site du CEOP.

« Si vous croyez échapper aux modalités de votre condamnation en quittant le pays, en vivant dans la clandestinité ou en changeant d'identité – vous vous trompez, avertit Gamble. Vous vous ferez prendre. Vous ne pouvez vous cacher nulle part. »

Il espère que le site Web deviendra mondial, que le VGT créera une liste mondiale des pédophiles en fuite.

« Il nous faut nous servir de la technologie pour rendre le monde plus petit, dit Gamble. Nous essayons de changer la dynamique en engageant la participation du public. Quand les prédateurs sauront que, quelle que soit l'heure et où qu'ils se trouvent, des enfants et des policiers les ont peut-être à l'œil, le monde sera transformé à tout jamais. »

L'ère des cyberpoliciers planétaires est arrivée.

CHAPITRE SEIZE

L'autonomisation des enfants

C'est vous qui devez être maîtres de vos activités en ligne; pas vos parents, pas vos professeurs, pas les pédophiles.

– Rishi Patel, 16 ans, membre du groupe consultatif jeunesse du CEOP

L'impulsion qu'a donnée Jim Gamble à la dynamique de la lutte contre les cyberprédateurs est tombée à point nommé, parce que la dynamique du Web – et l'exploitation sexuelle qu'il nourrit – était elle aussi en train de changer.

Au début de l'ère du Web, les délinquants se contentaient d'échanger entre eux par courriel des photos d'agressions sexuelles commises ailleurs que sur Internet. La rapidité croissante des connexions Internet et la capacité gigantesque des supports de stockage ont eu des répercussions sur le trafic du matériel de pornographie juvénile – augmentation du nombre de photos et, aujourd'hui, de vidéos –, mais pas sur le contenu du matériel. Dans un deuxième temps, la popularité des salons de clavardage et des messageries instantanées a donné aux prédateurs la possibilité d'exploiter le Web non seulement pour troquer du matériel, mais aussi pour repérer et prendre au piège de nouvelles victimes.

Voilà que, dans un troisième temps, ces tendances s'accentuent avec une vigueur inattendue à cause de la prolifération des sites Web communautaires, comme MySpace, et de la baisse des prix des caméras Web et téléphones mobiles à caméra. Le Web connaît aujourd'hui un tourbillon qui convient parfaitement aux prédateurs. C'est une situation inquiétante:

non seulement beaucoup plus d'enfants qu'auparavant sont exposés au danger, mais certains d'entre eux vont jusqu'à produire eux-mêmes les images de pornographie juvénile.

Fondée en 2004, MySpace a été propulsée dans la stratosphère du Web à l'été 2005, lorsque Rupert Murdoch, le magnat des médias, l'a achetée pour 580 millions de dollars. La société, qui avait alors près de 50 millions de membres, a vu ce chiffre doubler en août 2006. Cette réussite a provoqué une véritable révolution sur le Web, avec l'arrivée d'autres sites de communautés en ligne comme Zanga et Facebook. Au Royaume-Uni, Bebo est devenu le site communautaire le plus populaire : en un an et demi, 25 millions d'internautes en sont devenus membres. En 2006, selon MediaGuardian, une proportion stupéfiante des enfants du Royaume-Uni âgés de 13 à 17 ans – 61 p. 100 – avaient établi un profil en ligne sur un tel site.

Sur ces sites communautaires, les jeunes peuvent télécharger des photos d'eux-mêmes, et échanger chansons, images et potins avec d'autres membres. L'attrait évident pour les jeunes, c'est que cet espace qu'ils occupent sur MySpace et autres sites du genre leur appartient ; c'est un lieu virtuel où ils peuvent rencontrer leurs amis et passer du temps avec eux. Ou du moins ceux qui se prétendent être leurs amis, puisque ces sites ont vite attiré les prédateurs. Ce genre de site facilite le processus de préparation des victimes – étape essentielle du cycle de l'agression sexuelle, au cours de laquelle le prédateur s'emploie à neutraliser les défenses de sa proie. L'ado révèle souvent dans son profil les détails les plus intimes de sa vie : non seulement ses groupes musicaux préférés, mais aussi le nom de son école ou de l'équipe sportive dont il fait partie, son horaire quotidien, parfois même son adresse ou son numéro de téléphone.

Le nombre de victimes a commencé à monter. En mars 2006, les autorités du Connecticut ont accusé deux hommes des premiers crimes d'agression sexuelle aux États-Unis liés à MySpace. Selon les documents officiels, le premier homme, 39 ans, père de deux enfants et habitant en Pennsylvanie, s'est rendu trois fois au Connecticut pour avoir des rapports sexuels avec une adolescente de 14 ans rencontrée sur MySpace. Le deuxième homme, 22 ans, nouvellement diplômé, a été accusé d'attentat à la pudeur sur une fillette de 11 ans, après avoir clavardé avec elle et échangé des images sur une caméra Web.

En avril, MySpace avait déjà agi afin d'apaiser la tempête naissante en débauchant Hemanshu Nigam, directeur chez Microsoft de la sécurité en ligne des enfants, et en le chargeant de la sécurité du site communautaire.

La tâche ne serait pas facile. En mai, la famille d'une adolescente de 14 ans d'Austin, au Texas, a intenté contre MySpace une poursuite de 30 millions de dollars, alléguant que le site n'avait mis en place « absolument aucune mesure de protection ou de sécurité pour les utilisateurs mineurs ». Cette adolescente aurait rencontré un homme de 19 ans qui prétendait être un joueur de football de l'école secondaire. Après de brèves « fréquentations » en ligne, il aurait été chercher la jeune fille à la sortie de l'école. Ils seraient allés au restaurant et au cinéma, puis l'homme l'aurait conduite dans un appartement où il l'aurait violée. Selon la poursuite, les mesures de sécurité prises par MySpace pour empêcher que des étrangers entrent en contact avec des utilisateurs mineurs sont « tout à fait inefficaces ». La cause n'a pas encore été réglée.

En juillet, l'Unité des crimes de nature sexuelle de Toronto a procédé à sa première arrestation liée à MySpace. Un homme de 23 ans qui tentait de se faire passer pour un « brave garçon » a incité une adolescente de 13 ans à se livrer devant sa caméra Web à des pratiques sexuelles. En août, la situation s'est aggravée pour MySpace lorsqu'un tribunal de Chicago a entendu le témoignage d'une jeune fille de 14 ans, qui a été violée et laissée inconsciente dans une ruelle après avoir rencontré sur le site communautaire deux adolescents beaucoup plus âgés qu'elle.

Ce même mois, le nouveau chef de la sécurité chez MySpace s'est efforcé de rassurer les délégués assistant à la conférence de Dallas sur les crimes commis contre des enfants en affirmant que son entreprise faisait tout ce qu'elle pouvait pour protéger les mineurs. Mais les sceptiques sont restés nombreux. Vers la fin de l'année, MySpace a annoncé qu'elle essaierait d'identifier les prédateurs qui s'étaient inscrits sur son site en comparant l'information fournie par son million et plus de membres aux données des registres des délinquants sexuels. L'entreprise reconnaissait toutefois que ce procédé était loin d'être parfait et qu'il ne ferait ressortir que les délinquants qui étaient assez stupides pour s'inscrire en donnant leur nom et ville véritables ou en utilisant leur vraie photo.

MySpace et la plupart des sites Web de « réseautage personnel » exigent que leurs membres soient âgés d'au moins 14 ans. Les membres peuvent dénoncer les autres membres qui ne satisfont pas à ce critère ; l'entreprise affirme avoir ainsi supprimé quelque 250 000 profils. En réalité, cependant, ces sites ne requièrent aucune preuve d'âge, et les moins de 14 ans peuvent facilement les fréquenter sans aucune surveillance. Quant aux mineurs de plus de 14 ans, ils sont bien peu protégés sur des sites qui sont populaires précisément pour le sentiment d'indépendance qu'ils leur procurent et pour la liberté des discussions qu'ils permettent.

Dans les faits, le NCMEC constate maintenant que près de 10 p. 100 du matériel saisi qu'il reçoit de tous les coins du pays sont des photos compromettantes que des ados moins jeunes ont prises d'eux-mêmes. Parfois, cela semble être le résultat de défis qui ont mal tourné ou de manifestations d'adolescents qui se déchaînent. Deux adolescentes du Rhode Island, âgées de 16 ans et de 19 ans, ont été accusées d'avoir téléversé sur MySpace des photos sexuellement explicites d'elles-mêmes. Dans un autre cas, une jeune fille a envoyé une photo révélatrice d'elle-même à son petit ami ; après leur rupture, elle a découvert qu'il avait diffusé la photo sur le Web.

Le plus souvent, toutefois, ces photos illicites que l'on prend de soi-même sont le résultat de ce que Michelle Collins, du NCMEC, appelle « détournement en ligne » : une enfant esseulée se fait manipuler par un « ami » rencontré sur le Web, qui l'incite à prendre des photos de son propre corps. À l'automne 2006, en un mois seulement, Emily Vacher, du FBI, a travaillé sur trois cas du genre en même temps. Dans l'un de ces cas, une adolescente de 14 ans s'était liée d'amitié avec un homme qui prétendait n'avoir que quelques années de plus qu'elle. Il l'a persuadée de prendre des photos d'elle. Lorsque sa mère, horrifiée, les a trouvées sur l'écran d'ordinateur, elle a alerté les autorités. Vacher a pu remonter jusqu'au soupirant de la jeune fille, un homme dans la trentaine, qui habitait une maison mobile au Kentucky.

« Le problème est causé en grande partie par l'attitude de ces adolescentes – mais la technologie les rend plus accessibles », affirme Vacher. Une adolescente a pris des photos d'elle-même avec son téléphone cellulaire, les a envoyées par courriel à son compte Yahoo!, puis les a affichées sur le Web. « C'est une tendance que l'on constate, dit l'agente du FBI, et c'est terrifiant. Bien sûr, quand on est adolescent, on est rebelle et curieux, mais parfois on ne voit pas plus loin que le bout de son nez. »

À Washington, au cours d'une audition du Congrès, les témoignages ont été sévères contre les exploitants de sites Web communautaires, « à qui l'on ne devrait plus permettre de fermer les yeux sur les prédateurs qui rôdent sur les terrains de jeu qu'ils ont créés », selon l'un des témoins, le procureur général du Texas, Greg Abbott. Les législateurs ont adopté une loi qui oblige les écoles publiques et bibliothèques à bloquer l'accès des étudiants aux sites de réseautage personnel. Au Royaume-Uni aussi, il y a eu sporadiquement des tentatives de censure. La directrice d'une école primaire pour filles a banni le site Bebo lorsqu'elle a découvert que plus de 700 de ses élèves y étaient inscrites. Le directeur de l'une des meilleures écoles privées d'Édimbourg a fait de même après avoir constaté que ses élèves révélaient dans leurs profils des détails personnels susceptibles de les exposer à des harceleurs.

C'est là une approche maladroite, qui tente de régler le problème en l'interdisant.

Jim Gamble, le patron du CEOP, voyait les choses d'un autre œil. « Je crois que le potentiel positif l'emporte toujours sur le potentiel négatif lorsqu'on parle d'Internet. Le réseautage personnel est quelque chose de positif, de fantastique même, dit avec enthousiasme le père de trois enfants internautes. À mon avis, il s'agit de corriger le négatif. »

Cette perspective s'inscrit dans la stratégie globale de Gamble: si Internet est un lieu public comme un terrain de jeu ou un parc, la police ne peut pas y réduire la criminalité en se contentant d'intensifier les rondes dans le quartier ou en fermant tous les parcs. La police doit engager la participation des parents, des enfants et de la collectivité.

Tout revient à une question d'effectif. « Même si chaque policier surveillait Internet 24 heures sur 24, l'effectif policier ne suffirait pas à protéger chacun des enfants surfant sur le Net, dit Helen Penn, responsable du programme éducatif du CEOP. Il faut donner aux enfants les moyens de se protéger eux-mêmes. »

Les agences qui s'attaquent à la cybercriminalité dirigée contre les enfants ont toujours tenté d'ajouter à leurs activités d'enquête un certain travail d'éducation de la population. Mais le CEOP est la première agence d'application de la loi à avoir fait de l'éducation l'une de ses missions essentielles. L'objectif du CEOP était de rejoindre un million d'enfants en une année, en déployant une équipe composée de 1000 policiers, enseignants et travailleurs affectés à la protection de l'enfance. Le groupe d'âge ciblé était celui des 10-16 ans, parce que ce sont ces enfants-là qui ont le plus souvent accès à un ordinateur sans être surveillés, parfois dans leur chambre ou à l'école. Le groupe rock Oasis a permis au CEOP d'utiliser l'un de ses succès dans une vidéo saisissante racontant l'histoire d'une adolescente agressée par un étranger rencontré sur Internet. Un site Web fondé sur le thème de la campagne « Vous croyez savoir » offre des conseils et des histoires de cas, et comporte un bouton de signalement des cas d'abus.

Penn affirme que la campagne a été conçue de manière que les jeunes n'aient pas le sentiment qu'on leur parle comme à des bébés ni qu'on les juge. « Les adolescents éprouvent un vif besoin d'expérimenter. À notre époque, ils rencontrent des gens et explorent leur sexualité de manières qui seraient impossibles en l'absence d'Internet », dit-elle. Penn ouvre son navigateur Web et ouvre le site Teenspot, très populaire auprès des jeunes. Dans la section « Flirt » se trouvent 214 internautes, dont certains des pseudonymes, comme RomanceGirl et SexyAngel, laissent clairement entendre qu'elles sont disposées à prendre des risques sexuels en ligne. Mais on peut y voir également un message de quelqu'un qui reconnaît ne pas être adolescent: «Je suis un adulte (27 ans), ajoutez-moi à votre liste de contacts de caméra Web.» Et c'est sans compter les prédateurs qui mentent au sujet de leur âge ou de leurs intentions.

«Nous essayons d'apprendre aux adolescents qu'il faut évaluer les risques, dit Penn. Nous redonnons le pouvoir aux jeunes et leur disons: voilà les risques, à vous de choisir.»

Comme tous les parents le savent, le meilleur moyen – et souvent le seul – de rejoindre des jeunes consiste à passer par d'autres jeunes. «Les adultes ne sont à bien des égards que des visiteurs en matière d'Internet, aime répéter Gamble. Les enfants et les adolescents y habitent.»

C'est pourquoi le CEOP a mis sur pied un groupe consultatif jeunesse censé aider les adultes à rejoindre la génération Internet. «Nous voulions éviter d'adopter une approche agaçante, parce que les conseils donnés autrefois étaient toujours de ne pas faire ceci ou cela», dit Rishi Patel, 16 ans, élève d'Ealing, dans l'ouest de Londres, l'un des 50 membres du groupe. «C'est vous qui devez être maîtres de vos activités en ligne; pas vos parents, pas vos professeurs, pas les pédophiles.»

L'explosion du réseautage personnel et de l'autoproduction d'images d'exploitation sexuelle d'enfants a poussé Gamble et ses collègues d'ailleurs dans le monde à réfléchir plus sérieusement à une question qui avait commencé à les préoccuper au plus haut point: comment élargir la lutte et aller au-delà des enjeux de technologie et d'application de la loi?

«Nous sommes toujours en train de réagir à de nouvelles tendances ou à de nouveaux trucs des criminels, dit Paul Gillespie. Nous avons eu beaucoup de chance de pouvoir rester à leur hauteur. Mais je ne crois pas que les pourchasser sur Internet soit la solution au problème. La technologie va toujours évoluer et nous laisser en arrière.»

C'est là tout un aveu de la part du policier torontois qui a contribué à révolutionner la manière dont se fait le travail policier en sollicitant l'aide du roi de la technologie, Bill Gates lui-même. Et Gillespie serait le premier à réclamer davantage de gadgets, d'outils de haute technologie et de fonds qui aideraient à pourchasser les délinquants. Mais lui, Gamble et d'autres en viennent à la même conclusion: si la police s'en tient à des cybersolutions pour lutter contre la cybercriminalité, elle se fera piéger dans une course qu'elle ne peut gagner.

Mal préparée pour ses premiers assauts, comme celui de l'affaire Landslide, la police s'est débattue du mieux qu'elle a pu et s'est engagée dans une course technique avec les criminels. Lentement, à mesure qu'elle acquérait de l'expérience et une meilleure connaissance du champ de bataille, elle s'est donné de nouvelles armes et de nouvelles techniques pour mettre la main au collet des délinquants et sauver des centaines d'enfants. En 2006 – après les réussites internationales comme celle du projet *Wickerman*, l'expansion du groupe de travail virtuel international, la fondation du CNCEE au Canada et celle du CEOP au Royaume-Uni, ainsi que les coalitions financières et technologiques du NCMEC avec l'industrie aux États-Unis – les agences d'application de la loi pouvaient légitimement dire qu'elles étaient au moins en mode offensif. Mais leurs agents n'allaient pas pouvoir gagner cette guerre en ne travaillant que sur Internet.

« Nous ne travaillons pas sur la haute technologie, mais sur la protection de l'enfance, dit Jim Gamble. J'ai conclu qu'il est absolument faux de considérer le crime comme un « crime d'Internet », parce que cela revient à jeter la faute sur la technologie. Celui que vous êtes dans la vie courante et vos champs d'intérêt ailleurs que sur Internet influencent ce que vous faites sur Internet. »

Pour Gamble, les objectifs restent les mêmes : « Sauver l'enfant qui a été agressé et protéger celui qui ne l'a pas été. C'est tout. C'est à cela que nous mesurons notre réussite, pas au nombre d'individus que nous avons mis en accusation. »

Pour sauver et protéger les enfants, la police doit élargir sa perspective et y intégrer tous les champs de bataille hors Internet : dans les écoles, il faut éduquer les enfants afin qu'ils puissent eux-mêmes « patrouiller » les quartiers de leur cyberespace, se protéger et aider leurs amis qui sont dans le pétrin ; dans l'industrie, il faut multiplier les produits dits à sécurité intégrée dès la conception ; les boutons de signalement d'abus devraient être aussi présents sur le Web que le sont les détecteurs de fumée et les feux de circulation dans la vie réelle.

Gamble se plaît à imaginer que sur chaque ordinateur vendu dans le monde se trouve un raccourci menant automatiquement au groupe de travail virtuel international ou à un autre site de signalement. « Il faut déplacer le débat, conclut-il, parce que mon propre cheminement de l'ignorance totale à l'ignorance partielle m'a appris que c'est une question de personnes, pas de technologie. »

Paul Gillespie pousse le raisonnement un peu plus loin : « En fin de compte, la société doit répondre à une seule question : l'utilisation du réseau Internet public est-elle un droit ou un privilège ? [...] Tout est là. »

La question est simple, aux ramifications complexes.

« Si nous estimons qu'il s'agit d'un droit, nous devons trouver un moyen raisonnable de rendre les utilisateurs responsables de leurs activités criminelles sur Internet », dit Gillespie.

Gillespie – il n'est pas le seul dans le milieu de l'application de la loi à pencher dans ce sens – croit qu'il existe un moyen de rendre les utilisateurs responsables de leurs comportements sur l'autoroute électronique : une espèce de permis de conduire. L'idée peut paraître absurde, mais le simple fait de poser la question nous force à réexaminer la manière dont Internet agit sur nos vies et celle dont nous agissons sur Internet. Songez-y. Aujourd'hui, nous considérons comme allant de soi le permis de conduire et le code de la route ; mais il y a moins d'un siècle, ce n'était pas le cas. C'est en Europe – en Allemagne et en France – qu'est apparu d'abord le permis de conduire obligatoire, au tournant du XXe siècle. Ce n'est qu'au moment où le nombre de décès a augmenté sur les routes nord-américaines que quelques-uns ont commencé à réclamer une certaine forme de réglementation. En 1910, l'État de New York a été le premier à lancer le permis de conduire, mais de façon limitée. En 1913, le New Jersey obligeait tous les conducteurs à réussir un examen préalable à l'obtention de leur permis. Aujourd'hui que des dizaines de millions de véhicules roulent sur des centaines de milliers de kilomètres de route, c'est partout un crime de prendre le volant sans être titulaire d'un permis valide. Les services de police consacrent une grande partie de leurs budgets et de leurs effectifs à régler des problèmes reliés à la circulation et aux véhicules.

En quelques années seulement, l'autoroute de l'information qu'est Internet est devenue tout aussi essentielle que les rues et routes sur lesquelles nous roulons. Combien de morts d'enfants et de vies brisées faudra-t-il encore avant que change notre perception d'Internet ?

Gillespie fait remarquer que ce que tous les utilisateurs d'Internet ont en commun, c'est qu'ils doivent ouvrir une session quelque part. Selon lui, c'est à ce point d'entrée sur l'autoroute électronique qu'il devrait y avoir une quelconque validation ou vérification d'identité. « Les gens se comportent dans le monde virtuel comme ils n'oseraient jamais le faire dans le monde réel, dit-il. Lorsqu'ils se font prendre, ils essaient de se protéger au moyen des droits que leur offre le monde réel. Vous savez quoi ? Il faudra vraiment un tollé général. Quand la société regimbera-t-elle et dira-t-elle : "C'en est assez ! Si vous utilisez le réseau public d'Internet, ne vous attendez pas à ce que les lois sur la vie privée vous protègent lorsque vous commettez des crimes." ? »

Tout cela est bien vrai. Mais l'idée d'imposer un quelconque permis pour surfer sur Internet ne sera jamais acceptée. Ce serait un accroc aux droits civiques pour la majorité des gens et, de toute façon, un cauchemar sur le plan de la technologie : les utilisateurs trouveront toujours le moyen de contourner un barrage routier sur Internet. Gillespie est le premier à reconnaître que c'est un dilemme – comme l'est le traitement réservé aux pédophiles. « On ne peut les enfermer pour toujours ; on ne peut les laisser tout à fait libres non plus. La solution se trouve probablement entre les deux extrêmes ; nous devons sans doute surveiller leurs activités. Il en est de même pour la lutte contre le crime sur Internet. Je n'ai pas la solution ; mais il y a sûrement un juste milieu. »

Personne n'a la solution, mais on ne peut plus désormais éviter de poser les questions qui dérangent. Internet – avec tous ses avantages et ses merveilles, et avec tous ses crimes et ses horreurs – n'est pas un jouet technologique que l'on peut éteindre en appuyant sur un interrupteur. Il imprègne toutes les dimensions de notre société et de nos vies. Il est dans nos bureaux, nos salons, nos chambres et nos voitures ; il est dans nos téléphones cellulaires ; il est dans les garderies et les maisons de retraite.

Le Web relève de la contradiction. C'est l'un de nos outils les plus intimes, qui nous permet d'exprimer nos pensées secrètes dans nos courriels, et pourtant c'est le plus public de tous nos lieux publics. Les solutions, par conséquent, doivent elles aussi relever de la contradiction.

La police a besoin de plus grands pouvoirs ; pourtant, le public a besoin de davantage de garanties protégeant ses droits. Si Internet est devenu le terrain de jeu de la planète, les mêmes règles doivent s'y appliquer, et la police doit y jouir des mêmes pouvoirs – et s'y conformer aux mêmes limites d'action et contrôles – que s'il s'agissait d'un terrain de jeu ou d'un parc comme les autres. Nous avons besoin de lois qui punissent plus sévèrement le crime de possession simple de pornographie juvénile ainsi que de plus de juges qui prennent ce crime au sérieux, mais aussi d'un plus grand nombre de programmes de traitement pour les délinquants. Nous avons besoin d'une plus grande sensibilisation des parents et des autorités scolaires, et d'une surveillance plus serrée de leur part, mais aussi d'enfants et d'adolescents plus circonspects et plus responsables, plus conscients aussi des risques que présente le Web.

Comme tout quartier infesté par le crime, Internet peut être nettoyé. Dans le monde réel, les agresseurs d'enfants ne disparaissent pas simplement parce que nous souhaiterions qu'ils n'existent pas ; les prédateurs en ligne ne disparaîtront pas non plus simplement parce que nous prétendons qu'ils n'existent pas ou que nous interdisons à nos enfants l'accès à certains éléments du Web. Face à une campagne publique intense et continue de lutte contre l'exploitation sexuelle des enfants sur Internet, espérons que certains délinquants chercheront de l'aide professionnelle. Les autres devront vivre dans la peur, conscients qu'ils risquent davantage aujourd'hui qu'hier de se faire prendre, et que les peines sont désormais beaucoup plus sévères qu'avant.

Ce n'est plus une question d'ordinateurs. L'impact de ce qui arrive sur Internet ne se limite pas à Internet. Les répercussions se font sentir sur notre vie réelle. Elles sont notre vie réelle. Pour les enfants que l'on torture et que l'on exploite afin de produire des photos pour le Web, c'est la vie réelle et, pour certains, la mort réelle aussi.

Parlez-en aux Jessica, aux Ann, aux Masha et aux milliers d'autres enfants dont les photos circulent encore dans le cyberespace.

Épilogue

« GOD » avait peut-être disparu de l'univers des prédateurs d'Internet après la fermeture par le projet Wickerman de la salle de clavardage Kiddypics en Amérique du Nord, mais il ne fallait jamais beaucoup de temps pour que l'exploitation des enfants reprenne de plus belle ailleurs.

Lorsqu'il n'aidait pas ses parents à leur microbrasserie du Suffolk, en Angleterre, Timothy Martyn Cox passait ses journées – et ses nuits – devant l'écran de son ordinateur. Il avait collectionné 75 960 photos obscènes d'exploitation d'enfants ainsi que 316 heures de vidéo, non seulement pour sa consommation personnelle, mais aussi pour les partager avec ses contacts d'Internet.

Cox se cachait derrière le pseudonyme « Son of GOD ». Il avait repris la direction de la tristement célèbre salle de clavardage Kiddypics après que GOD – l'ancien administrateur dont l'identité réelle était Raymond Weller – eut été envoyé derrière les barreaux. Comme Weller et bien d'autres cyberprédateurs avant lui, Cox se croyait invisible et invincible. Le choc a donc été inattendu le matin du 28 septembre 2007, lorsque la fenêtre de sa chambre a volé en éclats et qu'un commando de policiers armés se sont jetés sur lui pour le mettre en état d'arrestation. Cox ne s'était même pas douté que, comme cela avait été le cas de GOD avant lui, la police le surveillait depuis plusieurs mois.

« Son of GOD n'a pas tiré de leçon des événements survenus au Canada ; il croyait pouvoir continuer son petit jeu en toute impunité, dit Jim Gamble, du CEOP. C'est cette assurance qui causera sa perte. »

Dans la foulée des arrestations résultant du projet Wickerman, au printemps 2007, le policier détective torontois Paul Krawczyk – qui s'était fait passer pour « Chevman », l'un des administrateurs de la salle Kiddypics – s'est caché derrière un autre pseudonyme pour surveiller la salle de clavardage clandestine. Malgré l'intense médiatisation du démantèlement du club de pédophiles, les agresseurs sexuels, voraces, continuaient de fréquenter la salle. « Cela me faisait penser à un mauvais film d'horreur, où les gens continuent de se rendre dans la cabane isolée, même si les cadavres s'empilent », raconte Krawczyk.

L'un des participants les plus actifs avait initialement pour pseudonyme « idoitwithsis (MUK) » – ce qui signifiait I do it with Sister (Male UK). Ce pseudonyme ainsi que certaines particularités linguistiques, notamment dans la désignation des saisons et la description du temps qu'il fait, ont convaincu Krawczyk qu'il avait affaire à un suspect britannique. Ce dernier a fini par changer de pseudonyme, et « Son of GOD » a repris à titre d'administrateur principal les rênes de la salle, qu'il a rebaptisée « Kids The Light of our Lives ».

Son of GOD a cependant fait une bourde fatale : il a demandé au personnage qu'incarnait Krawczyk dans la salle de l'aider à administrer le club. « Manque de chance, il a désigné comme administrateur le seul policier de la salle », dit Krawczyk.

À l'été 2007, Krawczyk a informé ses collègues du CEOP du déménagement de la salle de clavardage en Angleterre. Des enquêteurs du Royaume-Uni se sont alors rendus au Canada afin d'examiner les indices accumulés par les enquêteurs de Toronto. Une toute nouvelle chasse a été lancée.

Pourtant, le CEOP de Gamble ne manquait pas de travail, loin de là. La première année suivant sa création, le CEOP avait réussi à sauver 76 enfants, et sa page Web des pédophiles les plus recherchés avait mené à l'arrestation de 6 des 11 criminels dont la photo était affichée. Les enquêteurs du CEOP jouaient également un rôle de premier plan dans la recherche de la petite Madeleine McCann, la fillette dont la disparition durant des vacances familiales au Portugal a ému la population et les médias britanniques.

Les détectives du CEOP se sont engagés dans le projet Wickerman, baptisant du nom d'« opération Chandler » leur partie de l'enquête. Les détectives du Royaume-Uni ont mis peu de temps à remonter la piste de Son of GOD jusqu'à un homme du Suffolk, un certain Timothy Cox, âgé de 27 ans. Comme les policiers canadiens l'avaient fait avec Chevman, les enquêteurs du CEOP souhaitaient prendre Cox sur le fait, afin d'emprunter son identité sur Internet. Ils ont donc surveillé la maison de ferme qu'il habitait, se cachant dans les buissons et grimpant dans les arbres, où, au moyen de puissantes jumelles, ils ont pu observer le suspect tapant sur son clavier. D'autres agents – probablement moins avides de plein air – travaillaient clandestinement dans la salle de clavardage, enregistrant tout ce qui s'y disait.

Ce n'est pas par hasard que les techniques employées ressemblaient à celle du contre-terrorisme. « Le style d'enquête doit changer, dit Jim Gamble, chef du CEOP. Nous avons créé une véritable synergie en recrutant divers éléments provenant des unités de contre-terrorisme et de lutte contre le crime organisé. Ils suivent le suspect à la trace, concentrent toute leur attention sur lui et appliquent des techniques de surveillance aux agresseurs sexuels d'une manière qu'on n'aurait pu imaginer auparavant. »

Comme leurs homologues canadiens l'avaient fait avec Chevman, les hommes de Gamble ont emprunté l'identité de Cox dès son arrestation. Ils ont affiché dans la salle un message annonçant que Son of GOD faisait une pause thé de 30 minutes. Mais au retour de l'administrateur principal – alors que 70 pédophiles faisaient la queue pour télécharger des images d'exploitation sexuelle d'enfants –, c'était en réalité la police qui dirigeait désormais la salle Kids The Light of Our Lives. (Cox, le vrai Son of GOD, aura tout le temps du monde pour prendre le thé: ayant été condamné à une peine d'emprisonnement de durée indéterminée, il restera à l'ombre jusqu'à ce que les autorités déterminent qu'il ne constitue plus une menace pour les enfants.)

Au cours des dix jours suivants, les policiers infiltrés ont collecté des renseignements sur les membres du club mondial de pédophiles. Certains des plus dangereux ont été identifiés et immédiatement arrêtés, dont un homme de 32 ans de la région de Manchester, qui sera condamné à une peine de sept ans pour viol, après avoir envoyé une vidéo au personnage incarné par Krawczyk.

L'un des membres actifs du club, qui recourait à divers pseudonymes comme « silentblackheart » et « lust4skoolgurls », a tenté de ressusciter le club après la disparition de Son of GOD. La police a eu vite fait de repérer ce nouvel administrateur, Gordon Mackintosh, au Hertfordshire. L'homme de 32 ans, directeur d'une entreprise spécialisée dans la vidéotransmission en direct, a reconnu sa culpabilité relativement à 37 chefs d'accusation en rapport avec l'exploitation sexuelle d'enfants.

Une fois de plus, la police – cette fois les agents du CEOP et ceux d'Australie, du Canada et des États-Unis – a infiltré la salle et épié les faits et gestes des innombrables délinquants sexuels disposés à se joindre au club. En tout, plus de 700 suspects ont été identifiés à l'échelle mondiale, le CEOP travaillant de concert avec les agences d'application de la loi de 35 pays. Parmi les 200 suspects qui vivaient en Grande-Bretagne, la moitié – dont des enseignants, et d'autres individus occupant des postes de confiance auprès d'enfants ou ayant accès à des enfants – ont été rapidement arrêtés, mis en accusation ou reconnus coupables. L'autre centaine de suspects sont restés sous enquête policière.

Plus important encore, 31 enfants – la plupart du Royaume-Uni – ont été arrachés aux griffes de leurs agresseurs. « Aucune enquête n'avait jusque-là permis de sauver un si grand nombre d'enfants vulnérables, pris dans les filets de pédophiles endurcis», dit Jim Gamble, avec une fierté bien méritée.

Cette réussite allait bien au-delà des statistiques. Le projet Wickerman a témoigné avec éloquence des progrès réalisés par la police en quelques années seulement. Au lieu de se contenter de réagir aux plaintes ou aux dénonciations, ou de prendre au piège les agresseurs un à un en se faisant passer pour une proie, la police menait désormais des opérations clandestines complexes, qui la mettaient en fait aux commandes de certaines des salles de clavardage illicites. La police usait à son propre avantage de l'anonymat que procurait le Web et dont les prédateurs avaient si longtemps profité, et elle avait pénétré au cœur même de leur tanière. «Une surprise de taille attend quiconque croit pouvoir se livrer sans se faire prendre à de telles horreurs», dit Gamble.

Christopher Paul Neil, enseignant canadien de 32 ans, a connu une telle surprise au début d'octobre 2007 lorsque les projecteurs du monde entier se sont braqués sur lui, surnommé par les médias «le pédophile le plus recherché du monde».

À la fin des années 1990, Neil, un homme mince à la voix douce originaire de Maple Ridge, en Colombie-Britannique, a travaillé à temps partiel comme aumônier des cadets de l'armée canadienne, comme enseignant suppléant dans une école secondaire et même comme conseiller en catéchisme dans une école primaire. Mais il a véritablement trouvé sa voie après avoir découvert à quel point il était facile de décrocher à l'étranger un poste d'enseignant – et d'être en contact avec des enfants. Neil a travaillé surtout en Corée du Sud, et a beaucoup voyagé dans des pays reconnus comme destinations de tourisme sexuel tels que la Thaïlande et le Vietnam.

«Une vérification des antécédents judiciaires n'est pas requise pour l'obtention d'un visa, a-t-il affirmé fièrement dans l'une de ses conversations sur Internet. Je n'ai jamais soumis de rapport de police pour obtenir mon dernier poste dans une école publique [...] J'ai fait traîner les choses, et je n'en ai plus jamais entendu parler.»

Neil prodiguait également des conseils sur le cryptage et sur l'effacement de tout fichier incriminant à ses copains d'Internet susceptibles de «s'inquiéter à propos du contenu» de leur ordinateur. Mais Neil, comme beaucoup de délinquants, sous-estimait l'ingéniosité des chasseurs de prédateurs ainsi que la portée de leur travail.

Il y avait parmi ces chasseurs Daniel Szumilas, l'un des agents de l'Unité de lutte contre la pornographie juvénile de l'Office fédéral de police criminelle d'Allemagne. Il avait collaboré étroitement avec ses homologues d'autres pays et s'était taillé une réputation bien méritée lorsqu'il avait élucidé des affaires en déchiffrant les indices contenus dans les photos pornographiques. Vers la fin de 2004, Szumilas a trouvé une série de plus de 200 photos affichées dans un forum Web par 2 internautes inconnus d'Amérique du Nord.

Sur les photos, un homme abusait d'une douzaine de victimes différentes – des garçons dont les âges se situaient entre 9 ans et 14 ans. Szumilas savait que les photos avaient été prises en Asie : sur l'une d'elles on pouvait même voir le nom d'un hôtel du Vietnam à l'arrière-plan. Malheureusement pour la police, l'agresseur avait rendu son visage méconnaissable en le brouillant numériquement par un effet tourbillon.

« Nous n'avions jamais vu cela auparavant », dit Szumilas. En règle générale, les prédateurs découpent leur visage des photos, l'oblitèrent au moyen d'une bande noire ou le rendent flou. Mais l'effet tourbillon intriguait le détective allemand : « Il y a peut-être moyen de renverser ce tourbillon. »

Recourant à une technologie informatique de pointe, l'équipe de l'Office fédéral de police criminelle est lentement parvenue à débrouiller la photo et à reconstituer l'image d'un jeune homme blanc d'apparence occidentale. Dès lors, la question qui se posait était de savoir que faire de la photo du visage du suspect ?

Au début, la police a décidé de ne pas rendre l'image publique, tandis que les détectives planchaient sur l'enquête. Un agent de liaison allemand s'est rendu au Vietnam et dans la région, afin d'enquêter sur quelques pistes et indices prometteurs ; mais après un an de travail aucun progrès n'avait été réalisé. « Nos méthodes policières classiques ne donnaient rien », dit Szumilas. Il fallait faire preuve d'innovation.

À Québec, en été 2006, durant un congrès d'enquêteurs spécialisés dans la lutte contre l'exploitation des enfants organisé par Interpol, Szumilas et d'autres enquêteurs ont commencé à envisager la possibilité de diffuser la photo du suspect dans les médias. Bien entendu, le FBI obtenait depuis quelque temps d'excellents résultats en publiant sur Internet des mandats d'arrêt contre des John Doe, mais – mis à part un Canadien – tous ces suspects étaient américains, et la publicité entourant leurs photos était limitée au continent nord-américain. De plus, le FBI ne procédait de cette manière qu'après avoir obtenu d'un grand jury une mise en accusation et un mandat pour l'arrestation du criminel inconnu. En Allemagne, la police avait par le passé diffusé des photos de victimes, mais seulement après avoir franchi toutes les étapes d'une procédure de vérification légale complexe.

Les autorités allemandes étaient heureuses de transférer l'affaire à Interpol, mais elles ont établi clairement que la loi allemande les empêchait d'émettre quelque type de mandat que ce soit dans le cas d'un crime commis ailleurs qu'en Allemagne, par une personne de nationalité inconnue. Après plusieurs mois de débat et de planification, les responsables d'Interpol ont enfin été en mesure de faire ce qu'ils n'avaient jamais osé auparavant. Le 8 octobre 2007, près de trois ans après le débrouillage du visage du suspect par la police allemande, Interpol a diffusé la photo de l'homme – ce qui revenait à publier un avis de recherche pour le présumé pédophile.

« Nous avons essayé par tous les moyens possibles de l'identifier et de le traduire en justice, mais nous sommes maintenant convaincus que sans l'aide du public, ce prédateur sexuel pourra continuer à violer [des enfants] », affirmait le communiqué d'Interpol, qui incitait également le public à faire preuve de retenue et à ne pas se faire justice lui-même.

Ce nouveau type de chasse à l'homme du XXIe siècle a semblé électriser les médias du monde entier. La photo a été diffusée partout sur Internet, dans tous les journaux télévisés et à la une de tous les quotidiens du monde. En quelques jours seulement, Interpol a reçu plus de 350 pistes, dont les cinq pistes solides en provenance de trois continents qui ont mené à l'identification de Christopher Neil.

« Il était tout à fait impensable qu'il puisse être un prédateur, de quelque type que ce soit, dit un enseignant qui a travaillé avec Neil en Corée du Sud et qui est entré en contact avec Interpol. Personne parmi nous ne voulait y croire. »

Même si Neil refusait probablement de croire que son aventure en Asie tirait à sa fin, il ne prenait aucun risque. Il a fermé son compte Facebook et acheté un aller simple de Séoul à Bangkok. Mais les caméras de sécurité de l'aéroport ont saisi son visage.

La Police royale thaïlandaise a immédiatement émis un mandat pour l'arrestation de Neil, indiquant que les photos affichées sur Internet illustraient l'agression sexuelle de 5 à 7 enfants âgés de moins de 10 ans. Le lendemain, elle a interpellé Neil dans une province isolée du nord-est du pays, après avoir repéré le téléphone cellulaire de son amant de 25 ans, avec qui il voyageait.

« Bingo ! Nous l'avons attrapé », a déclaré le major général Wimol Powintara, commandant de la Division des crimes contre les enfants et les femmes de Thaïlande.

Neil – présumé innocent jusqu'à ce que la preuve du contraire soit faite devant un tribunal – a été menotté et, la tête cachée sous un t-shirt bleu, transporté au quartier général de la police thaïlandaise. Le Canada n'a jamais été un champion en matière d'extradition et de mise en accusation de ses propres citoyens accusés d'agressions sexuelles d'enfants à l'étranger. Quoi qu'il en soit, les autorités thaïlandaises ont préféré être les premières à porter des accusations contre l'homme, qui risque maintenant 20 ans de prison dans les geôles peu confortables de Thaïlande.

Le cas spectaculaire de Christopher Neil illustre bien l'envergure planétaire qu'ont pris tant le crime d'agression sexuelle d'enfants que la chasse aux prédateurs : un policier en Allemagne démasque un Canadien que l'on traque et repère en Thaïlande. « J'étais extrêmement satisfait, dit Daniel Szumilas. L'efficacité d'un appel mondial à témoins est étonnante. C'est une arme de dernier recours, certes, mais d'une puissance extrême. »

Si puissante en fait que, dans le monde de l'application de la loi, certains espèrent que l'on sollicite l'aide du public plus rapidement et plus souvent. « Cette affaire a pu être réglée en quelques heures grâce au soutien du public, dit Paul Gillespie, irrité parce que les autorités ont attendu si longtemps avant de publier la photo du suspect. « Nous devons aller plus loin. »

* * *

« Qui sauve un enfant sauve l'humanité. » Une simple tapisserie sur laquelle figure cette phrase est accrochée au mur à la Section de lutte contre l'exploitation des enfants, à l'Unité des crimes de nature sexuelle de la police de Toronto. C'est un cadeau d'une femme de Charlottetown, en Pennsylvanie, qui a entendu parler à la télévision du travail des enquêteurs. De l'autre côté de la pièce, sur un immense tableau blanc, il y a une interminable liste des derniers suspects et des dates de comparution. Quelqu'un a également griffonné ceci au marqueur noir :

LA POURSUITE : IMPLACABLE
LA CAPTURE : EXQUISE

Cependant, le bourbier d'abus et de dégradation dans lequel les policiers doivent parfois patauger durant la recherche des enfants et avant la capture des agresseurs peut être extrêmement pénible. Un matin comme les autres, Paul Krawczyk était occupé à analyser une collection de vidéos récemment saisie chez un suspect – plus de 250 gigaoctets et plus d'une centaine d'heures d'exploitation sexuelle d'enfants.

« Dis, Bill, a-t-il lancé à Bill McGarry, connais-tu une série d'images sur lesquelles un bébé se fait agresser avec un pinceau ? »

« C'est un pinceau vert ? » lui a demandé tout de go McGarry.

« Non, jaune », a répondu Krawczyk.

Les deux hommes sont tout à coup restés bouche bée, comme tétanisés, en se rendant compte de ce qu'ils venaient de dire si calmement.

« Imaginez que j'ai même dû poser une question sur la couleur du pinceau parce que j'avais vu une autre série d'images avec les mêmes actes répugnants, a dit McGarry. Même si j'apprécie mon travail, ces horreurs me restent vraiment dans la gorge. »

Sur ce, McGarry est sorti faire une promenade, est allé chercher un café, a téléphoné à sa femme pour s'enquérir de sa journée, puis s'est remis au travail.

Bill McGarry avait plus de chance que la plupart des policiers. Il a eu l'occasion de faire connaissance et de se lier d'amitié avec l'une des enfants qu'il a aidées.

À la fin de 2005, lorsque les projecteurs des médias ont été braqués sur Masha – la fillette de la série Angeli ou Disney qu'il avait tenté de sauver pendant deux ans –, celle-ci est tout de suite devenue le symbole des milliers de victimes d'exploitation sexuelle sur Internet qui ne pouvaient parler. Elle a plusieurs fois été invitée à la télévision, où elle se plaignait du fait que les photos des agressions qu'elle avait subies soient si répandues sur le Web.

McGarry ne pouvait oublier ces photos d'elle non plus ; elles refaisaient sans cesse surface sur son ordinateur lorsqu'il enquêtait sur d'autres affaires. « Elle était toujours présente dans ma vie ; elle était constamment rappelée à mon souvenir », dit-il. Il a observé avec fascination la manière dont la petite fille vue seulement sur des photos de torture et d'agression sexuelle s'était transformée en une jeune personnalité engageante de la télévision. « Je portais ça en moi depuis deux ans, je pensais à elle. Une partie de moi avait envie de lui parler. Je suppose que j'avais besoin de voir cette affaire close une fois pour toutes. »

McGarry a eu cette chance au début de 2006, lorsque Masha – alors âgée de 13 ans – a atteint l'apogée de l'attention médiatique. Un après-midi de janvier, elle s'est assise aux côtés d'Oprah Winfrey, durant son émission de télévision dont l'influence est inégalée ; le lendemain soir, elle se joignait à Nancy Grace, la fougueuse animatrice de CNN qui couvre les affaires de justice criminelle. Grace avait fait venir McGarry à New York pour qu'il participe à l'émission et, pour la première fois, rencontre la petite fille qu'il avait mis tant d'efforts à sauver.

Malgré son air assuré de policier qui en a vu de toutes les couleurs, le détective de Toronto était nerveux ce jour-là. « J'étais dans tous mes états : qu'est-ce que j'allais dire ? » dit-il. Il ne savait pas si, en voyant Masha pour la première fois, il devrait se contenter de lui serrer la main ou s'il pouvait la serrer dans ses bras comme il en avait envie. Il l'a aperçue dans la salle de maquillage, se regardant dans le miroir, ses pieds pendant d'une immense chaise, sirotant un Coke Diet.

Lorsque l'adolescente de 13 ans a été présentée au policier qui avait essayé de lui sauver la vie, elle l'a désarçonné au moyen d'un simple « *Cool !* ».

Ils se sont ensuite étreints. La lèvre inférieure de McGarry a trembloté tandis qu'il laissait s'échapper un long soupir.

« Wow ! a lancé le grand gaillard de policier, plus nerveux que l'enfant. Je n'arrive pas à croire que je suis ici. »

Tout le monde a pouffé de rire, et McGarry a passé un moment agréable à bavarder avec Masha, lui disant à quel point il était fier du travail qu'elle accomplissait. Ils ont aussi parlé de son école et de choses plus légères, comme sa nouvelle console de jeux Xbox. Il lui a remis un présent que l'escouade de Toronto avait acheté pour elle : un collier en or blanc avec un camée représentant un ange et orné d'un diamant serti comme une étoile dans le ciel. À l'arrière du camée était gravée la phrase : « Veille toujours sur moi. » Masha a mis le collier. « Je vais le porter ce soir », a-t-elle dit.

À l'antenne, devant des millions de téléspectateurs, Masha a imploré les enfants comme elle qui étaient pris au piège de l'exploitation et des agressions sexuelles de dénoncer leurs tortionnaires. « Il y a des gens qui peuvent les aider. Ils doivent se confier à quelqu'un, même s'ils ont peur de parler de ce dont ils sont victimes. Ils devraient être courageux et forts, parce que ce moment ne durera pas éternellement. »

Elle a déclaré à Grace qu'elle était fière de voir Matthew Mancuso, son père adoptif criminel, être enchaîné et envoyé en prison : « Il semble que c'est lui qui devrait avoir peur de moi maintenant, pas le contraire. »

« Chérie, lui a répondu l'animatrice de CNN, je suis sûre qu'il a peur. »

L'histoire de Masha a aussi attiré l'attention de puissants hommes politiques. « Ç'a été l'indignation et la colère immédiates. Il fallait faire quelque chose, se rappelle le sénateur John Kerry. Sa force. Son aplomb. Son assurance et sa détermination à lutter ! » Le sénateur démocrate du Massachusetts a pu rencontrer Masha par l'intermédiaire d'une militante des droits des enfants de son État.

« C'est une toute jeune femme déchirée par ce qui lui est arrivé, mais qui tient à ce que ça n'arrive pas à d'autres, dit Kerry. Il y a quelque chose de vraiment noble dans cet altruisme et ce courage. Elle est un modèle qui inspire et qui mérite d'être honoré par beaucoup d'adultes, qui doivent passer à l'action. »

Kerry s'est joint à un sénateur républicain pour parrainer la loi Masha, qui triplerait les pénalités civiles imposées aux internautes qui téléchargent de la pornographie juvénile, et qui donnerait aux adultes dont les photos d'enfants circulent encore sur Internet le droit de poursuivre l'internaute délinquant. Auparavant, la victime d'exploitation sexuelle juvénile pouvait obtenir des dommages et intérêts de 50 000 $, tandis que le propriétaire des droits d'auteur d'une chanson pouvait intenter une poursuite de 150 000 $ contre l'internaute qui la téléchargeait illégalement.

« Qu'est-ce que cela nous dit sur les priorités de Washington lorsqu'on sait que la pénalité prescrite pour le téléchargement illégal d'une chanson sur Internet est trois fois plus élevée que celle qui l'est pour le téléchargement de pornographie – de pornographie juvénile ? » a demandé Kerry.

En mai 2006, Masha a livré son message directement au Congrès américain, en témoignant à Capitol Hill. Cela a été l'une des plus extraordinaires condamnations du crime – et de ses éternelles conséquences – d'exploitation sexuelle des enfants sur Internet. Elle s'en est prise directement à ceux qui s'entêtent à dire que regarder de la pornographie juvénile sur Internet est un crime sans victimes. « Les internautes qui font ça devraient avoir peur. Nous savons qui ils sont. Beaucoup de ceux qui téléchargent ces photos sont des professionnels – médecins, enseignants et ministres du culte, a déclaré Masha. Nous allons mettre leurs photos sur Internet et dire à tout le monde ce qu'ils font. »

Aux adultes qui n'arrivaient pas à s'expliquer pourquoi elle acceptait de se mettre sous les feux des projecteurs, elle offrait le simple raisonnement d'une enfant blessée de ce que les adultes ne l'aient pas écoutée et qui leur en veut : « Beaucoup sont surpris que j'aie rendu mon histoire publique. Je suis sur Internet depuis l'âge de 5 ans. Des passages à la télé n'allaient pas me faire de mal. Les gens doivent savoir ce qui se passe. Les adultes qui ont laissé ces choses m'arriver ont simplement tenté par la suite d'étouffer l'affaire. »

La conclusion de son témoignage a eu l'effet d'une gifle sur les adultes responsables des tribunaux, des sociétés de cartes de crédit, des fournisseurs de services Internet et du Congrès : « Vous devez faire quelque chose à propos d'Internet. Il y en a qui disent qu'on ne peut contrôler ce qu'il y a sur Internet, mais c'est ridicule. Si nous pouvons envoyer un homme sur la lune, nous pouvons rendre Internet plus sûr pour les enfants. »

En juillet, les pénalités renforcées de la loi Masha ont été intégrées dans le train de mesures de protection de l'enfance plus sévères qu'a autorisées le président George W. Bush.

Sur la table de travail de Bill McGarry, avec les photos de sa femme et de ses enfants, il en a placé une de lui, souriant, se tenant aux côtés d'une Masha fière, pleine d'assurance.

D'autres enfants qui ont subi le même genre d'agressions que Masha ont trouvé leur salut de manière plus discrète.

Ann, la courageuse fillette de l'école primaire Walt-Disney, en Indiana, qui avait affronté son instituteur, figure maintenant sur la liste des meilleurs élèves de sa nouvelle école et rêve toujours de devenir procureure. Jessica, l'enfant qu'ont réussi à trouver les policiers de Toronto et le FBI, a envoyé un dessin à ses sauveteurs. Doris Gardner l'affiche fièrement au siège régional du FBI à Charlotte. Réalisé à larges traits avec des craies aux couleurs vives, le dessin montre une petite fille aux boucles brunes portant une fleur sur sa robe. On peut y lire le mot « Merci ».

Les Masha, Ann et autres Jessica de ce monde doivent continuer de vivre en sachant que quelque part, sur l'ordinateur de quelqu'un, s'affichent encore les photos de leurs cauchemars. « Je suis davantage bouleversée par les photos sur Internet que par ce que Matthew m'a fait », a déclaré Masha au Congrès à propos de son père adoptif. « Généralement, quand un enfant a été blessé et que l'agresseur va en prison, l'exploitation s'arrête là. Mais comme Matthew a diffusé mes photos sur Internet, cette exploitation se poursuit. N'importe qui peut les voir. »

Même en tant qu'adulte – et que championne réputée des droits des victimes –, Shy Keenan, du groupe Phoenix Survivors du Royaume-Uni, a encore le sentiment que les images continuent de la ramener aux agressions subies durant l'enfance. « Dans tous les autres traumatismes, on peut continuer sa vie et oublier le passé, dit-elle. Mais cela est impossible pour les victimes de pornographie juvénile. Les photos vous rappellent constamment la dégradation et la honte que vous avez subies. »

Elle raconte qu'il lui arrive, lorsqu'elle marche dans la rue, de soudainement fixer son regard sur les hommes qui y déambulent et de se demander s'ils ne viennent pas de regarder des photos d'elle.

Ce qui perturbe encore plus Keenan, c'est la peur – sûrement légitime – qu'un délinquant se serve de ses photos pour alimenter ses fantasmes tandis qu'il s'engage dans le cycle de l'agression sexuelle. « Les images de moi, enfant qu'on agresse, pourraient inciter quelqu'un à agresser réellement un enfant », dit-elle. Sa voix, habituellement marquée par l'assurance et la résilience, commence à se fissurer. « Je porte en moi une grande douleur à cause de ces photos. Leur souvenir m'étouffe, me détruit. »

Ce souvenir la motive aussi, heureusement. Son groupe rassemble des douzaines d'anciennes victimes d'agressions et de familles d'enfants assassinés par leurs agresseurs. Elles ont encore la force d'âme de harceler les politiciens et les corps policiers pour qu'ils intensifient leur action et la prévoyance de réclamer davantage de programmes de thérapie pour les délinquants. Elles renseignent les jeunes sur les dangers que présente le Web et offrent des services de soutien aux victimes d'abus sexuels qui sont en cours de rétablissement.

« J'essaie de me reconquérir », dit Shy Keenan.

Et de reconquérir la vie de milliers de victimes comme elle.

La petite Jessica n'est plus accroupie dans sa cage, mais, à bien des égards, elle et de nombreux autres enfants sont toujours prisonniers de leurs photos. Lorsque le père de Jessica a été condamné à 100 ans de prison, la mère de l'une de ses autres victimes a déclaré au tribunal : « Mon fils est trop jeune pour se souvenir de ce qui lui est arrivé. Mais je suis sa mère, et cela continuera de ronger mon cœur et mon âme jusqu'au jour de ma mort. Je n'oublierai jamais.

« Malheureusement, a-t-elle dit, Internet n'oubliera pas non plus. »

ANNEXE

Des ressources sur le Web pour une navigation plus sûre

Internet ressemble à n'importe quelle autre communauté: certains quartiers sont sûrs pour les enfants, d'autres ne le sont pas. Si la plupart des internautes sont amicaux, certains sont dangereux.

Vous ne pouvez garder vos enfants à tout jamais enfermés dans la maison, loin de la rue, pas plus que vous ne pouvez les éloigner du Web. Tout ce que vous pouvez, c'est leur fournir les techniques et outils dont ils auront besoin pour leur protection. «Vous devez simplement leur inculquer la nécessité de veiller à ce que leur navigation sur le Web soit sûre», dit Emily Vacher, agente du FBI, qui consacre beaucoup de son temps à rencontrer élèves et parents dans les écoles. «Aucun logiciel, aucun truc ni outil ne pourra le faire à leur place. Il faut que s'établisse une communication entre parents et enfants.»

Cette communication fait cruellement défaut. Selon un sondage effectué par I-SAFE, fondation sans but lucratif des États-Unis, il y a une différence alarmante entre la façon dont les parents et les enfants perçoivent respectivement l'activité de ces derniers sur le Web. Soixante-neuf pour cent des parents affirment en savoir beaucoup à propos de ce que font leurs enfants sur Internet, tandis que 41 p. 100 des enfants disent qu'ils ne parlent pas à leurs parents de leurs habitudes en la matière. Quatre-vingt-sept pour cent des parents disent avec assurance qu'ils ont fixé des règles fermes concernant ce que leurs enfants font sur Internet, mais 36 p. 100 de ces derniers insistent sur le fait qu'ils n'ont pas de règles à suivre à ce sujet. En fait, 29 p. 100 des enfants reconnaissent que leurs parents n'approuveraient pas leurs activités sur Internet s'ils étaient au courant.

Un Sommet de l'adolescence sur la sécurité Internet, parrainé par le NCMEC, a révélé que 30 p. 100 des jeunes songeaient à faire des rencontres sur Internet, et que 14 p. 100 ont déjà rencontré en personne l'un de leurs correspondants sur Internet.

Photocopiez les pages suivantes de conseils et d'adresses de sites Web. Discutez-en avec vos enfants. Affichez-les à proximité de vos ordinateurs. Bonne navigation !

Le CEOP (Child Exploitation and Online Protection Centre), du Royaume-Uni, offre ces conseils aux parents :

- Sachez ce que font vos enfants en ligne et à qui ils parlent. Demandez-leur de vous apprendre à utiliser les programmes qui ne vous sont pas familiers.
- Faites comprendre à vos enfants qu'ils ne doivent jamais donner de détails personnels à leurs amis d'Internet.
- Faites comprendre à vos enfants que certains internautes mentent. Dites-leur qu'ils ne doivent jamais rencontrer d'étrangers sans être accompagnés par un adulte de confiance.
- Gardez toujours ouverte la communication avec vos enfants, afin qu'ils sachent qu'il n'est jamais trop tard pour qu'ils se confient à quelqu'un si quelque chose les met mal à l'aise.
- Enseignez à vos enfants comment bloquer un contact sur Internet et le signaler s'ils se sentent mal à l'aise.

À l'intention des enfants plus jeunes, Netsmartz – l'un des meilleurs sites consacrés à la sécurité sur le Web – établit trois règles simples mais essentielles à respecter pour se protéger en ligne :

- Je me confierai à un adulte en qui j'ai confiance si quelque chose m'effraie, me met mal à l'aise ou me trouble.
- Je demanderai l'autorisation de mes parents ou tuteurs avant de révéler de l'information personnelle.
- Je ne rencontrerai pas en personne les gens que j'ai d'abord « rencontrés » sur Internet.

À l'intention des adolescents et surtout des adolescentes qui fréquentent les sites de réseautage social ou les salons de clavardage, le NCMEC et le Service postal américain ont lancé une campagne « *Type Smart – Post Wisely* » sur un site Web appelé 2SMRT4U. On peut y lire l'avertissement suivant : « Monter votre propre page Web ou blogue et utiliser une messagerie instantanée peut vous aider à rester en contact avec tous vos amis. Mais cela peut aussi vous mettre en contact avec des cyberprédateurs. Sachez que 71 p. 100 des adolescents et adolescentes reçoivent des messages en ligne de la part d'inconnus. Sauriez-vous quoi faire dans ce cas ?

Voici quelques-unes des règles à respecter en ligne, selon ce site :

- N'inscrivez pas votre numéro de cellulaire, ni votre adresse ni le nom de votre école.
- N'inscrivez pas les noms, âges, numéros de téléphone, noms d'écoles ni adresses de vos amis.
- N'acceptez pas d'ajouter à vos listes d'amis quelqu'un que vous ne connaissez pas en personne.
- Ne confiez votre mot de passe à personne d'autre que vos parents ou tuteurs.
- N'affichez pas sur votre site vos projets et activités.
- N'affichez pas sur votre site de photos sur lesquelles figurent un nom d'école, une indication de l'endroit, un numéro de plaque ou des enseignes révélatrices.
- N'affichez pas de photos provocantes sur votre site.

La liste des ressources Web suivante, loin d'être exhaustive, constitue un bon point de départ pour les parents qui veulent faire en sorte que l'expérience vécue par leurs enfants sur Internet soit aussi intéressante et amusante qu'elle devrait l'être.

Pour signaler les cas d'abus

MONDE ENTIER
Groupe de travail virtuel international: www.virtualglobaltaskforce.com

CANADA
Cyberaide.ca: http://www.cybertip.ca/app/fr/

Conseils de sécurité pour parents et enfants

Enfants avertis: http://www.enfantsavertis.ca/app/fr/

Autres sites utiles

Centre national de coordination contre l'exploitation des enfants: http://ncecc.ca/index_f.htm
Centre canadien de la protection de l'enfance: http://www.protegeonsnosenfants.ca/app/fr/
Commissariat à la protection de la vie privée du Canada: http://blogue.privcom.gc.ca/index.php/category/la-protection-des-enfants-en-ligne/

Personnages

ÉTATS-UNIS
FBI – INNOCENT IMAGES
Emily Vacher, agente spéciale
Brooke Donahue, agente spéciale
Arnold Bell, chef d'unité

FBI – CAROLINE DU NORD
Doris Gardner, agente principale
Scot Huntsberry, agent spécial

NATIONAL CENTER FOR MISSING AND EXPLOITED CHILDREN (NCMEC)
Ernie Allen
Ruben Rodriguez
Michelle Collins
Jennifer Lee
Christine Feller
Cristina Fernandez
Steve Loftin

Service américain de l'immigration et des douanes
- Perry Woo
- Susan Cantor
- Betsy Perino
- Claude Davenport
- Ron Wolflick

Service américain d'inspection postale
- Ray Smith, inspecteur adjoint chargé de l'Unité de lutte contre l'exploitation des enfants

Autres enquêteurs
- Brian Bone, bureau du procureur de l'État, à Lake County, Illinois
- Mike Casida, service de police de Clovis, Californie
- Mitch Kajzer, bureau du procureur de l'État, à St. Joseph County, Indiana
- Bill Walsh, lieutenant du service de police de Dallas

Procureurs d'État
- Ken Cotter, Indiana
- Jeffrey Dort, Californie
- Rachel Mitchell, Arizona

Ministère de la Justice – Child Exploitation and Obscenity Section (CEOS)
- Drew Oosterbaan, chef
- Jim Fottrell, Unité d'enquête sur les crimes de haute technologie
- Lam Nguyen, Unité d'enquête sur les crimes de haute technologie

Procureurs fédéraux
- Carlos Ortiz
- Andrew Norman

Industrie
- Don Colcolough, AOL, directeur, enquêtes et affaires légales
- Robert Alandt, Visa International
- John Brady, MasterCard

Congrès des États-Unis
- Richard Selby, sénateur
- John Kerry, sénateur

CANADA

Unité des crimes de nature sexuelle de la police de Toronto
- Paul Gillespie, sergent détective
- Ian Lammond, détective
- Bill McGarry, gendarme détective
- Paul Krawczyk, gendarme détective
- John Menard, gendarme détective
- Scott Purches, gendarme détective
- Lori Haggett, gendarme détective

Gendarmerie royale du Canada
- Earla-Kim McColl, inspectrice
- Garry Belair, caporal

Police provinciale de l'Ontario
- Randy Wickins, détective

Cyberaide.ca
- Lianna McDonald

MICROSOFT
Frank Clegg, ex-président et chef de la direction, Microsoft Canada
Frank Battiston

ROYAUME-UNI
CHILD PROTECTION AND ONLINE PROTECTION CENTRE (CEOP)
Jim Gamble, directeur
Paul Griffiths, sergent détective
Helen Penn
Aarti Kapoor

SCOTLAND YARD
Jim Pearce, gendarme détective
Sean Robbie, gendarme détective

SURREY
Rod Thompson, sergent détective

INTERNET WATCH FOUNDATION (IWF)
Adrian Dwyer

INTERNATIONAL
INTERPOL – SOUS-DIRECTION TRAFIC D'ÊTRES HUMAINS
Hamish McCullock, directeur adjoint
Anders Persson, agent du renseignement criminel

END CHILD PROSTITUTION, ABDUCTION AND TRAFFICKING (ECPAT)
David Butt, secrétaire général

AUSTRALIE – GROUPE DE TRAVAIL ARGOS, POLICE DU QUEENSLAND
Peter Crawford, inspecteur détective
Jon Rouse, sergent détective principal, chef des opérations

DANEMARK – UNITÉ DE LUTTE CONTRE LES CRIMES DE HAUTE TECHNOLOGIE
Lars Underbjerg

ALLEMAGNE – OFFICE FÉDÉRAL DE POLICE CRIMINELLE (BUNDESKRIMINALAMT)
Daniel Szumilas
Corinna Koch

THAÏLANDE
Nathapan Sresthputr, sous-lieutenant de police

EXPERTS MÉDICAUX
Joe Sullivan, analyste judiciaire principal du comportement, CEOP
John Bradford, directeur, Clinique des comportements sexuels, Hôpital Royal Ottawa
Peter Collins, m.d., directeur, Unité de psychiatrie médicolégale de la Police provinciale de l'Ontario
Sharon Cooper, m.d.
Andres Hernandez, directeur, Programme de traitement des auteurs de crimes sexuels, prison de Butner, Caroline du Nord

Abréviations

AFP	*Australian Federal Police (police fédérale d'Australie)*
AOL	*America Online*
BKA	*Bundeskriminalamt (office fédéral de police criminelle d'Allemagne)*
CCRC	*Crimes Against Children Research Center (centre de recherche de l'Université du New Hampshire)*
CETS	*Child Exploitation Tracking System (système d'analyse contre la pornographie juvénile)*
CEOS	*Child Exploitation and Obscenity Section (section du ministère américain de la Justice)*
CEOP	*Child Exploitation and Online Protection Centre (agence centralisée de lutte contre l'exploitation des enfants du Royaume-Uni)*
CNCEE	*Centre national de coordination contre l'exploitation des enfants (centre dirigé par la GRC et établi à Ottawa)*
COPINE	*Combating Pædophile Information Networks in Europe (projet du University College à Cork, en Irlande)*
CRIS	*Child Recognition and Identification System (logiciel du NCMEC)*
CSOM	*Center for Sex Offender Management (centre du ministère américain de la Justice)*
ECPAT	*End Child Prostitution, Abduction and Trafficking (réseau international établi à Bangkok)*
GRC	*Gendarmerie royale du Canada*
ICMEC	*International Center for Missing and Exploited Children (pendant international du NCMEC)*
INHOPE	*International Association of Internet Hotlines (association internationale des services de signalement sur Internet)*
IP	*Protocole Internet*
IRC	*Internet Relay Chat (service de clavardage sur Internet)*
IWF	*Internet Watch Foundation (coopérative vouée au nettoyage du Web et établie en Angleterre)*
NAMBLA	*North American Man/Boy Love Association (groupe qui fait la promotion des pédophiles masculins)*
NCMEC	*National Center for Missing and Exploited Children (centre d'échange d'information établi en Virginie)*
PIEV	*Programme d'identification des enfants victimes*
POLIT	*Pædophile Online Investigation Team (équipe de lutte contre la pédophilie sur Internet du Royaume-Uni)*
PPO	*Police provinciale de l'Ontario*
VGT	*Virtual Global Taskforce (groupe de travail virtuel international)*

Remerciements

J'ai écrit cinq ouvrages d'enquête sur des sujets divers, du Ku Klux Klan aux Hells Angels, en passant par le système de justice et le crime organisé. J'ai couvert guerres et autres conflits à Bagdad, à Beyrouth, en Somalie, en Afrique du Sud, au Kosovo et en Sibérie. Pourtant, c'est le sujet du présent ouvrage qui a été pour moi le plus difficile à aborder.

Je n'aurais jamais pu rédiger cet ouvrage sans l'aide patiente des nombreux policiers et enquêteurs civils qui m'ont fait confiance, et qui m'ont fait part de leurs points de vue, de leurs craintes et de leurs espoirs. Je suis reconnaissant au personnel du NCMEC, du ministère de la Sécurité intérieure, du Service de l'immigration et des douanes, ainsi que du Service des postes des États-Unis ; au CEOP et à New Scotland Yard, au Royaume-Uni ; à la GRC, à la PPO et au service de police de Toronto, au Canada ; à l'Unité de lutte contre les crimes de haute technologie du Danemark ; au groupe de travail Argos d'Australie ; ainsi qu'au BKA d'Allemagne. Jamie Zuieback, du ministère américain de la Sécurité intérieure, Angela Barnes, du FBI, Bryan Sierra, du ministère américain de la Justice, et Sandra Johnson, du Centre de défense des droits des enfants de Dallas, se sont montrés infatigables dans leur coopération avec moi. Les directeurs chez Microsoft, AOL, Vodafone, Visa et MasterCard ont été généreux de leur temps. David Butt du Canada, Drew Oosterbaan et Kevin Gerrity de la Naval Justice School américaine et Elizabeth George du Royaume-Uni ont eu l'infinie patience de m'expliquer des lois.

Je dois également beaucoup aux victimes d'agressions ainsi qu'aux familles de victimes, qui ont eu le courage de me raconter leurs histoires.

Je remercie le jury et le conseil d'administration de la Fondation des Prix Michener, qui m'ont décerné la Bourse Michener-Deacon 2006, sans laquelle ce livre n'aurait pu voir le jour.

Pour mes recherches, j'ai pu profiter des excellents rapports publiés par les journalistes du *New York Times*, du magazine *Time*, du *Toronto Star*, du *Globe and Mail*, de la CBC et de la BBC, ainsi que des transcriptions des émissions *Nancy Grace* de CNN, *The Oprah Winfrey Show*, et *Primetime* d'ABC. Le travail effectué par d'autres journalistes enquêteurs m'a été très utile : sur Landslide, celui de Kellie Hudson, de CBC Radio ; sur les lois et sociétés américaines, celui de Declan McCullagh, de CENT News ; et sur Regpay, celui de Cassell Bryan-Low, du *Wall Street Journal*.

Pour mieux comprendre les pédophiles et les enfants qu'ils agressent, j'ai consulté les recherches des spécialistes: Joe Sullivan, Sharon Cooper, John Bradford, Andres Hernandez, Michael Seto et David Finkelhor, du centre de recherche CCRC de l'Université du New Hampshire.

Elisia Bargelletti et Tara Fraser, diplômées en journalisme de l'Université Concordia, ont assumé la majorité des transcriptions d'entrevues, avec l'aide de leurs collègues: Adam Robinson, Sondip Chatterjee, Jenny King, Megan Ainscow, Karen Biskin, Stavroula Papadopoulos, Christopher Hazen, Yannis Themelis et Marie Lyne Laliberté. Matt Carter, de Toronto, et Kendyl Salcito, de Vancouver, ont également participé à la recherche.

Tandis que je rédigeais les versions finales du manuscrit, mon père est décédé, après 84 années d'une vie pleine et riche. Il m'a inspiré et m'a guidé depuis le jour où il m'a donné mon premier roman de John Steinbeck, quand j'avais 11 ans, jusqu'aux notes et suggestions qu'il avait l'habitude de me transmettre par courriel durant mes voyages. Même dans son lit d'hôpital, il s'enquérait toujours des progrès de mes recherches et entrevues, me criblant de questions et m'obligeant ainsi à pousser toujours plus loin ma réflexion. Il m'a appris à respecter le pouvoir des mots et à aimer les trésors que recèlent les livres.

Il n'a pas eu le temps de voir la version imprimée de ce livre. J'aime penser qu'il en serait fier.

Julian Sher
julian@sher.com

Pour obtenir un complément d'information sur mes ouvrages, visitez www.juliansher.com.

Index

Table des matières

TROISIÈME PARTIE
PRÉDATEURS INC.

QUATRIÈME PARTIE
DE NOUVELLES FRONTIÈRES

ANNEXE